国家卫生健康委员会“十四五”规划教材
全国高等中医药教育教材
供中药学类专业用

医药国际贸易实务

第2版

中藥

主　编　徐爱军　杨敬宇

副主编　徐　文　王　力　李红丽　兰志琼　刘　爽

编　委　（按姓氏笔画排序）

王　力（江西中医药大学）
王志宏（甘肃中医药大学）
兰志琼（成都中医药大学）
刘　爽（天津中医药大学）
孙源源（南京中医药大学）
李　昂（黑龙江中医药大学）
李红丽（河南中医药大学）
李国强（安徽中医药大学）
杨敬宇（甘肃中医药大学）
张　慧（广东药科大学）
张开翼（广州中医药大学）
徐　文（山东中医药大学）
徐爱军（南京中医药大学）
高伟芳（河北中医学院）
梁　瑜（山西中医药大学）

秘　书　马　澜（南京中医药大学）

人民卫生出版社
·北　京·

图书在版编目（CIP）数据

医药国际贸易实务 / 徐爱军，杨敬宇主编．—2 版
．—北京：人民卫生出版社，2021.7
ISBN 978-7-117-31522-7

Ⅰ. ①医… Ⅱ. ①徐…②杨… Ⅲ. ①医药产品－国际贸易－医学院校－教材 Ⅳ. ①F746.3

中国版本图书馆 CIP 数据核字（2021）第 128451 号

医药国际贸易实务
Yiyao Guojimaoyi Shiwu
第 2 版

主　　编：徐爱军　杨敬宇
出版发行：人民卫生出版社（中继线 010-59780011）
地　　址：北京市朝阳区潘家园南里 19 号
邮　　编：100021
E - mail：pmph @ pmph.com
购书热线：010-59787592　010-59787584　010-65264830
印　　刷：北京市艺辉印刷有限公司
经　　销：新华书店
开　　本：850 × 1168　1/16　　印张：17
字　　数：446 千字
版　　次：2016 年 6 月第 1 版　　2021 年 7 月第 2 版
印　　次：2021 年 9 月第 1 次印刷
标准书号：ISBN 978-7-117-31522-7
定　　价：65.00 元
打击盗版举报电话：010-59787491　E-mail：WQ @ pmph.com
质量问题联系电话：010-59787234　E-mail：zhiliang @ pmph.com

数字增值服务编委会

主　编　徐爱军　杨敬宇

副主编　徐　文　王　力　李红丽　兰志琼　刘　爽

编　委　（按姓氏笔画排序）

王　力（江西中医药大学）
王玉芬（南京中医药大学）
王志宏（甘肃中医药大学）
兰志琼（成都中医药大学）
吕艳霞（南京中医药大学）
刘　爽（天津中医药大学）
孙源源（南京中医药大学）
李　昂（黑龙江中医药大学）
李红丽（河南中医药大学）
李国强（安徽中医药大学）
杨敬宇（甘肃中医药大学）
张　慧（广东药科大学）
张开翼（广州中医药大学）
徐　文（山东中医药大学）
徐爱军（南京中医药大学）
高伟芳（河北中医学院）
梁　瑜（山西中医药大学）

秘　书　马　澜（南京中医药大学）

修订说明

为了更好地贯彻落实《中医药发展战略规划纲要(2016—2030年)》《中共中央国务院关于促进中医药传承创新发展的意见》《教育部 国家卫生健康委 国家中医药管理局关于深化医教协同进一步推动中医药教育改革与高质量发展的实施意见》《关于加快中医药特色发展的若干政策措施》和新时代全国高等学校本科教育工作会议精神,做好第四轮全国高等中医药教育教材建设工作,人民卫生出版社在教育部、国家卫生健康委员会、国家中医药管理局的领导下,在上一轮教材建设的基础上,组织和规划了全国高等中医药教育本科国家卫生健康委员会"十四五"规划教材的编写和修订工作。

为做好新一轮教材的出版工作,人民卫生出版社在教育部高等学校中医学类专业教学指导委员会、中药学类专业教学指导委员会和第三届全国高等中医药教育教材建设指导委员会的大力支持下,先后成立了第四届全国高等中医药教育教材建设指导委员会和相应的教材评审委员会,以指导和组织教材的遴选、评审和修订工作,确保教材编写质量。

根据"十四五"期间高等中医药教育教学改革和高等中医药人才培养目标,在上述工作的基础上,人民卫生出版社规划、确定了第一批中医学、针灸推拿学、中医骨伤科学、中药学、护理学5个专业100种国家卫生健康委员会"十四五"规划教材。教材主编、副主编和编委的遴选按照公开、公平、公正的原则进行。在全国50余所高等院校2 400余位专家和学者申报的基础上,2 000余位申报者经教材建设指导委员会、教材评审委员会审定批准,聘任为主编、副主编、编委。

本套教材的主要特色如下:

1. 立德树人,思政教育　坚持以文化人,以文载道,以德育人,以德为先。将立德树人深化到各学科、各领域,加强学生理想信念教育,厚植爱国主义情怀,把社会主义核心价值观融入教育教学全过程。根据不同专业人才培养特点和专业能力素质要求,科学合理地设计思政教育内容。教材中有机融入中医药文化元素和思想政治教育元素,形成专业课教学与思政理论教育、课程思政与专业思政紧密结合的教材建设格局。

2. 准确定位,联系实际　教材的深度和广度符合各专业教学大纲的要求和特定学制、特定对象、特定层次的培养目标,紧扣教学活动和知识结构。以解决目前各院校教材使用中的突出问题为出发点和落脚点,对人才培养体系、课程体系、教材体系进行充分调研和论证,使之更加符合教改实际、适应中医药人才培养要求和社会需求。

3. 夯实基础,整体优化　以科学严谨的治学态度,对教材体系进行科学设计、整体优化,体现中医药基本理论、基本知识、基本思维、基本技能;教材编写综合考虑学科的分化、交叉,既充分体现不同学科自身特点,又注意各学科之间有机衔接;确保理论体系完善,知识点结合完备,内容精练、完整,概念准确,切合教学实际。

4. 注重衔接,合理区分　严格界定本科教材与职业教育教材、研究生教材、毕业后教育教材的知识范畴,认真总结、详细讨论现阶段中医药本科各课程的知识和理论框架,使其在教材中得以凸显,既要相互联系,又要在编写思路、框架设计、内容取舍等方面有一定的区分度。

5. 体现传承，突出特色 本套教材是培养复合型、创新型中医药人才的重要工具，是中医药文明传承的重要载体。传统的中医药文化是国家软实力的重要体现。因此，教材必须遵循中医药传承发展规律，既要反映原汁原味的中医药知识，培养学生的中医思维，又要使学生中西医学融会贯通，既要传承经典，又要创新发挥，体现新版教材“传承精华、守正创新”的特点。

6. 与时俱进，纸数融合 本套教材新增中医抗疫知识，培养学生的探索精神、创新精神，强化中医药防疫人才培养。同时，教材编写充分体现与时代融合、与现代科技融合、与现代医学融合的特色和理念，将移动互联、网络增值、慕课、翻转课堂等新的教学理念和教学技术、学习方式融入教材建设之中。书中设有随文二维码，通过扫码，学生可对教材的数字增值服务内容进行自主学习。

7. 创新形式，提高效用 教材在形式上仍将传承上版模块化编写的设计思路，图文并茂、版式精美；内容方面注重提高效用，同时应用问题导入、案例教学、探究教学等教材编写理念，以提高学生的学习兴趣和学习效果。

8. 突出实用，注重技能 增设技能教材、实验实训内容及相关栏目，适当增加实践教学学时数，增强学生综合运用所学知识的能力和动手能力，体现医学生早临床、多临床、反复临床的特点，使学生好学、临床好用、教师好教。

9. 立足精品，树立标准 始终坚持具有中国特色的教材建设机制和模式，编委会精心编写，出版社精心审校，全程全员坚持质量控制体系，把打造精品教材作为崇高的历史使命，严把各个环节质量关，力保教材的精品属性，使精品和金课互相促进，通过教材建设推动和深化高等中医药教育教学改革，力争打造国内外高等中医药教育标准化教材。

10. 三点兼顾，有机结合 以基本知识点作为主体内容，适度增加新进展、新技术、新方法，并与相关部门制订的职业技能鉴定规范和国家执业医师（药师）资格考试有效衔接，使知识点、创新点、执业点三点结合；紧密联系临床和科研实际情况，避免理论与实践脱节、教学与临床脱节。

本轮教材的修订编写，教育部、国家卫生健康委员会、国家中医药管理局有关领导和教育部高等学校中医学类专业教学指导委员会、中药学类专业教学指导委员会等相关专家给予了大力支持和指导，得到了全国各医药卫生院校和部分医院、科研机构领导、专家和教师的积极支持和参与，在此，对有关单位和个人表示衷心的感谢！希望各院校在教学使用中，以及在探索课程体系、课程标准和教材建设与改革的进程中，及时提出宝贵意见或建议，以便不断修订和完善，为下一轮教材的修订工作奠定坚实的基础。

人民卫生出版社

2021 年 3 月

前　言

国际贸易是以各国经济政治利益为核心，以国际分工、世界市场为条件，以产业经济为基础的世界经济关系。国际贸易与医药产业的结合产生了医药国际贸易。医药国际贸易是一门研究国际间医药产品交换、理论、政策措施及发展规律的学科。作为一门学科，它随着医药国际贸易理论发展和实践总结而逐渐成熟。从学科体系上看，医药国际贸易实务包括医药国际贸易理论基础、医药国际贸易政策措施与医药进出口贸易实务。

医药国际贸易是一国医药经济从国内生产和流通领域向境外的延伸和发展。近年来，新医改的深入推进，"健康中国"战略以及"一带一路"倡议等重大政策措施的全面实施，极大地促进和丰富了我国医药对外贸易的内容和形式。新阶段新理念是我们修订《医药国际贸易实务》教材的背景和出发点。和上一版教材相比，本版教材做了以下修订：①突出医药行业与贸易发展面临的国内外新环境与新政策。②反映我国医药行业与医药贸易发展的历程和现状。③强调医药进出口贸易的特点与特殊程序。④更新国际医药服务贸易的进展和相关内容。⑤增加跨境医药电子商务等贸易方式的内容。⑥增加思政元素和随文二维码等数字资源，提高了教材的可读性。

本教材是国家卫生健康委员会"十四五"规划教材，由全国 13 所医药院校从事医药国际贸易教学、科研一线的资深教师共同参加编写而成。教材各章编写情况如下：第一章由徐爱军编写，第二章由兰志琼编写，第三章由梁瑜编写，第四章由王力编写，第五章由张慧编写，第六章由李昂编写，第七章由高伟芳编写，第八章由李国强编写，第九章由孙源源编写，第十章由刘爽编写，第十一章由王志宏编写，第十二章由张开翼编写，第十三章由徐文编写，第十四章由李红丽编写，第十五章由杨敬宇编写。同时，徐爱军、杨敬宇负责编制全书大纲及最终的统稿工作。

本教材可作为普通医药高等院校中药学、药学、国际经济与贸易、公共事业管理、市场营销等专业的必修课教材，也可作为中医学、临床医学等专业的选修课教材。此外，还可供医药实务工作者参考使用。

限于编者知识水平、编写能力，以及学科发展的日新月异，本教材若有不当之处，敬请广大读者和同行专家给予批评指正，以便再版时修订提高。

编者

2021 年 5 月

目　录

第一章

医药国际贸易导论

笔记栏

01章PPT

PPT 课件

学习目标

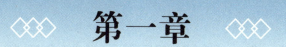

1. 掌握医药国际贸易的不同分类方法，国际贸易涉及的贸易量、商品结构、地理方向等基本统计概念。
2. 熟悉医药国际贸易的广、狭含义及其主要特点。
3. 了解医药国际贸易实务的主要研究内容和课程内容架构。

引导案例

“一带一路”补中药出口“短板”

“一带一路”倡议作为中国与国际合作的新平台，为中医药事业的发展带来了新机遇。

新型冠状病毒肺炎（简称“新冠肺炎”）疫情对全球经济增长造成较大冲击。据海关总署数据显示，2020 年 1~6 月我国商品进出口贸易总额同比减少 3.2%。尽管如此，上半年中药材进出口贸易仍创造出 7.39 亿美元的佳绩，同比增长 10.73%，充分显示了我国中医药外贸行业的强大韧性。中西医结合、中西药并重、“三药三方”等“中国办法”在抗击疫情中的重要经验被分享到世界各地，加速了中医药国际化传播。

中国医药保健品进出口商会中药部主任于志斌认为，从长远来看，“一带一路”倡议对中药进出口贸易将起到促进作用，中药进出口贸易一定会有较大增幅。

目前中医药“走出去”仍面临很多困难，无论是产品还是服务在国际上还没有得到较好认可。中医药在国际上的发展也遇到一些“瓶颈”：一是法律上的“瓶颈”；二是国际上的一些标准和技术要求和国内不同；三是中医药传统理论和文化与国外存在差异。中医药“走出去”首先需要攻克上述“短板”。“一带一路”倡议作为国家实施全方位对外开放的总抓手和新引擎，必将加速地方政策与配套措施的出台，加深我国与“一带一路”沿线国家的中医药贸易与合作，并通过文化先行、以医带药、发展服务贸易等方式进一步推动中医药“走出去”。[资料来源：齐欣．“一带一路”补中药出口“短板”[N]. 医药经济报，2015-02-16；李得运，于志斌 .2020 年上半年中药材进出口贸易分析[J]. 中国现代中药，2020，22（10）：1592-1595]

笔记栏

第一节　医药国际贸易的概念及特点

国际贸易（international trade）是指世界各国或地区之间商品和劳务的交换活动。它是在不同国家之间的分工——国际分工的基础上发展起来的，反映了世界各国之间的相互依赖关系。国际贸易也称为世界贸易（world trade）。从单个国家或地区的角度看，一国或一地区以本国、本地区为主体同世界上其他国家和地区进行商品和劳务的交换活动则称为对外贸易（foreign trade）。某些岛屿国家，如日本、英国等进行的对外贸易活动也常称为海外贸易（oversea trade）。

一、医药国际贸易概述

从交易内容来看，医药国际贸易是世界贸易的重要组成部分。医药国际贸易专指不同国家或地区之间的医药商品和医疗服务的交换活动。

医药商品的概念有广义和狭义之分。按照《中国药学年鉴》对医药商品的行业属性划分，广义的医药商品主要包括：化学药品（化学原料药和化学制剂）、生物制品、中药（中药材及饮片、中成药、动植物提取物、中药保健品）、医疗器械、制药机械、医用材料六大类。狭义的医药商品专指药品即西药商品（化学原料药、化学制剂和生物制品）和中药商品。

医疗服务的概念也有广义和狭义之分。狭义的医疗服务是指医疗服务机构对患者进行检查、诊断、治疗、康复和提供预防保健、接生、计划生育等方面的服务，以及与这些服务有关的药品、医用材料器具、救护车、病房和餐饮提供等配套服务。广义的医疗服务还包括与医药贸易有关的投资和医药知识产权交易等。

因此，医药国际贸易的含义也有广义和狭义之分。广义的医药国际贸易是指不同国家或地区之间药品、医疗器械、制药机械、医用材料等有形商品和医疗健康服务、医药知识产权等无形商品的交换活动。狭义的医药国际贸易专指药品在世界各国、各地区间的买卖流通活动。

二、医药国际贸易的特点

医药国际贸易与医药国内贸易相比较，既有一致性，又有区别。其一致性表现为：两者都是商品和劳务的交换；货物都是从生产者向消费者转移；进行贸易的过程大同小异；经营的目的都是取得利润或经济利益等。但是由于医药国际贸易是不同国家、地区之间进行的商品和劳务交换活动，从而受到各国语言、文化、宗教、习俗、医疗模式、医学理论体系等方面的影响，两者又有区别，这种区别具体表现在以下几个方面：

（一）医药国际贸易困难大

1. 语言不同　国际贸易是不同国家之间的交易活动，在贸易交谈、电讯联系、合同签订和单证处理等方面，买卖双方须采用一种共同的语言，才能顺利达成和完成交易。现行国际贸易最通行、最基本的语言是英文，但是英文也并不能解决国家或者地区间贸易语言使用的所有问题。如东欧、北欧通常使用德文，法国及中西非国家通行的是法文，而西班牙及大部分中南美洲国家则普遍采用西班牙文。医药产品关系到人们的生命健康，故语言翻译的准确性是医药国际贸易达成的关键。

笔记栏

知识链接

中医术语怎么翻译才能顺利走向世界?

开展医药国际贸易，首先要解决语言问题，中医药对外贸易尤其如此，但现实中因语言障碍引起误解导致国际交易失败的案例比比皆是。五脏六腑中的“三焦”就有“three warmers”“three burners”“three heaters”“triple energizer”“san jiao”等几种英文译法，英译一致性存在争议。主治瘀血停滞证的中医方剂“失笑散”，因“前人用此方，每于不觉中病悉除，不禁欣然失声而笑”得名，若仅从字面理解就译为“laugh lost power”，则会“失之毫厘，谬以千里”。急性结膜炎在中医称为“风火眼”，有些译者按字面意思将其译为“eye of wind and fire”，这就令人摸不着头脑。

又比如“经络”，不少人翻译成 meridian（子午线），“子午线是一条人们假想的线，但根据中医理论，经络是实际存在的，这样翻译会引起歧义，让人觉得经络并不存在”，李照国认为，经络是“人体内气血运行的隧道”，翻译成“channel（通道）较为妥当”。

中药的语言翻译也存在类似情况。比如有人将乌鸡白凤丸直译为“Black Cock and White Phoenix Decoction”；但在英文中，Cock 除表示“公鸡”之外，也是俚语中对男性性器官的称呼，作为一种治疗妇科病的药，西方女士在看到这样的药名时一定不会购买。

2. 医学理论体系不同　中医学与西医学是两个截然不同的医学体系。中医学蕴含着深厚的中国传统文化，在疾病诊断和治疗时，中医应用“整体论”思维，将人视作一个有机整体，讲究“辨证论治”以及用药的“君臣佐使”与“复方配伍”。而西医学应用“还原论”思维，将人体视作多个独立的部分进行诊治，从微观和局部角度，强调对“病”治疗。中西医学在理论基础、思维模式、用药理念等方面的差异，使得中医药这一独特的医学体系难以为西方社会所理解。在西方人看来，中医药理论晦涩难懂，如中医特有术语“阴阳”“五行”“元气”“实证”以及四字格术语“肝阳上亢”“泻南补北”“理气和中”等玄妙难解；以草根树皮甚至动物、矿物为原料的中药产品“黑大粗”较难接受，尤其是最能体现辨证论治特色的中药汤剂，煎煮费时、味苦难服。这些都成为阻碍中医药跨文化传播、影响中医药商品及服务贸易发展的重要因素。

3. 风俗习惯、宗教信仰和政治制度不同　这些差异常常造成国际贸易交易双方的隔阂和交易范围的限制。如在我国传统文化中，龙（dragon）是权力和高贵的象征，不少中药材名称中含有“龙”字（龙须草、龙胆、龙葵等），一些中成药更以“龙”字命名，如龙血竭胶囊、龙牡壮骨颗粒等；而在西方文化中“龙”是“凶残的恶魔”，是邪恶的象征。红色在中国有喜庆、欢乐之意，中成药中花红颗粒、红药片、橘红丸、京万红软膏等均以“红”命名，而在英语国家，红（red）却有流血、恐怖和战争等含义，常表示愤怒和犯罪。

4. 法律、规则不同　由于历史、传统、民族、宗教等各种原因，各国、各地区的商业、贸易立法规则和医药监管制度千差万别。这些法规经过数百年的修改、补充和完善，几乎无所不包、十分繁琐。为了维护本国利益，各国政府还常常根据实际变化而增加、废除或调整、改变现有的贸易及医药监管政策，这使得研究、掌握并适应这些法律规定变得比较困难。同时，在国际“大舞台”上从事商务活动，还必须遵循共同的“游戏”规则，即国际贸易公约、国际贸易惯例等行为规范。

笔记栏

5. 技术性贸易壁垒多　医药产业是高投入、高回报、高技术性朝阳产业，关系到国民的生命健康。以美国为首的发达国家纷纷将医药产业视作新经济增长点和战略性支柱产业，不仅大力扶持和鼓励产业创新与发展，还采取“从严监管”策略，从研发、生产到注册上市均制定了严格的法律规范和技术标准，从而构建了全面的质量管理体系，以严控产品质量。发达国家利用技术优势制定的各类苛刻的规范与标准，已成为阻碍发展中国家医药国际贸易发展的技术性壁垒。如欧盟制定的《欧盟传统植物药注册程序指令》(2004/24/EC)对我国中药产品出口构筑了一道无形的贸易“门槛”。与国际贸易不同，国内医药贸易不会面临这类严苛的技术性壁垒。

(二) 医药国际贸易更复杂

1. 货币与度量衡制度　国际贸易双方因国度不同，所使用的货币和度量衡制度也不同。在医药国际贸易中，必须考虑计价货币选择、货币汇率、度量衡制度、计量单位换算等问题，这使得国际交易比国内交易更为复杂，尤其是国际贸易货款的清偿多以外汇支付，受各国实行的汇率制度以及外汇管理制度影响，国际货款清偿时的国际汇兑也相当复杂。

2. 商业习惯复杂　各国市场商业习惯不同，一国之内各地市场商业习惯也不同，怎样进行沟通，国际贸易中所遵循的规约和条例的适用范围如何？解释是否一致？这些往往比国内贸易复杂，稍有不慎，就会影响实际交易。例如，墨西哥客户在信用证(L/C)结算时，一般只接受远期付款条件而不接受即期付款；南美一些国家在处理托收业务时，习惯把远期付款交单(D/P after sight)当作承兑交单(D/A)处理，使出口商风险增加。

3. 海关制度及其他贸易法规不同　各国都设有海关，对于货物进出口都有准许、管制或禁止的规定。货物出口，不但要在输出国办妥出口报关手续，而且出口货物的种类、品质、规格、包装和商标也要符合输入国海关的规定。一般来说，医药商品的进出口报关手续比普通商品更为复杂。

4. 货物运输与保险　国际贸易线长、面广、环节多，货物不仅要经历长途的跨国运输和反复装卸、搬运，还涉及投保、报关、报检等业务操作。从货物运输来看，无论采用海、陆、空哪种运输方式，都要考虑运输合同的条款、运费、承运人与托运人责任、仲裁与索赔、装运及提货手续等。从货运保险来看，洽购保险、确定保险条件、签订保险合同、划分保险人与被保险人责任、计算保险费与索赔等均比国内贸易复杂。

(三) 医药国际贸易风险大

医药贸易双方在国际交易时，通常会面临以下六种风险：

1. 信用风险　经营进出口贸易，自买卖双方接洽开始，经过报价、还价、确认后订立合同，再到卖方交货，买方支付货款，要经过一段相当长的时间。在此期间，买卖双方的财务状况可能发生变化，有时危及履约。

2. 商业风险　在国际贸易中，进口商有可能以各种理由拒收货物，对出口商来说这就是商业风险。拒收的理由多是货样不符、交货期晚、单证不符等。这些理由，在货物遭到拒收前是无法确定的。拒收后，虽可交涉弥补，但损失或多或少会发生。

3. 汇兑风险　在国际贸易中，交易双方必有一方要以外币计价。如果汇率不断变化，计价货币选择不当，就要承担货物的汇兑风险。

4. 运输风险　国际贸易货物运输距离一般比国内贸易遥远，在运输过程中发生的风险也随之增多。若货物遇到保险公司承保范围之外的风险，当事人则要自负相应的损失。

5. 价格风险　通货膨胀、有竞争力的替代品的出现、竞争对手降价或因经济危机等原因造成的供求失衡，都会带来商品价格的波动变化，从而形成一定的风险。相对国内贸易，在国际贸易中，价格随国际市场供求关系的变化而变化，变化的因素更多、更复杂，也更加无法预测和难以控制，因此风险也就更大。

6. 政治风险　世界各国大都实行贸易管制，这些贸易管制政策与措施受制于国内政治经济状况，常常不断修改，尤其是经济上处于困难地位的国家，具体的政策和措施往往是朝令夕改，变化很大。再加上一些国家国内的政局变动，常常使经营国际贸易者承担许多国内贸易无须承担的政治风险。

综上所述，开展医药国际贸易会遇到更多困难，承担更大风险，医药国际贸易从业人员必须具备较高的从业素质，熟悉医药贸易理论、专业知识，精通外语，善于收集医药商业情报等。

三、医药国际贸易的意义

从本质上看，医药国际贸易是一国医药生产和流通向国外的延伸，通过参与国际分工和利用国际市场，构成了一国社会再生产的重要组成部分，也是国际经济的重要组成部分。医药国际贸易不仅对一国经济发展，而且对世界经济发展具有重要的意义。

（一）推动医药产业发展，优化国民经济结构

医药商品是国际贸易量较大的商品之一。积极发展医药国际贸易，参与国际医药市场竞争，可为本国医药产业提供广阔的市场空间，加速医药产品结构升级，提高医药生产技术，促进世界医疗服务发展，并通过医药产业的前后向联系带动相关产业发展，提升技术密集型产业占国民经济的比重，从而促进国民经济结构的不断优化。随着经济全球化发展和国际竞争日趋激烈，世界多数国家把医药产业作为21世纪的战略性产业来培养和发展。参与国际医药生产分工和医药商品交换已成为世界各国提升国家竞争力的重要手段。

（二）节约社会劳动，提高经济效益

各国经济技术条件的不同导致医药商品生产所耗费的社会劳动不同。一国通过对外贸易，出口国内生产条件有利、劳动耗费较少的医药商品，换取国内生产条件不利、劳动耗费较多的商品，从而获得由于商品生产成本不同所带来的差额利润。医药商品的国际分工和国际交换，可节约社会劳动的消耗，优化资源配置和提高经济效益，这显然有利于医药产业乃至整个国民经济的发展。

（三）积聚发展资金，吸收先进技术

医药产业具有高技术、高风险、高投入与高回报的特征。这就要求相关企业必须积聚充足的资金，采用先进技术，培训专门人才，收集广泛的医药信息，才能营造产品优势，开展医药对外贸易。发展医药对外贸易，加强对外交流，对引进新的医药成果、学习世界先进的医药技术和管理经验、积累生产及科研资金、扩大医药生产规模均有重要的意义。

（四）促进医疗卫生事业的发展，保障国民生命健康

由于医药生产和流通直接关系到人的生命健康和生活质量，因此各国政府都十分重视。通过发展医药国际贸易，尤其是医药服务贸易，可加强各国医疗卫生事业的交流与合作，推动新药的研发和生产，提高医疗服务水平，增强一国抗病救灾能力，保障人民的生命健康和生活质量的提高。

第二节　医药国际贸易分类

作为国际贸易的一个组成部分，医药国际贸易的分类与一般国际贸易基本相同。结合医药国际贸易实际，主要介绍以下几种分类：

笔记栏

一、按商品的移动方向划分

(一) 出口贸易

将本国生产和加工的商品(包括劳务)运往国外市场销售,称为出口贸易或输出贸易(export trade)。例如中国目前已将西药类商品出口至美国、印度、日本、韩国、德国、荷兰等190多个国家或地区。需要注意的是,如果商品不是因外销而输往国外,则不计入出口贸易的统计之中,如中国对非洲一些国家无偿的药品援助。

(二) 进口贸易

将外国商品(包括劳务)输入本国国内市场销售,称为进口贸易或输入贸易(import trade)。例如中国从美国、德国、日本、法国、瑞士等国进口专利原研药、原料药和生化药品。需要注意的是,如果商品不是因购买而输入国内,则不称为进口贸易,也不列入统计,如外国旅客入境时携带的自用药品、家用医疗器械等。

(三) 过境贸易

过境贸易(transit trade)是指甲国向乙国运送商品,由于地理位置的原因,必须通过第三国,对第三国来说,虽然没有直接参与此项交易,但商品要进出该国的国境或关境,并要经过海关统计,从而构成了该国进出口贸易的一部分。

例如,位于拉丁美洲的巴拿马运河,横穿巴拿马地峡,是连接太平洋和大西洋的重要航运要道,每年来自世界各地数以万计的船舶由此过境。此外,在中国西汉时代,西域商人经由中亚各国的“丝绸之路”将木香、豆蔻、羚羊角、龙涎等动植物药输入中国,同时也将中国的大黄、肉桂、黄连、茴香等药材运往阿拉伯等地。古代中国与阿拉伯国家之间的药材贸易对于“丝绸之路”途经的沿线国家来说,即为过境贸易。

(四) 转口贸易

转口贸易(entreport trade)是指国际贸易中进出口货物的买卖,不是在生产国与消费国之间直接进行,而是通过第三国转手进行的贸易。这种贸易对中转国来说就是转口贸易。交易的货物可以由出口国运往第三国,在第三国不经过加工再销往消费国;也可以不通过第三国而直接由生产国运往消费国,但生产国与消费国之间并不发生交易关系,而是由中转国分别同生产国和消费国发生交易。例如中国香港作为“中药港”,是内地医药类产品的重要转口港,多数产品如中药材及饮片、中成药等由此转口,销往澳大利亚、日本、东盟、韩国、印度等地。

二、按国境与关境划分

(一) 总贸易

总贸易(general trade)是指以国境为标准的进出口贸易。部分国家划分进出口是以国境为标准,进入本国国境的所有商品称为总进口(general import);离开本国国境的所有商品称为总出口(general export)。

(二) 专门贸易

专门贸易(special trade)是指以关境为标准划分的进出口贸易。部分国家以关境作为进出口标准,当外国商品进入国境后,暂时存在保税仓库,不进入关境,一律不列为进口。只有进入关境的外国商品,才列为进口,称为专门进口(special import)。对于从国内运出关境的本国产品以及进口后未经加工又运出关境的商品则列为出口,称为专门出口(special export)。

关境是世界各国海关通用的一个概念,指各国海关设置的征收关税的领域,其不同于从地理位置上以界河、界桥、界山等区分的一国国境。国境与关境通常情况下是一致的，但随着国家对外开放程度的提高和经济区域化发展，两者背离已成为较普遍的现象，例如当一国设置自由港或自由贸易区等免税区域，或与其他国家相互之间结成关税同盟时。

三、按贸易对象的性质划分

按贸易对象的性质划分为有形贸易和无形贸易。其中，无形贸易可以分为服务贸易和技术贸易。有形贸易与无形贸易的显著区别在于：有形贸易均需办理海关手续，纳入海关的贸易统计；而无形贸易无需经过海关手续，一般不反映在海关统计上。但是，对形成国际收支来讲，这两种贸易是完全相同的。

（一）有形贸易

有形贸易（visible trade）是具有物质形态的商品贸易。有形贸易的进口、出口都必须通过海关，并反映在海关的统计上，它是整个国际收支中最重要的项目。由于有形贸易的商品种类繁多，为了便于统计、贸易管理和比较分析，联合国秘书处于 1950 年公布了《国际贸易标准分类》（Standard International Trade Classification，SITC），并分别进行了四次修订。目前使用的修订版于 2006 年 3 月在联合国统计委员会第三十七届会议上通过。该分类法将国际贸易商品分为 10 大类（section）、63 章（division）、223 组（group）、786 个分组（subgroup）和 1 924 个项目（item）。十大类商品分类如表 1-1 所示。

表 1-1　SITC 中商品的十大类

大类编号	类别名称
0	食品及主要供食用的活动物
1	饮料及烟草
2	燃料以外的非食用粗原料
3	矿物燃料、润滑油及有关原料
4	动植物油油脂
5	未列名化学品及有关产品
6	主要按原料分类的制成品
7	机械及运输设备
8	杂项制品
9	没有分类的其他商品

SITC 几乎包括了所有的有形贸易商品。每种商品都有一个五位数的目录编号。第一位数表示类，前两位数表示章，前三位数表示组，前四位数表示分组，前五位数一起表示某个商品项目。例如，维生素 A 及衍生物的标准分类编号为 541.12。其中 5 表示类，名称为未列名化学品及有关产品；54 表示章，名称为医药品；541 表示组，名称为医药品；541.1 表示分组名称为维生素及维生素原；541.12 表示项目，名称为维生素 A 及衍生物。一般来说，进出口商品的标准分类编号至少前 3 位相同（至少同类同章同组）才被视作同类产品，可归于产业内贸易。

ER-1-1

知识拓展：《协调制度》的由来和发展

（二）无形贸易

无形贸易（invisible trade）是指不具有物质形态的商品贸易，如运输、保险、金融、旅游、文化娱乐、法律服务、咨询等的提供和接受。无形贸易可以分为服务贸易和技术贸易。

笔记栏

1\. 服务贸易(service trade) 一般来说,服务贸易是指提供活劳动(非物化劳动)以满足服务接受者的需要并获取报酬的活动。为了便于统计,世界贸易组织(WTO)的《服务贸易总协定》将服务贸易定义为四种方式:过境交付、境外消费、自然人流动和商业存在。

知识链接

全球化背景下的医疗服务贸易

当前中国经济正在从高速发展阶段向高质量发展阶段转变。促进经济实现高质量发展的关键之一是扩大服务业对外开放。推动服务业对外开放,已经上升为国家战略,中国现已成为仅次于美国的世界服务贸易第二大国。中国服务贸易虽然体量很大,但结构并不理想。其中,医疗服务所占比例很小,这主要受制于两方面因素:一是我国医疗卫生领域对外开放水平长期滞后;二是我国医疗卫生行业整体水平不高。

与制造业产品不同,医疗服务具有半公共产品性质,它受制于一国政治体制、法律制度和文化习惯,同时又影响到一国国民素质和消费习惯等。因此,医疗卫生领域的对外开放一直比较敏感,多数国家都采取谨慎的态度,逐步放开。尽管如此,在贸易全球化大背景下,医疗服务的对外开放已经成为一个国家扩大对外开放的必然选择。

在当前全球化背景下,医疗服务贸易持续增长。以合同研究组织(CRO)为代表的医疗服务外包行业的规模迅速扩张,市场集中度不断提高。医疗旅游日渐兴起,已成为当前全球发展最迅猛的产业之一。发达国家由于经济实力、技术创新能力以及人力资本等优势,在全球服务贸易的高端价值链中占据主导地位,全球医疗服务贸易发展存在严重的区域不平衡。对我国而言,推动医疗服务贸易发展对进一步扩大服务业对外开放、促进经济高质量发展、提升国际竞争力有重要的意义和作用。[资料来源:张颖熙.全球化背景下我国医疗服务贸易发展分析[J].学术论坛,2019,42(1):88-95]

2\. 技术贸易(technology trade) 技术贸易是指技术供应方通过签订技术合同或协议,将技术有偿转让给技术接受方使用。它包括技术输出和技术引进两方面,也是国际技术贸易转让的重要组成部分。国际技术转让一般分为非商业性技术转让和商业性技术转让。前者是指政府援助、交换技术情报、学术交流、技术考察等形式的技术转让,这种转让通常是无偿的或转让条件极为优惠。后者是按一般商业条件,以不同国家的企业作为交易主体进行的技术转让,是有偿的技术转让,也称为国际技术贸易。

四、按交易方式的性质划分

(一)商品贸易

商品贸易(goods trade)是指以商品买卖为目的的纯商业方式所进行的贸易活动。此种性质的交易方式又包含着一些具体的交易方法,即经销(总经销、独家经销、一般经销)、代理(总代理、独家代理、一般代理)、寄售、拍卖、投标及展卖等。

(二)加工贸易

加工贸易(process trade)是指利用本国的人力、物力或技术优势,从国外输入原材料、半成品、样品或图纸,在本国内加工制造或装配成成品后再向国外输出的,以生产加工性质为主的一种贸易方式。可分为来料加工、来样加工和来件装配。

(三) 补偿贸易

补偿贸易(compensation trade)是指参与两国间贸易的双方,一方是以用对方提供的贷款购进机器、设备或其他技术,或者是以用对方提供的机器、设备或技术进行生产和加工活动,待一定时期后,该方用该项目下的产品或其他产品或者是产品销售后的收入去偿还对方的贷款或设备技术款项的一种贸易方式。此种方式对解决买方的资金暂时不足和帮助卖方推销商品均有一定的作用。在我国,补偿贸易与加工贸易通常合称为“三来一补”。

(四) 租赁贸易

租赁贸易(lease trade)是在信贷基础上进行的。出租人向承租人提供所需设备,承租人则按租赁合同向出租人定期支付租金,设备的所有权属于出租人,承租人取得的是使用权。租赁期一般较长,是一种以融物的形式实现中长期资金融通的贸易方式。具体包括融资租赁(financial lease)、经营租赁(operating lease)、转租租赁(sub-lease)、回租租赁(sale and lease)等多种形式。

五、按贸易关系划分

(一) 直接贸易

商品生产国与商品消费国不通过第三国进行买卖商品的行为即直接贸易(direct trade)。直接贸易双方直接谈判,直接结算,货物直接运输。直接贸易的出口国方面称为直接出口,进口国方面称为直接进口。

(二) 间接贸易

商品生产国与商品消费国通过第三个国家所进行的商品买卖行为,称为间接贸易(indirect trade)。此类贸易因为各种原因,出口国与进口国之间不能直接进行洽谈、签约和结算,必须借助于第三国的参加。间接贸易有些是出于政治方面的原因,有些是由于交易双方信息不通畅而形成的。对于第三国来说,则是转口贸易。此概念也泛指一般贸易活动时,买卖双方通过中间商而进行的交易行为。

此外,国际贸易还可以按参与贸易国家的多少分为双边贸易、三角贸易、多边贸易;按照货物运送方式划分为陆路贸易、海路贸易、空运贸易和邮购贸易;按清偿工具分为现汇贸易、记账贸易、易货贸易等。

第三节　国际贸易基本统计概念

对于国际医药贸易状况及一国对外医药贸易活动,通常可通过一些统计指标进行描述,以反映医药国际贸易现状、了解医药国际贸易发展趋势等。

一、对外贸易值与国际贸易值

(一) 对外贸易值

对外贸易值(value of foreign trade)又称对外贸易额,是指一个国家或地区在一定时期内进出口商品的价值。通常用进出口总值表示,有时也只用进口值或出口值表示。进出口总值(value of exports and imports)是以货币表示的进出口贸易量,即进口贸易额加上出口贸易额。各国对外贸易额一般都以本国货币表示,对外一般用美元来表示。

例如,2019 年中国中药类产品进出口额达 61.75 亿美元,同比增长 7.05%。其中,出口

笔记栏

额为 40.19 亿美元，同比增长 2.82%；进口额为 21.55 亿美元，同比增长 15.93%，继续保持出口和进口双增长态势。近五年来中国中药进出口情况如图 1-1 所示。

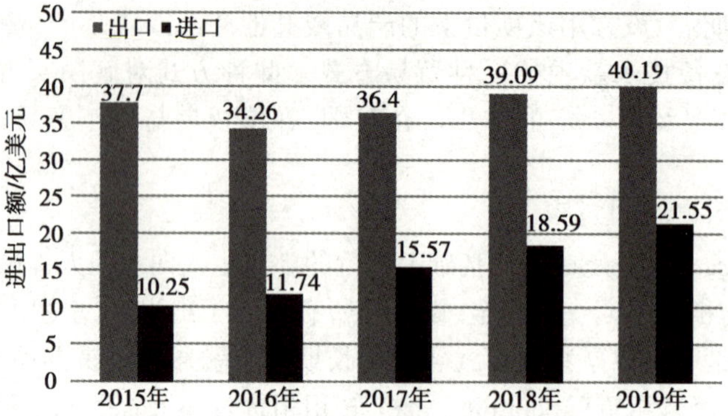

图 1-1　中国 2015—2019 年中药进出口额

数据来源：中国医药保健品进出口商会。

（二）国际贸易值

国际贸易值（value of international trade）是用货币来表示的一定时期内世界各国对外贸易值的总和，又称国际贸易额。各国的对外贸易值是用本国货币表示的，因此需要把各国的对外贸易值折算成相同的货币单位（通常用美元）来表示国际贸易值。

就单个国家而言，出口值与进口值之和就是该国的对外贸易值。就国际范围而言，一国的出口就是另一国的进口。如果把世界各国的出口值和进口值加在一起作为国际贸易额，就会造成重复计算；而世界各国的进口值一般是按到岸价格计算，通常还包括运输和保险的费用，因此，一般只用世界各国的出口值总额作为国际贸易值。由于统计进出口的口径不同，世界出口贸易总额往往小于世界进口贸易总额。

由于现实生活中物价经常变动，尤其是第二次世界大战之后，通货膨胀更是一种明显的、持续的国际经济现象。因此，国际贸易值往往不能准确反映国际贸易的实际规模及其变化趋势。如果以国际贸易量来表示，则能避免上述缺点。

二、对外贸易量与国际贸易量

（一）对外贸易量

对外贸易量（quantum of foreign trade）是指按一定时期不变价格为标准计算出来的一个国家或地区的对外贸易值。它是反映一个国家进出口规模的重要指标之一。在对外贸易过程中，有各种各样的进出口商品，这些商品的进口量和出口量是按不同的计量单位（如重量、容量、数量等）计算出来的，计算标准差别很大，难以汇总。因此，在实际中，用固定年份为基期的进口或出口价格指数去除当时的进口值或出口值，得出按不变价格计算的对外贸易实际规模的近似值。这个数值消除了价格变动的影响，只反映数量变化，所以称为对外贸易量。然后再以一定时期的对外贸易量为基期，与一国各个时期的对外贸易量作比较，就可以得出对外贸易实际规模变化的物量指数。

例如，中国中药材及饮片 2018 年和 2019 年出口额分别为 10.31 亿美元、11.37 亿美元。若以 2018 年为基期，已知 2019 年中药材出口价格指数为 110.5%，则可以算得 2019 年中药材出口贸易量为 10.29 亿美元，贸易量指数为 99.8%，实际出口规模不及 2018 年，出口贸易实际规模有所缩减。

（二）国际贸易量

国际贸易量（quantum of international trade）是用数量、重量、长度、面积、容积等计量单位表示的国际贸易规模。衡量国际贸易量的方法与衡量对外贸易量的方法基本相同——以一定时期的不变价格来计算国际贸易量，即用出口价格指数去除各时期的出口值，得出按不变价格计算的国际贸易实际规模的近似值。这个数值消除了价格变动的影响，只反映数量变化，因此称为国际贸易量。然后再以一定时期的国际贸易量为基期，与各个时期的国际贸易量作比较，就可以得出国际贸易实际规模变化的物量指数。

国际贸易量计算过程如下：

1. 先求以基期的价格为基数计算出比较期的价格指数。

$$\text{比较期价格指数} = \frac{\sum P_1Q_1}{\sum P_0Q_1} \times 100\%$$

2. 再求用比较期的价格指数除比较期的贸易值。从而计算出以基期的不变价格为基础的比较期贸易值，以此作为比较期的贸易量。

$$\text{比较期贸易量} = \frac{\text{比较期贸易值}}{\text{比较期价格指数}} = \sum P_0Q_1$$

3. 最后把比较期的贸易量与基期的贸易量比较。

$$\text{比较期贸易量指数} = \frac{\sum P_0Q_1}{\sum P_0Q_0} \times 100\%$$

上述公式中，P_1 表示比较期价格，Q_1 表示比较期数量，P_0 表示基期价格，Q_0 表示基期数量。

三、对外贸易和国际贸易商品结构

（一）对外贸易商品结构

ER-1-2

知识拓展：从我国医药进出口看对外贸易商品结构

对外贸易商品结构（foreign trade by commodities）是指一国进出口贸易中各种商品的构成，即某大类或某种商品进出口贸易额与整个进出口贸易额之比。通过对一国进出口商品结构的分析，可以看出这个国家的经济发展水平和在国际分工中的地位。在工业发达国家的对外贸易中，工业制成品在出口中所占的比重一般大于初级产品的比重，而初级产品在进口中所占的比重一般大于工业制成品所占的比重。在工业不发达国家的出口中，初级产品在出口中所占的比重一般大于工业制成品所占的比重，在进口中则相反。这说明工业不发达国家是工业发达国家工业品的销售市场和农矿产原料与食品的供应基地。

（二）国际贸易商品结构

国际贸易商品结构（international trade by commodities）是指贸易商品类别构成状况，一般用各类商品的贸易额在贸易总额中的比重来表示。

商品的种类十分繁多，一种常见的分类方法是根据商品的加工程度，把商品分为初级产品与工业制成品两大类。前者是指未经加工或只经简单加工的农、林、牧、副、渔和矿产品；后者是指经过机器完全加工的产品，如机器设备、化学制品、其他工业产品等。还有一种常见的分类方法是根据商品生产中所需要的某种较多的生产要素，把商品分为劳动密集型商品、资本密集型商品等。SITC 的分类方法是按照商品的加工程度由低级到高级进行编排的，同时也适当考虑商品的自然属性。SITC 的分类方法很适合经济分析之用。一般将 0~4 类商品列为初级产品，把 5~9 类商品列为制成品。国际贸易商品结构的意义在于：对国际贸易中现在与过去的商品结构，以及各国间商品结构进行比较，可以反映一国或整个世界的经济发展水平、产业结构状况和科技发展水平。

笔记栏

四、对外贸易与国际贸易地理方向

（一）对外贸易地理方向

对外贸易地理方向（direction of foreign trade）又称对外贸易地区分布，是指各个国家或经济集团在一国对外贸易中所占有的地位。对外贸易地理方向表明了一国同世界各国经济贸易的联系程度。一般用一国或地区与其他各国或地区的贸易额在该国或地区对外贸易总额中的比重来表示。例如 2020 年 1—6 月中国中药材出口国家（或地区）排名前十的是日本、越南、中国香港、中国台湾省、韩国、马来西亚、美国、新加坡、德国和泰国，十大市场出口占上半年中药材出口总额的 80.36%（表 1-2）。

表 1-2　中国 2020 年 1—6 月中药材出口前十大市场统计

排序	国别	出口额 / 亿美元	出口额占比 /%
1	日本	1.13	18.32
2	越南	0.83	13.37
3	中国香港	0.78	12.67
4	中国台湾省	0.65	10.50
5	韩国	0.64	10.30
6	马来西亚	0.31	4.94
7	美国	0.21	3.36
8	新加坡	0.16	2.60
9	德国	0.14	2.23
10	泰国	0.13	2.07
合计		4.97	80.36

从中国西药制剂出口的地理方向来看，2019 年中国对美国出口额为 4.21 亿美元，占中国西药制剂出口总额的 10.24%。对欧盟出口额为 10.1 亿美元，占中国西药制剂出口总额的 24.6%，其中丹麦、法国、波兰、英国、德国、比利时、意大利、西班牙、荷兰和希腊是中国对欧盟出口的前十大市场，占我国西药制剂对欧盟出口总额的 94.6%。对东盟、印度、尼日利亚等新兴市场出口额约为 23 亿美元，占比近 60%，成为西药制剂出口的重点市场。

（二）国际贸易地理方向

国际贸易地理方向（direction of international trade）是指国际贸易额的地区分布状况，一般用一国或地区的对外贸易额在世界贸易总额中所占的比例来表示。国际贸易地理方向反映了各国或地区参加国际商品流通的水平及该国或地区在世界贸易中所占的地位。例如 2020 年在疫情冲击下，全球经济和贸易普遍低迷，中国进出口贸易总额达到 32.16 万亿元，同比增长 1.9%，成为全球外贸唯一正增长的主要经济体。2020 年前 10 个月，中国进出口，出口、进口国际市场份额分别达 12.8%、14.2%、11.5%，创历史新高。这些数据表明，中国在世界贸易中具有举足轻重的地位，货物贸易第一大国地位进一步巩固。

五、贸易差额和国际收支

（一）贸易差额

贸易差额（balance of trade）是指一国在一定时期内出口贸易额和进口贸易额的差额状

况。如果出口额大于进口额，则称为贸易顺差或出超（favorable balance of trade）；如果进口额大于出口额，则称为贸易逆差或入超（unfavorable balance of trade）；如果进出口相等，则称为贸易平衡。

贸易差额的意义在于：一是反映了一国的商品在国际市场上的竞争力状况；二是反映了一国的进出口外汇收入与支出情况，从而对该国的国际收支产生影响。

一般说来，出超、顺差反映一国在对外贸易收支上处于有利地位，表示该国有较强的生产、加工、制造能力，产品在国际市场上有较强的竞争能力，入超、逆差反映一国在对外贸易收支上处于不利地位，表示该国的加工、制造能力较弱，产品在国际市场上竞争能力较弱。

（二）国际收支

国际收支（balance of payment）是指一国在一定时期内（通常为一年）所有对外经济交易的收入总额与支出总额的对比。如果收入大于支出，称为国际收支顺差（或黑字）；如果支出大于收入，则称为国际收支逆差（或赤字）；如果收入等于支出，则称为国际收支平衡。一般很少见国际收支绝对平衡的。国际收支是由经常账户、资本账户、官方结算账户等组成的，而对外贸易收支是经常账户中的主要内容。因此，贸易差额对国际收支具有重要影响。

一般来说，一国呈现贸易顺差，表明该国的对外贸易处于相对较有利的地位，如该国的国际竞争能力在提高，外汇储备在增加，应付国际金融问题的能力也就得到增强。一国呈现贸易逆差，则表明该国的对外贸易处于较为不利的地位。但这并不是绝对的，长期的贸易顺差会使国内市场可供商品与服务相对于货币购买力来说变得贫乏，它会产生一种使国内市场价格上升的压力。因此，顺差并非绝对好事；而贸易逆差若是发生于为加速经济发展而适度举借外债，引进先进技术及生产资料，也不是坏事。从长期趋势看，一国的进出口贸易应保持平衡。

六、净出口和净进口

（一）净出口

净出口（net export）是指一国在一定时期内某一类商品的出口大于对该类商品的进口。该类商品的出口大于进口的差额称为净出口额。

（二）净进口

净进口（net import）是指一国在一定时期内某一类商品的进口大于对该类商品的出口。该类商品的进口大于出口的差额称为净进口额。

在某一类商品上是净出口还是净进口，反映了一国对该商品的生产能力和消费能力。如果一国对某类商品的生产能力大于消费能力，则该国在该类商品的外贸中会出现净出口；反之，则出现净进口。此外，净出口或净进口也可能是由于一国的某类商品在国际竞争中的地位造成的。竞争力强，会出现净出口；竞争力弱，则会出现净进口。

七、国际贸易条件

贸易条件（terms of trade）是指出口一单位本国商品可以换回多少单位的外国商品。换回的外国商品越多，称为贸易条件好转；换回的外国商品越少，称为贸易条件恶化。在以货币为媒介、以价格表示交换价值的条件下，贸易条件一般以一定时期内出口价格指数和进口价格指数之比来表示。其公式为：

$$TOT=\frac{p_x}{p_y}$$

其中，p_x 表示出口价格指数，p_y 表示进口价格指数。

笔记栏

TOT 的计算有三种情况：① TOT>1，即贸易条件好转；② TOT<1，即贸易条件恶化；③ TOT=1，即贸易条件不变。一般来说，在 TOT 小于 1 的情况下，出口越多越不利。针对这种情况，政府应积极采取措施，调整进出口商品结构，以改变对外贸易的不利状况。但是孤立地考察贸易条件并不能很好地计量福利或贸易利益变动。比如，在出口价格下降而进口价格相对不变的情况下，只有当生产出口商品的劳动生产率在没有一定程度提高的情况下才能判断出贸易对本国福利的不利影响。

八、对外贸易依存度

对外贸易依存度（ratio of dependence of foreign trade）又称“外贸依存率”，指的是一国的进出口总值在国民生产总值或国内生产总值中所占比重。它表明一个国家的对外贸易在国民经济中的地位或国民经济对于对外贸易的依赖程度，同时又反映同其他国家经济联系的密切程度和该国加入世界市场、参与国际分工的深度。外贸依存度分为输出依存度和输入依存度。前者又称“平均出口倾向”，以一国的出口总额占国民生产总值或国民收入的比重来表示。后者则称“平均进口倾向”，是一国的进口总额所占国民生产总值或国民收入的比重。两者都分为按不变价格计算的实际依存度和按现行价格计算的名义依存度。

FR-1-3

知识拓展：稳住医药外贸基本盘，推动医药产业国际化发展

若以 X 表示出口，M 表示进口。则外贸依存度的公式为：

$$外贸依存度 = \frac{X+M}{GDP}$$

外贸依存度表明一国的经济对外贸的依赖程度，也可表明一国经济全球化的程度。

第四节 医药国际贸易实务的研究内容

国际贸易作为一门学科，其研究对象是不同国家或地区之间的商品和服务的交换活动。通过研究这些商品和服务交换活动的产生、发展过程，以及贸易利益的产生和分配，揭示这种交换活动的特点和规律。医药国际贸易作为世界贸易的重要组成部分，指不同国家或地区之间的医药商品和医疗服务的交换。其中，世界药品贸易是医药国际贸易的重中之重，也是各国政府及医药界关注的核心，属于狭义的医药国际贸易范畴；而广义的医药国际贸易还包括无形医药贸易，如医疗服务贸易、医药知识产权交易等。虽然近年来这类无形贸易呈现上升趋势，但是由于各国开放程度有限，医疗服务等无形商品的交换依然位居医药国际贸易的次要地位。

鉴于医药国际贸易含义的广狭之分，相应地，医药国际贸易实务从广义上来讲，既研究有形医药商品国际交换的具体运作过程，涉及医药国际贸易产品、世界医药市场、医药对外贸易政策以及医药产业发展政策与对外贸易战略等内容，同时也研究国际医疗服务、医疗知识产权等无形商品的国际买卖业务。而狭义的医药国际贸易实务仅指药品的国际买卖业务。本书研究对象即为广义的医药国际贸易实务，以有形的医药商品尤其是药品贸易为主，同时兼顾国际医疗服务贸易及医药知识产权交易。

医药国际贸易实务的主要研究内容包括以下 5 个方面：

1. 医药产业及国际贸易的关系研究　医药商品及服务的供给是医药贸易的基础，医药国际贸易的发展又推动医药生产的进步。通过对我国医药产业及对外贸易的历史演变，医药产业发展现状的认识及国内外产业政策的分析，可以透视医药产业的发展和医药国际贸易的关系。

2. 医药国际贸易产品及市场　包括医药国际贸易中产品的种类及质量特征，药品质量管理的依据，国内外医药商品进出口质量管理的相关政策法规；世界医药市场的概况及国别情况，尤其是世界天然药物市场。通过对世界市场及各国的医药产品质量监管的研究进而分析中国医药产业参与医药国际市场竞争的情况。

3. 医药国际贸易政策与发展策略　基于相关贸易理论，研究中国对外医药贸易政策及具体实施措施。从跨国公司及其直接投资理论入手，分析医药企业跨国经营及其对中国医药企业的影响，并对中药产业国际化的障碍与发展策略进行探究。

4. 医药知识产权及医药服务贸易　通过对医药知识产权及医药服务贸易的相关概念与医药知识产权及医药服务贸易的相关法律法规分析，研究中国在国际医药贸易中所面临的知识产权保护问题及可采取的知识产权策略，分析国际医疗服务贸易的现状和发展前景。

5. 医药进出口贸易的实务操作　结合医药商品特点，研究医药进出口贸易的具体运作过程和相应的贸易方式，涉及医药贸易的准备、磋商、签约和合同履行各环节，并侧重研究医药进出口标的物品质、数量，包装，价格，交付与结算等操作方法与技能，强调医药进出口业务的实际操作。

案例讨论

中药产业国际化进程迎来新机遇

截至2019年底，我国中药类产品出口到全球193个国家和地区，中医文化已经传播到全球180多个国家和地区，我国已经与45个国家、国际组织签订了中医药合作协议。在中国对外签署的15个自贸协定中，均有专章规定中药贸易及中医服务贸易的内容。2019年5月世界卫生组织（World Health Organization，WHO）将中医药纳入《国际疾病与相关健康问题统计分类》（ICD）中。目前中药已在俄罗斯、古巴、越南、新加坡和阿联酋等国以药品形式注册，中医药开始进入国际医疗医药体系。

当前，中医药产业受到前所未有的关注，国家陆续出台了一系列政策措施，鼓励中医药改革发展。一是产业发展战略与规划频频出台，如国务院及相关部门陆续颁布《中医药发展战略规划纲要（2016—2030年）》《“健康中国2030”规划纲要》《医药工业发展规划指南》以及《关于促进中医药传承创新发展的意见》。二是行业标准逐步完善，如2017年7月第一部全面系统体现中医药特点的综合性法律《中华人民共和国中医药法》（以下简称《中医药法》）实施，2020年版《中国药典》发布。三是多策并施推进中医药国际化步伐。目前《中医药“一带一路”发展规划（2016—2020年）》已初见成效，为拓宽中药国际市场、促进中药产品进出口带来新发展机遇。2019年商务部与国家中医药管理局共同启动中医药服务出口基地建设，鼓励建立中医药海外服务中心，支持中药的国际注册及专利申请，以中医药服务贸易带动中药货物出口，减少中药国际化面临的市场准入、流通渠道、外行“洋中医”等问题。

此外，中医药在新冠肺炎疫情防控中发挥了积极作用，中药疗效引起了全球关注。据多家媒体报道，美国、荷兰、英国、匈牙利等多国中医药诊所问诊人数大增，诊所的中药饮片和配方颗粒销量翻番，韩国、日本、意大利一些科研院校给中国中医专家来信，希望分享中医药治疗经验。国家中医药管理局公开了新冠肺炎中医药诊疗方案的英文版，通过筛选出以“三药三方”为代表的一批有效方药，主动与有需求的国家和地区互动分享。中医药在海外抗疫中获得积极反响，全球影响力进一步扩大。[资料来源：

笔记栏

朱蕾．我国中药产业国际化发展的挑战、机遇及推进策略[J]．对外经贸实务，2020(11)：57-60]

案例讨论题

1. 试述当前我国中药产业国际化面临的新机遇。

2. 根据上述资料，试论在当前贸易保护主义抬头叠加疫情背景下应如何抓住机遇、多措并举地推动我国中药产业国际化。

（徐爱军）

复习思考题

1. 简述WTO《服务贸易总协定》对服务贸易的分类。
2. 试根据本章相关数据，计算2015—2019年中国中药贸易的净出口额，并分析其含义。
3. 简述联合国SITC对有形贸易商品的分类。
4. 试从医药产业发展视角分析医药产品出口对我国医药产业发展的积极影响。
5. 试通过数据收集，分析我国医药出口贸易特点。

第二章

医药产业和中国医药对外贸易发展史

笔记栏

PPT 课件

学习目标

1. 掌握医药产业的内涵及其特点。
2. 熟悉中国医药产业的历史变迁，以及中国医药对外贸易的发展概况。
3. 了解世界医药产业的发展概况。

引导案例

郑和下西洋

郑和，原名马三保，回族人，于永乐二年被赐姓郑。郑和作为钦差总兵正使太监七次下西洋，前后历时二十九年，每次统率官校旗军数万人，乘巨舶百余艘。据载，"所历番国，由占城国、爪哇国、三佛齐国、暹罗国，直逾南天竺、锡兰山国、古里国、柯枝国，抵于西域忽鲁谟斯国、阿丹国、木骨都束国，大小凡三十余国，涉沧溟十万余里"，经南海越印度洋到达今之红海与东非。此间，船队通过各种方式向海外传播了我国中医药知识和文化，如赠予中医药书籍、施医传药等。郑和远洋医疗队储存中医药材多达300种，其中人参、茯苓、肉桂、黄连等数目较多，除自身需要外，还与他国进行药物交换。同时对海外药用生物资源进行了长期的考察，将其中对我国有用的种类予以引进，促进了我国与海外的药物贸易，扩展了我国中药材进出口品种。[资料来源：王磊．郑和下西洋对明朝对外贸易的影响考究[J]. 兰台世界，2017(17)：111-113；姜聪颖，张龑真．郑和下西洋与中医药文化传播[J]. 中医药文化，2019，14(2)：58-64]

第一节　医药产业内涵及特点

一、医药产业的内涵

根据产业经济学理论，以同一商品市场为单位划分产业，把所有生产同类商品或提供同种服务的企业称为某一产业，也可以以生产技术、生产工艺的相似性为依据来划分产业。因此，可将医药产业定义为：国民经济中药品的生产、流通和使用过程中形成的相互关联的各行各业，包括药用原辅料、医疗器械、卫生材料、制药机械、药用包装材料、化学药品、生物药品以及中药饮片、中成药的生产、销售和使用过程中所形成的各种行业。

笔记栏

二、医药产业的特点

(一) 医药市场的复杂性

医疗机构属于服务业，药品生产属于制造业，但由于医疗机构是药品最主要的流通渠道和交易场所，因此医药产业有着其他产业所不具备的特殊性，即药品消费的决策者和使用者相分离，这增加了医药市场的复杂性。表现在：医疗服务和药品生产与消费两者之间互相影响。在医药产业链中，消费者对医药产品的需求满足主要通过医院及医生来完成，但医院以及医生在医药产品流通过程中既没有主动去调节供求矛盾，也没有承担任何市场风险。此外，药品治病救人的特殊属性使得各国对药品实行严格的管理，提高了市场进入的门槛，增加了医药产业的复杂性。

(二) 医药产业的持续成长性

医药产业作为可以帮助人类延长寿命和保持健康的产业，一直以来都受到人们的高度重视，一直是对全球经济发展起重要引导作用的产业之一。医药产业是按国际标准划分的15类国际化产业中增长较快的产业之一，远高于一般制造业。自20世纪三四十年代以来，得益于化学、生物技术的进步和民众日益增长的医药需求，近代医药产业迎来了发展的黄金时期。20世纪70—80年代世界医药经济平均递增均超过13%，90年代虽受到世界经济衰退的影响，但平均增长率仍接近10%；2012—2017年，全球医药市场的年均复合增长率约为3.2%。特别是生物医药产业，根据前瞻产业研究院《中国生物医药行业“十三五”市场前瞻与发展规划分析报告》的数据统计，2011—2016年，全球生物医药市场保持着每年6%的复合增长率，2016年全球医药市场规模(不含医疗器械)达到1.11万亿美元，2017年达到1.25万亿美元。随着人口增长、老龄化、健康需求和生物医药技术的不断发展，医药产业今后仍将会保持较高的发展速度。

(三) 医药产业的“四高”性

医药产业具有高技术、高投入、高风险以及高收益等特性。医药产业属于高技术产业，医药产品的早期研发尤其是新药的研发，需要巨额资金的投入，产品研发周期长，技术创新成功率低，风险极高。国际上关于新药研发有“三个十”的说法，即平均每种新药的研发时间超过10年，研发投入超过10亿美元，而研发成功率却不到10%。即使是仿制药，上市前也需要耗费3~5年的研发时间。2016年，全球医药研发费用达到1 590亿美元，占全球药品销售收入的15%，比国防和航空航天业高5.5倍。但新药一旦研发成功，获得上市批准，因专利保护制药公司便可凭高昂售价获取高额利润。如强生、辉瑞、默沙东和艾伯维4家进入2019年财富世界500强的美国医药企业，每年对技术创新研发的投入都大于销售额的15%。截至2019年9月5日，全球医药及医疗器械领域专利累计已达960万余件。其中，化学药领域270万余件，中药领域46万余件，生物药领域近170万件，医疗器械领域470万余件。

(四) 医药产业的相对垄断性

医药需求的世界性和生产的集中性，使医药产品成为世界贸易最广泛的产品之一。医药产业的规模经济性、高技术、高风险等特征使得医药产业为少数大企业垄断，少数发达国家和部分发展中国家在全球医药市场中占据较重要的位置。自20世纪80年代以来世界医药企业并购、重组浪潮愈演愈烈，进一步加大了市场集中度。据统计，早在2007年美国医药产业中排名前4位的医药企业集中度占比29.5%，2014年日本医药产业中排名前5的企业集中度为37.1%。此外，医药产业在大多数国家都实施政府准入控制，政府的严格监管也加剧了医药产业的相对垄断。据统计，发达国家的生物医药产业具有80%的市场集中度。全球药品市场的分布呈现明显的集中性特征，约85%的市场集中于15个国家，其中，美国的药品市场规模在全球的占比超过40%。销售额排名前50位的制药企业中，有36%分布在欧盟，32%分布在美国，20%分布在日本。

第二节 世界医药产业发展概况

医药产业是具有广阔市场前景和巨大增长潜力的“朝阳产业”，被世界许多国家和国内众多地区竞相列为重点扶持发展的战略产业。现代医药产业产生于19世纪后期，经历了从无到有，从实验室的简单配制到化学合成再到生物制药等阶段。20世纪70年代，医药产业从所依附的化学工业中分离，成为独立的产业体系。21世纪初，随着科学技术特别是生物技术的迅速发展，世界医药产业的发展进入了一个全新阶段。

一、产生及初始发展阶段(1870—1930年)

早期药物治疗的供应来自于药剂师，他们在实验室生产。随着人们对药品需求量的日益扩大，Andrew Craigie在美国宾西法尼亚的卡莱尔建立了实验室和仓库，开始成批生产当时常用的药品，如吗啡、奎宁、马钱子碱等。据统计，到19世纪90年代从药房成长为药品批量生产商的企业有美国默克制药公司、德国的先令制药公司、瑞士的F.霍夫曼-拉奇公司等。

1880年，染料企业和化工厂开始建立实验室研究，在药物化学和药理学的研究及应用的基础上开发新的药物，19世纪末，开始兼并成为真正的制药企业。例如德国的阿克发公司、英国的卜内门公司以及美国的辉瑞制药公司等。

德国制药企业和学术界合作，研究染料、免疫抗体及其他生理活性物质，了解它们对致病菌的作用。1906年Paul Ehrlich发现有的合成化合物可以选择性地杀死寄生虫、病菌和其他致病菌，从而开始了大规模的工业研究，延续至今。20世纪初人们已经可以从动物体内提取有效成分，如肾上腺素，这是第一个用于治疗目的的激素。同时，人们已经学会从焦炭中提取染料，并且通过染色杀死细菌。化学家们很快对这些染料及其副产物进行了结构改进，使新的化合物更有效果，合成化学得到了快速发展，很多产品至今仍然得到广泛应用，如对乙酰氨基酚和阿司匹林。虽然用化学合成研究得到的药物治疗疾病已经很令人鼓舞，但是当时可以使用的仅仅是维生素和胰岛素等少量化合物。此间，疫苗也得到了应用，包括卡介苗苗和白喉疫苗。

二、迅速发展期(1931—1960年)

这个时期的特点是制药企业从天然物质中发现新药，转向天然物质修饰，到化学合成全新化合物，再从筛选化合物中得到新药。同时，战争加速了药物的研究开发，如抗疟疾药物、可的松及青霉素。

随着X-衍射技术、紫外光谱技术和红外光谱技术等分析化学和仪器分析技术的快速发展，以及从使用烧瓶、试管的湿法化学时代逐步向使用微量样本和分子模型的干法化学时代的发展，化学家们可以更科学地解释构效理论，了解化学结构和生物活性之间的关系，促使了新一代的抗精神病药物、催眠药物、抗抑郁药物和抗组胺药物的产生。这些技术的发展使这段时期发明的药物还包括合成维生素、磺胺类药物、抗生素、激素(甲状腺素、催产素、可的松类药物等)和新的疫苗等。

笔记栏

由于在药品研发、市场投资的增加，美国、欧洲、日本的制药企业迅速发展壮大。制药企业研究开发和学术界的合作也加强了。药物发明的方法也有很大的改变，如在抗生素开发中，制药厂筛选了成千上万个土壤样本，寻找抗菌剂。这个时期典型的化合物有：默克制药公司的链霉素，力达制药公司的金霉素，培达公司的氯霉素，雅培制药公司和礼来制药公司的红霉素，辉瑞制药公司的四环素等。这些药品丰厚的市场利润回报又促使制药企业更加重视科研工作，出现了研究开发型制药企业，并开始建立专门的科研园区。

第二次世界大战后，美国成为世界制药工业的领导，到20世纪40年代末，美国生产世界几乎一半的药品，在药品国际贸易中占1/3强。

在此期间，婴儿死亡率下降了50%以上，儿童因为感染而死亡的病例下降了90%。很多过去无法治疗的疾病，如肺结核、白喉、肺炎等都可以得到治愈。

在这个时期，药物安全性受到重视。1937年发生了磺胺药导致100多人死亡的事件，死亡者多数是儿童。该死亡事件使美国药品管理部门意识到药品安全管理在法规上的缺失。1938年美国通过了《联邦食品、药品和化妆品法》，强化了药品管理部门批准新药的责任，要求官员审查临床前试验数据和临床试验数据，有权要求申请者增加试验项目，有权拒绝批准上市。当时美国在药物安全管理方面达到世界先进水平。

三、重新评估、法规修正和产业增长阶段（1961—1980年）

这个时期最重要的事件之一是药品生产GMP的公布和将验证放入GMP法规的要求中，这使得药品生产更加规范。

这个时期制药工业受到科学、医学、政治、市场等多方面影响，新化合物的发现和早期试验使得一批新产品问世。而且，在科学上已经有可能通过选择性地阻滞生理过程来治疗疾病。心血管药物方面出现了60年代以普萘洛尔为代表的β受体阻滞剂，70—80年代以卡托普利为代表的血管紧张素转换酶抑制剂（ACEI）和以硝苯吡啶为代表的钙通道阻滞剂，以及一些降脂药物；也出现了不良反应比较少的新安眠药、抗抑郁药物、抗组胺药物、以布洛芬为代表的非甾体解热镇痛药、口服避孕药、抗癌药物、以多巴胺为代表的治疗帕金森病药物、治疗哮喘的药物等。

这一时期美国食品药品管理局（FDA）强化了对于临床试验的管理。相对美国，欧洲政府对于药物临床试验的管理比较松，仅要求医生监督患者用药后不良反应的情况，所以欧洲的新药上市速度比美国快。但欧洲药物不良反应的情况比美国严重。如1961年欧洲发生了反应停即沙利度胺事件，包括欧洲、南美洲、亚洲有约10 000名儿童畸胎，原因是临床试验不适当及药品审查不严。由于美国FDA没有批准反应停上市，该药在美国没有造成严重不良反应。

知识链接

美国食品药品管理局

作为美国卫生与公共服务部（Department of Health and Human Services，HHS）下属的核心部门，美国食品药品管理局（U.S. Food and Drug Administration，FDA）的主要职能是确保食品安全、纯净、有益健康；人用药和兽用药、生物制品、医疗器械的安全性和有效性；具有辐射的电子产品的安全性，并承担保护和促进美国公众健康的职责，是世界上最大的食品与药物管理机构之一。FDA下设专员办公室、生物制品评价和研究中心、药品评价和研究中心、食品安全和应用营养中心、器械和辐射健康中心、兽药中心、国家毒理学研究中心、烟草产品中心、监管事务办公室等。FDA 实施安全监管范围很广，例如对于处方药的监管就涉及它的每一个方面，从药品测试、制造、标签规范、广告、市场营销、效用直到药品安全。

FDA 在美国乃至全球都有巨大影响，它的信誉和专业水准深得很多专家和民众的信赖。尤其在食品、药品领域，国际很多厂商都以追求获得 FDA 认证作为产品品质的最高荣誉和保证。

这个时期，科学理论有所发展，与一些疾病相关的酶、激素、神经递质等领域的知识已经成为研究人体生物化学过程和生理过程的基础知识。同时期的科学发现还涉及阻滞目标分子的功能。天然资源研究方面的进展包括发现微生物产生的具有生物化学作用的物质。分子结构改变、模仿创新（me-too）化合物的合成成为这个时期药物开发的特点。

这一时期，核磁共振、高效液相色谱等仪器分析方面的突破以及计算机的发明及技术的快速发展等对于药物发明也有很大的贡献。

新的仪器设备和计算机的使用也促使药品管理部门制定了相应的法规。欧洲发生的“反应停事件”促使德国 1976 年修改了新药审批办法，对新药的安全性和有效性都加强了控制。英国为了应对类似危机，在 1963 年成立了药物安全委员会（CSD）。同时在 1968 年制定的药品法中，规定了由药品安全委员会控制新药进入市场。1962 年美国国会通过了《Kefauver-Harris 修正案》（也被称为 1938 年《食品、药品和化妆品法》的 KH 修正案），要求用定量的方法评价药品的使用，FDA 可以用新法规延期或不批准新药申请。按新法规，试验病例数从原来的 10~100 例增加到上千例以上。为此，制药企业用于进行临床前试验和临床试验的资金投入大幅增加，大型制药企业面临新药上市数量快速减少的巨大压力。美国制药企业开始强化海外药品销售以及国际间科研合作，如与欧洲、南美洲和亚洲各国的合作。

四、企业兼并及生物技术等高新技术发展期（1981—2005 年）

医药行业原来是一个集中度较低的行业，其集中化的趋势在这一时期表现非常明显。20 世纪 80 年代后期有两个重大兼并，一是史克公司和比切姆公司的兼并，二是布迈公司和施贵宝公司的兼并。到了 90 年代，国际大型制药企业并购案更多。1994 年美国家用产品公司加入惠氏制药公司；1995 年葛兰素制药公司收购威康制药公司，法玛西亚制药公司和普强制药公司合并；1996 年诺华制药公司成立，由汽巴制药公司和山道士制药公司合并而成；1999 年安万特制药公司成立，由赫斯特制药公司和罗纳普朗制药公司组成；2000 年，辉瑞制药公司收购瓦纳兰百特制药公司，2003 年又收购法玛西亚制药公司；2004 年安万特制药公司和赛诺菲制药公司合并。制药企业兼并浪潮的兴起，使世界前 10 位的制药企业市场占有率已经达到 47%，而辉瑞制药公司接近 10%。由此可以看出，基于制药行业的特点，该行业趋于垄断。

在此期间，生物技术得到了很大的发展，已经成为制药行业一个重要组成部分。如干扰素、白介素、促红细胞生成素、单克隆抗体药物等。在政策方面，1980 年美国高等法院裁定通过遗传技术得到的微生物可以申请专利，政府允许生物技术企业融资。在这一时期，数以千计的生物技术企业获得融资，包括上市和风险基金。截至 2005 年，美国拥有生物技术企业 1 500 家，美国在该领域处于领先地位，欧洲正在计划增加研究开发投资。

笔记栏

此外,在此期间,为了缩短新药上市时间,节省经费和人力,实现研究开发的专业化和资源的最优配置,由委托合同研究组织(contract research organization,CRO)开展专业的技术开发和临床试验已经成为全球制药业研究开发专业化的重要趋势。据统计,近年来,全球CRO市场以每年20%~25%的速度增长,一些较大的公共CRO公司的增长率高达45%。

医疗器械方面,新产品研发主要集中在减小创伤的微创手术、心血管方面和整形植入领域。

五、规模逐步扩大和结构渐进调整期(2006年至今)

从销售总量规模来看,全球医药产业销售总规模不断扩大,但是增速逐步放缓。2012—2017年,全球医药市场的年均复合增长率约为3.2%。与1990—2000年近10%的增速相比,医药行业的销售规模增速正在逐步放缓。

从全球医药产品销售的区域结构来看,新兴市场国家逐步代替发达国家成为全球药品销售增长的主要动力因素。近年来,欧美医药市场药品销售额的增长速度正在放慢,而新兴市场国家医药市场的规模正快速扩张。中国是全球医药行业最大的新兴市场,医药工业总产值从2007年的6 719亿元增长到2017年的35 699亿元,年复合增长率为18.2%。

从产品销售结构看,仿制药成为销售增长的重要源泉,药品市场产品和产业集中度逐步提高。首先,随着专利药上市品种越来越少以及各国政府减少在专利药上的支出,近年来仿制药在全球药品销售额中的占比显著提高。美国医药市场是全球最大的医药市场,同时也是全球最大的仿制药消费国。2007—2017年,美国仿制药市场规模的增速为15.6%,远高于专利药增速(5.5%)。其次,药品市场产品集中度逐步提高。近几年,全球排名前15位的药品,特别是抗肿瘤药、降血脂药、呼吸系统用药、自身免疫调节剂、糖尿病用药和抗抑郁药的销售额保持了较高的增长速度,大大超过了整体药品行业销售额的增速。从企业销售情况来看,排名前15位公司的销售额在全球药品销售额的占比也在逐步增加,医药产业集中度不断提升。2019年全球制药企业榜单50强中,美国占17家,欧洲占19家,日本占8家,中国占2家,印度、以色列、澳大利亚、加拿大各占1家。

第三节 中国医药产业发展概况

医药产业是我国国民经济的重要组成部分,对保护和增进人民健康、提高生活质量、促进经济发展和社会进步均具有十分重要的作用。我国医药产业起步于20世纪初期,经过多年发展,已经形成了科研、生产、流通及与相关领域相配套的完整体系,能够自主生产化学原料药及制剂、中药材、中药饮片、中成药、生物技术药品、医疗器械及制药机械等一系列产品。

一、我国古代及近代制药业发展

我国古代较早时期医生通常采用流动行医卖药或摆摊、药肆售药等方式谋生,因此都是采用医兼营药、药店请医形式,可以说古代医药是一家。医兼营药一般品种不多,数量也较少。随着药业的发展,逐渐出现了一些从事药材贩运、批发、加工的商人,其中又有因此发展为批零兼营的大户。到魏晋南北朝时期,医、药出现分工,医必兼药的情况逐渐减少,纯粹的药商则增多了。

之后,随着社会的发展,工贸结合的经营模式逐渐成为主要方式,即经营饮片和成药的铺户,在门店后设作坊,用于加工炮制药材,生产各种饮片和成药。从事药材批发的字号则建有工棚用于整理加工药材，提高商品的规格等级。尽管前店后坊的工贸结合模式是我国药业普遍的经营模式，但从宋代开始由于社会对药品的需求量不断增大，对质量要求日益提高，加之制药技术日趋复杂，工贸有了一定的分工。但由于历史原因，我国古代、近代中药业的工贸分工很不彻底。

鸦片战争后，西方医药传入我国，我国形成了两种药物体系并存的格局。但由于西药市场长期由外商垄断，民国以后我国西药业才有了较快发展，我国医药产业体系也开始逐步形成，抗战时期又遭到摧残。到 1949 年，全国西药企业不足 1 万家，中药从业者有 10 万余户。

二、我国现代医药产业发展

中华人民共和国成立以来，特别是改革开放 40 多年来，我国医药产业作为一项关系国计民生的基础产业，一直保持着较快的发展速度。目前中国已成为全球第二大医药市场，原料药出口多年稳居世界第一，同时发展成为制剂产能最大的国家和中小医疗器械主要生产地之一。近年来，我国经济正处在转变发展方式、优化经济结构、转换增长动力的攻关期，面对经济增长的放缓，我国医药产业的发展也由“高速增长”向“高质量发展”转变。

（一）起步和建立期（1949—1966 年）

我国化学制药基础十分薄弱，中华人民共和国成立前主要是沿海地区存在一些外商和私人开办的小型制剂厂，设备简陋，资金不足，所需原料药大多依赖进口。据统计，中华人民共和国成立前，我国原料药产量只有 8 吨，品种只有 40 余个；同时，医用诊断和治疗设备、器械等主要依赖进口。

中华人民共和国成立初期，原中央人民政府卫生部和中国人民革命军事委员会卫生部联合在北京召开第一届全国卫生工作会议和全国制药工业会议，确定充分利用我国自有资源制造药品及医疗器械，制药工业以发展原料药为主和有重点、有计划地对中药进行整顿的方针，重点发展一些疗效好、应用广泛的化学药品，解决各种常见病、地方病和多发病的基本用药问题。在这一方针指导下，“一五”期间，医药制造业得到快速发展，相继建立了一批以生产抗生素、磺胺、解热镇痛药为主的骨干企业，如华北制药厂、东北制药总厂、山东新华制药厂、太原制药厂等，从而历史性地改变了我国化学药制造业的面貌。

“二五”期间，我国对 60 余家分散在全国大城市的老制药企业和车间进行了改扩建工程，上海成为我国最大的制药工业基地。1960—1967 年，我国新建技术较先进的化学制药企业 20 多个。1966 年，原料药产量已达约 20 000 吨，品种 375 个，我国化学原料药已基本实现自给自足。

医疗器械方面，中华人民共和国成立初期医疗卫生部门所需医疗器械几乎全部依靠进口。经过近 10 年的发展，至 1957 年底，我国不仅能生产一般医疗器械，还能够生产出医用 X 射线机、超短波电疗机和各种较精细的专科手术器械，品种共计有 500 多个。

中医药行业的发展主要是从中华人民共和国成立前的分散、无规制的经营走向了统一、规范化经营的道路，通过集中、联合等方式建立了一批公有制中成药制药厂，实现了中药饮片和中成药的工业化生产。

我国医药产业的迅速发展也促使相关管理机构和管理制度逐渐建立。1964 年 9 月中国医药工业公司成立，它负责对全国医药工业进行集中领导和专业化管理，接管了全国 187 个工厂，后合并为 176 个，下辖 9 个分公司；同时国家于 1963 年和 1964 年相继发文对药品宣传内容和原则及毒性药品的管理进行了规定，1965 年制定了《药品新产品管理办法》，明确了新药的定义和临床、生产审批等具体要求。

笔记栏

(二) 发展基本停滞期(1967—1977 年)

“文革”期间,由于管理机构被撤销,规章制度被废止,我国医药产业基本处于停顿状态。尽管如此,在此期间原料药品种从 1966 年的 375 种增加到了 434 种,产量增加到了 3 万多吨。

(三) 快速发展期(1978—1998 年)

这一阶段我国医药产业进入快速发展期,医药产业以年均 17% 的速度增长,明显超过大多数工业行业的增长速度。1998 年,我国医药产业总产值达 1 372.72 亿元,药品生产企业增加到 3 435 家。医药产业各子行业在该阶段都有了长足发展。1998 年,我国原料药产值已达 408.51 亿元;到 20 世纪 90 年代末,我国已可以生产 50 余个剂型,4 000 多个品种规格。同时,生物制药开始起步,据统计,1998 年生物制药企业已达 200 多家,产值为 84.41 亿元,能够生产 EPO、人工胰岛素、乙肝疫苗等基因工程药。中药方面,生产技术不断提高,新工艺、新剂型、新设备得到很好运用,1998 年中药材及中成药产值为 393.87 亿元。到 1998 年年底,全国已有中药工业企业 1 400 余家,药材生产基地 600 多个,常年栽培的药材有 200 多种;1998 年医疗器械和卫生材料总产值超过 100 亿元,其中手术器械、齿科材料设备、心电图仪器等还有较大数量的出口。CT 机和 B 超诊断仪等已逐步实现国产化。制药机械和药用包装材料及容器工业也初具规模,卫生材料工业稳步增长。

在此期间,我国医药产业积极利用外资加快自身发展。1980 年我国第一家外资医药企业——中日合资中国大冢制药有限公司在天津成立。截至 1998 年,医药行业的“三资企业”已达 1 790 家,协议投资额为 55.7 亿美元,其中外资金额 27.5 亿美元,世界医药行业排名前 10 位的制药公司都在中国投资建厂。“三资企业”的进入大大促进了国内制药企业的技术进步、管理制度和经营方式的创新,提升了我国制药企业的竞争力。

医药产业管理方面,1978 年国务院将将原分属于化工、商业、卫生三个部门的医药监督管理职能进行合并,批准成立了国家医药管理总局(后依次更名为国家医药管理局、国家食品药品监督管理局),实现了对中西药品、医疗器械和食品生产、供应、使用等的统一监管。各省、自治区、直辖市先后成立了药品监督管理局,地、县也成立了相应的医药管理机构。可以说,这一阶段我国的医药管理实现了从中央到地方的统一管理。

(四) 机遇与挑战并存的转型期(1999 年至今)

这一阶段,我国已形成比较完备的医药产业体系,并加快了结构调整和产业升级步伐,发展态势总体良好,工业生产增势较为明显。自“十一五”以来,我国医药工业总产值年均增长率超过 23%。保持了强劲的增长态势。中国医药生产和销售在全球的比重逐步提升,2015 年整体规模达到全球第二,仅次于美国。近年来我国医药产业整体形势稳中向好,但增速呈现逐年递减趋势。2019 年医药工业实现营业收入 2.61 万亿元,同比增长 7.95%,增幅创历史新低。

从行业分类情况看,对行业产值增长贡献度最大的是化学制药行业,其次是中药、生物制药业和医疗机械制造业。

化学原料药方面,从规模上讲我国已成为一个制药大国,有能力生产维生素、抗生素、激素、解热镇痛药等 24 个大类化学原料药 1 500 余种。化学药品制剂方面,能够生产 60 个剂型 4 500 余个品种。产品结构以传统型原料药为主,附加值相对较高的特色化学原料药比重在逐步增加,具有专利技术和专有工艺的高效能原料药比重还有待提高。同时在运营质量上还有不少短板,亟待升级完善。

中药行业是我国医药工业的重要支柱产业之一,经过多年发展,技术改造和技术创新不断加快,已经能够生产包括滴丸、气雾剂、注射剂等现代中药剂型 60 多种。在医药工业市场结构中，中药份额始终保持着稳定增长。但“十三五”以来，中药行业主营业务收入平均增速为 4.2%，低于医药工业平均增速，相比“十二五”增速有所放缓。

生物制药方面，我国能够生产疫苗、抗血清、血液制品、体内外诊断试剂等各类生物制品 300 余种，其中包括现代生物工程药品 20 种。生物制药行业是医药产业中规模最小的行业，但其发展潜力巨大，是国内医药研发水平最接近国际的领域之一。我国生物制药行业产销规模稳步增长，年均增速在 15% 以上。中国已成为仅次于美国，拥有最多在研生物药数量的国家。

医疗器械生产方面，我国能够生产包括 X 射线断层扫描成像装置、磁共振装置等 47 个大类 3 000 多个品种的医疗器械产品，还能生产 8 个大类 1 200 多个规格的制药机械产品，已成为世界中小医疗器械主要生产国之一。随着医疗器械需求的不断增加，市场规模也不断扩大。据《医疗器械蓝皮书：中国医疗器械行业发展报告(2020)》显示，2019 年全国医疗器械主营收入达 7 200 多亿元，同比增长 12%。我国医疗器械行业虽然面临较多挑战，但是依然表现出旺盛的发展活力，发展前景广阔。

同时，这一阶段我国药品流通产业正处于成长性阶段，医药流通产业市场规模持续扩大。2015 年、2016 年全国医药市场总规模分别达到 16 613 亿元和 18 393 亿元，前十家药品流通批发企业市场份额总和仅为 40.09%、40.74%，说明我国药品流通业的垄断程度低、竞争程度高。

从区域分布结构来看，由于资源、区位、人才等因素影响，我国医药产业发展呈现出明显的空间特征。2018 年底，我国生物医药产业形成了以北京、上海为核心，以珠三角、东北地区为重点，中西部地区点状发展的空间格局，形成了环渤海、长三角、珠三角、川渝等生物医药产业主集聚区。

从管理上，我国药品监管机构持续调整，国家药品监督管理局拥有药品监管的决策权和审批权，行业规范政策陆续出台和不断改革完善，以推进医药产业的技术创新和产业结构转型升级、促进医药产业的绿色和高质量发展。随着《药品生产质量管理规范》《药品经营质量管理规范》等规范的深入贯彻实施以及 2013 年底涵盖 27 项中医药国家标准、470 多项行业组织标准的相对独立完整的中医药标准体系框架的建立，医药行业低水平重复建设得到了遏制，医药产业整体实力和盈利能力有了很大提高。2016 年我国发布《关于开展仿制药质量和疗效一致性评价的意见》以来，仿制药一致性评价工作正式展开，技术迅猛发展，我国已经在仿制药的安全性、功效性和质量方面都建立了极高的标准，一系列的政策组合拳也将更加有利于行业稳定持续地发展前行。在国际人用药品注册技术协调会(ICH)2018 年第一次大会上，国家药品监督管理局当选为 ICH 管理委员会成员，我国药品监管国际化进程加快。2019 年 8 月，《药品管理法》进行了 18 年来的首次重大修订，其中涉及多项调整，例如明确药品上市许可持有人制度；通过药品追踪确保问责；实施临床试验备案制；用自主申报和跟踪检查替代临床试验机构资格认定；在互联网售药方面将“禁止在线销售处方药”从提议草案中去除等。

随着医药监管法规政策的不断制定和修订，我国医药产业不断转型，表现为由过去较单一的所有制结构向多元经济结构转化，由封闭型向开放型转变，由政策管理向法制管理转变。民营企业在医药流通体制改革中异军突起，迅速发展壮大，成为流通领域的生力军。2015 年，我国提出“中国制造 2025”的工业政策，明确设定了我国生物医药产业引领全球高端价值链的目标。我国医药产业从低端仿制向创新强国发展。我国正致力于开发并生产创新型高端医药产品和医疗设备，中高端医药行业的发展十分迅速。2019 年，在一系列创新政策的驱动下，我国医药格局发生了重大变化，逐步出现第三个新型板块，即国产创新药。

笔记栏

ER-2-1

知识拓展：促进中药传承创新发展

笔记栏

截至 2019 年 7 月，累计 139 个品种获得新药证书，其中一类新药 44 个，我国创新药物能力得到了空前的发展，但和欧美等国家相比，依然存在较大差距。同时，在全球经历新一轮医药产业转移的背景下，国外药企在华投资的行为愈加频繁，其深度和广度也在不断拓展。同时，国内一些有实力的医药企业也通过海外并购，获取所需医药产品和技术，搭建国际平台。

2020 年，面对新冠肺炎疫情带来的严峻考验和复杂多变的国内外环境，中国医药工业经济稳步复苏，主要指标先降后升，呈恢复性增长。2020 年上半年，中国医药工业营业收入和利润总额的增长幅度"先抑后扬"，双双实现由负转正，累计实现营业收入和利润总额分别为 12 390.4 亿元和 1 850.5 亿元，同比分别增长 0.2% 和 9.1%，整体销售利润率为 14.9%。

第四节　中国医药对外贸易发展概况

一、古代中国对外医药贸易

（一）中国与阿拉伯国家和地区的医药贸易史

中阿医药交流最早可追溯到西汉。张骞两次出使西域加强了中原与西域的政治经济联系，开辟了通往中亚各国的"丝绸之路"，经此路输入中国的物品中有不少药物，矿物药如石硫磺、密陀僧等 18 种，植物药如木香、豆蔻等 58 种，动物药如羚羊角、龙涎等 16 种，其中相当一部分是阿拉伯地区的药物。同时，西域商人也将中国的大黄、肉桂、黄连、茴香、花椒等药材运至阿拉伯地区。

阿拉伯与中国的正式友好往来始于唐代，医药贸易也兴于此时。大食人（唐朝时称阿拉伯人为大食人）善经商，崇敬中国文化，通过海路、陆路与中国频繁进行贸易。隋唐五代时期，阿拉伯与中国医药贸易方面主要是香药进口。唐末五代时，著名医药家李珣编著了《海药本草》，该书是唐末时南方药物与海外药物临床应用的本草学著作，载药 124 种，多来自海外，其中香药达 50 多种。另外还有郑虔的《胡本草》及非医药学书籍《酉阳杂俎》等也记载了许多阿拉伯药物。据依宾库达特拔《省道记》记载，中国出口阿拉伯的药物有戈莱伯、吉纳胶、芦荟、樟脑、肉桂、生姜等。此时中阿医药贸易已经非常繁荣。

宋代，中国与西域的海路交通比陆路发达，宋皇特命在广州、杭州、泉州等沿海地区设"市舶司"管理海外贸易及对外文化交流。宋太平兴国七年，宋太祖曾下诏令对海外香药香料放行的有 37 种，其中销路较广的香药有丁香、木香、龙脑香、乳香、草豆蔻、沉香、檀香、龙涎香、苏合香油等。大量香药的引进，大大丰富了中医方药及治疗方法。《太平惠民和剂局方》是宋代政府设立的和剂局配制成药的处方集，书中以香药配方的医方有 30 余种，如苏合香丸、至宝丹、牛黄清心丸等。同时，宋代经市舶司由大食商人外运的我国药材有人参、茯苓、川芎、附子、肉桂等 47 种植物药和朱砂、雄黄等矿物药，共计近 60 种。宋代来自阿拉伯地区的药物不但品种繁多，进口的数量也相当巨大，《宋史·食货志》记载"大食蕃客罗辛贩乳香直三十万缗"。

元代继续奉行南宋时的海外贸易政策，推行少数民族医药共存的方针，这一方针直接带来了与阿拉伯、东南亚等地的药材贸易的兴旺。元代的医药对外贸易分陆路和海路，回回商人是当时对外贸易领域中最活跃的势力，回回药物是他们经营的主要货物之一。据元代汪大渊《岛夷志略》记载，当时中国商船在同波斯湾地区的贸易中，运回不少药材，如甘埋里（今伊朗哲朗岛）的丁香、豆蔻、苏木、麝香，挞吉那（今伊朗塔黑里一带）的水银、硫黄，加里那（今伊朗西南沿岸）的水银、苏木，波斯离（今伊拉克巴士拉）的大风子、肉桂等。元代大量回

笔记栏

ER-2-2

知识拓展：“香料贸易”与回回医药学

回药物的输入，以及一些回回药物在实际中的应用日益广泛，促进了当时人们对回回药物的认识和研究，某些回回药物为中国本草学所吸收。如《饮膳正要》载“本草有未收者，今即采摭附写”，收载了马思答吉、必思答等一些回回药物。

元世祖即位后效法汉制在建立太医院之后，于至元十年（公元1273年）改回回爱薛所立京师医药院为广惠司。《元史·百官志》记载：“广惠司秩正三品，掌修制御用回回药物及和剂，以疗诸宿卫士及在京孤寒者。”至元二十八年（公元1291年）先后在大都、上都建立“回回药物院”。这些都大大促进了中阿医药贸易的发展。

（二）中国与朝鲜医药贸易史

西汉时期中医药传入朝鲜。魏晋南北朝时期，朝鲜医药迅速发展，有不少药材传入中国。据《本草经集注》记载有人参、细辛、五味子、款冬花、昆布等。

唐代中朝两国医药交流非常频繁。因新罗等国不断派遣子弟来中国求学，朝鲜医学也传入中国。公元723年，唐政府颁行的《广济方》中强调应用高丽昆布治膀胱结气，反映了唐代医家对朝鲜药材的重视和信任。朝鲜从边境贸易获得中国药材，朝鲜特产药材也通过朝贡和直接贸易方式进入中国。此时，输入我国的药材主要有人参、牛黄、昆布、芝草等。输入我国的朝鲜药材较多见载于本草著作，如《本草拾遗》载有新罗产药材蓝藤根、大叶藻和昆布，《海东绎史》卷26载有新罗产药材土瓜、海石榴、海红花、茄子、石发、海松子等。

宋代，中朝医药交流达到一个新的高峰。中国向朝鲜赠送的药材品种很多，数量较大，南方热带产药材如天竺黄、安息香等亦经宋商人传入高丽。朝鲜药材也大量输入中国。宋代《证类本草》里收载的高丽产药材有10余种。由于中朝医药交流较广泛，朝鲜所收藏的中国医书善本较多。高丽宣宗帝于宋哲宗元祐八年（1093年）遣黄宗慤来中国呈送《黄帝针经》善本9卷。当时，中国《针经》已亡佚，宋朝以此《黄帝针经》为底本重新颁行。这是朝鲜对中国医学的一大贡献。

元代两国之间的药材交流比较频繁。据《高丽史》载，元世祖至元年间，成宗元贞、大德年间以及顺帝至正年间，高丽忠烈王和恭愍王先后八次遣使来中国向元朝廷献人参、松子、木果、榧实等药物，元朝廷先后九次向高丽王惠赠香药。在元代，高丽通过中国输入沉香等南国产药物。据《高丽史》载，元顺帝时期，浙江、江苏一带的地方官张士诚、张国珍、王晟等人经常向高丽赠送沉香等南国药物。

明代中朝医药交流十分活跃，中朝医学融合并向更深层次发展。朝鲜医家整理15世纪前传入的中国医籍，编成大型医学丛书《医方类聚》和《东医宝鉴》。朝鲜李朝政府鼓励输入中国药材，允许民间生药铺进口中国药材。朝鲜世亲王就指出：“药材等物，须赖中国而备之，贸易不可断绝。”此间，朝鲜多次遣使到中国求取人参、松子、五味子、葫芦、虎骨、鹿角、鹿脯等药。正统三年（1438年）和弘治二年（1489年），中国应朝鲜请求，将麻黄、甘草等药物的种子赠给朝鲜，使之引种栽培。此时，朝鲜输入中国的药材以人参最为著名。

（三）中国与日本的医药贸易史

早在南北朝时期，朝医就将中国医学传到日本，带去中国医书二十余种。陈文帝天嘉三年（562年），吴人（今苏州）知聪赴日传授医药，被日本天皇赐名为“和药使主”。

唐朝，唐高僧鉴真东渡将唐文化和中医药传入日本，日本把鉴真奉为日本医药界的始祖。日本天平胜宝八年（756年），光明皇太后在圣武天皇77岁诞辰之际令将麝香、犀角、朴硝等60种中国药物装入漆柜21箱，纳藏于奈良东大寺正仓院皇家御库，这成为中国药材输入日本的见证。

宋朝与日本的医药交流大为衰落，但民间医药贸易并未中断。北宋时期两国互航70余次，输出日本的药材中香药比例较大，如麝香、丁香、沉香、熏陆香、诃黎勒等药品。南宋时

笔记栏

期，输日药材以常用大宗为主，如甘草、当归、川芎、巴豆、大黄等。日本输入中国可为药用的货品主要是硫磺和珍珠。医事的往来记载不多。宋代印刷的医学典籍较多，因此日本来华人士也带了很多医学典籍回日本。

元朝，我国对日本的海禁不严，日本商人来华较多，输入药材以硫磺为大宗。与医药相关而影响最大者，当推茶种引入日本。早在奈良朝时，中国茶传入日本，并专供药用。

值得一提的是在日本医界产生了一部极为重要的著作《医心方》(984 年)，作者丹波康赖。《医心方》全书共 30 卷，引用晋唐医书约 150 种，共 7 000 余条，尤以《诸病源候论》《千金方》《葛氏方》等为多，是中日医药交流的伟大结晶。

明朝，朱元璋称帝后派使节赴日本。以后两国互有往来，不断通商交易，虽倭寇之患明代未断，并有两次海禁，长达 170 余年，但医药交流始终没有断绝。

(四) 中国与东南亚国家的医药贸易史

汉武帝元鼎六年(公元前 111 年)，中医药传入越南，并逐步形成越南医学北方派(中国派)。

隋唐时期，中越之间的医药贸易频繁，通过朝贡和一般贸易输入中国的越南药材有沉香、琥珀、珍珠、犀角、丁香等十几种，这些药物在唐代的一些本草著作如《新修本草》《本草拾遗》等书中都有记载。越南的成药也有传入，如《太平广记》引《宣室志》记载："安南有玉龙膏，能化银液，唐韩约携以入中国。"唐代名医孙思邈在越南被当作医神塑于先医庙中供奉。

两宋时期，东南亚许多国家仍保持着与中国进行医药交流的传统。交趾国(越南北部)输入中国的药物有犀角、玳瑁、乳香、沉香、龙脑、檀香、胡椒等。占城(越南南部)也有豆蔻等多种香药输入中国。南宋时，安南国(越南一带)一方面献苏合香、朱砂、沉香、檀香等，另一方面选送医生来华学习，从中国引进制药技术。此外，还出现交趾药商到临安大量采购土茯苓(此药是当时最有效的治疗梅毒的药物)。1001 年，丹眉流国(今泰国)遣使臣打吉马等入贡木香千斤、苏木万斤，还有紫草、象牙、胡黄连等。

地处今加里曼丹、爪哇岛、苏门答腊岛、马来西亚半岛等地的渤泥国于 977 年遣使施努等进贡大片龙脑，二等龙脑，三等龙脑，苍龙脑、田香等。980 年，三佛齐国(印尼苏门答腊岛巨港附近)商人李甫诲载香药、犀角等至海南，后至广州进行贸易。此外，从中国泉州港出口的大宗川芎，运往盛产胡椒的东南亚国家，对防治当地采椒人的头痛病起到良好的作用。992 年，阇婆国(印尼苏门答腊岛和爪哇岛)进贡槟榔、珍珠、檀香、玳瑁、龙脑、红花、苏木、硫黄、丁香藤等。

据《大越史记全书》所载，元代针灸医生邹庚到越南行医，治病神验，被誉为"邹神医"，官至宣徽院大使兼太医使。元世祖也曾数次赠医药于安南国。《新元史》记载占城输入中国的药物有犀角、龙脑、沉香、乳香、豆蔻等。1291 年罗斛国(今缅甸)遣使入贡犀角、龙脑等。

元朝周达观于元贞元年(1295 年)随使赴真腊(今柬埔寨)访问，在其著《真腊风土记》中记载了中国的麝香、檀香、草芎、白芷、焰硝、硫黄、水银、银珠、桐油等深受真腊人欢迎和喜爱。由此可见，当时，中国与真腊也存在着医药贸易。

公元 1405—1433 年，明朝派郑和率船队七下西洋，带去的中药有人参、麝香等，受到沿途各国的欢迎；同时带回的有犀角、羚羊角、阿魏、没药、丁香、木香、芦荟、乳香、木鳖子等药。洪武年间(1370—1378 年)，三佛齐国王马哈剌札八剌卜、怛麻沙阿等先后六次遣使并送肉豆蔻、丁香、米脑，以及其他许多香药。永乐七年(1409 年)苏门答腊国王苏丹罕难阿必镇率使臣来中国。此后该国不断遣使入明，带来的药物有苏木、丁香、木香、降真香、沉香、速香、龙涎香等。《大明会典》记载了爪哇输入中国的药材有犀角、肉豆蔻、白豆蔻等数十种。明代广东、福建一带人有不少侨居印度尼西亚，带去了中国医药文化。

二、近现代中国对外医药贸易

我国近现代对外贸易有了较大发展，特别是改革开放以后，无论是规模还是结构均得到了空前的发展。

（一）鸦片战争后至中华人民共和国成立前的对外医药贸易

从鸦片战争到 1949 年为止的百余年时间内，中国对外医药贸易的发展状况可以划分为两个具有不同特点的时期：第一个时期，从鸦片战争之后至 1937 年的抗日战争爆发，这是一个中国被迫开埠通商的消极、被动发展时期。列强通过许多不平等条约，从政治、经济上控制了中国，对外医药贸易亦被控制；第二个时期，1937—1949 年，这是一个全世界都处在剧烈动荡、战争和巨大变化的时期。由于受到战争的影响，中国的医药经济不仅没有得到复苏，反而处于一片混乱之中，通货膨胀惊人，财政赤字巨大，中国对外医药贸易不但急剧萎缩，而且整个医药体系趋于瓦解。

（二）中华人民共和国成立后至改革开放前的对外医药贸易

1949 年中华人民共和国成立以后，我国建立了国家对外医药贸易管理机构和对外医药贸易企业，我国对外医药贸易在全国范围内开展起来。这时期我国对外医药贸易的领导权和经营管理权由国家统一控制。政府委托外贸部门对医药贸易进行集中领导和统一管理，实行严格的进出口许可证制度。

在“一五”期间，我国开始致力于建立较为完备的医药工业体系，引进成套制药机器设备，其中大部分来自苏联。华北制药厂和东北制药总厂就是两个典型的例子。

然而，由于 1958 年开始的“大跃进”，60 年代初苏联停止对我国的经济援助以及 1966 年开始的“文革”，我国的对外医药贸易受到了极大的影响，对外医药贸易陷入了徘徊不前的境地。

（三）改革开放以后我国对外医药贸易的发展

1978 年，党的十一届三中全会召开，我国集中精力发展国民经济，决定实行经济体制改革和对外开放，为我国对外医药贸易发展指明了方向。1978 年至今，我国对外医药贸易取得了巨大的、突破性的发展。随着我国医药产业总体上呈现出全线扩张的上升势头，医药外贸也在快速增长，占全球贸易比重不断提升。2010—2019 年，我国医药产品对外贸易快速发展，进口额由 526.87 亿元增至 1 456.91 亿美元，10 年增长 2.8 倍。中国成为世界医药产品进口最快、潜力最大国家之一。2019 年我国医药产品出口 738.3 亿美元，较 2010 年增长 2.24 倍。2020 年，面对新冠肺炎疫情带来的严峻考验和复杂多变的国内外环境，在医药出口方面，2020 年上半年医药工业累计实现出口交货值 1 365.3 亿元，同比增长 31.9%，增速平稳回升，出口贸易结构继续不断优化。

我国已经与世界上 200 多个国家和地区建立了医药对外贸易关系，亚洲、欧洲、北美洲成为我国医药对外贸易的主要市场。2019 年亚洲、欧洲、北美洲三大地区进口占比总计 94.24%，出口占比总计 87.32%。同时，我国医药贸易市场也日趋多元化，新兴市场占比呈上升态势，特别是近几年在“一带一路”倡议推动下，医药企业加大新兴市场的开拓力度，我国与印度、俄罗斯、巴西等新兴医药市场以及东盟各国的医药贸易往来日渐频繁。

我国医药贸易的产品结构上，西药原料药、西药制剂、诊断与治疗设备、生物制品和生化药是我国主要进口医药产品。出口方面，2019 年我国西药类产品在医药保健品出口总额中占比 55.68%，医疗器械类占比 38.88%，中药类占比 5.44%。

笔记栏

我国已能提供1 500余种原料药产品，成为原料药出口大国。每年约有50%的原料药产量用于出口，原料药贸易额占全球的25%左右，已经具备一定的国际化竞争优势。2019年，我国共有12 462家企业经营原料药出口业务，出口原料药（西药）总额235.2亿美元，占医药类商品比重的72.3%。我国所生产的青霉素、维生素C、四环素、林可霉素、庆大霉素、对乙酰氨基酚、阿司匹林等产品甚至可以左右国际医药市场上同类产品的价格。2019年我国原料药共出口到189个国家和地区，主要出口集中于亚洲、欧洲、北美洲三大市场，合计占据我国原料药出口总额的89%。

原料药产业链的优势推动我国制剂国际化能力提高。2019年我国西药制剂出口额为41.09亿美元，同比增长0.23%。在制剂国际化领域布局的中国本土企业已有400多家，多数集中于新兴市场，因为非洲、中东、拉美等新兴医药市场已经成为拉动全球药品市场增长的主要动力。2019年，我国西药制剂对欧美日和澳大利亚之外的新兴市场出口约23亿美元，占西药制剂出口总额的近60%。然而，2019年我国西药制剂进口额为199.1亿美元，同比增长52.8%，贸易逆差进一步拉大。

20世纪90年代初期我国中药出口经历了一个较快发展时期。1995年之后我国中药出口较长时间处于低速增长甚至徘徊不前的状况，出口结构一直以原料性药材和植物提取物等初级产品为主。据海关统计数据显示，2019年中药类产品出口40.19亿美元，同比增长2.82%，其中，中药材及饮片出口11.37亿美元，增长10.32%；植物提取物出口23.72亿美元，微增0.19%；中成药出口2.63亿美元，下降0.45%；保健品出口2.47亿美元，微增0.21%。从出口市场来看，目前我国中药类产品已经出口至全球193个国家和地区，亚洲地区是我国中药产品出口的主要市场。2019年我国向亚洲地区出口中药类产品占中药产品出口总额的59.42%。美国、日本、中国香港仍为中药类产品前三大出口市场，但分别出现了16.1%、0.78%、5.34%的负增长。在前十大出口市场中，越南、印度、马来西亚、中国台湾省和韩国增幅达到两位数。中药类产品出口美国较大幅度下降主要受中美贸易摩擦影响，对美出口的中药产品主要是植物提取物，占比达80.71%。

据中国医药保健品进出口商会统计，我国医疗器械进出口贸易已保持11年持续增长势头。总体上看，我国医疗器械对外贸易结构继续优化，高端医疗器械产品所占比重有所增加，质量效益持续改善，比较好地适应了国际市场的需求和复杂变化。2019年我国医疗器械类产品出口287.02亿美元，同比增长21.46%。目前，中国生产的医疗器械已经出口至全球200多个国家和地区，亚洲、欧洲和北美洲是中国主要出口目的地。在保持传统出口市场不变的情况下，中国企业不断开辟新兴市场，南美洲和非洲也成为中国医疗器械重要的销售市场。

医药贸易管理方面，1989年5月，对外经济贸易部组织成立中国医药保健品进出口商会，目的是建立由政府的行政管理、企业的业务经营、商会的协调服务三部分组成的外贸新体制。经过二十多年的发展，中国医药保健品进出口商会现有会员2 500余家，囊括国内外众多颇具代表性和影响力的医药保健品企业。同时，我国还制定了一系列促进医药对外贸易的政策。出口方面，为鼓励医药商品出口，我国制定了一系列促进医药商品出口的行政措施以及鼓励医药商品出口的金融政策，并实行出口退税，扶持和鼓励医药出口企业。此外，我国对特殊医药商品的出口也制定了相应的管制措施，如对麻醉药品、精神药品的出口管理措施，对经济、药用野生动植物及其产品的出口管理的措施和麻黄素出口管理措施等。进口方面，为规范药品进口备案、报关和口岸检验工作，保证进口药品的质量，我国制定了《药品进口管理办法》，修订了《进口药材管理办法》。我国还实施了《药用植物及制剂进出口绿色行业标准》等标准。2019年国家还接连出台进口环节税费减免政策，降低医药进口成本；2019年我国实施《2019年进出口暂定税率等调整方案》，将51种抗癌药原料药关税适用进口暂定税率降为零。

随着国内医药行业竞争能力的提升和国际市场布局的需求，越来越多的中国企业开始跨境并购，整合全球资源，跨境资本成交额屡创新高。根据《2017 前三季度跨境并购趋势报告》，在 2017 年前三季度的中国企业跨境并购案例中，医疗健康行业占据 13%，是仅次于制造业的第二大并购热点行业。2010—2019 年，国内医药企业（不含港澳台）在海外进行医药项目并购共计 53 项。2019 年海外并购投入金额已超 24 亿美元。但同时，近年来我国医药行业遭遇的国际贸易摩擦呈明显上升趋势，2017 年我国出口的医药产品遭遇了 15 起贸易摩擦调查。

尽管我国对外医药贸易取得了一定进展，但大宗原料药产品产能周期性过剩，出口医药产品附加值低的结构性矛盾也日益凸显，全球贸易保护主义仍在升级，我国国际医药贸易发展机遇与挑战并存。

案例讨论

北京同仁堂的发展及海外医药贸易

北京同仁堂是我国中药行业著名的老字号。创于 1669 年的北京同仁堂，已经走过了 350 余年。在历史的进程中，历代同仁堂人始终恪守着“炮制虽繁，并不敢省人工；品味虽贵，必不敢减物力”的古训。今天，同仁堂拥有 38 个生产基地，84 条现代化生产线。经过 26 年的国际化发展，同仁堂开设了 149 家境外网点，覆盖全球五大洲，28 个国家和地区，为世界人民健康提供了中国传统医药的解决方案。同仁堂商标在境外 100 多个国家和地区合法注册，是中国第一家申请马德里商标国际注册的企业。其境外门店既是经济实体又是文化载体，通过多层次、多类别、多频次的宣传、义诊及讲座等活动，培养民众健康的生活方式，让更多的外国朋友近距离感受中医药的博大精深。同仁堂将中医药与养生保健相结合，在境外主流国家和地区设立同仁堂养生中心，实现从传统的以医带药向全方位养生保健转型。同时，将中医药融入“互联网 +”，实现从传统的诊疗模式向高端远程医疗模式转型，打造一个集种植、采购、研发、生产、销售、服务、文化、教育为一体的国际化、专业化中医药集团，实现从单一经营模式向全产业链转型。[资料来源：刘馨蔚．一带一路倡议为中医药国际化带来重要机遇[J]. 中国对外贸易，2020(2):58-61]

案例讨论题

1. 分析北京同仁堂的发展与相应的历史背景的关系。
2. 讨论老字号中药企业北京同仁堂海外贸易的特点。

（兰志琼）

复习思考题

1. 简述医药产业的内涵和特点。
2. 简述世界医药产业各个发展阶段的特点。
3. 中国现代医药产业发展历程是怎样的？
4. 中国改革开放后对外医药贸易的发展状况如何？
5. 简述中国与阿拉伯国家和地区的医药贸易史。

笔记栏

03章PPT

PPT 课件

第三章
医药国际贸易的理论基础

学习目标

1. 掌握绝对成本理论、比较成本理论及生产要素禀赋论等主要贸易理论的观点及其评价。

2. 熟悉里昂惕夫之谜及其解释；熟悉国际贸易理论主线即贸易理论的理论框架。

3. 了解二战后国际贸易理论的新发展。

引导案例

雅万高铁项目获得印尼交通部特许经营权

印度尼西亚雅加达至万隆高速铁路合资公司于2016年3月16日在雅加达和印尼交通部签署特许经营协议，标志着雅万高铁的全面开工建设获得重要法律保障。这是印尼交通部第一次将铁路的特许经营权给予一家外资持股企业。协议签订后，印尼交通部将会颁发高铁的建设和运营许可证。

根据协议，合资公司对雅万高铁的特许经营权将从2019年5月开始，为期50年。同时，合资公司须在建设许可证颁发后3年内完成修建工作。另外，协议还将项目的总造价从此前的约55亿美元确定为51.35亿美元。

雅万高铁全长150公里，连接印尼首都雅加达和第四大城市万隆，最高设计时速350公里。届时，雅加达到万隆的车程将由现在的3个多小时缩短至40分钟。

中印尼双方从2015年3月开始就合建雅万高铁进行洽谈，10月签署协议成立雅万高铁项目合资公司，这是国际上首个由政府主导搭台、两国企业进行合作建设和管理的高铁项目，也是中国高速铁路从技术标准、勘察设计、工程施工、装备制造、物资供应，到运营管理、人才培训、沿线综合开发等全方位整体“走出去”的第一单项目，对于推动中国铁路特别是高铁“走出去”，具有重要的示范效应。[郑世波．印尼雅万高铁项目获得印尼交通部特许经营权[EB/OL].(2016-03-17)[2021-03-30].http://www.xinhuanet.com/world/2016-03/17/c_1118353844.htm]

第一节　比较成本理论

比较成本理论自创立以来一直被西方经济学界奉为经典，并成为资本主义国际贸易理论发展的主线。即使在当代，它也是研究国际贸易理论的逻辑起点。李嘉图的比较成本理论是从亚当·斯密的绝对成本理论发展起来的。

一、绝对成本理论简介

（一）绝对成本理论的基本思想和主要内容

古典经济学的奠基人亚当·斯密（Adam Smith，1723—1790年）在其代表作《国民财富的性质和原因的研究》（简称《国富论》）一书中，创立了主张在国内实行自由放任经济政策的经济自由主义。在国际贸易方面，他批判了重商主义的经济学说，提出了以国际分工为基础的自由贸易理论——绝对成本理论。

斯密认为，社会生产力的提高都是由于社会分工的结果。每个人只从事一种物品的生产，然后彼此进行交换，所有人都能获得更大的利益。“如果一件物品的购买费用小于自己生产的成本，那么就不应该自己生产，这是每一个精明的家长都知道的格言。裁缝不想自己制作鞋子，而向鞋匠购买。如果每一个私人家庭的行为是理性的，那么整个国家的行为就很难是荒唐的。如果一个国家能以比我们低的成本提供商品，那么我们最好用自己有优势的商品同他们交换。”他认为适用于一国内部不同个人或家庭之间的分工原则也同样适用于各国之间。国际贸易应该遵循国际分工的原则，使各国都能从中获得更大的好处。

那么，国际分工如何进行呢？他指出，国际分工的基础是各国所拥有的自然优势或获得性优势。前者是指自然赋予的气候、土壤、矿产、地理环境等方面的有利条件，后者是指一个国家通过自身努力而掌握的特殊技艺。当一个国家在一种商品的生产上比另一个国家更有效率（或具有绝对优势），而在另一种商品的生产上效率低（或具有绝对劣势），那么这个国家应该专门生产它具有绝对优势（absolute advantage）的产品，然后用它来交换别的国家具有绝对优势的产品。在这个过程中各国的资源都得到了最有效的利用，两国产品的产量都会提高。这样，两个国家都能在分工和贸易中获得利益。

可见，当一国生产一种商品所用的资源比另一国少，我们就说该国生产这种商品上具有绝对优势。例如，中国生产水稻所用的资源比美国少，而美国生产小麦所用的资源比中国少，则中国在生产水稻上具有绝对优势，而美国在生产小麦上具有绝对优势。如果每个国家都专门生产其具有绝对优势的商品，再进行交易，则水稻和小麦的产量能实现最大化，这两个国家都能从中获利。

（二）绝对成本理论模型

1. 基本假设　绝对成本理论模型的基本假设如下：

（1）世界上只有两个国家，它们分别生产两种产品。

（2）两种产品的生产都只有一种要素投入即劳动。

（3）两国两种产品的生产技术不同，存在着劳动生产率上的绝对差异。

（4）生产要素（劳动）可以在国内不同部门之间流动，但不能在国家之间流动。

（5）处于完全竞争市场。各国生产的产品价格都等于产品的平均生产成本，无经济利润。

（6）无运输成本。

（7）两国之间的贸易是平衡的，无顺差或逆差。

2. 绝对成本理论的具体说明　假定葡萄牙和英国都生产毛呢和酒，生产情况如表3-1所示。每生产1单位的毛呢，葡萄牙需要120人，而英国只需要80人；但每生产1单位的酒，葡萄牙只需要60人，英国则需要120人。因此，在生产毛呢上，英国比葡萄牙更有效率，或者说更有绝对优势；而在生产酒上，葡萄牙比英国更具优势。按照绝对优势法则，英国将专门生产毛呢，而葡萄牙将专门生产酒。

笔记栏

表 3-1 分工前两国的生产状况

产品	产量 / 单位	葡萄牙劳动量 / 人·年 $^{-1}$	英国劳动量 / 人·年 $^{-1}$
毛呢	1	120	80
酒	1	60	120

两国进行分工后，生产情况如表 3-2 所示。

表 3-2 分工后两国的生产状况

产品	葡萄牙	英国
毛呢 / 单位		(80+120)/80=2.5
酒 / 单位	(60+120)/60=3	

假定交换比率为 1∶1，即用 1 单位毛呢可交换 1 单位酒，那么，两国进行交换后的贸易利益如表 3-3 所示。

表 3-3 贸易后两国的产品状况

产品	葡萄牙	英国
毛呢 / 单位	1	1.5（比分工前增加了 0.5 单位）
酒 / 单位	2（比分工作前增加了 1 单位）	1

葡萄牙用 1 单位酒换得 1 单位毛呢后，酒仍剩余 2 单位，这样葡萄牙的社会总产量就比分工前增加了 1 单位；而英国用 1 单位毛呢换得 1 单位酒后，毛呢仍剩余 1.5 单位，这样英国的社会总产量也比分工前增加了 0.5 单位。由此可见，通过社会分工和交换，各国都获得了贸易利益。

绝对成本理论是经典贸易理论的发展，但也存在明显的缺陷。按照绝对利益法则，只有在某种产品的生产上具有绝对优势的国家才有参与国际贸易的可能性和必要性。如果一国生产所有的产品都处于劣势状态，那么它能否进行国际贸易？如果进行国际贸易，它又能否从贸易中获得利益呢？对这个问题，比较成本理论做出了回答。

二、比较成本理论简介

大卫·李嘉图（David Ricardo，1772—1823 年）是古典经济学的集大成者。在《政治经济学及赋税原理》（1817 年）一书中，他进一步发展了斯密的绝对优势论，提出了著名的比较成本理论。比较成本理论以其无可比拟的逻辑力量，论证了发展程度不同的国家，无论本国商品处于劣势或优势，都可以参与国际贸易，并都能在贸易中获益，把自由贸易理论推进到了划时代的阶段。

（一）比较成本理论的基本思想和主要内容

作为古典政治经济学的重要人物，李嘉图与斯密一样主张自由贸易，认为每个人在自由追求个人利益的同时会自然而然地有利于整个社会。与重商主义不同，李嘉图认为国际贸易给社会带来利益并非因为一国商品价值总额的增加，而是因为一国商品总量的增长。国际贸易之所以对国家极为有利，是因为“它增加了用收入购买的物品的数量和种类，并且由于商品丰富和价格低廉而为节约和资本积累提供刺激”。同斯密一样，李嘉图强调了进口带来的利益。不过，李嘉图并非只是重复斯密关于自由贸易的好处，而是提出了更加系统的自由贸易理论，他从资源的最有效配置（使用）角度来论证自由贸易与专业分工的必要性。

在斯密的理论中，鞋匠有制鞋的绝对优势，裁缝有做衣服的绝对优势，两者的分工比较明确。但假如两个人都能制鞋和做衣服，而其中一个在两种职业上都比另一个人强，那么应该怎样分工呢？或者说，怎样的分工是最有效的呢？根据李嘉图的理论，这要看两人在两种职业上的劳动生产率相差多少。如果一个人比另一个人在制鞋上强三分之一，而在做衣服上只强五分之一，那么这个较强的人应该制鞋而那个较差的人应该去做衣服。这样的分工对双方都有利，也是资源的最佳配置。

李嘉图用“比较成本”的概念来分析国际贸易的基础，认为国际贸易的基础并不限于劳动生产率上的绝对差别。只要各国之间存在着劳动生产率上的相对差别，就会出现生产成本和产品价格的相对差别，从而使各国在不同的产品上具有比较优势，使国际分工和国际贸易成为可能。根据李嘉图的比较成本理论，每个国家都应集中生产并出口其具有“比较优势”的产品，进口其具有“比较劣势”的产品。比较成本理论也常被称为比较优势理论。

（二）比较成本理论的说明

假定葡萄牙和英国都生产毛呢和酒，生产情况如表 3-4 所示。

表 3-4　分工前两国的生产情况

产品	产量 / 单位	葡萄牙劳动量 / 人·年$^{-1}$	英国劳动量 / 人·年$^{-1}$
毛呢	1	90	100
酒	1	80	120

葡萄牙与英国相比，在生产毛呢和酒上都处于绝对优势，但优势程度不同。葡萄牙生产毛呢的劳动效率是英国的 1.1 倍，而生产酒的劳动效率是英国的 1.5 倍，因此相对来讲，葡萄牙生产酒的优势更大一些。所以，葡萄牙应该把全部劳动力都用来生产酒。

另一方面，从英国的角度来看，与葡萄牙相比，英国在生产毛呢和酒上都具有绝对劣势，但生产毛呢的劣势相对小一些。所以按照比较优势法则，英国应把所有劳动力都用来生产毛呢（表 3-5）。

表 3-5　分工后两国的生产状况

产品	葡萄牙	英国
毛呢 / 单位		(100+120)/100=2.2
酒 / 单位	(90+80)/80=2.125	

同样两国按 1∶1 的比率进行交换，交换后的贸易利益如表 3-6 所示。

表 3-6　贸易后两国的产品状况

产品	葡萄牙	英国
毛呢 / 单位	1	1.2（比分工前增加了 0.2 单位）
酒 / 单位	1.125（比分工作前增加了 0.125 单位）	1

由此可见，即使其中一个国家两种产品的生产效率都比另一国低，两个国家仍能通过分工和贸易使彼此都获得利益，同时能不同程度地节约社会劳动。

李嘉图的比较成本理论不仅论述了国际贸易能够互惠互利，而且阐明这种国际贸易利益具有适用于所有国家的普遍意义。更重要的是，他指明了取得国际贸易利益的关键所在，那就是在自由贸易条件下，无论处于优势还是劣势的国家都可以扬长避短，发挥自己的相对优势。比较成本理论被公认为是国际贸易不可动摇的基础，是一百多年来国际贸易理论的

笔记栏

ER-3-1

拓展阅读：从廉价劳动力国家购买商品是否道德？

核心。其后一个多世纪的有关研究和所提出的理论，在很大程度上是对它的补充、发展和修正。

但是比较成本理论也有其局限性。它所揭示的比较利益是一种静态的短期利益。有许多事例表明，当前生产或出口某种产品所处的比较劣势不是一成不变的。随着自身的努力和环境条件的改变，其将来可能会处于比较优势。所以在制定对外经济发展的长期战略时应动态灵活地运用比较成本论。此外，和绝对优势理论一样，比较优势理论也未能解决国际贸易的交换价格是如何确定的问题，把劳动作为唯一的生产要素也过于简化。

第二节　生产要素禀赋理论

20 世纪 30 年代由瑞典经济学家赫可歇尔和俄林在李嘉图的比较成本理论的基础上提出的生产要素禀赋论（Factor Endowment Theory）是现代国际贸易理论的新开端，被誉为国际贸易理论的柱石，在国际贸易理论的发展中具有里程碑意义。

一、生产要素禀赋理论简介

1919 年，瑞典经济学家厄里·赫克歇尔（Eli F. Heckscher，1879—1952 年）发表论文《对外贸易对收入分配的影响》，第一次提出两个国家生产要素比例的差别是引起贸易的决定要素。后来他的学生，著名的瑞典经济学家伯尔蒂尔·俄林（Bertil G. Ohlin，1899—1979 年）接受了他的基本论点和大致思路，继承了瑞典学派一般均衡分析的传统，于 1933 年出版了被认为是现代国际贸易理论最重要著作《地区间贸易与国际贸易》。在该书中，俄林系统地阐述了生产要素禀赋理论，用以说明国际贸易的起因和影响，形成了后人所称的赫克歇尔 - 俄林理论（简称“H-O 理论”或“H-O 模型”）。该理论成为现代国际贸易理论的开端和基石，俄林则由于其杰出的贡献，荣获 1977 年诺贝尔经济学奖。

（一）基本概念

要理解 H-O 理理论，必须首先理解这个理论中引用的一些重要概念。

1. 生产要素和要素价格　生产要素（factor of production）是指生产活动必须具备的主要因素或在生产中必须投入或使用的主要手段。通常指土地、劳动力和资本这三个要素，也可以把技术知识、经济信息当作生产要素。要素价格（factor price）是指生产要素的使用费用，如土地的租金、劳动力的工资、资本的利息等。

2. 要素密集度和要素密集型产品　要素密集度（factor intensity）是指商品生产中所需要的各种要素之间的投入比例。各种商品由于属性不同，生产中要求的要素比例也不同，如农产品要求较多的土地，纺织品则要求较多的劳动力。如果某种要素在某种商品生产中投入的比例最大，则该种商品为该要素密集型产品（factor intensive commodity）。

3. 要素禀赋和要素丰裕度　要素禀赋（factor endowment）是指一国所拥有的可用于生产商品和劳务的各种生产要素的总量，既包括自然存在的资源也包括技术和资本等获得性资源，是一个绝对量的概念。要素丰裕度（factor abundance）是指一国的生产要素禀赋中某要素供给所占的比例大于别国同种要素的供给比例，从而相对价格低于别国同种要素价格的情况。要素丰裕度既可以用生产要素供给总量来衡量，也可以用要素相对价格来衡量。

（二）H-O 理论的假设

1. 假定只有两个国家、两种商品、两种生产要素劳动力和资本。

2. 假定两国技术水平相同，生产函数相同。

3. 假定两国两种产品生产的规模报酬不变。

4. 一国内部，生产诸要素是完全自由流动的，但在区域和国家之间，它们是不能自由流动的。

5. 假定货物流通中的一切限制都不存在。

6. 假定只有商品贸易，贸易是平衡的。

（三）H-O 理论的主要内容

概括起来，H-O 理论可表述为："不同的商品生产需要不同的生产要素比例，而不同的国家拥有不同的生产要素。因此，各国在生产那些能较密集地利用其比较充裕的生产要素的商品时，必然会有比较利益产生。因此，每个国家最终将出口能利用其充裕的生产要素生产的那些商品，以换取那些需要较密集地使用其稀缺的生产要素的进口商品。"简言之，就是劳动力相对丰富的国家应出口劳动密集型商品，进口资本密集型商品；而资本充裕的国家应出口资本密集型商品，进口劳动密集型商品，各国比较利益的地位是由各国所拥有的生产要素的丰裕程度来决定的。

由于 H-O 理论假定不同国家间消费偏好、收入分配和生产技术相同，这就在所有造成国家间商品相对价格和比较利益差异的可能原因中，将要素禀赋（供给）的差异独立出来，作为国家间比较利益和国际贸易的基本原因或决定因素。

"贸易的首要条件是某些商品在某一地区生产要比在别的地区便宜。在每一个地区，出口品中包含着该地区拥有的比其他地区较便宜的、相对大量的生产要素，而进口别的地区能较便宜地生产的商品。简言之，进口那些含有较大比例生产要素昂贵的商品，而出口那些含有较大比例生产要素便宜的商品。"

二、生产要素禀赋理论的扩展

赫克歇尔和俄林认为，国际贸易不仅会使商品价格均等化，而且会使生产要素价格均等化。这就是所谓的要素价格均等化定理（Factor-price Equalization Theorem）。美国经济学家萨缪尔森（Paul Anthony Samuelson）在 1949 年发表的《再论国际要素价格均等》中严格证明了这一定理。由于这一定理是建立在赫克歇尔 - 俄林模型基础上，并由萨缪尔森发展的，因此要素价格均等化定理又被称为赫克歇尔 - 俄林 - 萨缪尔森定理（简称"H-O-S 定理"）。

H-O-S 定理可简要表述为：在 H-O 理论中给出的假设条件下，国际贸易将导致各国间同质的生产要素获得相同的、相对的和绝对的收益（价格）。所以，国际贸易实际上是要素流动的替代物。

三、里昂惕夫之谜

（一）里昂惕夫之谜的产生

瓦西里·里昂惕夫（Vassily W.Leontief，1906—1999 年）是美国著名的经济学家，投入产出法的奠基人，并因此获得了诺贝尔经济学奖。他的代表作为《投入产出经济学》，该书收录了他 1947—1965 年公开发表的 11 篇论文，其中有两篇是研究国际贸易的。

里昂惕夫的初衷是为了验证赫克歇尔 - 俄林理论的正确性。美国被公认为是世界上资本最丰富的国家，因此里昂惕夫期望得到美国出口资本密集型产品，而进口劳动密集型产品的结论。里昂惕夫于 1953 年发表的《国内生产与国际贸易：美国资本地位的重新考察》一文中，使用涉及 200 个行业的投入产出表，计算了 1947 年美国每 100 万美元的出口商品和进口替代商品所使用的资本和劳动数量，得到了美国出口商品和进口替代商品的要素密集度（即资本 - 劳动比率，K/L）（表 3-7）。

笔记栏

表 3-7　美国生产进出口商品所使用的资本和劳动量比较

年投入产出和贸易结构		每百万美元产品生产要素需要量		(资本 - 劳动比率)$_{出口食品}$/(资本 - 劳动比率)$_{进口食品}$
		出口商品	进口商品	
1947 年投入产出和贸易结构	资本 / 美元	2 550 780	3 091 339	0.771
	劳动 / 年劳动人数	182	170	
	资本 - 劳动比率 / 美元·人$^{-1}$	14 010	18 180	
1951 年投入产出和贸易结构	资本 / 美元	2 256 800	2 303 400	0.945
	劳动 / 年劳动人数	174	168	
	资本 - 劳动比率 / 美元·人$^{-1}$	12 977	13 726	
1958 年投入产出和贸易结构	资本 / 美元	1 876 000	2 132 000	0.789
	劳动 / 年劳动人数	131	119	
	资本 - 劳动比率 / 美元·人$^{-1}$	14 200	18 000	

资料来源：查德利，孟卫东．国际贸易原理政策与实务[M]．重庆：重庆大学出版社，1999：45

值得注意的是，里昂惕夫在计算中用的是进口替代商品而不是进口商品。这是因为从国外进口商品所包含的资本和劳动的数据无法得到。他正确地推断，即使美国进口替代商品的资本密集度比实际进口商品的高，但如果 H-O 模型成立的话，美国进口替代商品的资本密集度仍应比其出口商品低。

里昂惕夫的结果令他本人和世人大吃一惊：美国出口商品的资本 - 劳动比率只是进口替代商品的 77.1%。这说明美国出口的是劳动密集型商品，进口的是资本密集型商品，结论与理论判断完全相反。这一检验结果与 H-O 理论的推论矛盾被称为“里昂惕夫之谜”(Leontief Paradox)。里昂惕夫指出：“美国参与国际分工是建立在劳动密集型生产专业化基础上的，而不是建立在资本密集型生产专业化基础上的。换言之，这个国家是利用对外贸易来节约资本和安排剩余劳动力，而不是相反。”

考虑到或许 1947 年太接近二次世界大战而使结果发生偏差，里昂惕夫又在 1956 年使用 1947 年的美国经济投入产出表和 1951 年的贸易数据重新进行了验证，发现美国出口商品的资本 - 劳动比率仍较进口替代商品低，虽然程度有所减小。而鲍德温在 1971 年使用美国 1958 年经济投入产出表和 1962 年贸易数据所得到的结果与里昂惕夫的最初结论相差无几。其他学者用该方法对日本、加拿大、印度及东欧国家检验后发现，除个别情况，里昂惕夫之谜是普遍存在的。

(二) 对里昂惕夫之谜的解释

里昂惕夫的验证结果一经发表，即在西方经济学家中引起了强烈反响。自 20 世纪 50 年代起，许多经济学家围绕里昂惕夫之谜进行了广泛的研究。一些学者开始寻找解释这一矛盾的方法，试图弥补 H-O 理论。

1. 贸易壁垒说　H-O 理论是建立在完全自由贸易的假设之上的，而现实中完全的自由贸易是不存在的，在国际贸易中总是充满了各种关税和非关税壁垒。

有研究表明，关税结构对贸易形式的扭曲是造成里昂惕夫之谜的原因之一。美国劳动密集型商品的进口要比非劳动密集型商品的进口受到更多的限制，特别受到保护的是本国非熟练和熟练的劳工集团，这造成了美国进口商品的劳动密集度减小。如果国外采取相应措施，对资本密集型产品的进口征收高关税，美国的资本密集型产品就会难以进入国外市场。加上美国限制资本密集型高技术产品的出口，增加了美国出口产品的劳动密集程度。如果是自由贸易，美国将会进口比现在更多的劳动密集型产品，出口比现在更多的资本密集型产品。

2. 自然资源论　H-O 理论和里昂惕夫的计算使用的是两要素模型（劳动和资本），而忽略了土地、矿藏、森林等自然资源要素。各国自然资源天赋的种类和数量有很大不同。如挪威和日本的渔业极其发达，北欧有大量的天然森林，阿拉伯半岛石油储量丰富等。

引入自然资源要素，有助于解释与 H-O 理论相悖的现象。美国是大宗矿产和木材的进口国，这些产品在美国国内生产需要较多的资本，这是美国的进口竞争产品之所以是资本密集型的原因之一。在出口方面，美国出口的农产品相对来说是大量使用劳动力和土地的，即农产品相对美国而言是劳动密集型的。要计量美国的出口行业和进口竞争行业的生产要素含量，有必要评价自然资源对这些行业的作用。

自然资源的作用也有助于解释其他令人困惑的结果。加拿大向美国出口资本密集型产品，主要是由于它出口的是在美国生产时资本 - 劳动比率较高的矿产；日本出口产品的资本密集程度较其进口产品高，这主要是因为它进口大米，而大米在日本是以劳动密集型方式生产的；印度是向美国出口资本密集型产品以换取劳动密集型产品，主要也是由于它大多从美国进口粮食。

3. 技能和人力资本说　H-O 理论假定各国之间同一生产要素（资本或劳动）是同质的，里昂惕夫在计算中对资本的测度只包含了机器设备、厂房等物质资本，并未包含人力资本。这也是造成里昂惕夫之谜的重要原因。

所谓人力资本（human capital）是指在劳动者教育、职业培训、健康保健等提高劳动生产率的方面所进行的投资。劳动技能正是人力资本支出的结果。由于不同国家之间人力资本投入的差异，其劳动熟练程度和生产效率是不同的。

里昂惕夫认为，美国的劳动力比国外的劳动力具有较高的效率。因此，在美国生产进口替代品的资本 - 劳动比率转换成国外商品的资本 - 劳动比率时，应将美国的劳动力数量乘上一个效率系数。如在某种进口替代品的生产中，美国的劳动生产率是国外的 2 倍，则美国该产品中所含的劳动数量应乘以 2，这样，其资本 - 劳动比率就不再是资本密集型产品，而是劳动密集型产品了。

在 1966 年的一项研究中，基辛对 1957 年美国与其他 9 个国家进出口产品所包含的劳动熟练程度作了统计分析，其中 5 个国家的情况见表 3-8。

从表 3-8 中可以看出美国出口产品所使用的熟练劳动比例较高，而进口产品所使用的非熟练劳动比例较高。在所有国家中，美国出口产品所使用的熟练劳动比例最高，而印度最低。这反映了美国等发达国家具有劳动技能上的优势，出口的是技能密集型的产品，而不发达国家出口的则是非熟练劳动密集型产品。因此，有些学者将劳动技能或人力资本作为一种新的生产要素加以考虑，认为美国真正充裕的生产要素并非资本而是熟练劳动力，这样，里昂惕夫的结果就不会和 H-O 理论相悖了。

表 3-8　部分国家进出口产品中所包含的劳动熟练程度

国家	出口		进口	
	熟练劳动 /%	非熟练劳动 /%	熟练劳动 /%	非熟练劳动 /%
美国	54.6	45.4	42.6	57.4
瑞典	54.0	46.0	47.9	52.1
德国	52.2	47.8	44.8	55.2
意大利	41.1	58.9	52.3	47.7
印度	27.9	72.1	53.3	46.7

笔记栏

有些学者则从另一个角度考虑问题。他们将熟练劳动的工资收入高于非熟练劳动的那一部分资本化，作为对人力资本的估价，再加上物质资本，得到所使用的总资本，进而计算生产某产品的资本 - 劳动比率。如肯林在 1966 年的一项研究中，实际估算出包含在美国出口产品和进口替代品中的人力资本，再加上所用的物质资本，重新计算了美国 1947 年出口产品和进口替代品中的资本 - 劳动比率，发现美国出口的仍是资本密集型产品，进口的依然是劳动密集型产品，从而使里昂惕夫之谜消失。

但其后的一些研究发现，将人力资本和物质资本结合成单一的测度还存在困难和问题，而对多个国家多种要素的更全面的研究表明，仍然存在着许多与 H-O 模型相矛盾的结果。里昂惕夫之谜并未完全解开。

第三节 当代国际贸易理论的新发展

第二次世界大战后，国际贸易的商品结构和地区分布与战前相比发生了很大的变化。这主要表现在：一是发达国家之间的贸易成为占主体的国际贸易类型，且工业化国家传统的“进口初级产品 - 出口工业产品”的模式逐渐改变，出现了许多同一产业既出口又进口的“双向贸易”（two-way trade）或“产业内贸易”（intra-industry trade）；二是跨国公司成为世界经济舞台上的重要角色，对国际贸易产生了重要影响，跨国公司的母公司和子公司之间或子公司之间的公司内贸易成为国际贸易发展的一大特色。

国际贸易发展的现实对传统的国际贸易理论提出了严峻的挑战，这些新的贸易倾向显然难以用要素禀赋差异来解释。因为产业内贸易大多发生在发达国家之间，其要素禀赋十分相似，都属于资本相对充裕的国家。这种贸易发生在同类产品之间，其生产所需的要素比例或其要素密集度是十分相似的。传统国际贸易理论以国家为基本分析单位，没有公司作用的分析，也无从解释公司内贸易产生的基础。因此当代经济学家对产业内贸易、公司内贸易进行深入研究，发展了国际贸易理论。

一、产业内贸易的理论解释

（一）同类产品的差异性

对产业内贸易基础的一个直观解释是产品差异。产品差异是指产品在品质、性能、造型设计、规格、商标、包装、服务等方面的差异。具有这种差异的产品，即差异产品，是指本质上属于同一类产品但存在可以辨识的各种差异的产品。受资源、市场等因素的制约，任何一个国家都不可能在具有比较优势的部门生产所有的差异化产品，而只能对于某些差异化产品进行专业化生产，获取规模经济的利益。因此，每一产业内部的系列产品往往产自不同国家。同时，各国消费者对差异产品的追求或偏好导致了产业内贸易的形成。

（二）规模经济理论

规模经济理论的创始人是美国经济学家保罗·克鲁格曼（Paul R.Krugman，1953 年—）和以色列经济学家埃尔赫南·赫尔普曼（Elhanan Helpman，1946 年—）。他们将规模经济原理引入国际贸易理论分析，建立了一个新的分析框架。他们合著的《市场结构和对外贸易：报酬递增、不完全竞争和国际经济》在 1985 年出版后即受到西方经济学界的重视，被誉为国际贸易理论方面的重大突破。克鲁格曼也因在“贸易格局分析与经济活动区位”所做出的贡献获 2008 年诺贝尔经济学奖。

传统的国际贸易理论（从比较优势论到 H-O 理论）都是建立在完全竞争和规模报酬不

变的假定之上的。克鲁格曼和赫尔普曼认为这两个假定在现实中都是不完全的。首先,各国生产的产品并非都是同质同样的,许多工业品类似但不同样。各种产品类似并有一定的替代性,存在产品差异,具有一定的垄断性。因此,大多数工业产品的市场是垄断竞争或不完全竞争的。另外,在现代化社会大生产中许多产品的生产具有规模报酬递增的特点,规模经济是普遍存在的。

但是,克鲁格曼和赫尔普曼并不认为传统的国际贸易理论已经失去生命力。在完全竞争和规模报酬不变的情况下,传统的国际贸易理论完全适用。即使在某些产业具有递增性规模报酬以及市场结构是不完全竞争的情况下,只要做出一些必要的假定就可以看到,贸易商品所体现的要素净含量流动仍反映了国家间的相对要素禀赋差异。正是在这种情况下,规模经济可能取代要素禀赋的差异成为国际贸易的主要动因。简言之,技术或要素禀赋差异确定了产业间贸易的模式,而差异产品的规模经济将引起产业内贸易比重的上升。国家间的差异越大,产业间的贸易量越大;国家间的差异越小,产业内贸易的量就越小。

(三) 偏好相似理论

瑞典经济学家斯戴芬·伯伦斯坦·林德(Staffan Burenstam Linder)在1961年出版的《论贸易和转变》一书中提出偏好相似理论,从需求的角度对发达国家之间的贸易和产业内贸易做出了理论解释。他指出在H-O理论中,要素禀赋差别的重要性被夸大了,这一差别只是形成产品价格不同的一种原因,不是唯一原因。它只适用于说明初级产品的贸易,而加工产品的贸易应由偏好相似理论说明。偏好相似理论的内容大致如下:

1. 一国的潜在出口范围由国内的典型需求决定　这是因为:从发明的角度看,其最初的动因往往是国内的需求;从生产的角度看,根据企业家自身感受到的国内需求做出决策是企业行为的基础,只有当国内市场供大于求时,出口才会逐渐发展起来;从比较优势的角度看,只有存在国内市场,才能建立生产与消费的联系,便于产品的改进,商品的出口才较易获得比较优势。

2. 影响一国需求结构的决定性因素是平均收入水平　传统偏好、商品价格、气候条件等对需求结构都有影响,但决定因素是平均收入水平。平均收入水平类似的国家,有相似的需求结构,这是由于一方面在人均收入较高的国家,高档耐用品较多地进入家庭,在人均收入较低的国家,消费品的品质显著下降。另一方面,由于收入分配不均,富国的低收入层与穷国的高收入层有着类似的需求。因此,无论从国家还是从家庭的角度看,收入水平和消费结构都有很强的相关关系。资本品的需求也大体类似。

由于出口范围由需求决定,需求结构又由人均收入水平决定,所以,两国的经济发展程度越相近,人均收入水平越接近,两国的需求结构就越类似,两国相互满足对方需求的能力就越强,两国间的贸易可能性就越大。

二、技术差距论

技术差距论(Technological Gap Theory)又称创新与模仿理论(Innovation and Imitation Theory),由美国学者波斯纳(Michael V. Posner)首创。技术差距论把国家间的贸易与技术差距的存在联系起来,认为随着时间的推移,新技术最终将被技术模仿国掌握,使技术差距消失,贸易即持续到技术模仿国能够生产出满足其对该产品的全部需求为止。但在动态的经济社会,科技发达的国家将不断有再创新、再出口出现。

波斯纳的技术差距论认为,技术进步也是国家间产生贸易的重要原因。技术进步或技术创新意味着一定的要素投入量可以生产出更多的产品,技术进步对各国要素禀赋比率产生影响，从而影响各国产品的比较优势，对贸易格局产生影响。一国的技术优势使其在获得出口市场方面占有优势，当一国创新某种产品后，在国外掌握该项技术之前产生了技术领先差距，可出口技术领先产品。但技术会随着专利权转让、技术合作、对外投资、国际贸易等途径流传到国外，当一国创新技术为外国模仿时，外国即可自行生产而减少进口，创新就渐渐失去了该产品的出口市场，因技术差距而产生的国际贸易量逐渐缩小。随着时间的推移，新技术最终将被技术模仿国所掌握，使技术差距消失，贸易即持续到技术模仿国能够生产出满足其对该产品的全部需求为止。

波斯纳把技术差距产生到技术差距引起的贸易终止之间的时间称为模仿滞后（imitating lag）时期，模仿滞后时期又分为反应滞后（reacting lag）和掌握滞后（mastery lag）两个阶段。反应滞后是指技术创新国开始生产新产品到其他国家模仿其技术开始生产新产品的时间，掌握滞后是指其他国家开始生产新产品到新产品进口为零的时间。反应滞后的初期为需求滞后，需求滞后是指技术创新国开始生产新产品到开始出口新产品之间的时间间隔。需求滞后阶段的长短取决于两国的收入水平和市场容量的差距，差距越小时间越短。

反应滞后阶段的长短主要取决于企业家的决策意识和规模效益、关税、运输成本、国外市场容量及居民收入水平高低等因素；掌握滞后阶段的长短主要取决于技术模仿国吸收新技术能力的大小，吸收新技术能力强的掌握滞后阶段较短。

技术差距论从技术创新出发，论述了产品贸易优势在创新国和模仿国之间的动态转移，解释了贸易差距消失的原因，为产品生命周期理论奠定了基础。

三、产品生命周期理论

美国经济学家雷蒙德·弗农（Raymond Vemon）于 1966 年在《产品周期中的国际投资和国际贸易》一文中提出了产品周期理论（Product Life Cycle Theory），对工业制成品的国际贸易的流向进行了有效解释，试图使国际贸易理论与实际相一致。

产品周期理论限于分析工业产品，它有四项假设：信息在国内国际间的传播需要花一定费用；各国消费结构是收入水平的函数；生产函数是随时间变化的；允许贸易壁垒和运费存在。弗农认为，产品是有生命的，从新产品出现到被替代和完全取代是一个生命周期。他以美国为例，把产品生命周期划分为以下三个阶段：

1. 创新时期　由于信息不能自由跨越国界，发明或加工过程的改进首先会在需求最旺盛的地方发生，美国的人均收入是西欧的两倍，因此新产品的研制首先在美国进行。新产品的生产也会最先在美国进行。这是由于在创新时期，产品尚未定型，常常修改设计，调整要素投入，变动产品规格等，需要投入较多的技术劳动力，宜在发明地进行生产。产品在美国投产后，人均收入水平接近美国的西欧、加拿大会较早地产生对新产品的需要，新产品开始由美国出口到这些国家。

2. 成熟时期　这一时期，产品逐渐定型，对调整投入的关注下降，不确定因素减少，对成本的考虑加强，产品技术密集程度降低，开始产生规模经济。于是，新产品的产地开始发生第一次变化：只要美国的生产成本、运费和关税之和大于在欧洲的生产成本，欧洲就会开设厂家生产。随着欧洲工厂的建立，美国向西欧出口逐渐减少。其他国家先是从美国，之后从西欧工厂获得成熟产品。

3. 标准产品时期　这个时期的产品完全定型，只有价格竞争，因而成本成为生产地选择的主要原因。由于标准品贸易的扩大，发展中国家开始具备这种产品的生产条件，美国也可以通过投资建厂来利用发展中国家低廉的劳动力。于是产品贸易发生逆向变化：发展中国家成为出口者，最初发明国成为进口者，直到该产品被更新的发明完全取代。

根据产品的生命周期理论，国际贸易将呈现出如图 3-1 的阶段式模式：

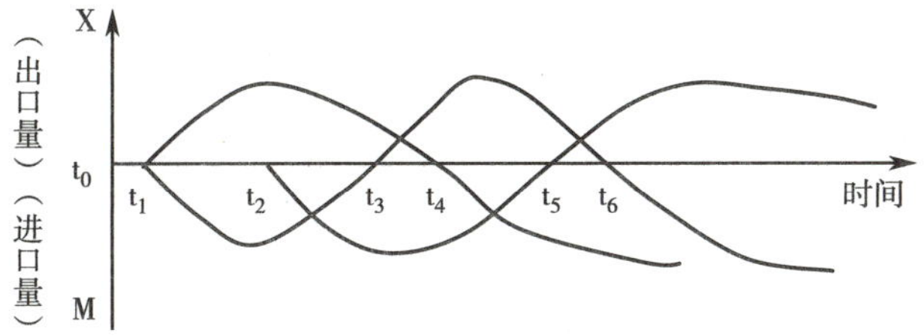

图 3-1　产品生命周期和技术差距

t_0 至 t_1 阶段为新产品阶段。在这一阶段，创新国（如美国）主要针对本国需求进行生产，基本上没有出口。从 t_1 开始，美国将一部分新产品出口到收入水平和消费偏好相似的其他发达国家，如加拿大、欧洲和日本。过了一段时间，逐渐成熟的技术随着产品的出口而转移出去。在潜在的强劲需求刺激下，这些国家的厂商开始模仿或引进技术发展自己生产该产品的能力。由于它们无需支付关税和国际运输费用，也不需花费大量的研究开发费用，美国的技术优势受到侵蚀，它们能够在本国市场上与美国进口产品竞争，然后也开始向世界其他国家（主要是发展中国家）出口，至 t_3，这些国家已经成为净出口国。与此同时，随着产品由成熟走向标准化，研究与开发的优势日益为成本与价格的优势所取代，美国的相对优势逐渐消失，至 t_4 成为该产品的进口国。从 t_2 开始，美国和其他发达国家纷纷开拓发展中国家市场，强劲的市场需求亦刺激发展中国家的厂商模仿或引进国外先进技术进行该产品生产。在 t_5，该产品及其生产技术已进入完全标准化阶段，非熟练劳动力成本高低成为产品价格竞争的重要因素，于是该产品的生产地点逐渐全部转移到工资率较低的发展中国家，并使之成为该产品的净出口国。至 t_6，美国和其他发达国家都将成为该产品的净进口国。至此，由贸易而言，产品生命周期进入了它的最后阶段。

新产品的国际贸易模式之所以发生上述的有规律的变化，是因为不同类型的国家在产品生命周期的各个阶段的比较优势不同，而比较优势不同又和产品生命周期不同阶段产品的要素密集度相联系。该理论运用了比较成本理论的动态分析方法，扩展了俄林的要素禀赋理论，考察了随着产品生命周期的变化，比较利益如何从一种类型的国家转向另一种类型的国家，较传统国际贸易理论又前进了一步。

四、国家竞争优势理论

国家竞争优势理论，又称“钻石理论”，是由哈佛大学商学院教授迈克尔·波特（Michael E.Porter，1947 年—）在其代表作《国家竞争优势》中提出的。出版于 1990 年的《国家竞争优势》是波特及其同事在调研了 10 个国家 100 家大企业的基础上发表的，探究为什么在国际竞争中，一些国家的某些工业取得成就，而另一些却失败了。《国家竞争优势》中关于一个国家如何在国际市场上获得竞争优势的理论，对建立一个统一的、现代的国际贸易理论体系，起到了奠基性作用。

波特的国家竞争优势是指一个国家使其公司或产业在一定的领域创造和保持竞争优势的能力。波特认为，一个国家的产业能否在国际上具有竞争力，取决于该国的国家竞争优势，而国家竞争优势又是由以下四组因素决定的：要素禀赋、国内需求、支持性产业与相关产业和公司战略、结构和竞争。这四组因素的每一组都可单独发生作用，但又同时对其他因素产生影响（图 3-2）。

笔记栏

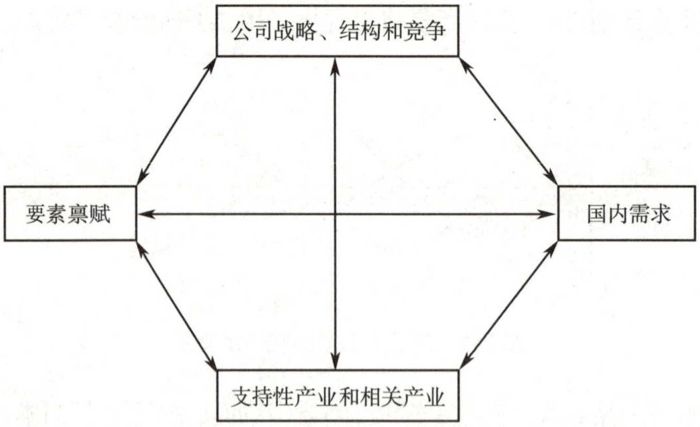

图 3-2 国家竞争优势的决定因素

(一) 要素禀赋

要素禀赋是指一国拥有的生产要素。它们包括人力资源、物资资料、知识资源、资本资源和基础设施。

1. 人力资源 包括人员(包括管理人员)的成本、技能和数量。人力资源又可以进一步划分成无数小类,如电气工程师、软件运用人员、工具生产工人等。

2. 物资资料 包括一个国家的土地、水资源、矿藏、森林、渔场等规模,以及其质量、成本、气候条件、区位、地理规模等。

3. 知识资源 它包括一个国家的科学知识、技术知识、市场知识。知识资源存在于大学、研究机构、政府统计部门、工商文献、科学文献、市场调查报告等机构和资料之中。

4. 资本资源 包括支持产业的资本数量及成本等。资本不是同质的,而是以不同的形式出现,如有无担保借债、“垃圾”债券、风险资金等。每一种资本的使用条件都是不同的。一国的资本总量及利用方式取决于一个国家的储蓄率和资本市场结构。

5. 基础设施 它包括运输系统、通信系统、保健系统等及其实施质量、成本等。

要素又可分成初级要素和高级要素,专门要素和一般要素。初级要素指一国先天拥有或不需要太大代价便能得到的要素,比如自然资源、气候、地理位置、非熟练劳动力等。高级要素则指必须要通过长期投资和培育才能创造出来的要素,如高质量人力资本、高精尖技术等。一般要素是一些适用范围广泛的要素,如公路系统、受过大学教育的雇员等。专业要素则是指专门领域的专业人才、特殊的基础设施、特定领域的专门知识,比如掌握光学技术的研究所,专门处理化学药品的港口等。越是高级的要素越可能是专门要素。

(二) 国内需求

国内需求对竞争优势最重要的影响是通过国内买主的结构和买主的性质实现的。不同的国内需求使公司对买方需求产生不同的看法和理解,并做出不同的反应。在国内需求给当地公司及早提供需求信号或给当地公司施加压力要它们比国外竞争者更快创新,提供更先进产品的产业或产业部门,国家最可能获得竞争优势。国内市场有以下三个特征对国家竞争优势有十分重要的影响:

1. 分隔的需求结构 在大多数产业,需求都是分隔的。比如在商用飞机市场上,不同的航线对不同大小、不同档次的飞机的需求就不一样。一部分市场比其他部分更具全球性。如果全球性部分代表了国内需求很大的部分,但在其他国家却占它们需求的较小部分,那么这个国家的公司就有可能在这部分市场获得竞争优势,因为它们往往最先引起公司的注意,公司最早针对它们确定发展目标。

2. 老练的、挑剔的买主　比分隔的需求更重要的是国内买主的特征。如果国内买主是世界上对产品和服务最老练、最挑剔的买主，那么一个国家的公司便可能获得竞争优势。由于国内买主同公司在地理、文化上的接近，他们最容易使公司看到最新的、最高层次的买方需求。如果买方是公司，则可能与生产公司合作开发新产品。此外，讲究、挑剔的买主往往会给国内公司施加压力，使它们在产品质量、性能和服务方面都建立起高标准。

3. 前瞻性的买方需求　如果一国的买方需求比其他国家领先，则一国的公司也能获得竞争优势，因为国内领先需求使公司意识到国际需求的到来。国内领先的需求不仅对新产品重要，而且对公司自身不断升级换代也很重要。国内领先的需求还往往使公司的新产品更容易在国际找到市场，从而使公司的新产品得到发展的机会。最突出的例子是日本的节能型汽车，由于日本是能源缺乏的国家，因此对节能型汽车的需求比世界其他国家领先，这使得日本汽车在能源危机发生后能迅速占领美国市场。

国内独立的买主数量、需求的增长速度、需求的规模以及市场饱和的时间也会对一国公司的竞争优势产生影响。国内众多的独立买主可以为公司提供更多的需求信息，减少公司的风险；国内市场的迅速增长可以鼓励公司更快采用新技术，更大规模地对设备进行投资；国内需求规模大则可能使公司获得规模效益；而国内市场的早期饱和则会迫使公司提前向海外扩散，占领国际市场。

国内需求的重要性是外国的需求取代不了的，因为产品的开发、试验和批准的人员基本上都在国内。因此公司对国内需求的压力比对国外需求的压力感觉更强烈。公司经理们的自尊心、荣誉感也更容易迫使他们满足国内需求。因此来自国内市场的需求信息常在公司的决策中占支配地位。

知识链接

中国经济总量首超100万亿，发展更有含金量

国家统计局2021年1月18日公布，经初步核算，2020年我国国内生产总值(GDP)首次突破100万亿元，达1 015 986亿元。

疫情突袭之下，经济全球化遭遇逆流。中国没有关起门来封闭运行，而是加快构建以国内大循环为主体、国内国际双循环相互促进的新发展格局。

2020年11月15日，历经8年谈判，《区域全面经济伙伴关系协定》正式签署。协定覆盖的15个成员国，人口规模、经济总量和贸易份额均占全球约30%，这意味着全球最大自贸区正式起航。

中国商品跨境物流越来越稳。2020年中欧班列共开行1.24万列，逆势增长50%，综合重箱率98.4%，通达欧洲21个国家、97个城市，保障了当地生产“不断链”、生活“不断供”。

中国投资门槛越来越低。2020年版外商投资准入负面清单的发布，提高了服务业、制造业、农业开放水平，全国和自贸试验区负面清单压减比例分别达17.5%、18.9%。

中国开放大门越开越大。从首次整体“上线”的中国进出口商品交易会(简称“广交会”)，到99项创新类成果首发的中国国际服务贸易交易会(简称“服贸会”)，再到意向成交超726亿美元的中国国际进口博览会(简称“进博会”)……2020年，在全球贸易大幅萎缩的情况下，我国货物进出口总额创历史新高，比上年增长1.9%，为全球经济复苏注入更为强劲的动能。

笔记栏

(三) 支持性产业和相关产业

一个国家的产业要想获得持久的竞争优势，就必须在国内具有在国际上有竞争力的供应商和相关产业。日本的机床生产商是世界第一流的，它们的成功靠的是日本国内第一流的数控系统、马达和其他部件供应商。瑞典的轴承、切割工具等钢制品在世界领先，靠的是本国特殊钢的优势。支持性产业以下列几种方法为下游产业创造竞争优势：以最有效的方式及早地、迅速地为国内公司提供最低成本的投入；不断地与下游产业合作；促进下游产业的创新。世界第一流的供应商往往帮助公司看到利用新技术的新方法、新机会，让公司最快得到新信息、新见解以及供应商的新创产品。有竞争力的供应商还充当把信息和创新从一个公司传递到另一公司的渠道，从而使整个行业的创新速度加快。

相关产业是指因共用某些技术、共享同样的营销渠道或服务而联系在一起的产业或具有互补性的产业。一个国家如果有许多相互联系的有竞争力的产业，该国便很容易产生新的有竞争力的产业。因此有竞争力的几种相关产业往往同时在一国产生。比如美国的电子检测设备和患者监测器；丹麦的奶制品、酿制品和工业酶；韩国的录像机和录像带等。

(四) 公司战略、结构和竞争

公司战略、结构和竞争包括公司建立、组织和管理的环境以及国内竞争的性质。不同国家的公司在目标、战略和组织方式上都大不相同。国家优势来自于对它们的选择和搭配。

1. 各个国家由于环境的不同，需要采用的管理体系也不同　适合国家环境、适合产业的管理方式能提高国家竞争优势。比如意大利，它在舞厅照明、家具、鞋、羊毛织品和打包机这些方面具有竞争优势。这些行业的规模经济不十分明显，或者可以通过松散的附属公司之间的合作来克服，因此意大利成功的公司的组织形式是以中、小企业为主，采取的战略是集中突破战略：避开标准化产品，集中力量生产有独特风格或按顾客要求定做的小批量产品。这种组织形式和战略使意大利企业在开发新产品、适应市场变化等方面特别具有灵活性。

2. 不同国家的不同公司也都有不同的目标，对经理和雇员有不同的激励机制　公司的目标深受所有权结构、债权债务人的目标、公司管理的性质和对高级管理人员的激励机制的影响。不同国家的资本市场在股东的构成、税收体系、收益率标准等方面都大不相同，股东和债权人对公司管理的影响也不同。比如在德国和瑞士，大多数股票都是机构持有，很少交易，长期资本收益免税，股东持股时间长，管理阶层对股价的变动并不十分在意，一般都报告较低的利润率。而在美国，虽然大部分股东也是机构投机者，但这些机构的业绩按季度或年度的股价涨幅来评价，投资者强调的是季度收益增长，机构为使资本增值经常买卖股份。投资者的长期投资收益按平常的收益一样收税，因此投资者持股的时间都比较短。经理的收入常与当年的利润挂钩，而一般经理的平均任期都短，因此经理们考虑较多的是企业的短期利益。因此美国评价投资收益率的标准比其他许多发达国家都高。

3. 国内竞争　国家竞争优势的获得还取决于国内的竞争程度。激烈的国内竞争是创造和保持竞争优势最有力的刺激因素。

上述四种因素是国家竞争优势的决定因素，它们的情况如何直接引起国家竞争地位的变化。但除了上述四种因素以外，还有两个重要变量对国家的竞争优势产生重要影响，这就是机遇和政府。在国际上成功的产业大多从机遇中得到过好处。比如微电子时代的到来使美国和德国失去了在众多的以机电为基础的产业的支配地位，为日本公司的崛起提供了机会；西方国家对来自中国香港和日本的服装进口施加限制，使新加坡的服装业发展起来。

机遇包括重要的新发明、重大技术变化、投入成本的巨变(如石油危机时)、外汇汇率的重要变化、突然出现的世界或地区需求、战争等。机遇的重要性在于它可能打断事物的发展过程，使原来处于领先地位的公司的竞争优势无效，落后国家的公司如果能顺应局势的变化，利

笔记栏

用新机会便可能获得竞争优势。但机遇对竞争优势的影响不是决定性的。同样的机遇可能给不同的公司带来不同的结果。能否利用机遇以及如何利用,还是取决于四种决定因素。

政府对国家竞争优势的作用主要在于对四种决定因素的影响。政府可以通过补贴、对资本市场加以干预、制定教育政策等影响要素条件,通过确定地方产品标准、制定规划等影响需求(政府本身也是某些产品和服务的大买主)。政府也能以各种方式决定相关产业和支持产业的环境,影响企业的竞争战略、结构、竞争状况等,因此政府的作用十分重要。但由于政府的影响主要是通过对四种决定因素的影响实现的,所以它也没有被归入决定因素。

案例讨论

美国与利比里亚——相同的政策,不同的结果?

美国不仅是经济大国,同时也是贸易大国。纵观美国的对外贸易历史,其政策演变可以分为三个时期:1776—1934 年以保护贸易为主要政策倾向;1934—1974 年以自由贸易为主要政策倾向;从 1974 年开始,美国的对外贸易政策开始转向贸易保护主义;到 20 世纪 80 年代,美国已公开放弃“自由贸易”的口号,转而强调“公平贸易”。

1. 保护贸易政策(1776—1934 年) 1776 年以来美国曾长期采取保护贸易政策,以保护那些尚无国际竞争力的幼稚产业。美国第一任财政部长亚历山大率先从保护民族幼小工业出发,主张实行保护贸易政策,反对无条件实行自由贸易,随后以税法确立高关税以保护国内市场。

2. 自由贸易政策(1934—1974 年) 第二次世界大战后的 10 年,是美国经济竞争力最强盛的时期。当时,美国的经济实力、劳动生产率以及出口产品的竞争力都处于绝对优势地位,美国的市场容量比排名世界第二的英国大 9 倍以上;其商品在国际市场上的竞争力几乎也是独一无二的。正是这种绝对优势决定了当时美国对外经济政策的核心是推动国际贸易的自由化。为此,美国推动建立了布雷顿森林体系和关税及贸易总协定,通过多边自由贸易体系,发达国家之间制成品的关税率普遍由 1947 年的 40% 降到东京回合之后的 5%~8%。

3. 新贸易保护主义(20 世纪 70 年代中期后) 资本主义发达国家的经济普遍进入“滞涨”阶段,两次石油危机的冲击,加剧了美国经济的恶化。伴随着日本和西欧的崛起,美国在经济上的霸主地位遭到挑战。美国的贸易政策重点放在采取单边报复措施和其他贸易保护政策,扩大征收“反倾销税”“反补贴税”,强化外汇、金融、财政等鼓励出口措施,由关税壁垒到非关税壁垒,限制进口以保护国内市场。

而利比里亚共和国,是非洲西部的一个国家,西南濒临大西洋,号称“橡胶之国”,有世界最大的天然橡胶园。在 1980 年之前的一百多年时间里,利比里亚一直由美国黑人后裔统治。由于利比里亚与美国的特殊关系,导致利比里亚在经济、政治、宗教等方面,紧紧跟随美国。利比里亚不但实行市场经济,而且政治制度也照搬美国。

虽然利比里亚在经济上基本和美国一样,100 多年来实行自由放任、市场做主的政策,但却是联合国公布的最不发达国家之一。2005 年利比里亚人均 GDP 为 175 美元。美国也是利比里亚最大的出口国,在 2005 年的贸易中,占据利比里亚出口比重的 73.7%。其中,天然橡胶、木材、铁矿砂、咖啡、可可是其主要的出口品和外汇收入的主要来源。但利比里亚国内形势却是非常不好:从 1980 年以来,内战接连不断,数十万人在内战中丧生。

笔记栏

分工被大多数经济学家视为经济效率的源泉。著名的斯密定理指出，分工可以提高劳动生产率。分工可以从一国之内扩展到一国之外，使得各国能够充分发挥本国的比较优势，获得贸易利益。然而，国际分工格局给我们的究竟是双赢的局面还是设置了陷阱？

案例讨论题

1. 比较成本理论是如何论述贸易利益的？

2. 结合我国医药产业的实际，分析发展中国家片面强调比较优势的困境。

3. 你认为发展中国家要跳出“国际分工陷阱”应采取什么样的对策？

（梁　瑜）

复习思考题

1. 亚当·斯密“绝对成本理论”的主要内容是什么？

2. 大卫·李嘉图“相对成本理论”的主要内容是什么？

3. 什么是里昂惕夫之谜？分析“谜”产生的原因。

4. 什么是规模经济？经济规模与产品差异性有什么关系？分析我国制药业与发达国家相比竞争力较差的原因。

5. 综述第二次世界大战后国际贸易理论的发展。

第四章

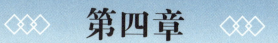

医药国际贸易产品及质量管理

笔记栏

04章PPT

PPT课件

学习目标

1. 掌握药品及其特殊性，药品质量特征及全过程管理，树立医药国际贸易中的全面质量意识。

2. 熟悉医药国际贸易中产品的类型及质量特征，明确医药产品质量管理在医药国际贸易中的重要性。

3. 了解我国药品质量管理的相关规定以及部分发达国家对药品实施质量管理的相关法律法规及质量标准。

引导案例

中国中医药“走出去”步伐加快

中国医药企业的研发、生产能力实现快速发展，正全方位、多层次、多维度参与国际化分工合作，“走出去”步伐明显加快。

近年来我国政府不断加大在卫生医疗领域改革力度，特别是加快审批步伐，推动更多创新药上市，彰显了医药监管模式的不断创新，为医药产业的大发展、大繁荣奠定了良好基础。中国市场不断提升的医疗消费需求，吸引了许多海外科学家逐步回国，再加上资本助力，推动中国医药行业加快创新转型。

在中国医药进出口市场中，东盟一直是重要区域。以往我国和东盟的医药贸易仅局限于传统的普药类产品或是传统的原料类产品，而现在，抗肿瘤、生物制药类的产品已经榜上有名，这些代表了新兴技术和未来发展方向。

“东盟国家一直是公司最重要的出口市场，我们从20世纪80年代初就有医药产品出口到东盟各国。”桂林三金药业股份有限公司总裁王许飞说。目前，三金药业总共有桂林西瓜霜、西瓜霜润喉片、三金片、板蓝根颗粒等十多个产品销往柬埔寨、印尼、马来西亚、新加坡、泰国等东盟国家，其中桂林西瓜霜和西瓜霜润喉片是主要出口产品。

近年来，东盟国家积极推出改善公共医疗卫生保健的计划，正努力提升其医疗保障设施、基础服务水平，并逐步扩大医保的覆盖范围，这给中国-东盟双方的医药企业提供了合作机遇。数据显示，中国与东盟医药贸易额从2009年的27.96亿美元增长至2018年的88.81亿美元。[资料来源：中国中医药“走出去”步伐加快[EB/OL].(2019-09-21)[2021-03-30].http://www.gov.cn/xinwen/2019-09/21/content_5431837.htm]

笔记栏

第一节　医药国际贸易产品概述

医药产品在增进人类健康、促进经济发展和社会进步方面，发挥着十分重要的作用。医药国际贸易产品即世界各国或地区之间相互交换的医药产品。鉴于药品在医药产品中的重要性，本章仅研究和讨论狭义的医药产品，即药品。

一、药品的概念

凡能防治疾病、诊断疾病、计划生育的物质都可被称为药物，这些物质可来源于植物、动物、矿物或人工合成品。广义的药物还包括与人们日常生活密切相关的多种食物，如米、面、糖、茶等。药品一般是指由各国政府药政管理部门认可的商品药物，它们具有法定意义，使用上也更科学、更严谨、更安全。

《中华人民共和国药品管理法》(以下简称《药品管理法》)对药品的含义作了法定解释："药品是指用于预防、治疗、诊断人的疾病，有目的地调节人的生理机能并规定有适应症或者功能主治、用法和用量的物质，包括中药、化学药和生物制品等。"主要包含两层含义：其一，药品专指用于预防、治疗、诊断人的疾病，而不是植物和动物的疾病，因此不包括农药和兽药；其二，药品是规定有适应证或者功能主治、用法和用量的物质，且其作用是有目的地调节人的生理功能。

二、药品的类型

下文从我国药品管理的角度，简要介绍一些与药品管理有关的药品类型。

(一) 现代药与传统药

1. 现代药(modern drugs)　一般是指通过化学合成、生物发酵、分离提取以及生物或者基因工程等现代科学技术手段获得的药品。

2. 传统药(traditional drugs)　一般是指历史上各国、各民族传统医学或民间医学使用而流传下来的药物，主要是来自天然的植物药、动物药和矿物药，又称天然药物。

(二) 处方药与非处方药

1. 处方药(prescription drugs)　处方药是指必须凭执业医师或执业助理医师处方才可调配、购买和使用的药品。现在各国多以"R"(拉丁文 Recipe"请取"的缩写)表示处方药，在处方的左上角常写有"R"或"RX"，表示医生需取用此药。

2. 非处方药(nonprescription drugs)　非处方药是指不需要凭执业医师或执业助理医师处方即可自行判断、购买及使用的药品。Over the Counter Drugs(OTC)，已成为国际上通用的非处方药简称。

(三) 新药、仿制药品与进口药品

1. 新药(new drugs)　虽然各国表述不尽相同，但具有共同点，即：国家药典未予收载的以及未被国家药品管理部门批准使用的品种。概括地讲，对"新药"的界定大致分两种类型：一是从未在本国批准生产的药品；二是未被批准在本国上市的药品。《中华人民共和国药品管理法实施条例》(以下简称《药品管理法实施条例》)将"新药"定义为未曾在中国境内上市销售的药品。

2. 仿制药品(generic drugs)　在我国，仿制药品是指仿制国家已批准上市，收载于国家药品标准的品种。当专利药品保护期到期后，其他国家和制药厂即可生产仿制药。2019 年

发布的《关于加快落实仿制药供应保障及使用政策工作方案》提出，2019 年 6 月底前，发布第一批鼓励仿制的药品目录，引导企业研发、注册和生产。根据临床用药需求，2020 年起，每年年底前发布鼓励仿制的药品目录。

3. 进口药品（imported drugs） 进口药品是指由境外生产并在中国境内上市销售的药品。申请进口的药品，应当获得境外制药厂商所在生产国家或者地区的上市许可；未在生产国家或者地区获得上市许可，但经国家药品监督管理部门确认该药品安全、有效而且临床需要的，可以批准进口。

（四）特殊管理及严格管理的药品

1. 特殊管理的药品（drugs under special control） 我国《药品管理法》明确规定，国家对麻醉药品、精神药品、医疗用毒性药品、放射性药品、药品类易制毒化学品等实行特殊管理。国务院制定了上述特殊药品各自单行的管理办法：《麻醉药品管理办法》（1987 年 11 月）、《精神药品管理办法》（1988 年 12 月）、《医疗用毒性药品管理办法》（1988 年 12 月）、《放射性药品管理办法》（1989 年 2 月）和《药品类易制毒化学品管理办法》（2010 年 3 月），从定义、品种范围、研制、生产、经营、使用运输、保管贮藏等各方面制定了具体的特殊管理的要求，以保障人们使用此类药品时的安全、有效。

2. 严格管理的药品（drugs under strict control） 根据《药品管理法》《关于禁毒的决定》，国务院药品监督管理部门制定了《戒毒药品管理办法》，并于 1999 年 8 月 1 日起执行。该办法明确提出"国家严格管理戒毒药品的研究、生产、供应和使用"。

（五）强制检验的药品

1. 国务院药品监督管理部门规定的生物制品 国际上对用于健康人群防病的疫苗、有传播血源性疾病（艾滋病、肝炎等）危险的血液制品以及血源性疾病检查用的诊断试剂实行上市前检查制度。目前，我国已经开始对部分血液制品、体外诊断试剂实行强制性检验，由国务院药品监督管理部门根据实际情况适时公布强制性检验的药品类别、品种。

2. 首次在中国销售的药品 是指从未在中国上市的新药和进口药品，包括国内药品检验和进口药品检验两方面，其中国内药品检验是在药品上市销售前进行的，检验不合格，不得上市销售，而进口药品检验是进口药品在办理进口手续（即尚未取得《进口药品通关单》）时进行的。如果检验不合格，该批药品不得进口。

3. 国务院规定的其他药品 这一规定是为了适应今后药品监督管理工作的需要，对企业经营权设置的一种限制。

三、药品的特殊性

药品作为商品在市场上流通，具有商品的一般属性。但同时，药品又是极为特殊的商品。

（一）药品的专属性

药品的专属性表现为对症治疗，即患什么病用什么药。药品不像一般商品，彼此之间可以互相替代，同时也不存在包治百病的良药。药品的标签和说明书都明确标明适应证或功能主治，以便医生或患者根据病情，合理选择药品。

（二）药品的两重性

药品的两重性是指药品有防病治病的一面，也具有不良反应的另一面。如果药品管理有方，用之得当，可以治病救人，造福人类；若失之管理，使用不当，则可致病，危害人民健康，甚至危及生命。

（三）药品质量的重要性

药品质量直接关系人们的生命健康。只有符合法定质量标准的合格药品才能保证疗效。否则，疗效不能保证。因此，药品只能是合格品，不能像其他商品一样可分为一级品、二级品、等外品和次品。

（四）药品的限时性

人们只有防病治病时才需用药，但药品生产、经营部门平时就应有适当储备。只能药等病，不能病等药。有些药品虽然需用量少、有效期短，宁可到期报废，也要有所储备；有些药品（如罕见病用药）即使无利可图，也必须保证生产和供应。

第二节　医药国际贸易产品的质量管理

药品质量的优劣不仅关系到药品的使用价值和价格高低，影响产品的销售和信誉，而且直接关系到消费者用药的安全与有效。

一、药品的质量

（一）药品质量的定义

药品质量是指药品内在素质和外在形态两者综合表现出的，能满足规定标准要求与医疗、病患需要的特征总和。其中，内在素质是指药品的物理性能（气味、滋味）、化学成分、生物活性等自然属性；外在形态是指药品的外观形态、颜色、光泽、透明度等外在因素。

（二）药品的质量特征

药品质量的高低主要是由药品本身性质决定的，这些性质即药品的质量特征，主要包括有效性、安全性、稳定性、均一性和经济性五个方面。

1. 有效性　有效性是指在规定的适应证、用法和用量条件下，能满足预防、治疗、诊断人的疾病，有目的地调节人的生理功能的要求。药品有效程度的表示方法，在国外采用"完全缓解""部分缓解""稳定"等来区别，国内则采用"痊愈""显效""有效"区别。

2. 安全性　安全性是指药品在按规定的适应证、用法和用量使用的情况下，对服药者生命安全的影响程度。大多数药品均有不同程度的不良反应。药品只有在有效性大于不良反应的情况下才能使用，如果说有效性是用药的依据，那么安全性则是用药的前提。

3. 稳定性　稳定性是药品的重要特征，是指药品在规定的条件下保持其有效性和安全性的能力。规定的条件包括药品的有效期限以及药品生产、贮存、运输和使用的要求。假如某药品不稳定，极易变质，虽然具有防治、诊断疾病的有效性和安全性，但也不能作为商品药。如青霉素钾由于在胃中遇酸易被破坏，在水溶液中稳定性差，所以其口服液体制剂显然不能成为商品药进入流通，而应该采用青霉素钾注射用粉末，用于注射给药，才能确保稳定和有效。

4. 均一性　均一性是指药品的每一单位产品（制剂的单位产品，如一片药、一支注射剂等；原料药的单位产品，如一箱药、一袋药等）都符合有效性、安全性的规定要求。由于人们用药剂量一般与药品的单位产品有密切关系，特别是有效成分在单位产品中含量很少的药品，若不均一，则可能因用量过小而无效，或因用量过大而中毒甚至致死。

5. 经济性　药品的经济性是指获得单位用药效果（或效益）所投入的成本应尽可能低。并非单纯的低价格、用药量少就是具有经济性，而应该考虑药品的产出与投入两方面，来综合衡量药品的经济性。药品的经济性是消费者合理用药、社会有效配置药物资源的重要依据。

笔记栏

二、药品的质量管理

药品质量管理是药品研制、生产、经营、使用企业和单位对确定或达到质量所必需的全部职能和活动的管理，其主要内容包括：提高药品质量的规划能力；建立健全有关药品质量管理的各项制度、程序和检验机构；实行全面质量管理，做好药品质量管理的各项基础工作；围绕药品质量管理开展技术创新、科研和培训活动。这是医药企事业单位微观层面的质量管理。

从宏观层面来看，药品质量监督管理是指国家药品监督管理主管部门根据法律授予的权力以及法定的药品标准、法规、制度、政策，对本国研制、生产、经营、使用的药品质量（包括进出口药品质量），以及影响药品质量的工作质量进行的监督管理。药品质量监督管理是国家监督管理职能的体现，是国家通过对医药企事业单位药品质量管理的监督，保证和控制药品质量的强制性活动。

ER-4-1

知识拓展：新修订的《药品管理法》，"四个最严"体现在哪儿？

三、医药国际贸易中药品质量管理的重要作用

药品质量管理，不论是基于企业微观层面，还是政府宏观层面，不论是出口药品管理还是进口药品管理，对保证消费者的用药安全与有效，促进医药国际贸易的持续开展均具有极其重要的作用和意义。

（一）确保进出口国消费者用药的安全与有效

目前，世界各国均对药品进口采取了比其他产品更为严格的管理措施，建立了相应的进口药品管理制度，从严把守药品进口的质量关。这既为国内消费者用药提供了切实的安全保障，也尽可能地避免了因进口药品质量问题而引发的药害事故，防止假劣药流入本国。例如 1961 年联邦德国生产的药品——沙利度胺（Thalidomide，反应停），先后导致欧洲、南美及亚洲等 30 多个国家大约 7 000 名胎儿死亡，12 000 多名"海豹畸形儿"降生，给无数家庭带来了巨大灾难。而当时一些药品管理制度比较严格的国家，如美国、法国、捷克和民主德国等，由于沙利度胺缺乏足够的临床实验数据而没有批准在本国销售，从而避免了这一药害事故在本国发生。

在出口贸易中，加强药品的质量管理能够确保产品质量达到合同要求，以优质药品满足国外进口商的需求，同时，也能够起到保障国外消费者用药安全、有效的重要作用。

（二）有利于增强进出口国药品的国际竞争力

各国为了保证用药的安全有效，对药品质量制定了一系列法律法规和质量标准，并对进口药品质量提出了相应的要求。进口药品质量必须符合相应的规定和标准才准许进口。尤其是发达国家，由于技术上的优势，其法令规定和质量标准往往高于发展中国家的质量要求，使发展中国家难以符合其要求，这便成为阻碍发展中国家药品出口的技术性壁垒。对于出口国而言，加强药品质量管理，提升自身药品质量标准，是打破质量壁垒、扩大出口的有效途径和方法，有利于拓宽产品销路，增强产品在国际市场上的竞争力。

（三）提高药品出口的经济效益

药品的质量是医药国际贸易中的主要交易条件，也是买卖双方进行贸易磋商的首要条件。质量的优劣直接影响药品的使用价值和价值的实现，如果企业产品质量达不到进口国的特定要求，就无法进入该国市场，也就无法开展出口贸易。此外，质量的优劣是决定和影响药品价格的重要因素。只有安全性高、疗效好的高质量药品才适宜定高价，才能够为出口商和出口国创造高额利润，带来良好的经济效益。因此，药品质量是开拓市场、赢得市场、获取经济效益的重要支柱，而高质量的产品来源于高水平的质量管理。

笔记栏

知识链接

广州关区中药材出口增长迅猛，出口货值居全国首位

2020年以来，国际市场对中药材需求大幅增长。1—4月，广州海关共检疫监管出口中药材6.8亿元，同比增长78.3%，货值居全国首位。数据显示，其中板蓝根、金银花、鱼腥草、芦根等“明星”中药材出口超5 000t，产品销往美国、加拿大、英国、印度、泰国、越南、马来西亚、新加坡、印度尼西亚和菲律宾等多个国家和地区。

5月12日，一批重334kg的黄芪、炒白术、防风、苏铁贯众等中药材顺利出口至马来西亚，完成清关手续，这是首批经广州海关监管辐照处理并签发《植物检疫证书》的出口中药材。按照马来西亚最新要求，出口至该国的中药材不仅需要由专业公司进行辐照检疫处理，而且辐照处理企业还需获得我国海关辐照类出入境检疫处理单位资质。由于该批中药生产企业岭南中药饮片有限公司委托的辐照处理企业佛山市来保利高能科技有限公司主要从事国内业务，较少涉及出口业务，所以未向海关办理出口检疫处理企业的资质核准。

为帮助企业顺利出口，广州海关制定详细的流程指引，对来宝利公司的专业人员进行针对性培训，帮助其快速完成网上行政审批申请。广州海关第一时间组织考核组对企业资质进行现场评审，使来宝利在短短3日内通过了行政审批，获得华南地区首家辐照类出入境检疫处理单位资质。

为支持中药材出口海外市场，广州海关大力推广预约办、电话办、网上办等“不见面”方式办理通关手续，还提供技术帮扶，积极帮助企业了解国外进口中药材要求，保障出口中药材质量安全。[资料来源：中国新闻网.广州关区中药材出口增长迅猛出口货值居全国首位[EB/OL].(2020-5-26)[2021-03-30].https://www.chinanews.com/cj/2020/05-26/9194858.shtml]

(四) 提升出口国药品在国际市场上的信誉

产品信誉是企业产品具备的一种独特的竞争优势和巨大的无形资产，能为企业带来巨大的经济效益和永恒的生命力。而国际市场上的产品信誉，在一定程度上还代表着出口国的国家形象，影响一国的国际声誉和国际竞争力。因此，加强质量管理，提高出口药品质量，是各国政府以及各医药企业的一项重要工作。

(五) 世界公众共享优质药品，促进人类健康事业共同发展

药品是促进和维护人类健康的重要医疗资源，由于各国在自然资源、科学技术、工业水平、产业分布上的差异，任何一个国家都不可能实现药品生产与使用的“自给自足”。因此，对药品实施最严格的质量管理，通过医药国际贸易使各国人民有机会共享优质的药品，将会促进整个人类健康事业的共同发展。

第三节　我国药品的质量管理

一、我国药品质量管理的依据

(一) 管理立法

药品是受法律控制最严格的商品，世界各国政府都非常重视药品的管理立法，积极采用

笔记栏

法律、法规的手段对药品的研制、生产、经营、使用、检验、进出口进行管理。药品管理立法是国家药品监督管理部门实施药品监督管理的依据，也是相关医药企事业单位、个人都必须严格遵守和认真执行的行为规范。药品管理立法使我国药品管理的各项工作以法律法规形式固定下来，药品监督管理工作有法可依，是我国药品管理工作从“缺乏规范”到“向国际规范靠拢”迈出的重要一步，对规范药品的生产、经营、使用，保证药品质量起到了关键性的作用。同时各项立法也随着国际国内实际情况的变化不断地修订和完善，这对提升我国药品质量，增强我国药品的国际竞争力，促进我国药品管理工作与国际接轨发挥了重要作用。我国现行与药品质量管理有关的立法见表 4-1。

表 4-1 我国现行与药品质量管理有关的立法

立法名称	颁布机构	施行日期（最新版）
《中华人民共和国药品管理法》（2019 年修订）	全国人大常委会	2019-12-01
《中华人民共和国药品管理法实施条例》（2019 年修订）	国务院	2002-09-15
《中华人民共和国中医药法》	全国人大常委会	2017-07-01
《中华人民共和国疫苗管理法》	全国人大常委会	2019-12-01
《药品生产监督管理办法》	国家市场监督管理总局	2020-07-01
《药品进口管理办法》	卫生部、海关总署	2012-08-24
《进口药材管理办法》	国家市场监督管理总局	2020-01-01
《药品注册管理办法》	国家市场监督管理总局	2020-07-01
《药物非临床研究质量管理规范》（GLP）	国家食品药品监督管理总局	2017-09-01
《药物临床试验质量管理规范》（GCP）	国家药品监督管理局、国家卫生健康委员会	2020-07-01
《药品生产质量管理规范》（2010 年修订）（GMP）	国家食品药品监督管理局	2011-03-01
《药品经营质量管理规范》（2016 年修订）（GSP）	国家食品药品监督管理总局	2016-07-13
《医疗机构制剂配制质量管理规范（试行）》（GPP）	国家药品监督管理局	2001-03-13
《中药材生产质量管理规范（试行）》（GAP）	国家药品监督管理局	2002-04-17
《药品召回管理办法》	国家食品药品监督管理局	2007-12-10

知识链接

国家食品药品监督管理机构的历史沿革

1998 年根据《国务院关于机构设置的通知》，在国家医药行政部门和药政部门的基础上组建国务院直属机构国家药品监督管理局（State Drug Administration，SDA），主管全国药品监督管理工作。

2003 年根据国务院机构改革方案，在 SDA 的基础上组建国家食品药品监督管理局（State Food and Drug Administration，SFDA），为国务院直属机构，主要职责是继续行使药品监督管理职能，并负责对食品、保健食品、化妆品安全管理的综合监督和组织协调，依法组织开展对重大事故的查处。

2013 年，根据第十二届全国人民代表大会第一次会议批准的《国务院机构改革和职能转变方案》和《国务院关于机构设置的通知》（国发〔2013〕14 号），国家食品药品

笔记栏

ER-4-2

知识拓展：1998年以来国家药品监督管理机构组织结构、职责、名称及缩写变化

ER-4-3

知识拓展：1950年至今国家药品监督管理机构发展史

监督管理局与国务院食品安全委员会办公室合并为国家食品药品监督管理总局(China Food and Drug Administration，CFDA)，为国务院直属机构。

2018年根据国务院机构改革方案，将国家工商行政管理总局、国家质量监督检验检疫总局、国家食品药品监督管理总局等职责整合，组建国家市场监督管理总局。单独组建国家药品监督管理局(National Medical Products Administration，NMPA)，由国家市场监督管理总局管理。

（二）质量标准

药品质量标准是国家对药品的质量、规格和检验方法所作的技术规定，它是保证药品质量，进行药品生产、经营、使用、管理及监督检验的法定依据。我国现行《药品管理法》规定“药品应当符合国家药品标准”“国务院药品监督部门颁布的《中华人民共和国药典》和药品标准为国家药品标准”。因此，我国现行药品质量标准就是国家药品标准，包括《中华人民共和国药典》(简称《中国药典》)和经国务院药品监督管理部门核准的药品质量标准，两者具有等同的法律效力。

1.《中国药典》(Chinese Pharmacopoeia，ChP) 药典是一个国家记载药品标准、规格的法典，一般由国家卫生行政部门主持编纂、颁布实施，国际性药典则由公认的国际组织或有关国家协商编订。《中国药典》是由国家药典委员会负责编制和修订的，收载了我国临床使用疗效确切、质量稳定的药品。中华人民共和国成立后，我国共编订了11个版次(1953年、1963年、1977年、1985年、1990年、1995年、2000年、2005年、2010年、2015年及2020年版)。改革开放以来，我国药典更注重与国际药品标准接轨，药品质量控制指标更高，精密仪器应用更广泛。2020年版《中国药典》是中华人民共和国成立以来的第11版药典，新增品种319种，修订3177种，不再收载10种，品种调整合并4种，共收载品种5 911种。2020年版《中国药典》的颁布实施，有利于整体提升我国药品标准水平，进一步保障公众用药安全，推动医药产业结构调整，促进我国医药产品走向国际，实现由制药大国向制药强国的跨越。此外，《中国药典》自1988年以来还编译有英文版。《中国药典》英文版在国际间的影响逐步扩大，对我国中西药品出口发挥了重要的促进作用，尤其是其中的中药标准，现已成为欧美等发达国家的重要参考。

2. 局颁标准 随着科技的飞速发展，新药及其制剂不断涌现，国家药品监督管理部门为了促进药品生产、提高药品质量与保证人民用药安全有效，将药典收载品种以外的药品及其制剂标准修订增补，汇编成册并正式出版发行，作为对药典的有力补充，这一标准即为局颁标准。局颁标准也具有药典性质，有法律约束力，可作为全国药品生产、供应、使用和检验部门检查和监督质量的依据。目前，我国局颁标准涵盖了原卫生部部颁标准、新药转正标准、地方标准上升国家标准等内容。

（三）管理制度

国家政府及医药主管部门也设有监管药品质量的相关管理制度。例如，规范药品注册行为的药品注册管理制度，核准药品生产经营者从业资格的许可证管理制度、原GMP和GSP认证制度，确保进口药品质量的进口药品监督检验制度等。

各医药企事业单位均以国家颁布的药政管理法规和质量标准为依据，坚持“质量第一”的原则，在企业所涉及的药品产、销、用等环节建立一整套行之有效的质量管理制度，进行严格的自律性质量控制与管理，在各环节上把好药品质量关。例如实施岗位质量责任制度、进货检查验收制度等。

二、药品质量的全过程管理

在药品研制、生产、经营、使用的全过程中，由于内外因素的影响，任何一个环节随时都有可能发生质量问题，从而影响到药品的最终质量。因此，必须运用科学合理的管理规范对与药品质量有关的各个环节实行全过程的质量控制，才能从根本上保证药品的安全性和有效性。我国药品质量的全过程管理及现行的质量管理规范见图 4-1。

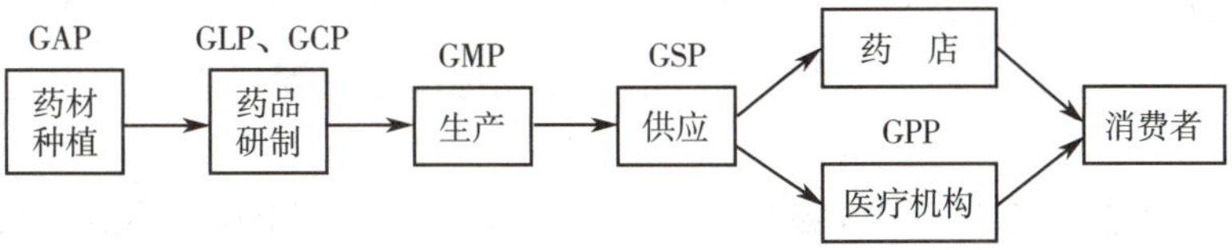

图 4-1 我国药品质量的全过程管理

（一）《中药材生产质量管理规范》

《中药材生产质量管理规范》(Good Agricultural Practice，GAP)是从保证中药材质量出发，控制影响药材生产质量的各种因素，规范药材各生产环节乃至全过程的一种基本准则和技术性规范，目的是保证药材“真实、优质、稳定、可控”。

我国《中药材生产质量管理规范(试行)》于 2002 年经国家药品监督管理局通过，并于 2002 年 6 月 1 日起施行。其内容有 10 章 57 条，包括从产前(如种子品质标准化)、产中(如生产技术管理各个环节标准化)到产后(如加工、储运等标准化)的全过程，从而形成一套完整而科学的管理体系。为了规范 GAP 的认证工作，保证 GAP 认证工作顺利进行，2003 年，国家食品药品监督管理局发布了关于印发《中药材生产质量管理规范认证管理办法(试行)》及《中药材 GAP 认证检查评定标准(试行)》的通知，自 2003 年 11 月 1 日起国家食品药品监督管理局正式受理 GAP 认证申请，并组织认证试点工作。截至 2014 年 6 月，国内已有 152 家中药材生产企业通过中药材 GAP 认证。我国中药产品要想顺利进入国际市场，必须首先提高中药材质量，从药材的生产加工的源头——“栽培种植”环节开始抓起，切实加强中药材的生产质量管理。

2016 年 2 月，国务院印发《关于取消 13 项国务院部门行政许可事项的决定》，规定取消 GAP 认证，将由中药生产企业(包括饮片、中成药生产企业)对产品生产全过程的质量保证负责，确保供应临床、医药市场的所有药品质量信息可溯源。

（二）《药品非临床研究质量管理规范》

《药品非临床研究质量管理规范》(Good Laboratory Practice for Non-clinical Laboratory Studies，GLP)是关于药品非临床研究中试验设计、操作、记录、报告、监督等一系列行为和实验室条件的规范。申请注册药品的非临床研究工作及研究机构必须遵循 GLP。实施 GLP 的目的是提高药物非临床研究的质量，保障人民用药安全。

为确保新药的安全性，并与国际新药管理接轨，我国于 1993 年制定并发布了《药品非临床研究质量管理规定(试行)》。1999 年，国家药品监督管理局在原规定基础上制定了《药品非临床研究质量管理规范(试行)》。2003 年，国家食品药品监督管理局再次修订并颁布了《药物非临床研究质量管理规范》，该规范自 2003 年 9 月 1 日起正式实施。2003 年 8 月，国家食品药品监督管理局又印发了《药物非临床研究质量管理规范检查办法(试行)》，并正式开始对实施非临床研究的实验室进行 GLP 检查。2012 年国家食品药品监督管理局公布了最新的药物非临床研究质量管理规范(GLP)认证标准与程序。2017 年国家食品药品监督管理总局对 GLP 进行了修订，并于 2017 年 9 月 1 日起施行。

（三）《药品临床试验质量管理规范》

《药品临床试验质量管理规范》（Good Clinical Practice of Drugs，GCP）是药物临床试验全过程的标准规定，包括方案设计、组织实施、监查、稽查、记录、分析总结和报告等。药品临床试验是指任何在人体（患者或健康志愿者）进行的药品系统性研究，以证实或揭示试验用药品的作用及不良反应等，目的是确定试验用药品的疗效与安全性。对药品临床试验过程进行管理和规范，有助于保证药物临床试验结果的真实可靠，保护受试者权益并保障其在试验中的安全，对确保新药质量起着无可替代的作用。GCP 是整个临床试验过程中必须严格执行的一项管理规范，是新药研发中所推行的一系列标准化管理规范之一，也是国际公认的临床试验标准。

为了确保药品安全有效，积极参与国际协作，提高我国新药的国际竞争力，卫生部根据我国国情、参照国际标准，于 1998 年颁布了《药品临床试验管理规范（试行）》。1998 年，国家药品监督管理局成立后重新修订了《药品临床试验管理规范》，2003 年，国家食品药品监督管理局对其进行修订，并正式更名为《药品临床试验质量管理规范》，2020 年再次修订，同年 4 月，国家药品监督管理局、国家卫生健康委员会联合发布《药物临床试验质量管理规范》，自 2020 年 7 月 1 日起施行。根据《药品管理法》及其实施条例规定，我国药物临床试验必须执行 GCP，且应当由经依法认定的药物临床试验机构承担。2004 年我国开始启动药物临床试验机构资格认证（GCP 认证）。截至 2019 年 8 月底，共有 583 家药物临床试验机构、共计 710 个资质证书在有效期范围内。GCP 认证推动了我国药物临床试验质量的提高，使得越来越多的国际多中心临床试验在中国开展。

（四）《药品生产质量管理规范》

《药品生产质量管理规范》（Good Manufacturing Practice of Drugs，GMP）是指在药品生产全过程中，用科学、合理、规范化的条件和方法来保证生产优良药品的一整套系统的、科学的管理规范，是药品生产和质量管理的基本准则。GMP 是 20 世纪 50—60 年代美国率先研究和提出的。1963 年美国国会正式颁布了 GMP，要求本国所有药品生产企业按 GMP 的规定规范化地对药品的生产过程进行控制，否则，就认为该药品为劣药。截至目前，世界上已有 100 多个国家和地区制定和实施 GMP。随着不断修改和完善，GMP 在药品生产过程中的质量保证作用日益增强，其重要性得到了世界各国的普遍认同。现在 GMP 已成为判断药品质量有无保证的先决条件，成为药品进入国际医药市场的“通行证”。

我国 GMP 制定和实施起步较晚，1982 年由中国医药工业公司制定了 GMP 试行本，在全行业试行；经修订后，1985 年作为行业 GMP 正式颁布并执行。1988 年在多次修改后，由卫生部正式颁布国家 GMP。颁布后，1992 年、1998 年和 1999 年分别进行了三次修订。为促进国内生产企业实施 GMP，保证药品质量，提升我国药品在国际贸易中的竞争力，国家食品药品监督管理局修订了《药品生产质量管理规范认证管理办法》，自 2011 年 8 月起执行。药品 GMP 认证的全面实施，淘汰了国内不达标企业，促进了企业质量管理水平的提升和医药产业结构的调整。

2019 年 12 月 1 日实施的新版《药品管理法》明确取消 GMP 认证，不再保留单独的《药品生产质量管理规范》，有关要求纳入药品生产许可条件。

（五）《药品经营质量管理规范》

《药品经营质量管理规范》（Good Supply Practice of Drugs，GSP）是通过控制药品在流通环节中所有可能发生质量事故的因素，从而保证药品质量的一整套管理程序。推行 GSP 的目的是保证在流通（包括计划、采购、检验、储运、销售等）全过程中的药品质量。

1992 年国家医药管理局正式颁布《医药商品质量管理规范》，标志着我国 GSP 已成为政府规章。2000年，随着我国医药体制的改革变化，国家药品监督管理局总结了过去药品经营质量管理的经验，发布我国的GSP，并更名为《药品经营质量管理规范》。经过十几年的实践，其对提高药品经营企业素质，规范药品经营行为，保障药品质量安全起到了十分重要的作用。

新修订的GSP于2016年7月13日施行。我国的GSP借鉴了国外药品流通管理的先进经验，引入供应链管理理念，结合我国国情，增加了计算机信息化管理、仓储温湿度自动检测、药品冷链管理等新的管理要求，同时引入质量风险管理、体系内审、验证等理念和管理方法，从药品经营企业人员、机构、设施设备、文件体系等质量管理要素的各个方面，对药品的采购、验收、储存、养护、销售、运输、售后管理等环节做出了许多新的规定。

新版《药品管理法》明确取消GSP认证，不再保留单独的经营质量管理规范认证，有关要求纳入药品经营许可条件。

（六）《医疗机构制剂配制质量管理规范》

《医疗机构制剂配制质量管理规范》(Good Preparation Practice，GPP)是在医疗机构制剂配制的全过程为保证制剂质量而制订并实施的管理规范。其目的是要求医疗机构建立制剂配制的质量管理体系，以规范制剂配制管理，确保制剂质量。医疗机构制剂是指医疗机构根据本单位临床需要经批准而配制、自用的固定处方制剂。配制本医疗机构临床需要，市场上没有供应的制剂品种及一些稳定性差、使用周期短、需新鲜配制的品种是医院制剂的主要任务。GPP正是适应保障制剂配制质量这一需要而产生的，它能把发生的人为差错事故、混药及各类污染的可能性降到最低程度，适用于制剂配制的全过程。

为加强对医疗机构制剂的监督管理，确保其使用安全有效，国家药品监督管理局根据《药品管理法》的规定，并参照GMP的基本原则，于2001年3月颁布实施《医疗机构制剂配制质量管理规范(试行)》。现行GPP共11章68条，除了对硬件设施的改造作了规定外，还对软件管理提出了要求，如物料管理、配制管理、质量管理、使用管理和文件管理等。其中，最重要的是用书面程序进行管理，这是实施GPP管理的一个重要特征。具体书面程序包括各种管理制度、各类操作规程、质量检验标准、配制记录、检验记录、各项岗位责任制等一系列管理文件。

三、我国进口药品的质量管理

为了加强进口药品管理，保证进口药品的安全和有效，促进医药国际贸易的发展，我国对进口药品制定和颁布了一系列的质量管理政策和法规，对进口药品的注册审批、质量标准、进口检验、处罚等相关方面作了具体规定。

（一）《药品管理法》中关于进口药品的相关规定

1. 对禁止进口药品的原则性规定　为保证进口药品的安全性，防止危害人体健康的药品进入我国，维护国民防病治病的正当需求，《药品管理法》对禁止进口的药品做出了原则性的规定，即禁止进口疗效不确切、不良反应大或者因其他原因危害人体健康的药品。

2. 进口药品审查、注册制度的确立　对国外已上市的药品进入我国市场前，由国务院药品监督管理部门进行审查、注册，经审查确认符合质量标准、安全有效的，方可批准进口，并核发《进口药品注册证》。《进口药品注册证》是国外药品进入中国市场合法销售的证明文件，没有《进口药品注册证》而在中国销售的国外药品将被作为假药论处。

3. 实行进口药品在指定口岸的审查备案制度

(1)药品必须从允许药品进口的口岸进口。

(2)进口企业须向口岸所在地药品监督管理部门登记备案：每批进口药品均须接受我国

笔记栏

药品监督管理部门的监督，监督的方式即为登记备案。登记备案并不只是简单的程序性告知，口岸药品监督管理部门必须要审查以下项目，如：①申请备案的进口药品是否具有《进口药品注册证》；②进口药品的标签、说明书等是否符合我国有关规定；③有数量限制的进口药品是否在规定的数量限制内等。对于符合规定的进口药品，药品监督管理部门出具《进口药品通关单》，海关凭《进口药品通关单》放行。

(3) 口岸所在地药品监督管理部门应当通知药品检验机构按照国务院药品监督管理部门的规定对进口药品进行抽查检验。允许药品进口的口岸由国务院药品监督管理部门会同海关总署提出，报国务院批准。

4. 对三类药品在上市前或者进口时实施强制性检验的规定　对一些可能存在安全性隐患，需要加强管理的品种，在销售前或进口时，由指定的药品检验机构实施强制性检验。检验不合格的，不得销售或者进口。包括：①国务院药品监督管理部门规定的生物制品；②首次在中国销售的药品；③国务院规定的其他药品。

5. 对已批准上市的药品进行再评价的规定　药品上市许可持有人应当对已上市药品的安全性、有效性和质量可控性定期开展上市后评价。必要时，国务院药品监督管理部门可以责令药品上市许可持有人开展上市后评价或者直接组织开展上市后评价。经评价，对疗效不确切、不良反应大或者因其他原因危害人体健康的药品，应当注销药品注册证书。已被注销药品注册证书的药品，不得生产或者进口、销售和使用。

6. 麻醉药品和精神药品领取进出口准许证的规定　进口、出口麻醉药品和国家规定范围内的精神药品，必须持有国务院药品监督管理部门发给的《进口准许证》《出口准许证》。

（二）关于进口药品的注册管理规定

1. 总体原则　我国为确保进口药品的安全性和有效性，对进口药品实行严格的注册管理。境外制药厂商生产的药品要在中国境内销售，必须办理进口药品注册。申请进口的药品，其生产应当符合所在国家或者地区药品生产质量管理规范及中国《药品生产质量管理规范》的要求。

2. 调整性政策　为鼓励新药上市，满足临床需求，国家食品药品监督管理总局于2017年10月发布《关于调整进口药品注册管理有关事项的决定》（以下简称《决定》）。《决定》调整的事项主要有三个方面。一是允许同步研发申报。除预防用生物制品外，允许在中国境内外同步开展Ⅰ期临床试验。二是优化注册申报程序。开展国际多中心药物临床试验（MRCT）的药品申请进口，符合《药品注册管理办法》及相关文件要求的，可以直接提出进口上市注册申请。三是取消部分进口药品在境外上市的要求。对于提出进口临床申请、进口上市申请的化学药品新药以及治疗用生物制品创新药，取消应当获得境外制药厂商所在生产国家或者地区的上市许可的要求。

3. 加强对接受药品境外临床试验数据工作的指导和规范　为加强对接受药品境外临床试验数据工作的指导和规范，国家药品监督管理局组织制定了《接受药品境外临床试验数据的技术指导原则》（以下简称《指导原则》），于2018年7月发布。《指导原则》所涉及的境外临床试验数据，包括但不限于申请人通过药品的境内外同步研发在境外获得的创新药临床试验数据。在境外开展仿制药研发，具备完整可评价的生物等效性数据的，也可用于在中国的药品注册申报。《指导原则》要求，申请人应确保境外临床试验数据真实、完整、准确和可溯源，这是基本原则。其数据的产生过程，应符合国际人用药品注册技术协调会（ICH）药物临床试验质量管理规范（GCP）的相关要求。申请人应确保境外临床试验设计科学，临床试验质量管理体系符合要求，数据统计分析准确、完整。鉴于临床试验数据的完整性是接受注册申请的基本要求，《指导原则》明确在中国申请注册的产品，应提供境外所有临床试验数据，不得选择性提供临床试验数据。

（三）《进口药材管理办法》的主要内容

为加强进口药材监督管理，保证进口药材质量，我国于 2005 年颁布了《进口药材管理办法》，2019 年国家市场监督管理总局对其进行了修订，并于 2020 年 1 月 1 日施行。

《进口药材管理办法》主要对进口药材申请与审批、登记备案、口岸检验及监督管理做出了相关规定。

1. 进口药材的申请与审批　药材进口申请分为首次进口药材申请和非首次进口药材申请。首次进口药材申请包括已有法定标准药材首次进口申请和无法定标准药材首次进口申请。

《进口药材批件》的申办：①提出申请：申请人应当通过国家药品监督管理局的信息系统填写《进口药材申请表》。②省级药品监督管理部门收到首次进口药材申报资料后，应当对申报资料的规范性、完整性进行形式审查。③首次进口药材：收到受理通知书后，申请人将检验样品和相关资料报送省级药品检验机构，省级药品检验机构对药材进行样品检验或质量标准复核，并将检验报告和复核意见报送省级药品监督管理部门。省级药品监督管理部门对报告和复核意见进行技术审评和行政审查。对符合要求的，颁发《进口药材批件》。④非首次进口药材：非首次进口药材，应当按照本办法规定直接向口岸药品监督管理部门办理备案。非首次进口药材实行目录管理，具体目录由国家药品监督管理局制定并调整。尚未列入目录，但申请人、药材基源以及国家（地区）均未发生变更的，按照非首次进口药材管理。

2. 进口药材登记备案

（1）申请人取得《进口药材批件》后，根据批件上注明的到货口岸组织药材进口，并向口岸或者边境口岸药品监督管理部门登记备案，填写《进口药材报验单》，报送有关资料。

（2）由口岸或者边境口岸药品监督管理部门负责对登记备案资料的完整性、规范性进行形式审查，并做出审查决定。对符合要求的，发给《进口药品通关单》，收回首次进口药材批件；同时向口岸药品检验机构发出《进口药材口岸检验通知书》，并附备案资料一份。对不符合要求的，不予登记备案。

（3）对不予办理登记备案的进口药材，申请人应当予以退运。无法退运的，由口岸或者边境口岸药品监督管理部门按照有关规定监督处理。

3. 进口药材的口岸检验与监督管理

（1）现场抽样：药品检验机构收到口岸检验通知后，到规定的存货地点进行现场抽样。现场抽样时，申请人应提供药材原产地证明原件。药品检验机构根据登记备案资料对药材原产地证明原件和药材实际到货情况进行核查。对符合要求的予以抽样，在《进口药品通关单》上注明“已抽样”，并加盖公章；对不符合要求的，不予抽样，并报送所在地口岸药品监督管理部门。

（2）抽样检验：药品检验机构对抽样进行检验，出具《进口药材检验报告书》，报送所在地口岸药品监督管理部门，并通知申请人。对检验不符合标准规定的进口药材，口岸药品监督管理部门应当在收到检验报告书后立即采取查封、扣押的行政强制措施，并依法做出处理决定，同时将有关处理情况报告所在地省级药品监督管理部门。

（3）国家药品监督管理局根据需要，可以对进口药材的产地、初加工等生产现场组织实施境外检查。药材进口单位应当协调出口商配合检查。

（4）中成药上市许可持有人、中药生产企业和药品经营企业采购进口药材时，应当查验口岸药品检验机构出具的进口药材检验报告书复印件和注明“已抽样”并加盖公章的进口

笔记栏

药品通关单复印件，严格执行药品追溯管理的有关规定。

（四）《药品进口管理办法》主要内容

为规范药品进口备案、报关和口岸检验工作，保证进口药品的质量，2003年8月，国家食品药品监督管理局与海关总署共同签署了《药品进口管理办法》，2012年，卫生部和海关总署对其进行了修订。其主要内容是对进口药品的备案、口岸检验和监督管理三方面做出了具体的规定。

四、我国出口药品的质量管理

为了鼓励和促进国内药品的出口，我国对出口药品没有设置过多的特殊规定。通常情况下，药品只要符合国内以及进口国的相关规定和要求，并且在国内自给有余的情况下，都可以顺利出口。

一方面，出口药品与国内“自产自销”的药品一样，其质量管理在国内主要是依据我国普遍适用的药品管理立法和质量标准。例如遵循《药品管理法》，严格按照GLP、GCP、GMP等规范要求进行研制和生产，药品质量符合国家药品标准（《中国药典》、局颁标准等）。关于特定药品或特殊贸易形式的药品出口，我国还制定有一些专门性的管理规定，也作为药品出口管理的重要依据。如《麻黄素管理办法（试行）》《药用植物及其制剂进出口绿色标准》《药品加工出口管理规定（试行）》等。

ER-4-4

知识拓展：3类企业的出口药品质量面临“受检”

另一方面，出口药品除了应满足我国的质量管理要求外，还应符合进口国的相关法律法规和质量标准。长期以来，由于我国的药品标准相对落后于发达国家，生产出的药品往往达不到进口国（特别是发达国家）的质量要求，药品进入国外市场面临很大的困境，一直成为困扰我国药品出口的一大障碍。

第四节　发达国家对药品的质量管理

发达国家是我国药品出口的主要市场，我国药品要想顺利进入这些国家，必须符合进口国的相关法律法规和质量标准。因此，了解发达国家药品管理的法律法规，熟悉这些国家的药品质量标准，对于促进我国药品出口至关重要。

一、美国对药品的质量管理

（一）美国《联邦食品、药品和化妆品法》

在美国，药品进出口是由美国食品药品管理局（FDA）全权负责管理的，而美国《联邦食品、药品和化妆品法》（Federal Food，Drug and Cosmetic Act，FFDCA）是FDA对药品进行监督管理所依据的基本法律。该法律管理范围除了药品之外，还包括食品、化妆品及医疗用品。FFDCA通过多次的修订和长期的实践，无论是所涉及的内容还是立法技术都日臻完善和成熟，已成为世界同类法中最全面的一部法律，不仅为FDA行使权力和保障人民用药安全、有效提供了严谨而又切实可行的法律依据，同时也对其他国家药品管理法案的制定和实施具有一定的参考价值和借鉴意义。为确保进出口药品的质量，FFDCA中做出了如下规定：

（1）进口药品时，所有参与该药品的生产、准备、运输、合成、加工的外国公司都必须向FDA注册登记其公司的地址、名称及在美机构的名称。药物的生产制造、加工包装和保存必须符合FDA所规定的现行生产质量管理规范（CGMP），只有安全、有效和标签正确的药物方可进入各州之间的贸易渠道。

(2)所有进口药品必须符合与美国国内药品相同的标准：即一方面这些药品必须安全有效，另一方面标签信息应该以英文的形式标注，并且要求做到完整、真实。

(3)FDA需要对药品进行生产现场的检查和验收，并获得国家药品登记号(NDC)后，进口才可进行。这些在美国销售的药品必须是经FDA批准的生产商生产的经过批准的产品，且这些产品必须符合纯度和浓度的要求。

(4)进入美国市场的产品(包括食品、药品、添加剂、化妆品、洗涤用品和医疗设备)必须从原材料采购到生产、包装、销售、运输各个环节都保证不受污染，不发生霉变，不掺有任何违反FDA规定的成分，保证人类健康、卫生与安全。如果FDA抽样检测结果不符合标准，该产品将不准入境。若进口商预先获得FDA认证，则在出具认可证后即可放行。

(5)美国的药品在以下几种情况下不得出口：①药品不是在CGMP要求下进行生产、加工、包装和储存的，或不符合相关认证的国际标准；②根据有关法律规定认为药品是掺假的；③无法证明药品不是冒牌或掺假；④为防止出口药品的再进口对美国公众安全健康造成严重危害而必须禁止出口的，以及药品对其进口国的公众健康有严重危害；⑤药品的标签不符合销售国和进口国的要求和条件，或没有运用进口国本国的或其规定的语言和计量单位；⑥药品销售时没有根据符合法律要求的标签进行宣传。出现上述情形的药品，美国当局不允许药品出口。

(二) 美国的GMP

美国是世界上最早实施GMP的国家，美国的药品生产管理规范(Current Good Manufacturing Practice，CGMP)首次颁布于1963年。在其实施过程中，经过FDA数次修订，成为现今较为完善、内容较详细、标准最高的GMP。在CGMP中，质量概念是贯穿整个生产过程的一种行为规范。一个质量完全合格的药品未必是符合CGMP要求的，因为它的过程存在出现偏差的可能，如果不是对全过程有严格的规范要求，潜在的危险是不能被质量报告所发现的。

CGMP要求产品生产和物流的全过程都必须验证。美国政府要求，凡是向美国出口药品的制药企业以及在美国境内生产药品的制药企业，都要符合美国CGMP要求。药品的CGMP监督实施工作是由FDA负责的，其中FDA总部的条例管理办公室负责CGMP的解释、修订及颁布工作，分布在美国各地的FDA分支机构负责药品CGMP的监督检查。根据FFDCA要求，FDA应至少每隔2年对从事药品生产、检验、包装和贴签的生产加工企业进行一次CGMP检查。此外，FDA还要对一定数量的外国药品生产企业进行定期CGMP检查。

(三)《美国药典》(USP)

《美国药典》(US Pharmacopeia，USP)是美国政府对药品质量标准和检定方法做出的技术规定，也是药品生产、使用、管理、检验的法律依据。它是目前世界上唯一一部由非政府机构(美国药典委员会)出版的法定药品汇编，现已在100多个国家销售，一些没有法定药典的国家通常都采用USP作为本国的药品法定标准。USP中的检验标准及检验方法是我国原料药及各种制剂出口美国市场时进行检验的重要依据。

USP创始于1820年，根据美国药典委员会1975年第3号决议，凡已被批准投放市场的药物均应载入药典。随着新药品、新处方、新检测方法的发明和更新，USP修订频繁，迄今已有30个版本。该药典自1980年版起与《国家处方集》(National Formulary，NF)合并，制成合订单行本出版，称为《美国药典/国家处方集》(USP/NF)。其中，USP收载原料药品及其制剂，而NF收载各类辅料和一些非处方药。现行版《美国药典》(USP40/NF35)于2016年

12月出版,2017年5月1日生效,收载药品涵盖原料药、制剂、医疗设备和营养补充剂,是目前世界上规模最大的一部药典。

此外,USP还与国际上另外两部主要药典《欧洲药典》和《日本药典》(即《日本药局方》)进行了质量标准的协调。对于一些标准不统一的问题,由ICH开展药典间的协调工作,目的是通过协调达成药品标准的美、日、欧三方统一化。

二、日本对药品的质量管理

(一)日本《药事法》

《药事法》(Pharmaceutical Affairs Law,PAL)是日本药事管理中地位最高的法律,管理范围主要是药品、类药品、化妆品和医疗器械。其目的是管理药品、类药品、化妆品和医疗器械的有关事项,以保证质量、疗效、安全性。该法起源1943年,1948年与化妆品等法规合并,经过多次修订后形成现行的最新《药事法》(日本国内也称《改正药事法》),并于2005年起正式实施。同时生效的相关配套法律法规主要有《药事法实施令》(政令第232号)及《药事法实施规则》(厚令第101号)。2005年4月实施的新《药事法》主要内容包括以下几方面:

(1)生产(进口)药品等必须获得生产(进口)许可,以及该物品的生产商(进口商)执照。人用药品等的生产(进口)许可及执照向厚生省申请,而动物用的相应物品的生产(进口)许可及执照则需向日本农、林、渔业部申请。新药在被批准生产、进口6年后,生产商、进口商应申请对新药进行重新审查;其他药品应申请对疗效进行再评价。

(2)药品销售业申请必须获取所在地政府颁发的许可证。按药品销售业许可的种类分为:一般销售业、药材销售业、特例销售业、赊账销售业四类。

(3)制定《日本药局方》以及相关标准(如生物制品的最低要求),规定类药品、化妆品、医疗用具的标准问题,规定检定人和检定记录的填写,禁止销售掺假药、冒牌药、未批准药、未分析的药,以及禁止夸张宣传药品。

(4)药品等的安全供应是通过以下做法达到的:厚生省指定对某些药的全国分析,现场视察,命令测试,命令销毁、撤回,命令改进、改正,取消许可及许可证,严格执行处罚条款。

(5)制定有关临床试验条例,包括对临床试验负责人的要求。

(6)制定对罕见疾病药品的研究开发条例。

(二)日本的GMP

日本的GMP,即日本医药品制造管理规范(JGMP),是日本医药品制造过程中实施质量管理时所采取的基准。早在1973年,日本制药工业协会就提出了自己的GMP。1974年日本厚生省正式颁布GMP,并规定自1980年正式实施,各药厂必须遵照执行。1988年日本还制定了原料药GMP,并于1990年正式实施。目前厚生劳动省颁布的GMP几经修改,已经成为国际社会公认的基准之一。

日本GMP的特点是:①GMP条款的书写与其他国家有所不同。厚生省分别根据《药事法》的不同条款颁布了《关于药厂建筑物及设施条例》和《关于药品生产及质量管理条例》,分别构成了GMP的硬件条例和GMP的软件条例,将GMP内容分为硬件、软件两大部分。②各药厂均根据GMP要求,制定了本厂的质量管理、生产管理和卫生管理文件,对生产管理给予高度重视。③厚生省药务局每年都出版GMP解说,进行具体指导;1987年,还颁布了《医疗用汉方制剂制造管理和品质管理标准》(自主标准)。

(三)《日本药局方》

日本的药典称为《日本药局方》(Japanese Pharmacopoeia,JP),是由日本药局方编集委

笔记栏

员会编纂，由厚生劳动省颁布执行。自 1886 年初版迄今已有 17 个版本。现行版为 2016 年发表的第 17 改正版（即 JP17）。《日本药局方》规定了医疗上起重要作用的医药品的性状和质量标准，共分两部出版。第一部收载原料药及其基础制剂，第二部主要收载生药、家庭药制剂和制剂原料。《日本药局方》是除《中国药典》之外收载各类生药品种较多的药典之一。

知识链接

日本医药品与医疗器械局（PMDA）的组建

2004 年 4 月 1 日，日本在厚生劳动省下建立了统一管理药品、生物制品及医疗器械的独立管理机构——医药品与医疗器械局（Pharmaceuticals and Medical Devices Agency，PMDA），该局是由药品和医疗器械审评中心（PMDEC）、日本医疗器械促进协会（JAAME）以及药品安全性和研究机构（OPSR）合并而成。其具有以下三大职能：一是救济职能，包括对药品不良反应受害者的救济工作、因生物制品感染疾病患者的救济工作、亚急性脊髓、视神经末梢神经功能障碍（SMON）病患者的救济和艾滋病病毒携带者与艾滋病患者的救济。二是审查职能，即为保证药物和医疗器械的质量以及它们的有效性和安全性，特在非临床试验阶段到报批期间，进行相应的指导与审查。三是保证药品上市后安全性的职能，例如收集、分析并公布关于药品与医疗器械上市后安全性的信息，提供咨询服务等。

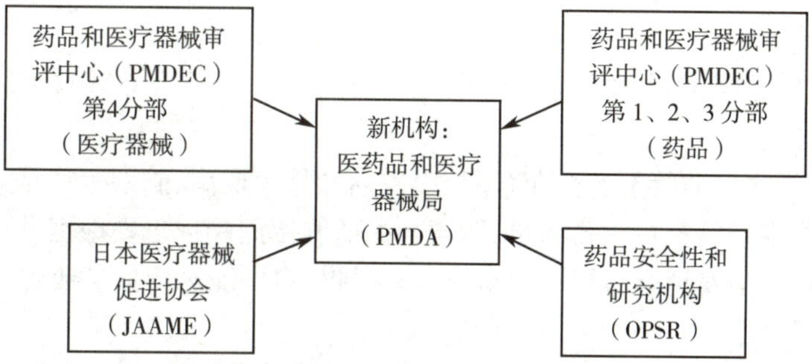

日本医药品和医疗器械局（PMDA）的组建

三、欧盟对药品的质量管理

（一）欧盟的药品管理立法

1965 年，欧共体通过第一部有关欧洲药品管理的指令（65/65EEC），该指令主要是为了阻止"反应停"这一悲剧事件在欧洲重现。自此之后，欧盟制定、颁布并实施了一系列药品管理的法规及指导性文件，并有一套专门著作《欧盟药品管理法》。法规（regulation）是由欧盟委员会、欧洲议会及成员国部长委员会制定并通过的，具有法律效力，颁布后各成员国必须遵循。而指令（directive）是欧盟药品管理法规的主体，集中体现了欧盟对药品管理的主要原则和要求，指令颁布后，被各国陆续纳入该国的法律。仅至 1995 年，欧盟就已颁布了约 30 个指令，如 75/319/EEC、75/319/EEC、92/25/EEC 等。法规法令主要涉及药品的上市许可、质量标准、销售、广告和标签等多个方面。

笔记栏

1995 年，欧盟委员会根据 2309/93 EEC 号指令建立了专门的药品评价机构——欧洲药品管理局（European Medicines Agency，EMA）。EMA 是欧盟药品管理的最高权威机构，由各个成员国代表组成，主要负责整个欧盟范围内药物及相关医用产品的技术审查和批准上市工作，并全面负责评价药品的科学性，监测药品在欧盟范围内的安全性、有效性。经该机构审批上市的药品有权在欧盟所有市场上市销售。欧洲药品质量管理局（European Directorate for the Quality of Medicines，EDQM），作为欧洲另一重要的官方药物管理机构，负责协调与药品质量、药品安全使用、药物使用领域、假冒药品的风险防范和管理以及按照供应对药物进行分类有关程序与政策的起草工作，其下属的欧洲药典会（EPD）作为欧洲药典委员会的秘书处，负责同专家组一起编纂欧洲药典的章节和各论。

（二）欧盟 GMP

欧盟于 1972 年制定《GMP 总则》，1975 年对制剂产品建立了 GMP 要求。根据欧盟人用药品第 2001/83/EC 号指令，欧盟 GMP 认证由欧洲 GMP 审计署完成。通过认证的产品，可以在欧盟各成员国内流通。现行的 GMP 指南（2015 年 10 月 1 日正式实施）对前一版 GMP（2008 年）做出了重大修订。其中，最显著的变化就是在质量管理中引入了质量风险管理的要求。

欧盟的 GMP 较侧重质量保证体系、风险控制和硬件，与美国、日本的 GMP 相比，欧盟的 GMP 有一些独特的规定：

（1）企业要设置授权放行人员，这些人员经政府资格认定，并负有法律责任。他们的职责是对产品质量进行把关，不但要检查产品是否经检验合格，还要监督生产过程是否符合 GMP 条件。如果放行人员没有履行职责，放行了违规产品，政府可能对放行人员依法进行处罚。

（2）企业需要取得生产许可证才能生产，在生产中不但要符合 GMP 的要求，还需遵守生产许可的相关规定。

除了授权上游企业监管下游企业（授权批发商监管生产商、制剂生产企业监管原料药企业）和要求生产企业设置授权放行人员，欧盟药品监管部门同样也要根据计划每 2~3 年对企业进行例行检查，如果发现有违规的线索或者有举报，也可能进行抽查或者飞行检查。

（三）《欧洲药典》

1964 年欧洲药典委员会成立，秘书处设在欧洲药品质量管理局（EDQM），并由 EDQM 负责《欧洲药典》的出版和发行工作。经过欧共体各国共同商定，1969 年第一版《欧洲药典》（European Pharmacopeia，EP）开始分 3 卷陆续出版，其法文和英文版为法定版本。随着欧洲一体化及国际间药品标准协调工作不断发展，欧洲药典委员会成员国以及 EP 的增修订内容也显著增多。至今欧洲药典委员会已有英、法、德等 30 多个成员国，并在世界各地有 20 多个观察员国。中国药典委员会在 1994 年成为欧洲药典委员会的观察员之一。《欧洲药典》（第 10 版）已于 2019 年 7 月发布，并将在未来 3 年（10.1 至 10.8）更新 8 个增补本，第 10 版的新文本和修订文本于 2020 年 1 月 1 日正式生效。EP 已成为欧洲各国药品质量标准统一的来源，是欧洲药品质量检测的唯一指导文献，对各欧洲药典委员会的成员国具有强制作用。

根据 1999 年 12 月生效的欧洲议会公共健康委员会（Public Health Committee）的决议，由当时欧洲药典委员会的 27 个成员国正式启动了一个新的证书程序，即“欧洲药典适用性证书”（Certificate of Suitability to Monographs of the European Pharmacopoeia，简称 COS 或 CEP），并被欧盟各成员国认同。根据这一程序，原料药的生产商（或供应商）应该就所提供的原料药的化学纯度和微生物质量方面做适用性评估。COS 的目的是方便和简化各国之间的交流，保证原料药质量符合最新的《欧洲药典》要求。申请人只要获得了 COS 证书，原料药生产商就只需向欧洲客户出示并提供证书复印件，欧洲客户凭此 COS 证书复印件即可向欧洲药管当局申请上市，并可在 30 多个成员国中的任一国上市。

笔记栏

ER-4-5

知识拓展：欧洲药典适用性证书的申请程序

案例讨论

特大网络跨境销售假药案告破

医疗美容正成为当下的一种时尚，但选择医疗美容须慎重，谨防被假药所伤。义乌警方转战广东、广西、山东、北京、辽宁、吉林等多地，破获一起特大网络跨境销售假药案，抓获犯罪嫌疑人 28 名，查获相关美容产品 50 余种、6 000 余盒，案值高达近亿元。

2018 年 3 月，义乌警方在日常检查中发现，该市一家小型美容美甲店内存在违规销售、使用肉毒毒素类假药的情况，当场查获注射用 A 型肉毒毒素类药物。警方调查后发现，该美容美甲店内的药物都是从一名供货商手中购入的。该供货商姓王，在该市开了一家“美容工作室”，但这家所谓的“工作室”不但没有《营业执照》，还不对外营业，所有客源都通过熟人介绍。“工作室”内除了销售肉毒毒素类假药外，还为客人提供注射玻尿酸、肉毒毒素等简单微整形服务。警方立即取缔了该“工作室”，当场查获违法医疗美容类产品达 10 余种，数量多达数百盒。办案民警告诉记者：“这家‘工作室’运行半年多，在义乌小有名气，但内部卫生环境完全不符合相关标准，从业人员也没有从事医疗美容的资质。”

如此多种类、数量繁多的假药到底从何而来？警方顺藤摸瓜，深入开展侦查，案件难度也升级。据王某交代，他与上级供货商并不认识，也从未见面，更不知道是哪里人，一直是通过微信、QQ 等沟通和交易。对此，警方不断扩大侦查范围，对王某的交易信息、物流信息进行综合研判，终于查到对应人员——北方地区的张某。经核查，义乌警方确认张某就是王某的供货商。“张某曾经在非正规的美容学校进行培训，但他担心从事项目实操风险较大，容易产生纠纷，就做起了产品分销。”办案民警介绍，“从 2017 年起，张某通过从境外走私医疗美容假药，再通过微信、QQ 等社交软件将假药分销至全国各地。”义乌警方在张某住所内查获违法医疗美容类产品 40 余种，数量多达 5 000 多盒。

据张某交代，这些假药主要是从韩国购入的，而对于远在韩国的供货商，张某一问三不知，全靠网络进行沟通联系，所有的货物也不是从韩国寄件而来的，而是从第三国甚至第四国周转入境，资金也通过第三方平台交付。对此，义乌警方奔赴广东、广西、山东等多地搜集线索，并对所有信息进行分析，最终锁定犯罪嫌疑人权某。

至此，整条假药销售链被警方逐一击破。目前，28 名犯罪嫌疑人均已被义乌警方采取强制措施，移送检察机关审查起诉。

义乌警方郑重提醒广大爱美人士，注射美容类针剂进行美容属于医疗行为，而有些生活美容店铺并不具备医疗资质，在这些地方接受相关医疗风险极大。肉毒毒素是一种神经毒素，系毒麻类药品，在我国已纳入严格管控范围。曾有消费者为了变美而到不正规场所多次注射肉毒毒素，因不当使用注射用 A 型肉毒毒素，引发呼吸衰竭、心力衰竭等危及生命健康的症状，最终送到医院抢救数日才脱险。因此大家一定要选择正规医院、具有相应资质的大型美容机构进行美容整形，如发现假药劣药，应立即向药品监管部门或公安机关举报。[资料来源：中国新闻网. 浙江义乌警方捣毁一条特大跨境假药销售链涉案近亿元[EB/OL].(2019-1-8)[2021-03-30].http://www.chinanews.com/sh/2019/01-08/8723346.shtml]

笔记栏

案例讨论题

1. 从本案例可以看出,销售假药、劣药的渠道出现了怎样的新趋势?这种新趋势会给公众带来怎样的影响?

2. 我国对药品进口有哪些严格的监管制度与措施?

3. 我们应从这一事件中吸取哪些教训?消费者应如何加强自我保护意识?

(王 力)

复习思考题

1. 如何理解药品的特殊性及药品的质量特征?
2. 你觉得药品质量管理在医药国际贸易中有何重要作用?
3. 试述我国药品质量全过程管理的主要内容。
4. 为确保进出口药品质量,美国 FFDCA 中做出了哪些具体规定?
5. 与美国、日本相比,欧盟的 GMP 有哪些更独特的内容?

第五章

世界医药市场

笔记栏

05章PPT

PPT 课件

学习目标

1. 掌握世界医药市场的规模、交易类型、医药企业销售状况、研发和新药上市状况、产品销售情况等。

2. 熟悉美国、欧盟、日本、中国等国的医药市场特点、现状及发展趋势。

3. 了解其他新兴国家的医药市场特点、现状及发展趋势。

引导案例

跨国药企并购提升研发实力

2019 年 1 月 8 日，在 JP 摩根医疗保健大会上，日本武田药品工业株式会社（以下称“武田制药”）宣布完成对夏尔公司的收购。武田制药称，合并后其年总收入将超过 300 亿美元，将成为生物医药品方面的龙头企业。并购是跨国药企应对研发瓶颈、专利药到期等问题的最好途径之一，同时，通过并购可以增加产品线，增厚业绩，拉高股价。

近年来，武田制药在并购市场动作频频，不断拓展产品线。武田制药如此执着，有业内人士分析称，这是因为随着武田的原研药专利陆续到期，吡格列酮的致癌风波以及日元贬值等不利影响，武田制药不能保持以往的高速增长，2016 年业绩亦出现了下滑。另一个重要原因是，武田制药瞄准了夏尔在罕见病等领域的潜力。夏尔的主要业务涉及多动症、眼干燥症、出血性疾病，以及法布里病、戈谢病等一系列罕见疾病，在生物医药方面的研发能力位居世界前列。武田制药方面称，合并后其核心业务主要来自肿瘤、消化、神经科学、罕见疾病以及血源制品（PDT）等领域。有分析人士认为，2020 年武田制药收入有望实现 140% 的涨幅。

业内专业人士称，各跨国药企随着专利到期、新药研发困难加大，都在进行转型，传统药企都在加大生物医药方面投入，有的直接通过并购来弥补自身短板。包括辉瑞、武田制药等在内的跨国药企通过收购，不断拓展产品线，以获得迅速增长。[资料来源：朱萍．企业天价并购破研发瓶颈：武田制药 620 亿美元收购夏尔[N].21 世纪经济报道，2019-01-10(018)]

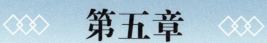

笔记栏

第一节　世界医药市场综述

医药行业与大众的生命和健康息息相关，是世界各国重点发展的行业，同时也是世界经济中增长最快的行业之一。随着全球经济逐渐复苏，人口总量持续增长以及社会老龄化程度的提高，全球医药市场规模保持平稳增长，在全球贸易中的地位日益突出。未来一段时间内，医药经济发展更加全球化，兼并使制药企业行业集中度进一步提高，药品消费结构不断变化，生物技术制药和天然药物前景广阔，生物制药发展迅猛，世界医药市场将会面临更多变化。

一、世界医药市场规模

ER-5-1

知识拓展：艾昆纬（IQVIA）简介

药品巨大的社会效益和经济效益，刺激了制药工业从20世纪下半叶开始快速发展（图5-1）。艾昆纬（IQVIA）预测到2023年，全球制药市场将超过1.5万亿美元。这其中主要的地域驱动因素是美国和他们所称的“新兴市场”，预计它们的复合年增长率分别为4%~7%和5%~8%。在美国市场，支出增长主要是由新产品上市和品牌定价推动的，但这些会被专利过期和仿制药销售抵消。日本2018年的药品支出为860亿美元，但到2023年，其药物支出预计将下降约3%，这主要是汇率和仿制药进入市场的结果。此外，欧洲由于成本控制措施和新产品增长放缓，相较过去五年4.7%的复合年增长率，预计未来至2023年增幅为1%~4%。中国被普遍认为是一个不断增长的巨大市场，但预计在未来五年内，其在药品方面支出的复合年增长率将降至3%~6%。

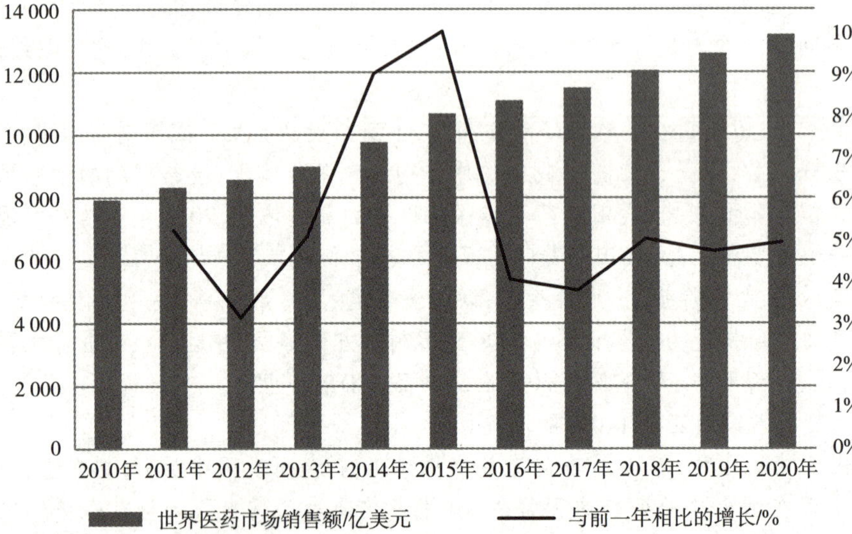

图5-1　2011—2020年全球医药市场规模

资料来源：AITKEN M，RICKWOOD S，KLEINROCK M etc.The Global Use of Medicine in 2019 and Outlook to 2023［R］.IQVIA Institute for Human Data Science，2019.

2018年世界各国（地区）医药出口排名（图5-2），德国排名第一，药品出口金额高达975亿美元，能取得这样的成就，主要和其先进的医药技术有关，德国知名药企很多，比如拜耳制药。排名第二的是瑞士，药品出口金额为769亿美元，瑞士药企诺华、罗氏，都是国际知名的药企巨头。

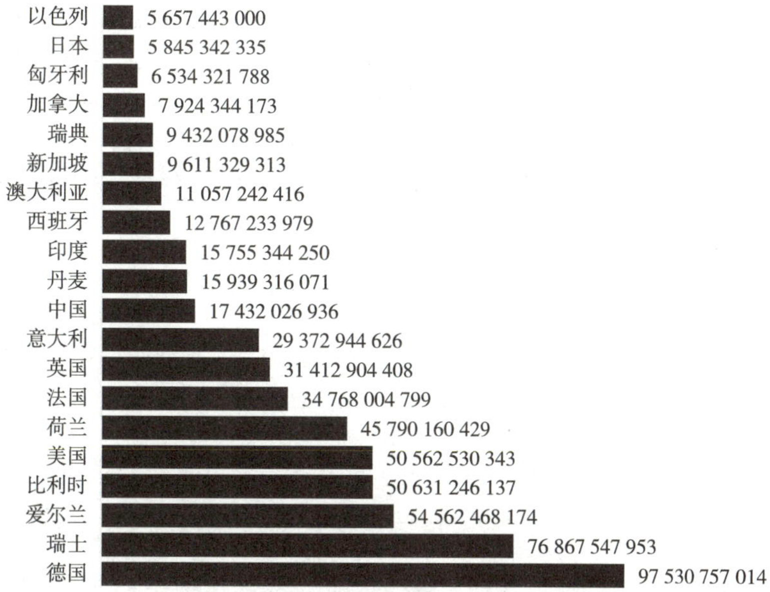

图 5-2 2018 年世界各国（地区）医药出口排名

资料来源：根据各国海关数据整理。

二、世界医药行业交易类型

世界医药行业的交易在呈现稳健增长的同时，其多样化的交易类型也格外引人瞩目。其主要类型有：许可及合资公司、兼并收购、合作研发等。来自全球前 50 强制药企业的交易数据显示，47% 的交易是由“许可类”交易模式贡献，但后两者增长率更高，这一点体现了全球制药企业对“兼并收购”及“合作研发”两种模式越来越高的重视程度。

德勤会计师事务所发布的《2019 全球生命科学展望》报告数据显示，2019 年全球领先的 12 家大型跨国生物医药企业通过药物研发创新获得的回报降低至近 9 年的最低水平，平均回报率仅为 1.9%。在通过自身创新难以让股东满意的情况下，收购拥有潜在新药的目标企业成为大型跨国生物医药企业的普遍选择。2019 年，全球医药收购风生水起，跨国药企的大型收购案先后有：武田制药（Takeda）以 620 亿美元收购夏尔（Shire），百时美施贵宝（BMS）以 950 亿美元收购新基（Celgene），艾伯维（AbbVie）以 630 亿美元收购艾尔健（Allergan）。仅以上三大交易就已接近 2018 年全年医药购并交易总额。就全球并购交易额来看，经历了 2016 和 2017 年的低谷，全球并购交易金额又重回高峰（图 5-3）。

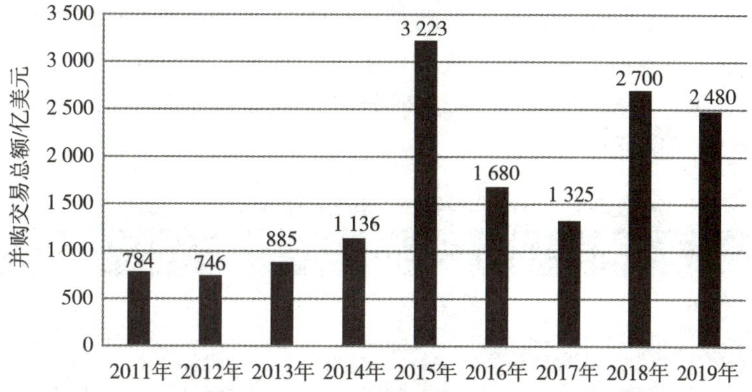

图 5-3 2011—2019 年世界医药行业并购交易总额

资料来源：医药并购圈 .2019 全球 CRO & CMO 投资并购观察 [EB/OL]. (2019-08-21) [2021-03-30.]https://www.yaozui.com/p783639.html

笔记栏

随着全球药品市场竞争日益激烈，制药产业链的分工日趋显著，医药企业呈现出将自身研发与生产业务委托给其他专业化公司开展的大趋势，促进了从疾病目标研究、药物化合物的筛选和研发、临床试验，到规模化工艺优化、委托生产加工乃至市场销售的全产业链各环节的健康发展，涌现出众多外包服务机构。2019 年全球医药外包研发（CRO）行业市场规模达到 642 亿美元，其中临床业务规模 419 亿美元，占比 65% 左右，临床前业务 93 亿美元（图 5-4）。

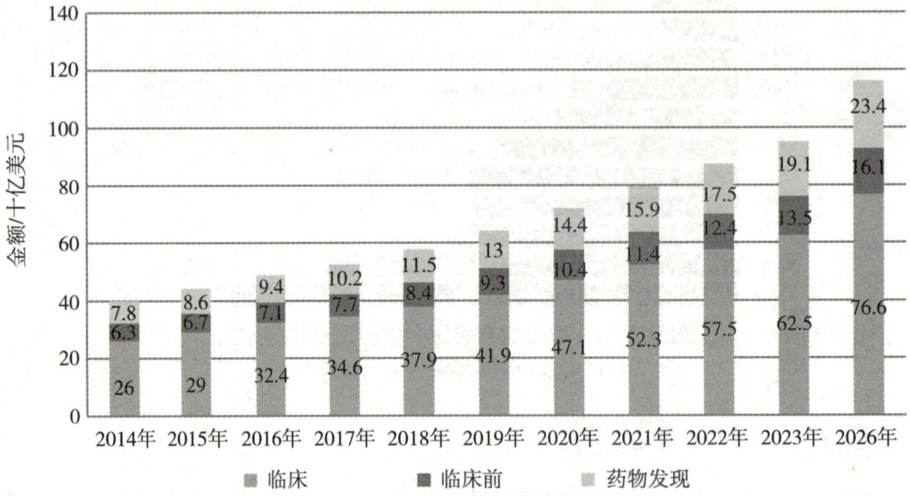

图 5-4 全球医药 CRO 行业规模及预测

资料来源：产业信息网 .2020 年中国 CRO 行业市场规模及未来发展趋势分析：未来 CRO 市场规模有望持续增长［EB/OL］.（2020-04-03）［2021-03-30］.https://www.chyxx.com/industry/202004/848758.html

三、世界医药企业

医药产业是按国际标准划分的 15 类国际化产业之一，被称为“永不衰落的朝阳产业”，是高增长、高投入、高产出、高科技、高竞争和高风险的产业。因此，该产业拥有众多世界闻名的生产企业。

2019 年制药行业共有 11 家企业上榜《财富》世界 500 强（表 5-1），其中，中国华润有限公司、美国强生、瑞士罗氏公司位居榜单前三。据统计，上榜的 11 家企业 2019 年实现总营业收入达到 6 061.85 亿美元。值得一提的是：这 11 家上榜企业 2018 年营业收入均在 300 亿美元以上。其中，营业收入在 500 亿美元以上的有 6 家。从国家分布来看：美国上榜企业数量最多，达到 4 家。中国有两家企业上榜，分别为中国华润和中国医药。其中，中国华润以营业收入 919.86 亿美元位居榜首。

表 5-1 2019 年世界 500 强名单中的医药制造企业

2018 年排名	2019 年排名	企业名称	营业收入 / 亿美元	国家
86	80	中国华润有限公司	919.86	中国
100	109	强生	815.81	美国
169	163	罗氏	608.46	瑞士
194	169	中国医药集团	599.8	中国

笔记栏

续表

2018 年排名	2019 年排名	企业名称	营业收入 / 亿美元	国家
187	198	辉瑞	536.47	美国
203	201	诺华	531.66	瑞士
193	240	拜耳	467.18	德国
276	285	默沙东	422.94	美国
271	288	赛诺菲	421.05	法国
290	296	葛兰素史克	411.09	英国
422	381	艾伯维	327.53	美国

资料来源：米内网 .2019 财富世界 500 强出炉！ 11 家药企上榜[EB/OL].(2019-07-23)[2021-03-30].https://www.sohu.com/a/328864810_293363

四、世界医药企业研发和新药上市情况

对于医药企业而言，研发能力是其保持市场竞争力与可持续经营发展的基础，而研发投入费用则是衡量其研发状况的重要指标之一。2019 年，研发投入排名前 10 的制药公司研发费用共投入了 820 亿美元用于寻找新药、研发诊断试剂和疫苗，这个数字比 2018 年增加了约 40 亿美元。值得注意的是，大制药公司的研发费用支出不到 2019 年所有医药企业研发总支出的一半，这表明新兴的小型生物制药公司正在巩固其作为新药发现引擎的作用(表 5-2)。

表 5-2　2019 年度全球研发投入排名前十位的制药企业

企业名称	研发投入 / 亿美元	研发占销售收入比例 /%	与 2018 年相比 /%
罗氏	120.6	19.0	+6
强生	113.6	13.8	+5.3
默沙东	99.0	21.1	+1
诺华	94.0	19.8	+13
辉瑞	86.5	16.7	+8
赛诺菲	65.2	16.7	+2.2
艾伯维	64.1	19.0	–38
百时美施贵宝	61.5	23.6	-3
阿斯利康	60.6	24.8	+2.1
葛兰素史克	56.2	13.5	15
平均值	82.0	18.8	+5.1

资料来源：生物制品圈 .2019 年度研发投入前 TOP10 药企，总投入达 820 亿美元[EB/OL].(2020-06-10)[2021-03-30].https://www.sohu.com/a/400853245_682259

Pharmaprojects 数据库数据显示，2020 年全球在研新药数量约为 1.7 万个。其中诺华、武田以及百时美施贵宝排名前三，在研药品数量分别为 222 个、198 个和 189 个(表 5-3)。

笔记栏

表 5-3 2020 年在研药物数量排名前十位的制药企业

排名	药企名称	2020 年在研数量	2019 年在研数量
1	诺华	222	219
2	武田	198	211
3	施贵宝	189	110
4	强生	182	208
5	罗氏	174	189
6	辉瑞	170	163
7	阿斯利康	164	194
8	默沙东	157	176
9	葛兰素史克	144	177
10	礼来	143	124

资料来源：雪球．这些药企，研发实力最强[EB/OL].(2020-09-17)[2021-03-30].https://xueqiu.com/1662492965/159393138

2019 年，FDA 共批准了 48 种新药上市（图 5-5），虽然比起 2018 年创纪录的 59 种少了 11 种，但是这一数字仍然在过去 25 年里名列前茅。48 种新药中，有 38 种新分子实体（NME）和 10 种生物制品（BLAs）。其中有 21 种孤儿药获优先评审。

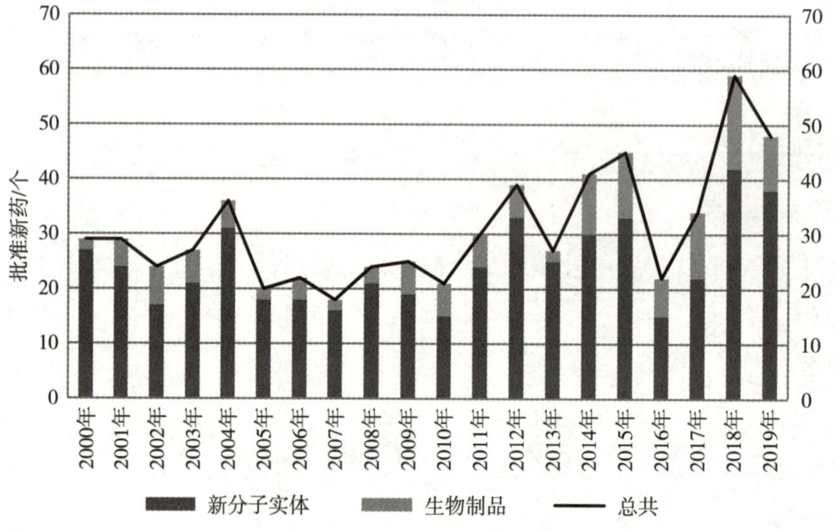

图 5-5 2019 年 FDA 批准新药情况

资料来源：新康界.2019 年 FDA 批准上市新药盘点[EB/OL].(2020-05-04)[2021-03-30].http://www.yidianzixun.com/article/0PHgE8oy? s=sd24&appid=s3rd_sd24

ER-5-2

知识拓展：罗氏研发投入分析

从治疗领域看，2019 年 FDA 批准新药中，抗肿瘤、神经系统、抗感染仍是热点。9 种抗肿瘤药研发的药企包括阿斯利康、第一三共、安斯泰来、百济神州、基因泰克、拜耳、KPTI（Karyopharm Therapeutics）、诺华、杨森等公司。8 种神经系统药物分别来自艾尔建、礼来、卫材等公司。6 种抗感染药物分别来自诺华、艾伯维、默沙东等公司。

无论是销售增长来源还是资金的导向方面，抗癌药物和开发这些药物的公司都占据了主导地位。癌症药物研发历来昂贵，且随着逐渐走低的研发投入产出比，肿瘤药领域红利兑现的预期时间将会延长。

五、世界主要医药产品销售情况

根据各家生物制药公司2019财报披露的产品销售数据，2019年全球销售额超过10亿美元的药品共有140种。其中，TOP100药品的上榜门槛是14.69亿美元，合计销售收入3 402.87亿美元。从单品种来看，2019年销售额最高的产品为阿达木单抗(Humira)，达到191.69亿美元(表5-4)。

表5-4 2019年世界医药市场销售额领先的十大药品

序号	药品名	公司	适应证	2019年销售额/亿美元
1	阿达木单抗(修美乐，Humira)	艾伯维	自身免疫性疾病	191.69
2	阿哌沙班(艾乐妥，Eliquis)	百时美施贵宝/辉瑞	血栓、卒中、肺栓塞等	121.49
3	帕博利珠单抗(可瑞达，Keytruda)	默沙东	黑色素瘤、非小细胞肺癌、膀胱癌、头颈癌、结直肠癌等	110.84
4	来那度胺(瑞复美，Revlimid)	塞尔基因/百时美施贵宝	多发性骨髓瘤等	108.23
5	伊布替尼(依鲁替尼，Ibruvica)	艾伯维/强生	慢性淋巴细胞白血病、小细胞淋巴瘤等	80.85
6	纳武利尤单抗(欧狄沃，Opdivo)	百时美施贵宝/小野	黑色素瘤、头颈癌、肾细胞癌等	80.05
7	阿柏西普(艾力雅，Eylea)	再生元/拜耳	糖尿病视网膜病等	74.37
8	贝伐珠单抗(安维汀，Avastin)	罗氏	结直肠癌、乳腺癌、肺癌、胶质母细胞瘤等	71.15
9	利伐沙班(拜利妥，Xarelto)	拜耳/强生	血栓、卒中等	69.34
10	依那西普(恩利，Enbrel)	安进/辉瑞	自身免疫性疾病	69.25

从药物类型上看，TOP100药品中小分子药物共54个，销售收入占比46%。单抗/重组蛋白类大分子药物共40个，销售收入占比49%。如果把范围缩小到TOP10，销售收入总计908.01亿美元，其中小分子药物共4个，销售收入占比39%，单抗/重组蛋白类大分子药物共6个，销售收入占比达到了61%。

从疾病领域来看，TOP100药品中肿瘤与免疫、感染、内分泌、心血管、神经系统疾病是市场规模最大的6个领域，均超过了200亿美元。

第二节 美国医药市场

一、美国医药市场规模及代表性企业

美国是世界上医药产业市场规模最大、市场化程度最高的国家，预计到2027年医疗保健支出将占其国内生产总值的近 20%。2009—2018 年，美国药品总支出从 2 900 亿美元增长到 4 790 亿美元。美国 2018 年药品人均实际净支出增长了 0.97%，从 2017 年的人均 1 034 美元增至 2018 年的 1 044 美元。从十年跨度来看，2018 年比 2009 年人均增加了 44 美元。

2018 创新药物发现的前沿与实践国际高峰论坛上的报告显示：2018 年全球制药企业 TOP50 中，美国制药企业数量绝对领先，有 16 家，占 32%；其次是日本，有 10 家，占 20%；欧洲（英、德）紧随其后。

截至 2019 年 6 月 14 日，美股医药公司总市值达到 5.55 万亿美元，药品和医疗器械公司占比较高，其中制药公司市值 22 187 亿美元，占比 40%。医疗器械公司（包括美敦力、强生、雅培等）市值 13 647 亿美元，占比 25%。生物科技公司（吉利德、因塞特）市值 8 256 亿美元，占比 15%（图 5-6）。

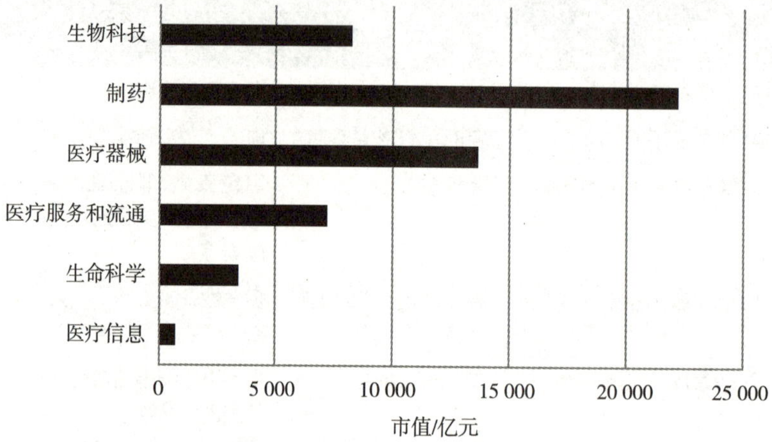

图 5-6　美股制药和器械公司市值

数据来源：中国产业信息网.2019 年 6 月美国医药产业规模最大，市场化程度最高，标普 500 医药股票股价上涨 224%［EB/OL］.(2019-08-08)［2020-03-30］. https://www.chyxx.com/industry/201908/769983.html

二、美国药品研发情况

美国在研药物数量在全球大幅领先，根源在于其创新药研发公司数量多。2019 年，美国医药研发公司数量占全球总数的近 50%（图 5-7）；而中国研发公司数量较少，2019 年中国拥有研发管线的公司仅占全球的 7%，远低于美国等发达国家和地区。

美国创新药上市数量和率先上市率全球最高，我国相对落后。2007—2015 年全球上市的新分子实体率先在美国上市的比例为 56.3%，中国为 2.5%。同时，根据 FDA 数据，2007—2018 年美国共有 257 种新分子实体获批上市，平均每年超过 23 个获批；而同时期我国约有 20 种 1.1 类新药获批上市，平均每年只有不到 2 个获批。此外，根据科睿唯安（Clarivate Analytics）统计，2016 年美国新药获批数量占全球的 50%，而中国仅占 7%，远远落后于美国（图 5-8）。

20 世纪 90 年代以来，全球生物药品销售额以年均 30% 以上的速度增长，大大高于全球医药行业年均不到 10% 的增长速度。同时从世界生物医药产业发展趋势来看，目前生物医药进入快速发展期，并逐步成为世界经济的主导产业。美国生物医药产品在全球市场占据主导地位，同时生物医药总产值占到了 GDP 的 17% 左右，成为最具成长性产业之一。全球销售市场中 90% 生物药品来自美国的著名企业，如辉瑞、默克、强生、罗氏等（图 5-9）。

笔记栏

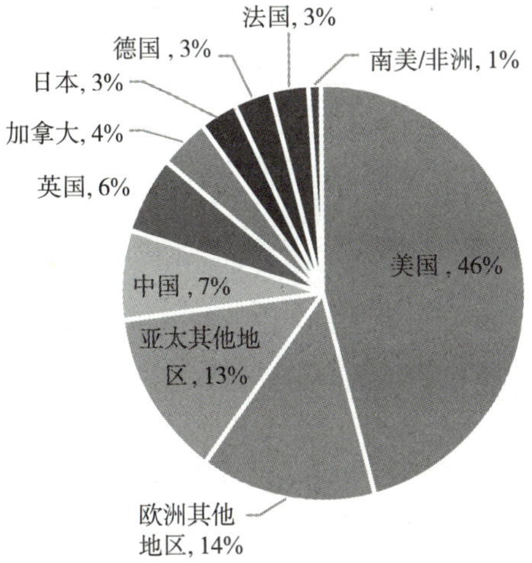

图 5-7 2019 年按总部国家和地区划分的药物研发公司分布情况

资料来源：玄药 .2009—2018 年全球上市生物药类型地域和治疗领域分析[EB/OL].(2019-01-16)[2020-03-30].https://med.sina.com/article_detail_103_2_59267.html

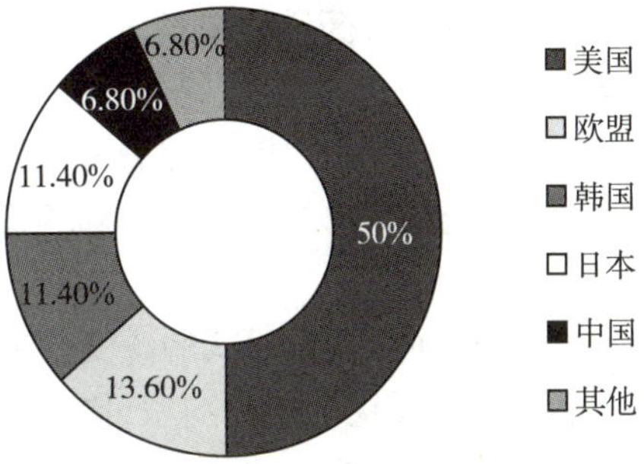

图 5-8 2016 年全球新药上市地区分布

资料来源：闫庆松 .2016 年全球在研新药市场全景分析[EB/OL].(2016-07-14)[2020-03-30].http://zixun.3156.cn/u5a197429.shtml

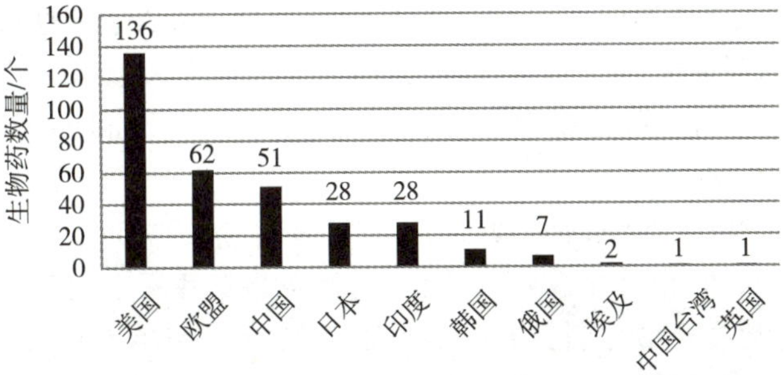

图 5-9 2009—2018 年新上市生物药 TOP 地域分布情况

资料来源：玄药 .2009—2018 年全球上市生物药类型地域和治疗领域分析[EB/OL].(2019-01-16)[2020-03-30].https://med.sina.com/article_detail_103_2_59267.html

三、美国药品销售情况

根据艾昆纬(IQVIA)的研究报告，2018 年美国共发放处方近 58 亿张，较 2017 年增长 2.7%。传统药物在 2018 年占处方药的 97.8%，大多数大型治疗领域的增长速度都超过了整个市场，并通过慢性病依从性改善驱动处方药增加。

美国医药市场持续增长主要是由以下因素造成的：

第一，美国宏观经济继续保持良好态势，全美人口老龄化问题日益突出，亚健康和许多慢性病的发病率和影响范围也在增加。而这些慢性病的治疗药物必须长期服用，甚至终身用药。

第二，医生治疗慢性病的用药范围越来越大。有数据显示，2014 年的处方药交易量达 43 亿美元，支出最大的部分由新登陆市场的治疗丙型肝炎、癌症、多发性硬化症、糖尿病的新疗法贡献。

第三，美国的医疗保障体系逐渐健全，医疗支出报销更为便捷。2010 年颁布的《患者保护和大众医疗法》(PPACA)对制药工业影响深远。PPACA的颁布意味着医疗保险普及面更广,越来越多的人新参保或者更改保险方案争取到了更多补贴。这大大地降低了患者购买处方药的财务负担,提高了处方药的需求。

第四,新批准的高价药品对医生和消费者的影响力越来越大,它们纷纷替代了原来的廉价常用药,导致处方药销售增长。

第五,FDA"高效透明、结构化的监管体系"促进了新药的快速审批和质量保证。FDA设立的"绿色通道"和"重大突破专门通道"加速了新药的审批,也让一些突破性药物更快上市。同时,美国完善的专利体系也推动了医药制造商向研究型企业的转变,这也加速了新药的开发。

第六,制药企业营销模式的改变导致药物销售量的增加。如许多制药企业将一些老产品通过重新申请新适应证或新剂型,再次推向市场,收到了非常好的效果。另外,正在全美风行的直接面对消费者(direct-to-consumer)营销模式,也为消费者提供了更为便捷的购药途径。

从直接原因分析,处方总量增加、药价上涨和高价药替代廉价药是美国医药市场保持持续增加的主要因素。

知识链接

2018年美国市场最畅销药物榜单

FiercePharma发布《2018年美国市场最畅销药物TOP20》榜单,这些药物涵盖癌症、免疫学、糖尿病等领域,其中生物制剂占13个。艾伯维的旗舰产品修美乐(Humira)毫不意外继续霸占榜首,销售额是排名第2位瑞复美(Revlimid)销售额(64.7亿美元)的两倍多。

修美乐也是全球最畅销的药物,2018年销售额接近200亿美元,美国市场贡献136.8亿美元。在欧洲,由于生物仿制药竞争,修美乐销售额已明显下滑,但在美国市场,艾伯维已成功地将生物仿制药竞争推迟至2023年。今年5月中旬,勃林格殷格翰与艾伯维就修美乐专利诉讼达成和解,这也是艾伯维在捍卫修美乐专营权方面实现的9连胜。

榜单中的其他看点包括吉利德的抗艾滋病药物捷扶康(Genvoya)(排名第12位),该药是吉利德推出的最成功的单一片剂,于2016年上市,2018年美国市场销售额已高达36.3亿美元。

默沙东的肿瘤免疫疗法药物可瑞达(Keytruda)2018年在美国市场销售额为42亿美元。在与百时美施贵宝同类产品欧狄沃(Opdivo)的激烈对抗中,可瑞达捷报频传,该药也是榜单中销量增长最快的药物,较上一年增长幅度高达80%。

值得一提的是,罗氏的三大主力生物制剂均上榜,分别为美罗华(Mabthera)、赫赛汀(Herceptin)、安维汀(Avastin)。但这3个药物在美国市场的生物仿制药冲击已进入倒计时。辉瑞也有三款药物上榜,分别为抗癫痫和镇痛药乐瑞卡(Lyrica)、肺炎球菌疫苗沛儿13(Prevnar 13)、乳腺癌靶向药爱博新(Ibrance)。其中,乐瑞卡预计今年6月底在美国面临仿制药竞争。

由于生物仿制药的竞争,强生重磅抗炎药类克(Remicade)的美国市场的销售额下滑20%,2018年其销售额为37亿美元。按这种趋势,该药很可能跌出2019年TOP20榜单。(资料来源:Fierce Pharma.The top 20 drugs by 2018 U.S.sales)

第三节　欧洲医药市场

由于欧洲国家医药产业起步较早，医药产业上下游衔接及完善程度较高，因此欧洲医药市场拥有强劲的内生动力，是最不容忽视的国际医药市场之一。目前，欧洲药典委员会共有37个成员国和23个观察员国，基本涵盖了世界主要医药产品市场。欧洲制药工业起步较早，拥有成熟的产业链，集中了很多世界知名跨国制药企业，在全球制药业中有举足轻重的地位，例如诺华、葛兰素史克、罗氏、阿斯利康、拜耳、雅宾翰、赛诺非等跨国制药公司。欧洲目前有7亿多直接消费人口，是全球重要医药市场，同时也是世界上最大的药品制剂输出和原料药进口地区之一。

一、欧洲医药市场概况

欧洲国家一般较小，经济市场一体化一直是大势所趋，进程在不断加速。早在1964年，欧共体成立了统一的公共卫生委员会和欧洲药典委员会，颁布了在所有成员国内都具有法律效力的《欧洲药典》。欧洲药典委员会也由最初的8个成员国发展到现在的37个成员国，基本上涵盖了欧洲的主要国家。在公共卫生委员会和欧洲药典委员会的协调和规范下，近几年欧洲的医药管理体制和法规发生了明显的变化，对成员国以外的医药产品进入成员国市场的管制政策做出了相应的调整。

欧洲国家医药产业从研发到生产大都由政府、研发机构以及盈利性公司共同参与完成，公私合作特色明显。通过这种公私合作模式和大量的资金的推动，欧洲医药创新能力明显增强。目前，欧洲医药产业呈现区域性生产、研发动态集中的特征，产业集聚明显加快，出现了跨国家或以产业联盟为组织背景的产、学、研产业集群孵化联合体。此外，欧洲国家医药外包研发(CRO)趋势也十分明显，中国、东欧及印度是欧洲医药研发外包的主要目的地。

二、欧洲主要国家医药市场介绍

欧洲一直是全球重要的医药市场之一。截至2020年，欧洲共有人口7.4亿，医药市场前景广阔。根据2017年医药市场规模全球市场份额情况来看，目前，德国医药市场规模约为欧洲整体的15%~16%，稳居欧洲第一，其次是法国、英国等。下文进一步介绍欧洲医药市场规模前三的国家的医药市场，以及欧洲最大的生物医药谷所在的丹麦及其国内医药市场。

(一) 德国医药市场

德国推行社会医疗保险模式，法定医疗保险覆盖了90%的德国人口，另10%的高收入德国人自愿参与私人医疗保险。法定医疗保险只覆盖处方药物的开销，18岁以下未成年人的处方药药物开销，以及少部分成年慢性病的非处方药物治疗开销。

2017年，德国医药市场规模约为450亿美元，同比增长4%左右，是全球第四大医药市场，仅次于美国、中国和日本。同时，德国也是欧洲最大的医药市场，其医药市场规模约为欧洲整体的15%~16%。强大的医药研发体系和投入，地处欧洲中心、便捷的交通运输等条件，促使德国成为以医药输出为主的国家。同年，德国出口医药产品803亿美元，主要的出口市场为美国、荷兰、英国、瑞士和法国。德国进口医药产品517亿美元，主要的进口来源国分别是瑞士、荷兰、美国、法国和意大利。

(二) 法国的医药市场

目前，法国是世界第五大药品市场，2017年药品销售收入占全球市场份额的3.7%。虽面临意大利(3.3%)、英国(2.5%)等国家的冲击,法国依然是继德国(4.6%)之后的欧洲第二大药品市场。在全球性医药控费趋势下,制药业销售空间受到挤压,但从2015—2017年全球主要市场药品销售收入情况看,法国药品销售收入的稳定性在欧洲仅次于德国。2017年,法国制药企业药品销售收入541亿欧元(按税前出厂价计算)。按销售渠道来看,零售药店的药品销售收入总计203亿欧元,比2016年增长0.2%;医院药房的药品销售收入增长1.6%,价值约82亿欧元。

在2016年同比增长2.0%之后,2017年法国药品(包括血清和疫苗)出口额共计251亿欧元,同比下降3.7%。这一下降使出口销售收入回到2012年的水平。药品出口占法国所有出口产品的6.4%,排在航空/航天产品(12%)和汽车工业产品(7.1%)之后。近30年来,法国药品进出口一直保持贸易顺差。2013年药品出口额达到峰值,约263亿欧元,贸易顺差也同时到达最高点(约90亿欧元)。

2017年,法国药品出口以欧洲国家为主,占比约55.5%;其次为美洲,占比约15.6%;亚洲和非洲分别为13.0%和11.2%。法国对外来药品持开放态度,2017年,法国进口药品价值183亿欧元,与2016年基本持平,药品进口主要来自德国(17.1%)、美国(16.1%)、瑞士(12.0%)与爱尔兰(9.6%),前三个国家稳居法国药品进口来源国的前三位。

(三)英国的医药市场

英国健康领域研究开发水平高,大型医药企业众多,企业科研投入较大,产业集群效果明显。英国是世界制药业强国,与美国、日本并列世界三大药品研制中心。据英国制药工业协会(ABPI)的报告,全球前100位处方药的五分之一在英国研发。欧洲制药业上市公司中40%的药品来自英国,欧洲药品管理局总部就设在伦敦。英国以全球1%的人口,孕育出葛兰素史克与阿斯利康两大全球排名前十的制药企业,研发了近20%的最畅销药物以及承担了约十分之一的临床试验工作。同时,在雄厚的化学制药基础上,英国的生物制药技术也取得了加速发展,成为老牌强国综合实力的新亮点。例如,剑桥MRC分子生物学实验室先后取得DNA的双螺旋分子结构、抗体工程以及单克隆抗体构建等一系列划时代的研究成果。

2014—2018年,英国卫生部总体确定的药品开支增幅非常有限。在2014年、2015年,英国国家医疗服务体系(NHS)冻结医药开支,在2013年的支出基础上不作任何总量提升。在2016年、2017年,全民医疗服务制度医药开支每年增幅为1.8%,而2018年医药支出增幅为1.9%。从图5-10中可以看出,2010—2016年因病访英的人数年均增长4%。随着英国国家医疗服务体系医疗费用支出逐年提升和国外医疗需求的涌入,英国医药市场前景广袤。

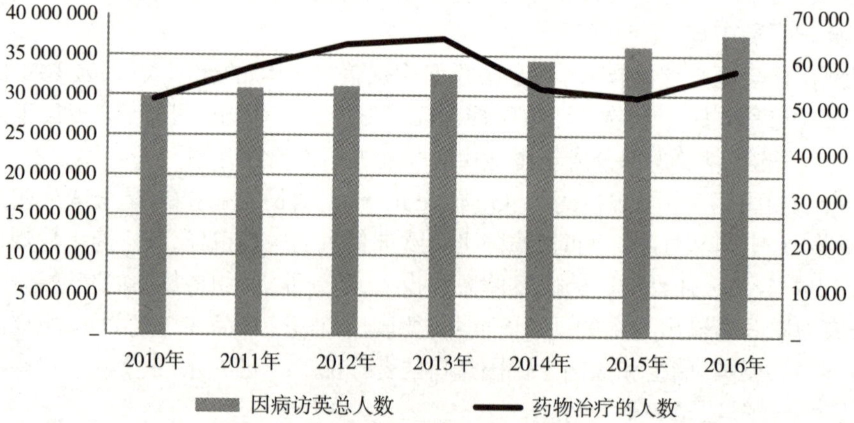

图5-10 因病到访英国人数统计

数据来源:英国国家统计局。

笔记栏

（四）丹麦的医药市场

丹麦拥有 1 000 余家从事与医疗技术产业相关的公司，其中有 220 余家专业医疗技术公司，拥有大约 50 万种卫生保健产品，丹麦本国有从业人员 2 万名，另有 2 万名海外从业人员。其医疗技术产业年收入约 500 亿丹麦克朗，是欧洲医疗技术产品人均出口额最多的国家之一，总收入的 90%~95% 来自海外。丹麦的医疗技术产业以医疗耗材用品、医疗康复辅助技术和医疗诊断领域的大型全球制造商闻名于世。

丹麦医药分销体系是十分严谨、可靠的。丹麦的三家批发商向各医院、药房提供药品。丹麦药品批发商的利润在欧洲是很低的，只有 8% 左右。直接面向普通销售者和医生的药品只能由遍布全国的药房以及医院附属药房提供。

位于丹麦与瑞典边界的医药谷是北欧 60% 制药企业的栖息地，是重要的特色集群机构之一。1994 年，北欧的丹麦和瑞典两国政府联手推动在丹麦哥本哈根地区和瑞典南部，成立北欧地区第一个生物医药谷（Medicon Valley）。丹麦医药谷与英国剑桥、瑞士巴塞尔并称为三大欧洲最佳生物科技创新基地，是丹麦生物技术产业群的先锋，与大学院校、医院和公司都有密切合作。医药谷包括丹麦的哥本哈根地区和瑞典南部的斯堪尼地区，有 320 万人口。与硅谷类似，医药谷的内涵是技术、人才和资金的高密度积聚，在这里集中了大批医院、大学、科学园和企业从事药物、生物和医学技术的研究和相关生产。

ER-5-3

知识拓展：拜耳公司背后的恶魔和天使

第四节　日本医药市场

早在 20 世纪 90 年代初，日本医药工业总产值已突破 10 万亿日元。除极少数品种外，日本几乎能生产所有国际市场上销售的药物。此外，日本在抗生素与氨基酸发酵技术方面长期以来居世界领先地位。日本医药市场排名仅次于美国与中国，是全球第三大药品市场。

一、日本医药市场概况

在 2012 年以前，日本一直是全球第二大药品市场，制药工业基础非常雄厚。2015 年药品总销售额为 8.22 万亿日元，市场规模仅次于美国和中国。日本与中国一样有很多制药企业，一部分企业在过去二十年里快速发展成为世界知名药企，剩下的药企则要么倒闭要么被收购。尽管日本仿制药经历了“再评价制度”，但日本仍是仿制药使用率最低的国家之一，仿制药处方量不足总处方量的 60%。在日本，由于出生率下降和人口老龄化，医疗费用增加，2017 年国民医疗费用达到 43.071 万亿日元，药房配药医疗费用 7.5 万亿日元。2018 年，日本的医药支出总计为 8.9 万亿日元。

20 世纪 70 年代，日本开始进行医药改革，推进医药分家。经过 20 多年的持续推进，日本的医药分家取得显著成效。处方迅速从医疗机构流向调剂药房，从而带动了调剂药房的快速发展。数据显示，日本调剂药房的处方单量从 2013 年的 7.6 亿张，到 2017 年超过 8 亿张；配药金额也从 2013 年的 6.6 兆日元上升至 2017 年的 7.9 万亿日元（图 5-11）。

日本的医疗保险和福利制度较为完善，国民医疗费用中 80% 以上由国家税收和医疗保险承担，个人仅需承担一成多。2020 年，日本“敬老日”到来前夕，厚生劳动省发布数据称，日本全国 65 岁以上的老人首次超过 3 610 万人，占全国总人口 28.7%，而其消耗的医疗费用则占到了日本国民医疗费用的 60% 以上。日本社会老龄化加剧，预示着更加庞大的医疗卫生需求。社会福利支出一直是日本社会总支出的主要部分，包括养老金、医疗费、社会其他福利支出，以及养老护理保险费用等。

笔记栏

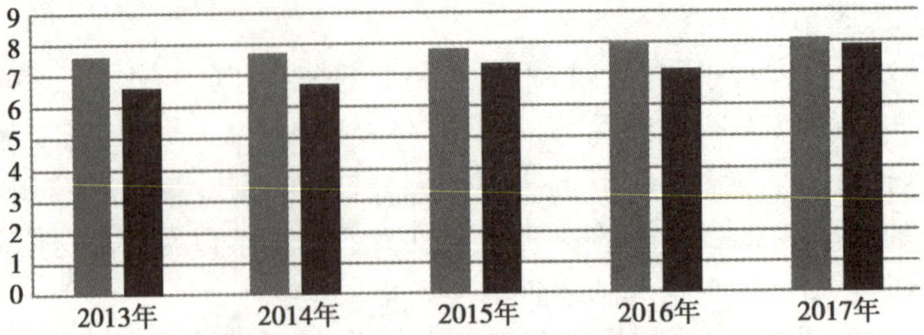

图 5-11　日本调剂局处方药配药变化

数据来源：日本厚生劳动省。

二、日本医药市场的发展史

日本医药市场的发展经历了四个阶段，分别是 20 世纪 70 年代、80 年代、90 年代和 2000 年之后。不同时期日本有着不同的国家政策和市场发展方向。

(一) 20 世纪 70 年代：国内医药市场初步发展

在此时期，为促进国内制药业和医药市场发展，日本国内推出多种政策限制跨国企业进入本国市场，为日本国内药企发展留足发展空间，帮助国内药企完成原始积累阶段。1976 年以前，日本只保护药品的工艺专利，不保护化合物专利。国内很多药企依靠仿制药（me-too）药品开始占据市场，完成前期的资金积累。同时，在此时期国外制药企业也不允许单独在日本国内申请药品的有效性和安全性研究和新药临床试验。如果要进行研究，必须有日本企业的参与。日本国内保护政策的大力推行，使日本医药行业仿制药水平有所提高，但是由于行政保护，外资代理业务发展迅速，国内药企研发技术进步不大，药品市场主要依赖跨国公司的进口产品，对国外企业技术的依存度较高。

(二) 20 世纪 80 年代：国内药企开始"本土创新"

为了进一步促进国内药企创新性发展，1981 年日本厚生省开始削减医疗支出，控制药品价格，即新药上市第一年定高价，以后每年平均递减 5%。由于当时日本的新药审批政策过于重视新药的安全性而忽视有效性，所以日本制药企业研发的新药往往只能在日本上市，称之为"本土新药"。大量的公司进行"me-too"药物的开发，虽然相对于欧美制药企业，日本"me-too"新药数量多，质量低，但在此时期日本企业的研发水平有所进展，逐渐缩小了与跨国药企之间的技术水平差距。

(三) 20 世纪 90 年代：国内医药市场百花齐放

90 年代初，日本经济低迷，政府急需复苏国内经济；同时欧美药企对日本政府施压，要求开放医药市场。在双重压力下，日本政府废除了部分国内保护性的条约：第一，新药临床研究通过后审批时间由 2~3 年缩短为 1 个月。第二，1993 年日本宣布在 5 年内消除药品和医疗器械等产品的关税及非关税壁垒。第三，1998 年日本开始采用 ICH 国际通用临床规则。许多欧美跨国药企抓住这次机会，积极拓展日本国内医药市场。同时低迷的国内市场逼迫日本本土药企走出国门进入全球市场。日本国内制药公司创新性的新药数量开始呈现上升趋势，每个公司都有若干个新药在欧美市场上市，研发水平有了明显提升。

(四) 2000 年后：国内、国外医药市场蓬勃发展

在这一时期，日本国内药企都经过了之前的原始资本积累，有了一定的产业规模，为进一步扩大企业规模和影响力，占据医药市场份额，日本大型药企都积极参与到大规模的并购之中。为了弥补新药创新方面的不足，达到多元化发展以及快速进入新兴市场的战略目标，

日本药企在坚守本土市场的同时，也在不断扩张海外市场，拓展业务领域。日本药企逐步收回了一些产品在海外的销售授权，并开始建立自己的营销机构，以减少对欧美制药企业的依赖，提高自身在欧美市场的盈利水平。

三、日本的制药企业

抓住机遇的日本制药巨头，在过去的20年里已经实现了全球化，他们的销售额大部分来自于海外销售。尽管如此，日本仍是全球第三大药品市场，也是第二大创新药市场，日本药企对国内市场仍然具有很高的依赖度，尤其是国际化能力稍差一些的药企。根据日本厚生劳动省统计数据，2019—2020年日本制药业销售总额及其所占市场份额中，排名前十的药企市场份额占比高达75.7%，其中武田制药市场份额占比26.4%，稳居国内第一，比排名第二的安斯泰来制药高16个百分点（表5-5）。

表5-5 制药行业销售和市场份额排名（2019—2020年）

	企业名称（中文）	销售额/亿日元	国内市场份额/%
1	武田制药	32 911	26.4
2	安斯泰来制药	13 008	10.4
3	第一三共	9 817	7.9
4	大冢	9 242	7.4
5	卫材	6 956	5.6
6	中外制药	6 861	5.5
7	大日本住友制药	4 827	3.9
8	兴和	4 225	3.4
9	塩野义制药	3 349	2.7
10	协和发酵麒麟	3 058	2.5

资料来源：製薬業界シェア＆ランキング（2020年版），https://gyokai-search.com/3-iyaku.htm

从在全球医药市场的地位来看，根据美国《PharmExec》公布的全球2020年全球制药企业TOP50榜单，日本武田制药比2019年排名上升6位，入围榜单前十名，也是亚洲唯一一家进入榜单前十的制药企业。武田制药2019年销售额为292.47亿美元，畅销药品为注射用维得利珠单抗（vedolizumab）、二甲磺酸赖右苯丙胺（vyvanse）和人免疫球蛋白输液（gammagard liquid），三者的全球销售额分别为31.82亿美元、25.20亿美元和21.51亿美元。

第五节 中国医药市场

随着中国经济的发展、人口总量的增长、社会老龄化程度的提高以及民众健康意识的不断增强，中国医药行业保持了数十年的高速增长，成为仅次于美国的全球第二大医药市场以及全球最大的原料药生产市场。据艾昆纬（IQVIA）公司数据显示，我国的医药市场规模于2018年达到1 370亿美元，预计到2023年将达到约1 700亿美元，未来五年将保持高于全球水平增速稳定增长。

笔记栏

一、中国医药市场概况

目前，中国拥有 14 亿人口，是世界上人口最多的国家。2019 年我国居民人均医疗保健消费支出为 1 902 元人民币，可见我国医药市场的规模十分巨大。据国家统计局 2018 年的数据统计显示，我国医药制造业主营业务收入达 23 986.30 亿元人民币，同比增长 12.6%，增幅比全国工业平均值高 4.2%，医药及医疗器材批发主营业务收入达 26 108.70 亿元人民币，同比增长 9.0%。我国化学药品原药产量达到 282.27 万吨、中成药产量为 261.93 万吨，医药及医疗器材批发商品销售额达 29 856.40 亿元人民币，医药及医疗器材专门零售商品销售额达 4 837.37 亿元人民币，西药零售商品销售额达 4 325.74 亿元人民币。

二、中国医药行业现状

（一）中国的药品生产和经营企业许可情况

截至 2019 年底，全国共有原料药和制剂生产企业 4 529 家，《药品经营许可证》持证企业 54.4 万家，其中批发企业 1.4 万家；零售连锁企业 6 701 家，零售连锁企业门店 29 万家；零售药店 23.4 万家。

（二）中国的医疗器械生产和经营企业许可情况

截至 2019 年底，全国共有医疗器械生产企业 1.8 万家，其中，可生产一类产品的企业 8 232 家，可生产二类产品的企业 10 033 家，可生产三类产品的企业 1 977 家；共有二、三类医疗器械经营企业 59.3 万家，其中，仅经营二类医疗器械产品的企业 34.7 万家，仅经营三类医疗器械产品的企业 6.9 万家，同时经营二、三类医疗器械产品的企业 17.7 万家。

（三）中国医药工业企业发展概况

中国医药工业百强榜反映了目前整个中国医药工业经济运行情况，依据中国医药统计网发布的年度中国医药统计年报进行排名。2019 年度中国医药工业百强榜前十强企业显著更迭，百亿集群扩容升级：有 7 家新晋企业，过百亿企业数量新增 5 家，总数达 27 家。2019 年上榜的百强企业延续了强劲的增长动力，主营业务收入规模达到 9 296.4 亿元，增速达 10.7%，增速超过医药工业整体 2.7%。百强企业主营业务收入集中度达 35.6%。排名前三的企业主营业务收入均突破 400 亿规模，差距逐年缩小，竞争进入白热化，其中以中国医药集团有限公司营收增速最快，同比增长 20.8%。百强企业入围门槛，由 2018 年的 26.1 亿元增至 28.6 亿元（表 5-6）。

在创新方面，2019 年百强企业的研发费用持续增长，平均研发费用达 5.5 亿元，平均投入强度为 5.9%，均为历年最高值。另外，在 2020 年 7 月 29 日公示的第三批国家药品集采中选结果中，2019 年度百强企业有 41 家（包括集团或子公司）中标，涉及全部 55 个采购品种中的 51 个，中标产品占比近 6 成。

表 5-6　2019 年度中国医药工业百强企业榜单前二十名

排名	企业名称	排名	企业名称
1	扬子江药业集团有限公司	6	上海医药（集团）有限公司
2	广州医药集团有限公司	7	上海复星医药（集团）股份有限公司
3	中国医药集团有限公司	8	拜耳医药保健有限公司
4	华润医药控股有限公司	9	中国远大集团有限责任公司
5	修正药业集团股份有限公司	10	江苏恒瑞医药股份有限公司

笔记栏

续表

排名	企业名称	排名	企业名称
11	江西济民可信集团有限公司	16	正大天晴药业集团股份有限公司
12	鲁南制药股份有限公司	17	上海罗氏制药有限公司
13	石药控股集团有限公司	18	阿斯利康制药有限公司
14	辉瑞制药有限公司	19	山东步长制药股份有限公司
15	四川科伦药业股份有限公司	20	诺和诺德(中国)制药有限公司

资料来源：中国医药统计网 .2019 年度中国医药工业百强企业榜单[EB/OL].(2020-9-23)[2021-03-30].https://www.yytj.org.cn/article.aspx？id=557

三、中国医药市场的对外开放

(一) 医药市场进出口概况

当今世界经济全球化潮流不可逆转，中国医药企业参与国际分工与合作的内生动力愈加强劲，广度与深度不断拓展，在全球医药市场扮演着愈加重要的角色。“一带一路”的建设促进了我国的医药贸易事业，供给侧的改革驱动了医药的进出口金额与进出口量的增长。另一方面，虽然国内对于进口药品的需求持续增长，但由于抗癌药零关税政策，国家医保目录对于抗癌药的纳入调整，仿制药一致性评价以及“4+7 药品带量采购”等一系列政策的实施，我国的医药品进口金额增长有所放缓。据国家统计局数据显示，我国 2018 年医药品进口数量为 152 709 吨，医药品进口金额为 29 607.01 百万美元，同比增长 10.49%；医药品出口数量达 1 032 308 吨，医药品出口额为 17 429.98 百万美元，同比增长 15.56%，继续以较高的速率增长(图 5-12)。

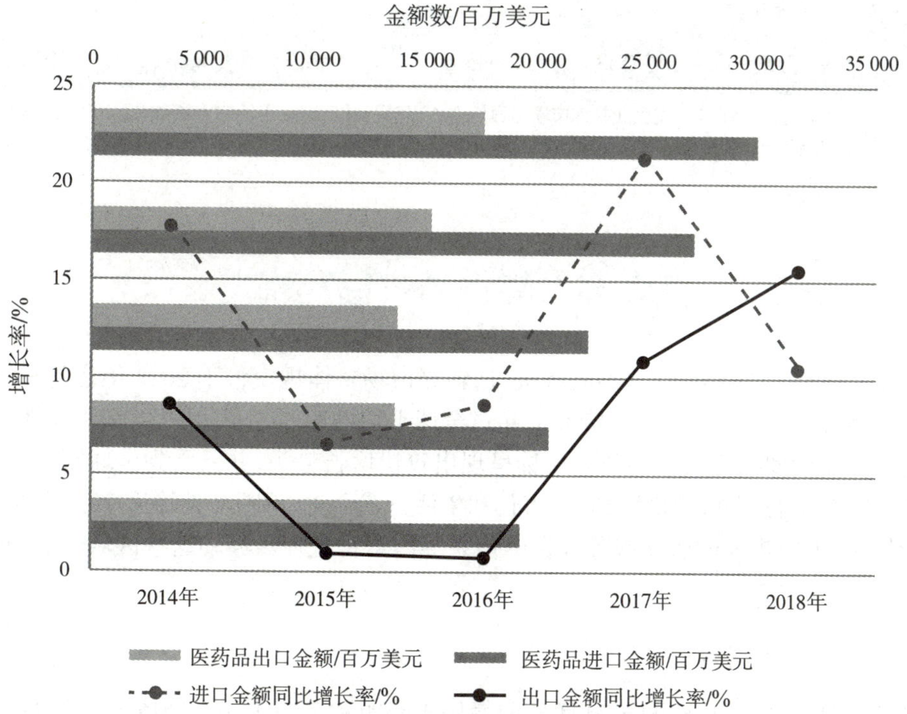

图 5-12　中国 2014—2018 年医药品进出口金额

资料来源：国家统计局 . 中国统计年鉴[M]. 北京：中国统计出版社 .

笔记栏

ER-5-4

知识拓展：“一带一路”为我国医药产业国际化提供新的机遇

（二）各门类医药产品进出口情况

2018 年，中国医药保健品进出口总额 1 456.91 亿美元，同比增长 26.85%。其中，出口 738.30 亿美元，增长 14.6%；进口 718.61 亿美元，增长 42.5%；对外贸易顺差 19.7 亿美元，下降 85.92%。医疗仪器及器械出口 113.99 亿美元；进口 112.46 亿美元；医药制造业高技术产业新产品出口销售收入 487.23 亿元人民币；药材出口达 128 400 吨，金额为 11.02 亿美元。值得注意的是，中成药作为我国特色的药品，2018 年出口高达 11 266 吨，交易金额也从 2010 年的 1.96 亿美元增长至 2018 年的 2.62 亿美元，中成药越来越受到国际市场的认可。

（三）中国医药行业的海外并购

随着经济全球化的发展与医药企业间国际合作交流的深入，近几年，我国医药行业的并购案例数量和金额突飞猛进，2017 年复星医药以 71 亿元并购印度药企，刷新了我国药企海外并购的交易金额记录（表 5-7）。

表 5-7　2015—2018 年中国各类涉医药行业海外并购的数据

年份	单位	战略投资	财务投资	中国内地企业海外并购	中国香港企业海外并购	总计
2015 年	案例数	198	84	8	1	291
	百万美元	23 473	7 516	117	53	31 159
2016 年	案例数	180	91	30	3	304
	百万美元	11 508	5 567	3 231	276	20 582
2017 年	案例数	169	78	33	3	283
	百万美元	6 659	4 088	6 362	6	17 115
2018 年	案例数	170	215	49	3	437
	百万美元	9 033	6 256	4 462	18	19 769

资料来源：普华永道 .2018 年中国企业并购市场回顾与 2019 年展望[EB/OL].(2019-02-19) [2021-03-30].https://www.pwccn.com/zh/services/deals-m-and-a/publications/ma-2018-review-and-2019-outlook.html

第六节　其他新兴医药市场

根据艾昆纬（IQVIA）2019 年展望报告，新兴市场整体规模将于 2023 年达到 3 550 亿～3 850 亿美元，年复合增长率为 5%~8%，超过全球平均增速。以非洲地区、东南亚地区、拉丁美洲地区以及俄罗斯为代表的新兴市场呈现出较快增长势头，并已受到全球制药企业的广泛关注。经济发展、人口数量增加、城市化和生活方式西化、不断增长的诊疗率、急性病逐步转为慢性病、不断扩大的医疗服务和保障体系等因素将进一步驱动这些区域药品消费的快速增长。

一、俄罗斯医药市场概况

俄罗斯是主要的新兴市场，其增长前景好于欧盟和美国市场。2018 年，俄罗斯医药市场规模达到 155 亿美元，全球排名第 13 位，预计在 2023 年达到 210 亿 ~250 亿美元，排名将上升至第 12 位。

从市场结构来看，根据德勤公司的报告显示，2017 年消费者持续转向购买费用更低的仿制药，其仿制药销售数量占比达到 86.2%，销售金额占比达到 65.4%。进口药品与本地生产药品数量占比分别为 41.3% 和 58.7%；销售金额占比分别为 71.5% 和 28.5%。单包装本地药品与进口药品平均价格分别为 90 卢布和 321 卢布。本地生产药品销售额和数量均连续三年增长。从 OTC 和处方药分类来看，OTC 销售数量占比达到 67.6%，销售额占比为 50.4%。

俄罗斯在 2012 年宣布启动"制药 2020 计划"，政府大力发展制药工业，总投资超过 1 200 亿卢布，目标是到 2020 年俄罗斯国内生产药品市场份额提升至 50%，基本药物和重要药品的国产比例提升至 90% 以上，培育更多的创新企业和药物研发平台，增加原料药和制剂出口。此外，政府还出台了一系列法规和条例，比如，国内药品生产商可以获得大额现金补贴，国外制造商在已有本土生产企业的情况下不能参与公开招标等。

根据俄罗斯联邦工业与贸易部的数据，2011—2017 年，政府和私人投资超过 1 500 亿卢布；2013—2016 年，建成 30 家制药工厂以加大药品和医疗制品的供给。到 2017 年，俄罗斯医药市场有 950 多家医药产品企业。俄罗斯前十大制药公司约占了三分之一的国内医药市场份额。俄罗斯有 600 多家工厂生产药品和生物医疗产品。

除了发展国内制药业外，俄罗斯在 2014 年加入了欧亚经济联盟（EEU），目标是建立一个更大的经济贸易集团，实现自由贸易的共同市场。EEU 包括白俄罗斯、哈萨克斯坦、亚美尼亚和吉尔吉斯斯坦以及俄罗斯，这是一个拥有超过 1.8 亿人口的市场。加入 EEU 对于俄罗斯医药市场来说是一次商业机会，有利于俄罗斯的医药商品进入 EEU 市场。

俄罗斯医疗保健市场的主要驱动力包括改进监管准则和政府发展国内制药业的举措。例如，《联邦药物偿还方案》为该国弱势社会群体提供统一、免费获取 350 多种药物的机会。另外俄罗斯政府正在积极降低假药流通，2017 年通过的《药品流通修正案》旨在要求药品标签强制性加入追溯系统，使药物在整个生产和流通环节中能得到准确追踪。

二、非洲地区医药市场概况

随着经济形势的变化、快速的城市化、医疗支出和投资的增加以及慢性生活方式疾病发病率的升高，非洲医药市场潜力巨大。非洲地区医药市场增长受到多种人口因素的推动，其中包括人口扩大、老龄化等。此外，生活方式的改变导致非传染性慢性病和非传统典型疾病的发病率上升，最为明显的是心血管疾病、肥胖症和 2 型糖尿病发病率的上升。

2013—2020 年，非洲医药市场在各个领域都呈现了增长的态势，处方药年增长率为 6%，仿制药为 9%，非处方药为 6%，医疗器械为 11%。目前药房连锁整合，合资企业、战略联盟和私募股权交易等趋势是非洲医药市场发展的主要特点。仿制药在许多非洲国家市场获得普及。在南非共和国、埃及、阿尔及利亚、摩洛哥、尼日利亚、肯尼亚等国，仿制药在 2004—2011 年的平均年增长率达 22.3%。2010—2014 年，仿制药在阿尔及利亚的市场份额从 22% 增长到 25%，在摩洛哥从 23% 增加到 28%。随着非洲国家健康保险方案的逐步推行，更多普通民众也能得到良好的医疗资源，对仿制药的需求也高于昂贵的原研药。据悉，尼日利亚已出台相关法律，要求药师在患者购买处方药时需同时告知可选择替代的仿制药。可以预见，未来非洲仿制药市场快速增长的势头还将继续保持。

南非仍然是撒哈拉以南非洲制药业最佳发展区。2017 年，南非总人口有 5 670 万人，人均国民总收入为 5 430 美元。2014 年，南非的人均医疗卫生费用支出为 1 148 美元，医疗卫生费用支出占国内生产总值的比例为 8.8%。2015 年，南非政府购买了价值约 5.02 亿美元的药品；私人购买了价值约 27 亿美元的药品。南非有两级医疗保健系统，分别由公共部门

笔记栏

和私营部门提供医疗服务。公共部门为 82% 的人口提供服务,由政府通过税收提供资金,主要目标是为人民提供负担得起的基本药物。私营部门为 16% 的人口提供服务及医疗保险,价格通常高于公共部门。药品生产是南非的五大重点发展产业之一。南非本土药品制造企业关注的重点是抗逆转录病毒药物和其他必需(非专利)药物,因此药品进口仍然很重要。非洲大陆是南非医药产品出口的主要目的地,许多跨国公司正在利用南非作为探索其他非洲市场机遇的平台。目前约有 276 家公司获准在南非生产、进口、出口或分销药品,市场规模约有 28 亿美元,是撒哈拉以南非洲地区最大的医药市场。

三、拉丁美洲地区医药市场概况

拉丁美洲人口最多的三个国家分别是巴西、墨西哥和哥伦比亚,这三个国家的人口总数超过了 3.5 亿。一直以来,拉丁美洲的监管体系仍不健全,而市场需求却千变万化。近年来,一些拉美国家的政权和经济发生动荡,也可能影响到制药行业未来的发展。随着药品的供应链日益全球化,拉美本土制药公司也在希望提高其国际影响力,扩大全球范围内的制造和供应。

巴西和墨西哥是拉丁美洲最大的两个医药市场,两者占据了该地区 70% 的市场份额,2019 年,两个国家的医药市场分别实现了 9.3%、8.4% 的同比增长率。另据艾昆纬(IQVIA)的预测,拉丁美洲医药行业将于 2023 年达到 7% 的年复合增长率。

四、东南亚地区医药市场概况

东南亚国家联盟(简称“东盟”),成立于 1967 年 8 月 8 日,其宗旨及目标为促进成员国家的经济增长、社会进步和文化发展并促进本地区的和平与稳定。目前东盟的成员国家包括印度尼西亚、马来西亚、菲律宾、新加坡、泰国、文莱达鲁萨兰国、缅甸、柬埔寨、老挝和越南。东盟成员共 10 个国家,有 6.54 亿人口,为世界第八大经济体。东盟各国的平均人均国内生产总值为 4 747 美元,其中排名前 5 的成员国家分别为新加坡、文莱、马来西亚、泰国及印度尼西亚。东盟成员国的国内生产总值为 3.1 万亿美元。东盟不断增长的人口及人民生活水平的提高推动了医药及医疗保健行业的变革。有调查显示,未来 20 年人口老龄化(65 岁以上的人口)将逐渐加剧,同时糖尿病和癌症等慢性疾病的患病率也在增加。在此情况下,民众对医药及医疗保健的需求随之增加。另外,在一些东盟国家中仍存在交通不便、疾病负担能力差以及医疗质量差的落后地区。

2018 年印度尼西亚医药总产值超 50 亿美元,其中 95% 的原料来自进口。2018 年,印度尼西亚市场备受中国中药出口商的重视,印度尼西亚于中国的全年进口额同比增长 62.62%,发展潜力巨大。印度尼西亚华人多,滋补品、中药销售额大,来自中国的中成药名牌、老牌产品长销不衰。化学药、生物制品等在印度尼西亚也有较大的市场空间。印度尼西亚医药市场每年增长率达 8%,在整个东盟医药市场占有 27%,其中 73% 的医药产品供给来自于印度尼西亚本土企业。

泰国天然药物越来越受欢迎,尤其是治病类、保健类以及美容类中成药。泰国人民越来越认可中药,而且泰国政府已允许中药作为药品合法进口。泰国目前整个市场约有 6 亿美金的市场总额,中国目前是其第一大药材来源国。在泰国的 200 家医药企业中,其中 30% 是国际性的大公司,25% 是本地化的生产厂商,剩下为一些分销商。

东盟不断增长的人口及生活水平的提高推动了医药及医疗保健行业的变革,随着人口的增长,人口老龄化趋势更加明显,尤其是在新加坡、泰国等较发达国家。2018 年,东盟 65 岁以上的人口已经超过了 6.7%,预计在 2030 年达到 10.8%。近年来,东盟的医药及医疗保健市场随着中产阶级的增长不断扩大，同时私人保险覆盖范围也逐渐增加。2014 年，东盟地区的医药销售金额超过 200 亿美元，并在 2020 年达到 400 亿美元。

案例讨论

仿制药挑战与制药巨头架构重组

2020 年 2 月 6 日，默沙东宣布了一个重大消息：将剥离其女性健康产品、成熟产品和生物仿制药产品，成立一个新的独立上市公司。默沙东全球主席兼 CEO 福维泽(Kenneth C. Frazier)称，分拆成两个成长性公司，通过优化产品线，可使得默沙东向成为领先的研发密集型生物制药公司进发。同日，另一家跨国药企葛兰素史克也宣布了拆分计划——在未来两年内将公司分为两个实体：一个将专注于药品和药物开发，另一个将专注于消费者医疗保健产品。

在"专利悬崖"已成常态的环境下，各跨国药企巨头重新梳理产品线，提升运营效率成为必然趋势。

默沙东预计，女性健康产品、成熟产品和生物仿制药产品的剥离将使默沙东拥有一个更集中的运营模式，大幅提高运营效率，专注于其增长型产品。作为回报，企业资源会得到优化，增长更迅速，将在 2024 年之前保持强劲的年营收增长，在 2024 年获益将超过 15 亿美元。通过拆分，葛兰素史克的目标是到 2022 年每年节省 7 亿英镑，并从 2022 年起改善运营绩效。

实际上已有多家跨国药企采取相似的手法。2019 年最为标志性的剥离，莫过于辉瑞剥离消费者健康部门和辉瑞普强的决定——2019 年 7 月宣布剥离普强业务部门，与迈蓝合并重组为新的仿制药公司(辉瑞将占有 57% 的股权)；同月，其消费者健康部门也完成了剥离。

面对仿制药的挑战，产品线重新搭配成为众多跨国药企普遍选择。

2019 年，诺华以 28 亿美元将眼科保健业务爱尔康拆分出去的同时，以 53 亿美元收购了武田的眼干燥症产品利福舒特眼用溶液(Xiidra)，又以 97 亿美元收购了麦迪逊医药获得了小干扰 RNA(siRNA)降胆固醇药物 inclisiran。在系列操作下，2019 年诺华全球销售额达 474.5 亿美元，增长 9%，营业利润也增长 14%，上升到 90.9 亿美元。其创新药业务的主要增长动力还是同比增长 28%、全年收入达 35 亿美元的苏金单抗，以及同比增长 71% 的缬沙坦。

以上种种，不难看出，面临各地越来越强的政策和市场压力，药企全球范围的架构重组正在进行，或剥离专利过期原研药，或集中资源布局重点领域，为的还是提高运营效率，跨过已经到来或即将到来的门槛。[资料来源：李蕴明. 默沙东、GSK 宣布拆分计划！制药巨头为何迎来"瘦身"风潮？[N]. 医药经济报，2020-02-08]

案例讨论题

1. 试分析跨国医药企业业务整合的目的和意义。
2. 试分析我国医药企业应如何发展以适应国际医药市场上跨国企业兼并整合的趋势。

（张 慧）

笔记栏

复习思考题

1. 未来医药市场会呈现什么样的发展趋势？

2. 分析世界各大医药企业的研发经费投入情况，并指出是什么原因导致制药行业居高不下的研发投入。

3. “一带一路”倡议能够为我国开拓新兴医药市场带来哪些发展机遇？

4. 试分析新冠肺炎疫情对于全球医药市场的影响。

5. 试述新兴医药市场发展现状及发展如此迅速的原因。

第六章

世界天然药物市场

笔记栏

06章PPT

PPT 课件

学习目标

1. 掌握美国、德国、法国、英国、日本、韩国等国家或地区的天然药物市场及监管情况。

2. 熟悉我国中药对外出口的基本情况。

3. 了解世界天然药物市场的概况。

引导案例

传统中医药给世界的一份礼物

"凡是过去，皆为序曲"。

在瑞典卡罗林斯卡学院的诺贝尔获奖者演讲台上，第一次出现了中国本土科学家的身影，第一次响起了清正柔婉的中国女音，第一次述说了中医药的故事。85岁的中国中医科学院首席研究员屠呦呦的诺奖之旅，在千里之外的斯德哥尔摩，掀起猎猎的中国风。

"青蒿一握，以水二升渍，绞取汁，尽服之"。当年，中医古籍的记载触动了屠呦呦的灵感，成功地打开了青蒿素研发之门，挽救了上百万人的生命。20世纪70年代，美国著名记者詹姆斯·罗斯顿在中国接受针刺麻醉，引发了美国的针灸热。中国针灸从此走出国门，并于2010年成功入选联合国科教文组织"人类非物质文化遗产代表作名录"。屠呦呦获诺奖，打开了一扇中医药国际化的希望之门，有助于世界了解中医药、接受中医药，有助于展示中医药文化内在的魅力。正如1993年诺贝尔生理学或医学奖获得者罗伯茨所说："中医药不仅是中国的瑰宝，更是全人类的财富。"

截至目前，中医药已经传播到世界183个国家和地区。据WHO统计，中医已先后在澳大利亚、加拿大、奥地利、新加坡、越南、泰国、阿联酋和南非等29个国家和地区以立法形式得到承认，18个国家和地区将中医药纳入医疗保险。尽管如此，在世界上绝大多数国家，中医药还处于灰色地带，没有合法地位，也缺少法律的保护。习近平主席说："中医药学凝聚着深邃的哲学智慧和中华民族几千年的健康养生理念及其实践经验，是中国古代科学的瑰宝，也是打开中华文明宝库的钥匙。"如今，坚冰已经打破，航线已经开通，中国理应借诺奖东风，擦亮中华文化"名片"，让古老的中医药以崭新的形象走向世界。［资料来源：王君平．传统中医药给世界的一份礼物［N］．人民日报（海外版），2015-12-09（001）］

笔记栏

第一节 世界天然药物市场概述

天然药物是指以源于大自然的原料而制成的药品及医疗保健品，包括植物药、动物药和矿物药。目前国外天然药物产品主要来源于植物及其提取物，包括植物药粉末和提取物制剂等产品形式，因此也常称为植物药。一般认为天然药物是可用于预防、治疗和辅助治疗及缓解一些疾病症状，或者通过激活身体功能，从而改善生活质量的植物制品或营养制剂。

中药是指在中医药理论指导下用来防治疾病的药物，其来源包括植物、动物和矿物，其中，植物药占大多数。但中药与国外植物药在指导理论等方面存在明显差异(表 6-1)。

表 6-1 中药与西方植物药比较

项目	中药	西方植物药
系统理论	有系统理论，强调辨证施治	虽有一定的用药经验，但未形成较系统的理论
来源	植物、动物、矿物	以植物为主
方剂	强调配伍组方用药，多为复方	大多为单方，少数为组合用药
炮制加工	有系统和经过数千年实践的炮制经验和工艺	无系统、专门的炮制要求
临床前期慢性毒性、急性毒性、致癌、致畸形、致突变试验	常缺乏 GLP 实验室水准的实验数据	部分具有
临床试验	常缺乏双盲法等临床数据	现代研究强调用双盲法
发现新药	有规律及丰富经验积累，是开发新药重要途径	有生命力，但无法与中药相比

在国际医药市场上，天然药物产品所占的份额逐年增加，应用范围也逐年扩大，也越来越受到世界各国的高度重视。据 WHO 统计，目前在全世界有 40 亿人使用中草药治病，占世界总人口的 50% 左右，在发展中国家使用植物药的人口比例更是高达 95%。天然药物主要集中在亚洲、欧洲和美国这三大区域。作为世界植物药最大市场的欧洲，植物药市场规模约占全球市场的 45%，亚洲的日本、韩国等国家是主要传统市场，美国也是天然药物的重要市场。

第二节 美国天然药物市场

美国 FDA 负责中药的进口管理和市场销售监管，对食品、药品均有着完善的管理体系，在国际上具有较高的权威。一种药物或食品，如果获得了 FDA 的批准或认可，几乎相当于取得了世界各国的通行证，因此，研究美国的植物药市场及其监督管理对中药走向世界至关重要。

一、美国天然药物市场基本情况

18 世纪中叶，以西洋参的大量栽培、采集和出口到中国及东南亚地区为标志，表明美国已经使用植物药。FDA 对药品的审批非常严格，根据规定药品在上市前其疗效和成分必须完全清楚。由于植物药成分复杂，很难弄清楚其所有的有效成分。1938 年出台的《联邦食品、药品和化妆品法》中，植物药作为“药物”几乎完全消失，并且出于对天然药物的疗效及安全性的关注，1993 年 FDA 考虑全面禁止天然药物的销售。但由于美国民众对植物药的强烈需求，经过密集的国会游说，1994 年 12 月美国国会通过了《膳食补充剂健康与教育法》(Dietary Supplement Health and Education Act，DSHEA)的规定，大部分天然药物在法律上属于“膳食补充剂”，涵盖了维生素、矿物质、植物药剂和其他营养品。这是植物药在美国立法上的一个重大突破，刺激了天然药物市场的迅速发展。在植物药的发展和人们崇尚回归自然的潮流下，FDA 也意识到植物药与化学药及纯化药的区别，认识到了植物药的特殊性，在 2004 年 6 月正式颁布了《植物药指南》(Guidance for Industry：Botanical Drug Products)，审批时采用不同于化学药和纯化药的政策，为植物药以药品形式进入美国市场奠定了法律基础。2006 年 10 月底 FDA 批准了第一个植物药茶多酚 Veregen，2012 年 12 月底批准第二个植物药，巴豆提取物 Fulyzaq，也是 FDA 批准的第一例口服植物药，极大促进了全球制药企业对植物药研发的热情。

全球植物药市场年平均增长速度为 10%~20%，美国则高达 20%~50%，市场总值已超过 50 亿美元。植物药主要销售的产品有诺丽果汁(noni juice)、山竹果汁(mangosteen juice)、绿茶(green tea)、大蒜(garlic)、紫锥菊(echinacea)、锯叶棕(saw palmetto)、银杏(ginkgo biloba)、人参(ginseng)、奶蓟(milk thistle)等。由于农业种植习惯和生产成本等因素，美国的药用植物产量仅能满足其生产需求的 25%，其余的原料依靠进口，其所销售的药材、饮片和成药多来自中国和韩国。在美国畅销的植物药产品大多在欧洲已经有较长的使用历史、规范和系统的临床试验结果，因此较容易被接受。例如，1997—2000 年连续居市场份额榜首的银杏提取物，最早是由德国的公司在 20 世纪 70 年代开发上市的。许多植物药品种或是直接来自欧洲厂家，或是通过欧洲公司的分公司在美国经销，还有一些厂家与美国公司合作。

二、美国植物药市场的管理

目前，美国还没有传统医药的专门管理机构，完全按照西药管理方式对植物药进行管理。FDA 负责进口食品、药品及保健品的管理和监察，植物药属于 FDA 的管理范围。1994 年美国国会通过的 DSHEA，明确将维生素、矿物质、植物及其制成品列入膳食补充剂(dietary supplement)管理，使天然药物在美国生产销售具有了合法地位，实际上承认了这类产品可以用于预防和治疗疾病的客观事实。DSHEA 规定这类产品可以不经 FDA 批准直接标注营养功能，并规定了四类营养功能：①防止和改善某种营养缺乏症及由此所引发的流行性疾病。如碘、硒可改善和预防甲状腺肿大和克山病等；②描述某些成分可能改善人体的结构和功能。如补充钙可以改善人体骨骼组成，增加其强度；③标注某类成分对维持人体的结构和功能的作用和机制。如卵磷脂是大脑记忆物质的前体，大豆类制品含有大量卵磷脂，因此可以增强记忆；④某些成分可以给人以总体上的舒适。如人参、刺五加等。但是在产品的标识上必须附有一个黑体字提示：“这些功能未经 FDA 的评估”。由于这类产品并不需要 FDA 的药品审查程序，因此在产品的包装和介绍上标注疗效是非法的，甚至还被要求在每个产品介绍的最后要附上“本品不能用于诊断、治疗和预防任何疾病”的字样。并且根据该法律，FDA 如若取消某一产品的销售，必须提供该产品不安全的临床研究资料。实际上等于将 FDA 监控权完全摒弃在这类产品以外。

FDA 和联邦贸易委员会(Federal Trade Commission，FTC)在 DSHEA 的指导下联手管理膳食补充剂，FDA 主要负责产品标签上的健康声明，并为其生产拟定专门的 GMP 规范，在监管中，FDA 发现不少有关膳食补充剂生产方面的问题，很多产品被召回是由于微生物、

笔记栏

杀虫剂、重金属污染及不含产品声明中的饮食成分或含量不足等质量问题，也意识到膳食补充剂尤其是某些草药产品所含成分数量虽小但对人体影响很大。因此，FDA 建立 GMP 规范，在制造、包装和贮存各方面充分确保产品的质量、纯度、稳定性。FTC 负责管理膳食补充剂广告的健康声明，将那些公开的或暗示性的误导产品功能或隐瞒与产品功能相关物质真相的广告定义为虚假广告，健康声明必须有非常可靠的科学依据，否则会处以高额罚款，其中重要的法规是 FTC 发布的《膳食补充剂广告指南》。

《植物药指南》是 2004 年美国 FDA 针对植物药发布的指导性文件，第一次正式提出植物药可以作为一种新的药品形式进入美国医药体系。该指南不要求植物药像化学药那样将活性成分提纯，也不要求知道其药理，甚至不必鉴定出活性成分，但是必须用科学方法通过有安慰剂对照的随机、双盲临床试验证明其安全性和有效性。同时，对于植物药临床试验及申报给予了有别于化学品的较宽松要求，例如，对已上市的植物药成分，减免其临床试验前的安全性要求；承认并接受植物药在美国以外市场的使用历史等。2015 年 8 月，FDA 发布了修订版的《植物药指南》，并在全世界范围内征求意见，这是该指南自发布 11 年后的首次更新。新指南在原来的基础上改进了植物药的定义，以及提交新药申请（new drug application，NDA）的具体建议。由于植物药的特殊性，新药除了按照和其他非植物药一样要求申请外，还有一套单独的监管政策，主要表现在临床试验要求标准的宽松。新指南对指南名称进行了改动，改为“Botanical Drug Development Guidance for Industry”，重点从产品监管向研发监管，突出了对植物药产品从研发到上市的全程监管。

知识链接

美国《植物药指南》和植物药发展简介

《植物药指南》的基本要点包括：①化学工艺质量控制照顾植物复合物的特点：不要求鉴定出活性成分；不一定要求进一步纯化，但强调原药材的质量控制（批号间一致性的可控源头）。②植物药或补充剂的使用者用经验可替代动物毒理研究用来支持Ⅰ期或Ⅱ期临床试验，非临床研究可以减免或者延迟进行。③临床试验的要求和其他药物无异：设计充分和有良好对照的临床试验对批准植物药在美国上市是必须的。④整体的临床的安全性和有效性要求及评价方式和其他药物（即非植物药，如小分子化药）一致。⑤修订的《植物指南》（已定稿）强调多批号和多剂量的临床试验用于支持“疗效一贯性”。［资料来源：窦金辉．美国《植物药指南》和植物药发展简介［J］. 世界科学技术——中医药现代化，2017,19(6):936-940］

三、我国中药对美出口的形式

进入到美国的中药主要有五种形式：食品类、健康食品、膳食补充剂、国家药品验证号和国家新药。食品类指的是普通食品。FDA 需对申报进口的食品进行成分分析，对农药残留量、微生物、杂质和毒素等进行监测，在外包装和文字印刷上也有严格要求，如需制作营养标签，需标明能量、碳水化合物、含糖量、蛋白质、脂肪、胆固醇、含盐量、维生素等。对于罐头食品、碳酸饮料等还有特殊要求，如需办理 FCE（工厂注册）、SID（产品注册）等。中国的保健品口服液、保健茶等亦可按食品类报批 FDA。健康食品又称功效食品。FDA 除要求健康食品达到普通食品的进口标准外，还强调健康食品具有改善人体功能、预防疾病的功能。同时

笔记栏

在外包装及文字说明方面符合 FDA 的法规，如产品说明只能表明成分的结构与功能，不能提及防病治病等疗效。中国的蜂蜜类、花粉类和人参精等绿色食品均属此类，比普通食品价格高一些。膳食补充剂主要包括氨基酸、微量元素、维生素、矿物质及植物药类产品，在产品说明中应该说明产品防止疾病和改善人体功能的作用，强调机制而非功效。此类产品可以以不同的剂型在保健品商店中购买。中药以此类产品报批 FDA 较为容易，而且也能体现中草药治本的实际功能和价值。这是中药进入美国的主要突破口。国家药品验证号是一种国家药典中已有的药，不需做新药论证，只需提供必要的成分、验证的依据，即可进行申请，但要求较严，需达到美国 FDA 的各项法规，包括印刷文字说明、包装等。以新药在美国上市，需执行一系列申请手续，对新药的药理、毒理及安全性等做严格的技术检测，包括 23 项试验。总之，新药申请是程序最复杂、时间最长、成本最高、利润最大的一种。

第三节 欧洲主要国家的天然药物市场

一、欧洲天然药物市场基本情况

欧洲草药的应用可以追溯到古希腊罗马时期，在文艺复兴时期繁荣发展，近代后一度受到冷落，但近几年草药学又渐渐兴起。在欧洲，植物药使用和管理分为三类：第一类为处方药，用于治疗危重病症的植物药针剂也包括在这一类中；第二类为非处方植物药，即在药房里销售的，不一定要处方的制剂。第三类为保健制剂，通常它们没有经过任何临床试验研究，但经过长期应用没有出现有害作用而被认为是安全的，这类制剂通常可以在保健食品商店买到。

欧洲药品管理局（EMA）负责欧盟药物的药物审查、批准上市工作，监督药品在欧盟范围内的安全性和有效性。EMA 包括一个管理董事会和四个评审委员会：即人用药品委员会（CHMP）、兽用药品委员会（CVMP）、罕见病药品委员会（COMP）和草药药品委员会（HMPC）。HMPC 主要有以下三项职责：制订欧盟草药质量标准；制定草药专论；协调解决各成员国就传统草药注册提出的有关问题。它的成立不仅影响到欧盟有关草药药品的立法、修订工作，而且已经对世界各国草药制药行业和药品法制定产生深远影响。该委员会由各成员国选派一名代表，另外再聘请不超过 5 名的草药专家组成。

ER-6-1

知识拓展：中医药文化在希腊受欢迎

二、德国天然药物市场

德国是欧盟中使用植物药最多的国家，年销售额达 25 亿 ~30 亿美元，占欧盟总销售额的 45%~50%，是原料植物的主要进口国，也是植物药制剂的主要出口国。在德国，超过 70% 的医师开处方时使用过植物药，大多数属于国家医疗保险系统的报销范围。尽管植物药被公认为疗效显著，副作用及引发其他病症的可能性小，但在植物药申请上市批准时必须提供确凿的数据。植物药在德国可以滴剂、药片、胶囊等形式出售，也可以传统的药茶形式出售。

德国植物药主要销售渠道为药店，其数量大约为 7 万家，占整个市场销售额的 84%。其次是杂货店，占销售额的 11%，而排行第三的是超市，大约占销售额的 5% 左右。

德国对于植物药的研究一直处于世界前沿，尤其在某些植物药产品领域，已经成为世界标准的制定者，并且已经将这些标准专利化，如某些高标准的银杏提取液。目前，市场销售前三的品种主要是银杏制剂、人参制剂和大蒜制剂。德国主要的植物药生产企业有施瓦贝公司（Schwabe）、马道斯公司（Madans）等，销售额都在 500 万英镑以上。

三、法国天然药物市场

法国是欧盟第二大植物药市场，市场容量估计为7.5亿欧元。人均植物药销售额为1.56英磅，年增长率为10%。法国以现代医学为主要医疗保健手段，全民享受医疗保险。2003年，法国医疗保险系统对价值14 600万欧元的银杏、锯叶棕和非洲刺李提供了6 800万欧元的报销额。全法国年均医疗支出为5 380.88亿法郎，人均医疗支出9 537法郎，其中药品费用为20%左右，年增长率7%~10%。目前，法国政府为高额的医疗支出所困扰，正设法减少医疗费用，以降低政府财政赤字。

法国植物药市场占欧洲市场的25%，在法国植物药市场上有印度、中国、非洲、德国和本国的草药。最受欢迎的是用于减肥、催眠，缓解紧张，治疗循环及消化系统疾病、疼痛、便秘、风湿病的草药。法国市场的前三位产品为银杏制剂、甘草制剂和贯叶连翘制剂。目前，中药的销售与使用尚未得到法国卫生部门的正式批准，政府不准中药以药品名义通过海关进口，所以法国药店常无中成药。单味草药常制成粉剂、提取液、茶剂，中成药则以特殊食品、膳食补充剂、保健品或饮料名义进口销售。

四、英国天然药物市场

英国植物药市值估计为6 500万英磅，整个市场值可达2.25亿英镑(包括人参、大蒜、食品添加剂和其他传统疗法药物)。英国人口约5 710万，人均草药销售额为1.14英磅。在英国，华人占总人口的1%以上，在华人居住集中的城市，如伦敦、曼彻斯特等城市，都有中医日夜开诊。由于中医药在英国的正面影响，也由于西医本身在理论上和临床上的某些弱点与局限性，促使中医药在英国发展迅速，仅在伦敦地区就有私人中医诊所数百家。据不完全统计，英国中医诊所数量已超过3 000家，中医药业已发展成为中国新移民在英的最主要行业。

2013年11月20日，英国药品和健康产品管理局(Medicines and Healthcare Products Regulatory Agency，MHRA)发布了结束传统植物药过渡性安排的决定，自2014年5月1日起，在英国销售的所有植物药产品都要按照《欧盟传统植物药注册程序指令》(2004/24/EC)要求进行传统植物药注册，任何未注册的植物药都将禁止销售。英国草药市场的产品中，以大蒜市场的增长较快，估计市场规模已达600万英镑，几乎占草药市场总值的1/10，并以每年20%的速度增长。在英国增长最快的是保护心脏健康的鱼油，其增长率为33%。其他增长较快的产品有月见草油、止痛药、止咳制剂，以及治疗风湿痛及皮肤病的药物。目前生产厂家正在开发的新产品有：降胆固醇的替代性药物、免疫促进剂、银杏提取液等。

第四节 亚洲主要国家的天然药物市场

一、日本天然药物市场

日本植物药市场大致分为生药和汉方药。日本进口的中药材除在药材市场按照生药销售外，多数被制药企业用来生产汉方药和中国汉方药。中医药传入日本后，逐渐形成了独自的日本中医学体系，汉方药是在其理论指导下应用的药物，是一种以中国古医方为基础再由日本创制、改造的方剂。

日本按照西药管理方式对汉方医药进行管理，汉方药的技术标准主要归厚生劳动省管理。汉方药除遵守所有日本药品管理法规外，也有一些针对汉方药特点的法规要遵守，如《关于如何对待医疗用汉方浸膏制剂的问题》《医疗用汉方制剂管理的通知》《汉方浸膏制剂的生产管理和质量管理的自定标准（草案）》等。日本政府将药品分为医疗用药品（PD）和一般用医药品（OTC），所以汉方制剂也相应分为医疗用汉方制剂和一般用汉方制剂。一般用汉方制剂均经长期临床使用，认为安全有效，所使用的生药作用相对缓和，其流通基本由制药厂家直接或中介批发商再卖到药局或药店；医疗用汉方制剂主要指所使用的生药作用较强，不便于患者直接使用，须由医生监督指导的制剂，其流通基本由制药厂家直接或中介批发商卖给医院和个体开业医生。此外，还有由制药厂直接或中介服务机构以药箱形式分发给各家庭，定期由专业人员检查使用情况，称为配制用汉方制剂。

目前，日本制药企业生产的汉方药中已有 217 种被纳入日本医疗保险体系，年销售额达 10 亿美元，并有 240 种 OTC 可以在药店销售。日本现有药店约 60 000 家，但经营从中国进口中成药的药店不过千余家，从经营品种上看，中成药以保健型、滋补型为主，治疗性药物只占少数而且全部是自费。日本汉方制剂生产企业有 60 多家，其中最大的生产厂家是津村顺天堂株式会社，产量占 70%，其次是小太郎汉方制药株式会社。

二、韩国天然药物市场

韩医源于中医，与当地医药相互结合，形成了当地的传统医药学，古代称为“东医”，1980 年韩国政府颁布法令，统称为“韩医”。韩国的医药管理机构是韩国政府保健卫生部（MOHSA）。为促进大众健康，建立草药和相关产品的市场规则和品质鉴定方法，韩国政府于 1984 年颁布了《韩国草药药典》。1969 年规定 11 种古典医药处方可由药厂生产而无须做临床等各种试验，其中 4 种是中国古典文献：《景岳全书》《医学入门》《寿世保元》和《本草纲目》。韩国食品医药品安全厅是管理中药技术标准政策的机构。韩国医药品进出口协会负责所有进口中药材有害物质检验，近年来其以安全为由，不断提高中药材出口的相关检测标准：2005 年 10 月和 11 月分别公布了生药重金属与农药残留量许可标准与检测方法，并决定 6 个月后实行；2007 年 9 月，相继发布了“关于草药中重金属的规范和测试方法”和“关于草药中二氧化硫残留物的规范和测试方法”的修正提案，标准较以前大幅提高。这些标准的持续变化给中药材出口韩国增加了难度。

韩国目前有 56 个成方制剂，68 个单方制剂作为药品被纳入健康保险。韩国中药市场规模已达 10 亿美元以上，是中药材的消费大国，长期以来在我国中药材出口市场中一直排在前列。随着保健养生观念的盛行，韩国对中药材的需求也呈增长趋势。

三、新加坡天然药物市场

2001 年成立的新加坡卫生科学局（Health Science Authority，HSA）负责中药监督管理工作。HSA 下设的药物管理中心负责药品的注册审批工作，该中心由卫生科学局药物管理中心和药物评审中心于 2004 年 1 月 1 日合并而成。中药被纳入“补充医疗产品”大类进行归类注册。补充医疗产品又细分为中成药、传统药、顺势疗法药品、草药、健康替代产品。中药产品可以按照上述各种补充医疗产品的定义和详细规定进行归类注册。中药在新加坡也可作为膳食补充剂或保健品销售，因此往往不作为药物品类管理，而作为食品管理。政府要求此类中药提供全套安全性数据材料，重金属、农药残留量及卫生学检验合格证书，包装参照英国的食品包装，有明确的有效期及成分标示。

中成药在新加坡以药品形式上市，上市前必须经过新加坡卫生部审批。HSA 下设药物管理中心中成药处负责新加坡中成药的上市审批工作。中药材、中药饮片在新加坡属于原

笔记栏

生药，基本没有实施监督管理。与化学药品的注册审批不同，HSA对中成药的审批只是形式审批，对通过审批的中成药不进行注册，不核发药品批准文号。中成药的产品批准仅需向HSA提交相应的证明材料，获得HSA认可，并在外包装上标示“允许作为中成药销售”即可。新加坡的所有中成药标签必须以英文书写，标签上也可刊印中文或其他语言。内标签必须注明药品商标、药品名称、批号、有效期、成分名称及成分含量(秘方或保护方除外)。外标签还必须注明进口商/批发商、制造商、分装商的名称及地址，并用明显的框围住“允许作为中成药销售”的字样。说明书上必须注明药品用量、适应证、禁忌证、副作用及服用方法。广告及促销必须获得HSA发出的批准证。获准在本地销售的中成药，其药品名称和标签上的声称并不一定会被允许用于广告用途。

第五节 中国中医药市场

一、我国中医药市场基本情况

中医药是中华民族文化的瑰宝，是数千年来中国人民防病、治病经验的结晶。随着我国改革开放的深入和中医药整体竞争优势的增强，一些国家对中医药的认识不断提高；同时，随着天然药物和非药物疗法的兴起以及现代医学发展不断面临新问题，使用中药的国家和人口与日俱增。近几年，中医药国际化成绩斐然，中医药以丰富有效的防病治病方法和理念、技术正在逐渐被世界各国认知、接受，产品和服务越来越受欢迎。不断有中药产品以药品身份正在或已经完成在欧美国家的注册上市。

2018年，我国中药类产品出口额为39.09亿美元，同比增长7.39%；出口均价同比增长16.69%，带动中药类出口额增长。从中药出口分类看，植物提取物市场最为活跃，出口额23.68亿美元，同比增长17.79%；中成药次之，出口额为2.64亿美元，同比增长5.51%；中药材及饮片出口价格增长幅度较小，仅为1.98%，但出口数量下降明显，降幅达11.25%。传统东南亚市场持续低迷是造成中药材及饮片连续两年负增长的主要原因。

2019年以来，中药类产品贸易全年实现平稳增长。海关统计数据显示，2019年我国中药贸易总额为61.75亿美元，同比增长7.05%。其中，出口额为40.19亿美元，同比增长2.82%；进口额为21.55亿美元，同比增长15.93%，继续保持出口和进口双增长态势。

二、近年来我国中药对外贸易情况

(一) 进出口额总体呈增长趋势

中药类商品出口稳步提升。据中国医药保健品进出口商会的数据显示，2019年占比最大的提取物出口额仅为23.8亿美元，同比增长0.19%；中药材及饮片全年出口额为11.37亿美元，同比增长10.32%。中药材饮片出口强劲增长的主要原因是价格上涨，同比增加8.48%，对日本、韩国等主要市场出口数量持续增长是中药材对外贸易平稳发展的关键。中成药国内外整体业绩低迷，2019年出口额为2.62亿美元，同比下降0.45%，保健品出口额为2.47亿美元，同比增长0.21%。虽然对第一大市场美国出口额同比下降12.37%，但对加拿大、西班牙等国家的出口增幅填补了缺失，因此我国整体出口依然保持平稳。

中药类商品进口增长。据中国医药保健品进出口商会的数据显示，2017年，中药类商品进口15.57亿美元，同比大幅增长26.06%；提取物进口6.06亿美元，同比增长16.04%，进口数量为4.03万吨，同比增长29.08%，主要是甘草制品及色素类产品。

笔记栏

（二）出口产品结构不合理

我国中药出口的产品形式有中药材及饮片、提取物、中成药和保健品四大类。据中国医药保健品进出口商会的数据显示，2017 年，我国中药材及饮片出口额为 11.39 亿美元，同比微降 2.23%，较 2016 年同期 3.13% 的降幅略有好转。中药材及饮片出口的前十的品种为：人参、枸杞、肉桂、红枣、茯苓、冬虫夏草、半夏、当归、党参、西洋参。其中，仅肉桂、冬虫夏草、当归、西洋参出口额有所增长，其他大类均不同程度下滑，且下滑幅度多在两位数。亚洲地区为我国中药材及饮片的主要市场，其出口量占我国中药材及饮片出口总量的 85.83%。

提取物出口业绩稳步恢复。海关统计数据显示，2017 年提取物出口 20.10 亿美元，同比增长 4.33%，出口量为 7.97 万吨。在出口品种方面，排名前十的热点品种为甜菊叶提取物、桉叶油、薄荷醇、辣椒色素、万寿菊提取物、甘草提取物、银杏液汁及浸膏、越橘提取物、水飞蓟提取物、芦丁提取物，其总出口额将近 10 亿美元，占提取物出口的 50%。

2017 年，我国中成药出口 2.5 亿美元，同比增长 11.03%，较去年同期提高 24.97%，整体形势由降转升，表现良好。不过，中成药目前在中药产品整体出口额中占比仅为 6.87%，相对于原料类产品仍处于弱势地位。保健品在海关统计系统中比较特殊，有单独编码的保健品主要是鱼油、鱼肝油、蜂王浆、蜂花粉、卵磷脂、燕窝等，维生素以及矿物类制剂产品并未统计在内。

（三）贸易市场相对单一

我国中药出口主要面向三个市场：以华裔和华裔社区为中心的市场、日韩市场和西方植物药市场。

我国植物提取物最重要的两个出口市场是美国和日本，它们既是植物提取物出口的传统市场，也是提取物出口的最大市场。2019 年，我国中药类商品出口至 193 个国家和地区，亚洲地区依旧是中药出口的主要市场，我国对亚洲国家和地区中药出口额达到 23.88 亿美元，同比增加 8.02%，占我国中药出口额的 59.42%。从具体国别来看，美国和日本为中药出口前两大市场，2019 年出口额为 5.33 亿美元，占我国中药出口的 13.28%。日本在我国各类中药商品出口中都占有重要地位，日本是我国中药材出口的最大市场，植物提取物、保健品的第二大市场，中成药出口的第三大市场。

案例讨论

天士力：智能制造破解中药密码

只需 2 秒钟，80℃的药液匀速匀量滴落，穿过深冷氮气，瞬间凝结成直径 1.5mm 的固态滴丸……由天士力控股集团（简称“天士力”）研发创制，并拥有自主知识产权的第五代超高速微滴丸机，代表着现代中药智能制造的尖端水准。

走进复方丹参滴丸的生产车间，看不见工人忙碌的场景，也闻不到中药味。无菌厂房内，进料、传输、给水、控温完全实现自动化，来源可溯、过程可查、责任可究，保证了产品质量。

早在成立之初，天士力就把创新放在首位。从 25 年前第一台滴丸机诞生至今，历经五代技术革新，核心部件、核心技术、关键程序全部来源于自主研发。“要保持行业的领先地位，在关键装备上必须立足创新。”天士力控股集团董事局主席闫希军说：“如果中国人不能掌握最前沿的科技，中药就不可能有更广阔的前景。”

天士力还将信息技术、生物技术与临床大数据结合，解析传统中药复杂的成分与作用机制，建立了现代中药的质量标准体系。如今，天士力研究院的科技人员已经发

笔记栏

展到501人。在公司内部，员工可以自由组成团队提出创新项目申请，通过评审后公司给予资金支持，极大地激发了大家的创新积极性。

近年来，天士力先后承担或参与国家863计划、973计划、重大新药创制国家科技重大专项等117项，申请专利1 864件；科技部创新中药关键技术国家重点实验室、国家发改委中药先进制造技术国家地方联合工程实验室等先后落户天士力研究院。[资料来源：朱虹．天士力：智能制造破解中药密码[N]．人民日报，2019-08-21]

案例讨论题

1. 试分析天士力企业给中药国际化带来哪些启示？

2. 结合案例讨论中药国际化的影响因素有哪些？

（李　昂）

复习思考题

1. 我国出口进入到美国的中药主要有哪几种形式？

2. DSHEA规定膳食补充剂可以不经FDA的批准直接标注营养功能，包括哪几类营养功能？

3. 欧洲植物药分哪几类？

4. 日本政府将药品分为医疗用药品（PD）和一般用医药品（OTC），那么汉方制剂可相应分为哪几类？

5. 欧洲药品管理局（EMA）包括哪几个评审委员会？其中的草药药品委员会（HMPC）有哪些职责？

笔记栏

PPT 课件

第七章 医药对外贸易政策

学习目的

1. 掌握关税的种类和各种非关税壁垒措施、保护贸易政策的相关理论。

2. 熟悉对外贸易政策的目的与构成。

3. 了解对外贸易政策的演变、制定和执行，了解我国医药对外贸易中各种鼓励出口的措施。

引导案例

美国遏制华为反映的国际竞争趋势

应美国要求，加拿大于2018年12月1日在温哥华拘押了华为公司首席财务官孟晚舟，美国由此开启了对华为公司的全球遏制。美国敦促其盟友拒绝使用华为的5G设备，但其盟友却呈现为两种不同立场。澳大利亚是最积极的支持者，日本从原先的支持政策转为不支持政策，英国、德国、法国和意大利都采取了不支持美国的政策。

中美5G之争不过是国际规则之争在通信技术标准上的表现。今后，只要中国继续缩小与美国在技术上的差距，不同领域的技术标准之争就还会相继而来。技术优势比意识形态对大国战略关系的影响更大，这将有助于防止以意识形态之争为核心的冷战重新发生。在数字经济时代，国际政治力量的划分有可能出现新的三个世界，即“技术创新国”“技术商业化国”和“技术使用国”。投入科技创新的资源多少与大国战略竞争的胜负正在形成正相关关系，而投入意识形态之争的资源多少则与后者有可能是负相关关系。[资料来源：阎学通．美国遏制华为反映的国际竞争趋势[J]. 国际政治科学，2019，4(2)：3-6]

第一节　对外贸易政策概述

一、对外贸易政策目的与构成

对外贸易政策（foreign trade policy）是指一国政府在一定时期内为实现一定的政策目标

笔记栏

对进出口贸易进行管理的原则、方针和措施的总称。

对外贸易政策的内涵有五个方面：①政策主体。即政策的制定者和实施者，一般来说各国政府是对外贸易政策的制定与实施者。②政策客体。是指对外贸易政策规范、指导、调整的对象，主要是从事国际贸易活动的企业、机构和个人。③政策目标。即制定贸易政策所要达到的目的，是确定政策内容的依据。④政策内容。即贸易政策所涵盖的方面。⑤政策手段。即为实现政策目标所采取的对外贸易管理措施。

制定对外贸易政策的目的在于：保护本国的市场；扩大本国产品的出口；增加财政收入；改善本国产业结构，实现国民经济平衡发展；协调与各国的经济贸易关系，获得良好的国际经济政治环境。

对外贸易政策一般由对外贸易总政策、进出口商品和服务政策、国别或地区对外贸易政策构成。对外贸易总政策，即一国根据本国国民经济的整体状况、发展战略及其在世界经济总体格局中所处的地位而制定的对外贸易政策。它是在一个较长时期内实行的基本政策，是一国对外贸易活动的立足点。进出口贸易政策，是根据对外贸易总政策结合本国经济结构和国内外市场状况而制定的商品和服务的结构政策，使用关税或非关税壁垒来限制某些商品的进口，有意识地扶植某些商品的出口等。对外贸易国别或地区政策，即区别对待政策，是根据对外贸易总政策，结合对外政治经济关系对不同的国家或地区制定的不同贸易政策。

从一国对外贸易政策的内容、结果、实施情况看，各国对外贸易政策可分为两种类型，即自由贸易政策和保护贸易政策，并在此基础上产生了管理贸易政策。自由贸易政策是指国家对国际贸易活动不加直接干预，既不鼓励出口，也不限制进口，商品和生产要素在国家之间自由流动，在国内外市场上自由竞争。保护贸易政策是指国家广泛利用各种限制进口的措施保护本国商品、服务免受外国的竞争，并对本国出口商品和服务给予优待和补贴以鼓励商品出口。管理贸易政策是指以协调国家经济利益为中心，以政府干预贸易环境为主导，以磋商谈判为手段，对本国进出口贸易和全球贸易关系进行全面干预、协调和管理的贸易政策。

二、对外贸易政策的演变

各国对外贸易政策总是以资本主义经济体系中的相互贸易关系为准则而不断演变的，演变过程体现了自由贸易政策和保护贸易政策的相互交替。随着生产社会化程度的提高，国际经济联系的日益密切，对外贸易政策也越来越从早期的各自为政的贸易政策，向逐渐形成国际贸易体系的方向发展，出现了对外贸易政策相互制约的发展趋势。

（一）资本主义生产方式准备时期的贸易政策

16—18 世纪是资本主义生产方式的准备时期。为了促进资本原始积累，西欧各国广泛实行重商主义下强制性的保护贸易政策，通过限制货币（贵金属）出口和扩大贸易顺差的办法扩大货币的积累，其中以英国实行得最为彻底。

（二）资本主义自由竞争时期的贸易政策

18 世纪末 19 世纪初，资本主义生产方式占据统治地位，资本主义进入自由竞争时期。这个时期对外贸易政策的基调是自由贸易，特别是英国、荷兰等国实行全面的自由贸易政策。自由贸易政策极大促进了这些国家工业和对外贸易发展。但一些经济发展起步较晚的国家如美国、德国则采取了保护贸易政策，扶植本国工业的发展。

（三）资本主义垄断前期的超保护贸易政策

19 世纪 70 年代到第二次世界大战前，垄断的加强使资本输出占统治地位，资本主义进入垄断时期。这一时期，各国普遍完成了产业革命，工业得到迅速发展，世界市场的竞争开始变得激烈，特别是1929—1933年资本主义经济大危机，使市场矛盾进一步激化。各主要资本主义国家不同程度地提高关税，实行外汇限制，鼓励出口，实施超保护贸易政策。

（四）第二次世界大战后世界贸易自由化倾向时期

20世纪50年代至70年代中期，随着生产国际化和资本国际化的发展，出现了世界范围内的贸易自由化趋势。国家之间通过双边和多边的贸易条约与协定，削减关税壁垒，抑制非关税壁垒等措施，来促进世界贸易的发展。如关税及贸易总协定缔约方通过多边贸易谈判，大幅度地降低了进口关税率；经济集团内部逐渐取消关税；发达国家对发展中国家实行普遍优惠制等。获得独立的发展中国家则大多实行贸易保护主义，社会主义国家大多实行国家统治下的贸易保护政策。

（五）新贸易保护主义的崛起时期

20世纪70年代中后期至90年代，西欧、日本与美国展开了强有力的竞争，发达国家之间的经济发展格局发生了变化。尤其是随着美国贸易逆差的不断加大，国内贸易保护的呼声渐起，以美国为代表的新贸易保护主义开始兴起。

（六）管理贸易政策为主导的时期

20世纪90年代以后，西方发达国家的经济逐渐走出低谷，在美国的示范和推动下，管理贸易政策逐渐成为西方发达国家基本的对外贸易政策。这些国家对内制定各种对外经济贸易法规和条例，加强对本国进出口贸易有序管理；对外通过协商，签订各种对外经济贸易协定，以协调和发展缔约国之间的经济贸易关系。

三、对外贸易政策的制定和执行

（一）对外贸易政策的制定

对外贸易政策属于上层建筑，它既反映本国的经济基础，反过来又维护和促进经济的发展。各国对外贸政策的制定受以下因素的影响：①本国的整体经济实力；②国内利益集团的影响；③本国在世界经济、贸易组织或协定中所享受的权利和承担的义务；④本国领导层的经济思想和贸易理念。

（二）对外贸易政策的执行

1. 海关　各国通过海关对进出口贸易进行管理，海关属于国家的行政机关，它通过货运监管、稽征关税、代征法定的其他税费、查禁走私等职能来贯彻执行对外贸易政策。

2. 其他政府机构　国家设立的其他机构，负责促进出口和管理进口的相关职能。各国都设有各种机构负责促进出口管理进口贸易工作，如美国商务部、美国贸易代表办公室、中华人民共和国商务部等。

3. 国际机构与组织　国家政府出面参与各种国际经济贸易的国际机构与组织，进行国际贸易有关方面的协调工作。

第二节　保护贸易政策的理论

保护贸易理论和自由贸易理论是国际贸易理论发展史中始终相伴的一对孪生兄弟，两者既对立，又相互依存、相互补充，并在某种共同利益的基础上得到某种协调和统一。可以认为，保护贸易理论是对自由贸易理论的修正和完善。

笔记栏

一、重商主义理论学说

重商主义产生于15世纪,在16世纪和17世纪达到鼎盛时期,18世纪后走向衰落。它是资本原始积累时期西欧商业资产阶级所普遍推崇的一种经济学说,也是国际贸易理论史上最早的保护贸易理论学说。重商主义认为财富的唯一形态就是金银货币,一个国家拥有的黄金白银越多,就越富有。一切经济活动的直接目的就是获得金银,除了开采金银矿和对外掠夺以外,只有对外贸易顺差才能增加一国所拥有的金银总量。因此重商主义又称为"贸易差额论"。为此,重商主义主张国家干预,奖出限入,是一种典型的贸易保护理论。

以斯塔福为主要代表人物的早期重商主义信奉"货币差额论",认为对外贸易顺差是积累社会财富的主要途径,因此应保持每笔交易和对每个国家的贸易顺差,使金银流入本国,通过窖藏方式积聚金银以增加国家实力。为了不使金银外流而减少财富,他们主张采取严厉的行政立法手段,禁止金银输出。

以托马斯为代表人物的晚期重商主义在批判早期重商主义理论和政策上的缺陷后,提出了不同的理论主张。晚期重商主义信奉的是"贸易差额论",认为不能把金银储藏起来,应投入流通,最好的办法是在保持国内适度货币量的基础上,把多余货币输往国外,在国际间贱买贵卖,让"货币产生贸易,贸易增加货币"。因此,一个国家不必追求每笔交易或对某个国家的贸易顺差,而只要保持全国对外贸易总量上的顺差就行了。

重商主义作为文艺复兴运动和新航路开辟之后的第一个资产阶级经济学说,对经济学理论和世界经济的发展产生了巨大而深远的影响。重商主义思想的兴起和盛行是与当时的时代背景息息相关的,当时的欧洲各国社会正处于从传统的封建农耕时代向现代资本主义的商品经济时代的转型时期,重商主义的经济思想和政策主张恰好契合了新兴商业资产阶级和统治阶级的需要,从而得到了国家的大力支持。然而,当西欧社会结束了这一转型期进入资本主义发展阶段的时候,重商主义的经济思想就不再适用于此时的经济体制,因此逐渐退出了历史舞台。重商主义在理论上只探索了流通领域,而没有深入到生产领域,它最大的弊端在于将金银同真实财富混淆。因此,到自由竞争资本主义时期,重商主义就成了资本主义经济进一步发展的障碍。

二、汉密尔顿的幼稚产业理论

19世纪初,北美及欧洲后起国家形成了与古典自由贸易理论相左的贸易保护理论,即幼稚产业保护理论。汉密尔顿和李斯特是该理论的代表人物。

1791年,美国独立后的第一任财政部长——亚历山大·汉密尔顿(Alexander Hamilton,1757—1804年)在其《关于制造业的报告》中提出了知名的"幼稚产业保护理论"。当时,美国的工业还不成熟,无法与英、法等重量级的选手相抗衡。为了给这些"幼稚产业"一个生存空间,汉密尔顿提出:①向私营工业发放政府信用贷款,扶持私营工业发展;②实行保护关税制度,保护国内新兴工业;③限制重要原料出口,免税进口本国急需的原料;④为必需品工业发放津贴,给各类工业发放奖励金;⑤限制改良机器及其他先进生产设备的输出;⑥建立联邦检查制度,保证和提高工业品质量;⑦吸引外国资金,以满足国内工业发展需要;⑧鼓励移民迁入,以增加国内劳动力供给。汉密尔顿的政策主张代表了当时不发达国家的利益。汉密尔顿的幼稚产业保护理论的提出,标志着保护贸易理论的初步形成。

三、李斯特的保护贸易理论

弗里德里希·李斯特(Friedrich List,1789—1846年),德国经济学家,在1841年出版的

《政治经济学的国民体系》一书中，系统地提出了幼稚产业保护理论，全面发展并深化了汉密尔顿的幼稚产业保护理论。19世纪20年代的德国，还是一个分散落后的封建农业国，1848年革命后才完成政治的统一。但德国此时尚未进行机器大工业革命，工场手工业仍占主导地位，比起已完成或正在进行工业革命的英法等国相差尚远，后者以大量廉价工业商品猛烈冲击着德国市场。德国工业资产阶级强烈要求实行贸易保护，但掌握政治领导权的地主阶级和从事农产品输出的商业资产阶级则主张实行自由贸易，李斯特代表德国新兴工业资产阶级主张政府必须通过征收关税限制国外同类产品的进口，以保护本国的幼稚工业。

李斯特的保护贸易理论包括生产力论、经济发展阶段论及国家干预对外贸易。

(一) 生产力论

生产力是李斯特保护贸易理论的基础。他认为生产力就是创造财富的能力。生产力是决定一个国家兴衰成败的关键。一个国家强盛与否并不取决于财富的积累，而取决于生产力发展水平。

要发展生产力，就必须依靠国家的支持和保护，不能听信古典学派鼓吹的自由放任。他用培养森林是用自然风力还是人力来比喻，如果静等风力的作用，要若干世纪才有可能完成，而用人力，只要几十年就能造出森林。他认为要使自由竞争对双方共同有利，只有在双方的工业发展水平处于相等地位时才能实现。如果任何一个国家，在工业、商业上落后于别的国家，“就必须首先加强它自己的力量，然后才能使它具备条件与比较先进的各国进行自由竞争”。

(二) 经济发展阶段论

由于各国的经济发展所处的历史阶段不同，宜制定相应的适合本国经济发展阶段的对外贸易政策。李斯特根据国民经济发展程度，把国民经济的发展分为原始未开化时期、畜牧时期、农业时期、农工业时期和农工商时期五个阶段。在他看来，前三个时期均可进行自由贸易，因为这样可以通过自由贸易为自己的农场、牧场、森林以及农产品和其他原料找到出路，并换回衣料、用具和机器，以及贵金属货币等。但当经济发展处于第四个时期时，为了保护国内工业的大力发展以避免国外竞争的猛烈冲击，就必须实行坚决的保护贸易制度。而一旦本国强盛到进入了第五个历史阶段，足以同世界上的先进国家进行商品竞争时，保护贸易政策则应取消。

(三) 国家干预对外贸易

李斯特把国家比喻为国民生活中如慈父般有力的指导者。他认为，国家的存在比个人的存在更重要，个人的经济利益应该从属于国家财富的增加与维持。国家在必要时要限制国民经济活动的一部分，以保持其经济利益。对于那些与国家工业发展有关的、有发展前景并且处于初级发展阶段，同时又遭遇国外强有力的竞争而又无法与之相抗衡的幼稚工业，才需要保护。在国家干预下实行保护贸易政策，其中最关键的问题是保护关税。

实行保护关税的目的是通过国家干预，促进和保护国内工业生产的发展。也就是说，保护贸易并不是保护所有产业，对农产品就不限制进口，否则不能从外国取得廉价的粮食和原材料。对本国发展所需要的技术和机器也不限制进口，这有利于国内工业的发展。

保护的重点是那些对国家独立自主和经济发展有重要意义的幼稚工业，如纺织业等。被保护的产业还必须是处于经济发展第四阶段的幼稚工业，即面临其他国家强有力的竞争而又无法相抗衡的新兴工业。

保护的程度，对不同的国家及产品实行不同的关税率。如对国内能生产的生活必需品，征收较高的保护关税率；对国内生产比较困难、制作精细、价格昂贵又易于走私的奢侈品征收较低的保护关税率；对复杂的机器设备的进口，实行免税或低税，以有利于国内工业发展；

笔记栏

为促进国产化率的提高，对半成品的进口征收较高的关税；对自然资源产品的进口只征收财政关税。另外，保护时间有长有短，一般不宜太长，最多30年，若过期仍无法独立发展，则表明它们不适宜成为保护对象。

在李斯特之后，幼稚产业保护理论的研究主要集中在如何确定受保护的幼稚产业的标准方面。约翰·穆勒、巴斯塔布尔、肯普分别从产业的成长潜力和企业的成本收益比较的角度提出了幼稚产业的选择标准。

李斯特从理论上探讨了在国际竞争中如何运用保护政策措施促进本国经济发展，建立了完整的保护贸易理论体系。该理论在德国工业资本主义的发展过程中起到了积极的作用，促进了德国资本主义的发展。该理论一直是世界保护贸易理论的重要内容，也给当今发展中国家如何在不合理的国际经济秩序中发展国际贸易提供了很有益的借鉴。自由贸易是各国应不懈追求的目标，但自由贸易是基于一种静态的分析方法和一种世界主义的立场，与现实世界不尽相宜。由此可见，幼稚产业保护理论具有深远的现实意义，它一直是落后国家推动产业升级，实行工业化和发展经济不可缺少的手段。

四、对外贸易乘数理论

凯恩斯的对外贸易乘数理论是指在20世纪30年代提出的凯恩斯主义国际贸易理论，它试图把对外贸易与就业理论联系起来，从增加就业、提高国民收入的角度说明保护贸易的重要性。

20世纪30年代，是世界经济制度发生巨大变化的时代，资本主义经济开始以垄断取代自由竞争，各国相继放弃自由贸易政策，奉行保护贸易政策，强调国家政权对经济的干预作用。在这种背景下，凯恩斯的经济立场也发生了改变，由原来的支持自由贸易转为赞同保护贸易。凯恩斯及其追随者提出了一系列保护贸易的理论主张，其中核心是对外贸易乘数理论。

凯恩斯认为投资的增加对国民收入的影响有乘数作用，即增加投资所导致的国民收入的增加是投资增加的若干倍。若用 ΔY 表示国民收入的增加，K 表示乘数，ΔI 表示投资的增加，则：$\Delta Y=K\times\Delta I$。国民收入的增加之所以是投资增加的倍数，是因为新增投资引起对生产资料的需求增加，从而引起从事生产资料生产的人们收入增加。他们的收入增加又引起消费品需求的增加，从而导致从事消费品生产的人们收入的增加。如此推演下去，结果国民收入的增加是投资增加的若干倍。

马克卢普和哈罗德等人将投资乘数原理引入对外贸易领域，分析了对外贸易与增加就业、提高国民收入的倍数关系。他们认为，一国的出口和国内投资一样，属于"注入"，对就业和国民收入有倍增作用；而一国的进口，则与国内储蓄一样，属于"漏出"，对就业和国民收入有倍减效应。当商品劳务输出时，从国外获得货币收入，会使出口产业部门收入增加，消费也随之增加，从而引起其他产业部门生产增加、就业增多、收入增加。因此，收入增加将为出口增加的若干倍。当商品劳务输入时，向国外支付货币，使收入减少，消费随之下降、国内生产缩减、收入减少。因此，只有当对外贸易为顺差时，才能增加一国就业量，提高国民收入。此时，国民收入增加将为投资增加和贸易顺差的若干倍。这就是对外贸易乘数理论的含义。根据对外贸易乘数理论，凯恩斯主义积极主张国家干预经济，实行保护贸易政策。

对外贸易乘数理论在一定程度上揭示了对外贸易与国民经济发展之间的内在规律性，因而具有重要的现实意义。但是，对外贸易乘数理论也存在很大的局限性。首先，该理论把贸易顺差视为与国内投资一样是对国民经济体系的一种"注入"，能对国民收入产生乘数效应。其实，贸易顺差与国内投资是不同的：投资增加会形成新的生产能力，使供给增加，而贸易顺差增加实际上是出口相对增加,它本身并不能形成生产能力。因此,投资增加和贸易顺差增加对国民收入增加的乘数作用并不等同。其次,对外贸易乘数理论在实践上是很模糊的,它常会受一国闲置资源和其他因素的影响,资源稀缺会限制该国国民收入的下一轮增长。最后,这一理论忽视了对外贸易发挥乘数作用的条件。对外贸易的乘数作用并非在任何情况下都能发挥,只有在世界总进口值增加的条件下,一国才能继续扩大出口,从而增加国民收入和就业。如果世界总进口值不变或减少,一国将无法增加出口,除非降低出口商品价格。但降低出口商品价格,企业会因利润下降而不愿扩大生产、增加产量,因此,增加出口也无从谈起。

第三节 对外贸易政策措施

目前,世界多数国家都会采取一定的措施限制商品的进口。这些措施主要表现为关税和非关税壁垒。

一、关税

(一) 关税概述

关税(customs duties/tariff)是由一国海关对进出口的货物和物品向进出口商人征收的一种税收。关税的纳税主体是进出口商人,客体是出入关境的货物和物品。进出境货物和物品,指的是有形的货品。无形商品,如科学技术、文艺美术、专利发明等虽然具有价值,也是国际间的交易对象,但是海关不能对这些无形商品征收关税。只有在无形商品的价值体现在某种有形商品(如书刊、文物、录像带、磁带、软盘等)中出入境时,有关的载体才成为关税的课税对象。

另外,由海关征收的税不一定都是关税。这是因为一些货品在进入进口国国内流通时,还应当征收消费税等与国内商品相同的税费。一般来说,这些国内税费由海关在进口环节与关税一起征收。

海关(customs)是设在关境上的国家行政管理机构,它对进出口货品执行监督管理和稽征关税职能。因此,海关是贯彻执行本国有关进出口政策、法令和规章的重要机构。

海关的主要作用是征收税费、保护本国市场和促进经济发展。海关根据国家的法律、法规,征收税款及其他税费。海关作用的发挥,是以其履行国家法律法规所赋予的职能为前提的。一般来说,海关主要有四大职能:①监管进出境运输工具、货物、行李物品、邮递物品和其他物品;②征收关税和其他规费;③查缉走私;④编制海关统计和办理其他海关业务等。

(二) 关税的种类

1. 一般关税　一般关税又称正常关税,是指通常情况下海关按关税税则征收的关税。一般关税按征收对象的流向又可以分为进口关税、出口关税和过境关税。

(1)进口关税:进口关税(import duties)是进口国海关针对输入关境的商品征收的一种税收。这种税一般在国外商品直接进入国境前由海关征收。有时是在外国商品从自由港、自由贸易区或者海关保税仓库等提出,运往本国市场销售时才征收。进口税可分为普通税、最惠国税、特惠税和普遍优惠税四种。普通税适用于与进口国没有签订含有最惠国待遇原则的贸易协定的国家或地区所进口的商品。普通税税率较高,具有一定的歧视性,目前只有少数国家间使用这种进口税率。最惠国税适用于与进口国签订有最惠国待遇原则的贸易协定的国家或地区进口的商品,它是互惠的。由于目前绝大多数国家间都签订有最惠国待遇条款的贸易条约或协定，因此这种进口关税已被视为正常关税。WTO 成员国之间互相提供最惠国待遇，成员国之间商品的进口享受最惠国税。特惠税是指从某个国家或地区进口的全部商品或部分商品，给予特别优惠的低关税或免税待遇。它有互惠的，也有非互惠的。发达国家承诺对从发展中国家或地区输入的商品，特别是制成品和半制成品，给予普遍的、非歧视的、非互惠的关税优惠待遇。这种进口税称为普遍优惠税，简称普惠税。提供普遍优惠税的国家称为给惠国，享受普遍优惠税的国家称为受惠国。给惠国提供普惠税通过普惠制方案来执行，普惠制方案由各国单独规定和公布，内容包括：对受惠国家或地区的规定、对受惠产品范围的规定、对受惠产品减税幅度的规定、对原产地的规定、对给惠国的保护措施的规定。受惠国的产品要享受普惠税待遇必须符合上述要求。

（2）出口关税：出口关税（export duties）是出口国的海关针对本国商品输往国外时，对出口商品征收的一种税收。目前大多数国家一般不征收出口税，因为征收出口税必然要提高本国商品的出口成本，加大出口难度，削弱出口商品在国外市场的竞争力，不利于扩大本国产品的出口。战后发达国家都相继废除了出口关税，以适应世界经济迅速发展的需要。目前，许多发展中国家已将出口关税压缩到最小范围。少数发展中国家，为了保障国内供应或增加财政收入而征收出口关税。

（3）过境关税：过境关税（transit duties）又称通过关税或转口关税，是一国对于通过本国关境的外国商品所征收的关税。目前大多数国家对过境货物只征收少量的准许费、印花费、登记费和统计费等。

2. 特别关税　在国际贸易中，有些国家对进口商品，除了征收正常的进口关税以外，还往往根据某些需要或者为了特殊的目的设置专门的关税。这类关税与一般的正常关税有所不同，所以又被称为特别关税，主要包括进口附加税、差价税和报复关税等。

（1）进口附加税：进口附加税（import surtaxes）是指进口国家对进口商品除征收一般关税以外，再加征额外的关税。征收附加税通常是作为限制进口的一种临时性的措施来实施的，当征税的目的达到或原因消除后，将取消这种关税。征收进口附加税的目的主要有：①应付国际收支危机，维持进出口平衡；②防止外国商品低价倾销；③对某个国家实行贸易歧视或报复等。

进口附加税主要有反补贴税和反倾销税两种。

1）反补贴税：反补贴税（anti-subsidy duty），又称反贴补税、抵消税或补偿税，是对直接或间接地接受出口补贴的外国商品进口所征收的一种进口附加税。征收反补贴税的目的在于增加进口商品的成本，抵消进口商品所享受的补贴金额，削弱其竞争能力，使进口国家的同类产品能与之在市场上公平地竞争，从而保护进口国的国内生产和市场。反补贴税的税额一般应按接受补贴的水平征收。

征收反补贴税的依据是 WTO 成员签署的《补贴与反补贴措施协议》。该协议认为，补贴是指"在一成员国领土内由一国政府或任一公共机构所提供的财政援助。它包括政府的资金转移（即赠予、贷款和资产投入）、潜在的资金债务的直接转移；政府预定收入的扣除或不征收；政府对非一般基础设施提供货物或服务，或者购买货物；政府向基金组织或信托机构支付或指示某个私人机构执行上述所列举的、一般由政府承担的行为"。

2）反倾销税：反倾销税（anti-dumping duty）是指进口商品以低于正常价值的价格进行销售，并对进口国的同类产业造成实质损害或产生重大损害威胁时，按其倾销差额所征收的进口附加税。其目的在于抵制商品倾销，保护本国国内同类产业。

为了阻止倾销这种不正当的国际竞争行为，1947 年《关税及贸易总协定》在第 6 条"倾销与反倾销税"中对倾销进行了界定，后经过多次修改完善，成为目前各国所依据的《反倾销协议》,即 1994 年“乌拉圭回合”谈判中所达成的《反倾销协议》。该协议专门对“倾销”进行了法律上的界定,并成为《关税及贸易总协定》以及现在的 WTO 成员国共同遵守的准则。

《反倾销协议》对实施反倾销措施的条件作了具体规定,即实施反倾销措施要有三个构成要件,分别是倾销、损害、倾销与损害之间的因果关系。第一个要件:产品以低于正常价值的价格销售。第二个要件:这种低价销售的行为给进口国产业造成了实质性损害或产生实质性损害的威胁,以及进口方建立生产同类产品的产业受到实质性的阻碍。第三个要件:损害与倾销之间存在着因果关系。只要具备以上三个要件,一般来说就可以采取反倾销措施。反倾销措施包括临时反倾销措施、价格承诺和最终反倾销措施。

(2)差价税:差价税(variable levy)是指当进口商品的价格低于本国生产的同种产品的价格时,为削弱进口商品的竞争能力,保护本国产业和市场,按国内价格和进口价格之间的差额征收的关税,即为差价税,又称差额税。差价税没有固定税率,它随着商品的国内外价格差额的变动而变动,是一种滑动关税。对于征收该税种的商品,有的规定按价格差额征收,有的则规定在征收一般关税后另行征收,后者实际上等同于进口附加税。

(3)报复关税:报复关税(retaliatory tariff)是指贸易对方对本国产品或本国船舶运输的商品实施歧视待遇,或违背贸易法规或拒绝接受 WTO 裁决后,为报复贸易对方的这种行为而征收的额外关税。报复关税税率可临时制定,但税率很高。多数国家在关税法中特别规定了报复关税条款。

(三)关税制度

关税制度是一个国家征收关税的准则和规范。它主要由征税标准和海关税则两方面的内容组成。

1. 征税标准　关税的征税标准又称征税方法。主要方法有从量税、从价税两种。在这两种基本征税标准的基础上,又派生出混合税和选择税两种标准。

(1)从量税:从量税(specific duties)是按照商品的重量、数量、容量、长度、面积等计量单位为标准计征的关税。从量税的征收对象通常是大宗初级产品和标准产品。

从量税的优点是:①税额便于计算。以货物的计量单位为征税标准,不必考虑价格、品质、规格等问题;②对低档、低价的进口商品限制作用强。从量税不因商品价格低廉而少征关税,削弱了低档、低价产品的竞争力;③税额固定。当进口产品价格变动时,税额不变,财政收入不受影响。从量税的缺点是:①税率不公平。同一税目,不论质量好坏价格高低,均按同一标准收税;②对高档高价进口品的限制作用不大;③税额不能因价格上升而提高。

(2)从价税:从价税(ad valorem duties)是以商品的价格为标准计征一定比率关税。其税率表现为货物价格的百分率。从价税的税额为商品总值乘以从价税率。在征收从价税时,必须确定完税价格。其确定方法大体可分为 3 种:①以装运港船上交货价格(FOB)作为征税价格标准;②以成本、保险费加运费价格(CIF)作为征税价格标准;③以法定价格作为征税价格标准。

从价税的优点是:①征收手续简单,对于同种商品不必因品质不同而详加分类;②税率明确,便于比较各国税率;③税收负担较为公平,其税额随商品价格与品质高低而增减,较符合税收公平原则;④当税率不变时,税额随商品价格上涨而增加,既可增加财政收入,又可起到关税保护的作用。其缺点是确定进口商品的完税价格较为复杂。

(3)混合税:混合税(mixed/compound duties),又称复合税。它是对某种进出口商品同时征收从量税和从价税的一种方法。其计算方法是,混合税额等于从量税税额加从价税税额。

笔记栏

混合税在具体应用时有两种情况：一种是以从量税为主加征从价税；另一种是以从价税为主加征从量税。

(4)选择税：选择税(alternative duties)是对一种进口商品同时制定有从量税和从价税两种税率，具体征收时，选择其中一种。一般是选择其中税额较高的一种，但有时为了鼓励某种商品的进口，也可能选择其中税额较低的一种税率征收。

2. 海关税则　海关税则(customs tariff)，又称关税税则。它是一国对进出口商品计征关税的规章和进出口应税或免税商品加以系统分类的一览表。海关税则一般包括两个部分内容：一部分是海关课征关税的规章条例及说明；另一部分是关税税率表。关税税率表包括商品分类目录、税号和税率三部分。

(1)商品分类目录：商品分类目录(nomenclature of goods)是以商品的不同性质、用途、功能或加工程度等为依据，对各种商品进行系统分类，以便分别规定不同的税率。目前，许多国家的海关税则都采用海关合作理事会制定的《协调商品名称及编码制度》(The Harmonized Commodity Description and Coding System，H.S.)。我国于1992年1月1日起采用。

(2)税率：税率(rate of duty)是根据商品分类目录逐项制定出来的。各国税则按税率栏数可分为单式税则和复式税则。单式税则(single tariff)，又称一栏税则，一个税目只有一个税率，适用来自于任何国家的商品，没有差别待遇。复式税则(complex tariff)，又称多栏税则，在一个税目下订有两个或两个以上的税率，分别适用于不同的国家或地区。现在只有少数发展中国家如委内瑞拉、巴拿马、冈比亚等仍实行单式税则。

(四) 关税的保护程度

目前，一般以平均关税水平来比较各国之间关税水平的高低，以名义保护率和有效保护率来表示关税对某种或某类商品的保护程度。

关税保护率是判断一个国家实施关税措施对国民经济保护作用的重要指标。关税保护率是指关税对一国经济贸易的保护程度。它分为关税名义保护率和有效保护率。

1. 关税名义保护率　关税名义保护率(nominal rate of protection)指海关税则中注明的对进口商品应征收的关税税率。世界银行的定义是：对一商品的名义保护率是由于实行保护而引起的国内市场价格超过国际市场价格的部分与国际市场价格的百分比。其计算公式是：

$$\text{名义保护率}=\frac{\text{进口商品国内市场价格}-\text{该进口商品国际市场价格}}{\text{该进口商品国际市场价格}}\times 100\%$$

课堂互动

关税名义保护率的计算

某商品的国际市场价格为1 000美元，某进口国国内市场相同商品的价格为1 200美元。该商品的保护率为：

$$(1\,200-1\,000)\div 1\,000\times 100\%=20\%$$

如果仅考虑关税这一保护措施，一国进口税则中的某一商品的法定税率就是该国的关税名义保护率。就某一商品而言，名义关税税率越高，对进口商品的限制就越大，对本国同类商品的保护程度就越高；反之，则越低。若某一商品全部生产过程均在一国完成，用关税名义保护率能真实反映现行进口关税税率对国内产品提供的保护程度，但对一部分生产过程在国外完成，并且这部分投入在进口时也被征收了进口关税的国内产品，就不能真实反映现行关税税率对该种产品提供的保护程度。因此，经济学家提出了关税有效保护率。

2. 关税有效保护率 关税有效保护率（effective rate of protection）是把关税作为保护本国产业的唯一手段，并假设该产业所发生的一切变化都是由征收关税引起的，那么关税有效保护率则是指一个国家征收关税后，单位产品增加值与在自由贸易条件下单位产品增加值相比增加的比率。它代表着关税对本国同类产品生产的真正有效保护程度。其计算公式是：

$$ERP=\frac{V'-V}{V}\times 100\%$$

式中：ERP 表示有效保护率；V 表示在自由贸易条件下的增值额，数额为征税前的商品价格减去原材料价格；V' 表示在征收关税条件下的增值额，数额为征税后的商品价格减去原材料价格。

课堂互动

关税有效保护率的计算

某国产商品价格为 100 元，其中 50 元为进口原料价（不征收关税），50 元为新增价值，如果对进口同类商品征收 20% 的从价税，商品价格上涨为 120 元，则该进口关税的有效保护率是：

$$V'=120-50=70$$

$$ERP=\frac{70-50}{50}=40\%$$

可见，有效保护率受到进口国进口商品的名义关税率、进口原材料的名义关税率和所用原材料在商品生产中所占比重的影响。

3. 关税有效保护率的政策含义 关税有效保护率对于不同国家尤其是发展中国家在选择对外贸易政策时具有重要的意义。

在对最终产品征收进口关税的名义税率不变时，对进口原料和中间产品征收的关税率越低，该名义税率的有效保护作用越大，因此，在国际贸易的实践中，税率高低与进口产品加工程度呈相同方向变动。一国如果用进口原料作加工出口，对原料征税，其结果是降低产品竞争力，因此，大多数国家在政策上采取了出口退税的做法，以增强出口商品的竞争力。

有效保护对于发展中国家存在两难境地。本国若对原料不征进口税，对最终产品征税，形成国内市场高保护，国内会出现大量的装配线，而不去发展中间产品或资本品的生产，从而丧失了保护的意义；如对原料和中间产品征收进口税，则产品在市场上无竞争力，无法与进口商品竞争，也无法转换成出口型产业。这表明，发展中国家对本国的关税结构的选择空间要小于发达国家。

二、非关税壁垒措施

非关税壁垒（non-tariff barriers，NTBs）是国家对进出口贸易进行管理所使用的除关税手段以外的各种限制进口的措施。“非关税壁垒”这个概念是在《关税及贸易总协定》缔结之

笔记栏

后逐渐形成的，其措施种类繁多。随着关税总体水平的大幅度下降，关税的保护作用减弱，使得非关税壁垒措施的运用越来越广泛。据统计，非关税壁垒措施到目前已有 2 500 多种，并仍有增加的趋势。总体来说，非关税壁垒措施总体可分为两类：直接限制商品进口的措施和间接限制商品进口的措施。

（一）直接限制商品进口的措施

直接限制商品进口的措施是指进口国直接对进口商品的数量或金额加以限制，或迫使出口国直接限制商品出口。

1. 进口配额制　进口配额制（import quotas system），又称进口限额制，指一国政府在一定时期内，对于某些商品的进口数量或金额加以直接限制。在规定的期限内，配额以内的货物可以进口，超过配额不准进口，或者征收更高的关税或罚款后才能进口。进口配额制主要有绝对配额和关税配额两种。

（1）绝对配额：绝对配额（absolute quotas）是指在一定时期内，对某些商品的进口数量或金额规定一个最高数额，达到这个数额后，便不准进口。这种配额按分配情况和运用范围又可分为全球配额和国别配额两种方式。根据分配的方法，国别配额又可以分为自主配额和协议配额。

（2）关税配额：关税配额（tariff quotas）是指在一定时期内，对商品进口的绝对数额不加限制，但对配额以内的进口商品，给予低税、减税或免税待遇，对超过配额的进口商品，则征收较高的关税或征收附加税或罚款。

绝对配额与关税配额的区别是对于超过配额额度商品进口的处理方法不同。绝对配额在配额用完后，则不允许进口；关税配额的配额用完后，仍可以进口，只是要征收较高的关税、附加税或罚款。

2. “自动”出口配额制　“自动”出口配额制（“voluntary”export quotas），又称为“自动”出口限制（“voluntary”restriction of export）。它是指出口国在进口国的要求或压力下，“自动”规定某一时期内（一般是 3~5 年）某些商品对该国的出口实行限制，在限定的配额内由出口国自行控制出口，超过配额即禁止出口。“自动”出口配额制与进口配额制中的绝对配额在配额的使用上均规定，在一定时期内配额用完后，即禁止出口。所不同的是，前者由出口国控制，后者则由进口国控制。但无论是哪种配额，对进口国家而言，均起到了限制商品进口的作用。

3. 进口许可证制　进口许可证制（import license system）是政府为了加强对进出口的管理，规定某些商品的进口必须领取许可证。没有获得许可证的受限制商品，一律不准进口。

从进口许可证与进口配额的关系看，可以分为有定额的进口许可证和无定额的进口许可证。从对进口商品的许可程度上看，进口许可证又可分为公开一般许可证和特种进口许可证。

4. 外汇管制　外汇管制（foreign exchange control）是指一国政府通过法令对国际结算和外汇买卖实行限制，以平衡国际收支和维持本国货币汇率的一种制度。

在外汇管制下，出口商出口所得的外汇收入及有其他外汇来源的单位或个人都必须将其所得外汇按官定汇率卖给外汇管制机关或存入国家指定的金融机构。与此同时，进口商及个人所需外汇也必须在外汇管制机关按官定汇率申请购买。本国货币的携出入国境也受到严格的限制。这样，国家有关机关通过确定官定汇价、集中买卖外汇的办法，以控制外汇供应数量并由此限制进口商品品种、数量和进口国别。

（二）间接限制商品进口的措施

间接限制商品进口的措施是指进口国对进口商品制定严格的条件和标准，间接地限制商品进口。这些措施主要有：

1. 歧视性政府采购政策　歧视性政府采购政策（discriminatory government procurement policy）是指一国政府通过制定法令和政策，规定其各级政府机构在采购时必须优先购买本国产品的做法，由此导致对外国产品的歧视和进口限制。

世界上许多国家都在采用歧视性的采购政策，如美国于 1933 年开始实行，并于 1954 年和 1962 年两次修改的《购买美国货法案》规定：凡是美国联邦政府所采购的货物，应该是由美国制造的，或是用美国原料制造的，只有在美国本国生产数量不足，或者国内价格过高，或者不买外国货就会损害美国利益的情况下，才可以购买外国货。

2. 进出口国家垄断　进出口国家垄断（state monopoly of import and export）是指在对外贸易中，对某些或全部商品的进出口由政府机构直接经营，或者是把某些商品的进出口垄断权授予某些垄断组织，从而有效地控制商品进出口的数量、种类和进出口国别或地区。

进出口国家垄断经营主要集中在几种有关国计民生的大宗的、特殊的商品，如烟酒、农产品、武器和其他战略物资、尖端高科技产品等。

3. 歧视性的国内税　国内税（internal taxes）是一国在国内商品生产、销售、使用、消费等各环节中所征收的税收。国内税的制定和执行属于本国政府机构的权限，有的属于地方政权机构的权限。由于国内税不受贸易条约和贸易协定的限制，因此采用国内税限制进口比关税更具有灵活性、隐蔽性和歧视性。如法国曾对进口汽车征收高于国产汽车 1.5 倍的养路税；美国、瑞士和日本等国进口酒精饮料的消费税都大于本国产品。这样，既提高了本国产品的竞争力，又有效地限制了外国产品的进入。

4. 进口最低限价　进口最低限价（minimum price）是指一国政府规定某种进口商品的最低价格。凡进口货物价格低于规定的最低价格时，则征收进口附加税或禁止进口，以达到限制低价商品进口的目的。如 1985 年智利对绸坯布进口规定的最低限价为 52 美元 /kg，低于此限价，将征收进口附加税。

5. 进口押金制　进口押金制（advanced deposit）又称进口存款制，是指政府为了控制某些商品的进口，或为了在一段时期内控制进口商品的数量，规定进口商在进口商品以前，必须预先按进口金额的一定比率，在规定的时间内到指定的银行无息存放一笔现金的制度。进口押金制的实行，增加了进口商的资金负担，影响了资金周转，或由此造成进口成本过高，从而起到限制进口的作用。

6. 专断的海关估价　海关估价（customs valuation）是海关按照国家有关规定，对申报进口的货物的价格进行审核，确定或估定其完税价格。完税价格是海关征收关税的依据，并以此计算应缴关税税额。专断的海关估价是进口国根据某些特殊的规定，故意提高某些进口商品的海关估价以增加进口商的关税负担，阻碍商品的进口。

美国海关长期以来按照进口商品的外国价格或出口价格两者中较高的一种进行征税，称之为“美国售价制”。后由于其他国家的强烈反对，“东京回合”签订了《海关估价守则》以后，美国不得不废除了“美国售价制”。“乌拉圭回合”谈判修改了《海关估价守则》，并正式命名为《关于实施关税及贸易总协定第七条的协议》。该协议规定应以进口商品或相同商品的实际价格作为计征关税的依据，不能采取武断的或虚构的估价以提高计征从价税。

7. 技术性贸易壁垒　技术性贸易壁垒（technical barriers to trade）是指进口国以维护国家安全，保护人类、动植物生命，保护环境，保护产品质量为目的，或以贸易保护为目的所采取的复杂苛刻的技术标准、卫生检疫规定、安全规定、商品包装和标签规定等以限制进口的一种措施。

由于各国经济发展水平不同，技术法规和标准差别很大。随着关税水平的逐渐下降，技术性贸易壁垒作为非关税壁垒的重要手段，越来越多地被一些国家所采用。因此，也受到了世界各国的重视。关税及贸易总协定"乌拉圭回合"谈判中就此达成了协议，即《技术性贸易壁垒协议》。该协议由15个条款和3个附件构成。其主要内容包括：制定、采用和实施技术性措施应遵循的规则；技术法规、标准合格评定程序；通报、评议、咨询和审议制度等。WTO设立技术性贸易壁垒委员会，负责管理《技术性贸易壁垒协议》的执行。自1995年起，技术性贸易壁垒委员会对《技术性贸易壁垒协议》的运行和实施情况每三年进行一次审议。

8. 环境贸易壁垒　环境贸易壁垒（environmental trade barrier）又称绿色贸易壁垒，是指国际贸易中各国借口保护环境，对进口商品制定带有歧视性、针对性的技术、安全和卫生标准，如果达不到这些标准，进口国有权扣留、退回、销毁、索赔等，或不规范地使用国际公认的标准。环境贸易壁垒是某些发达国家用来对从发展中国家进口的商品加以限制的一种手段。

知识链接

技术性贸易壁垒对中国产业的影响越来越大

近年来，国外技术性贸易措施使我国企业出口遭受的直接经济损失逐年增加，由2005年的288亿美元攀升至2011年的622亿美元，每年约有1/3的出口企业不同程度地遭受国外技术性贸易措施的影响。

这些技术性贸易措施给中国传统民生产业及新兴的高科技产业造成很大的影响。例如：欧盟委员会非食品类快速预警系统（RAPEX）通报自2006年9月以来，中国商品被通报数量占欧盟总通报数量的50%以上。2008—2010年，美国消费品安全委员会（CPSC）召回、通报中国商品（剔除港澳台地区）数量均占美国总召回、通报数量50%以上。2010年，日本厚生劳动省公布各口岸卫生检疫所检出不合格进口产品共计1 528批次，日本扣留的产品共涉及67个国家和地区，其中，中国产品占不合格总批次的25.9%，排在第一位。［资料来源：共产党员网．构建技术性贸易措施的国家战略体系［EB/OL］.(2013-07-28)［2021-03-30］.http://news.12371.cn/2013/07/28/ARTI1375026180634926.shtml］

三、出口鼓励和出口管制

许多国家在利用关税和非关税壁垒措施限制进口的同时，还采取各种措施对本国的商品出口给予鼓励，以促进经济和对外贸易的发展，或者出于政治、军事、经济或履行协议的目的，对某些商品实行出口管制、限制或禁止出口。

（一）出口鼓励措施

1. 出口信贷　出口信贷（export credit）是指一国政府为了鼓励商品出口，增强商品的竞争能力，通过银行对本国出口厂商或国外进口厂商提供的贷款。它是一国的出口厂商利用本国银行的贷款扩大商品出口，特别是金额较大，期限较长的商品，如成套设备、船舶等出口的一种重要手段。出口信贷按借贷关系可分为卖方信贷和买方信贷。

（1）卖方信贷：卖方信贷（supplier's credit）是指出口方银行向本国出口厂商（卖方）提供的贷款。这种贷款协议由出口厂商与银行之间签订。卖方信贷通常用于成套设备、船舶等运输工具的出口。由于这类商品交易金额较大，占用时间长，进口厂商一般都要求采用延期付款的办法。因此，卖方信贷实际上是出口厂商从供款银行取得贷款，再向进口厂商提供延期付款，以促进商品出口的一种方式。

(2)买方信贷：买方信贷(buyer's credit)是指出口方银行直接向外国进口厂商(即买方)或进口方的银行提供的贷款，以资助进口方购买本国的出口商品。这种贷款是一种约束性贷款(tied loan)，其约束条件是贷款必须用于购买债权国的商品。买方信贷将贷款的提供与商品的出口直接联系起来，可以起到促进商品出口的作用。

2. 出口信贷国家担保制　出口信贷国家担保制(export credit guarantee system)是指国家对于本国出口厂商或商业银行向外国进口厂商或商业银行提供的信贷，由国家设立的专门机构出面担保，当外国债务人拒绝付款时，国家担保机构按照承保的数额给予补偿。

出口信贷国家担保制承保范围通常是一般商业保险公司不承保的出口风险项目，主要涉及政治风险和经济风险。政治风险是指进口国由于政治方面的原因而发生的政变、革命、暴乱、战争以及政府实行禁运、冻结资金或限制对外支付等所造成的损失，这种风险的承保金额一般为合同金额的85%~95%。经济风险是指因经济原因如进口厂商或借款银行因破产倒闭无力偿付，货币贬值或通货膨胀等所造成的损失。经济风险担保金额一般为合同金额的70%~80%。为了扩大出口，有时对于某些项目的担保金额可达100%。

出口信贷国家担保制的担保对象是出口厂商和商业银行。出口厂商出口时提供给进口商的多种形式的信贷都可向该机构申请担保。商业银行提供的出口信贷均可向国家信贷担保机构申请担保。担保期限通常可分为短期与中、长期，短期为6个月左右，中、长期担保时间通常为2~15年。

3. 出口补贴　出口补贴(export subsidies)又称出口津贴或出口奖励金(export bounty)，是国家为鼓励出口，在出口商品时给予本国出口厂商以现金津贴或财政上的优惠，以降低出口商品的价格，提高出口商品的国际竞争力。

出口补贴有两种方式，一种是直接补贴(direct subsidies)，即政府在出口厂商出口商品时直接给予现金补贴；另一种是间接补贴(indirect subsidies)，即政府给予出口厂商其他优惠待遇，如运输、财政上的优惠等，以加强产品在国际市场上的竞争力。

(二) 出口管制措施

出口管制(export control)是指国家通过法令和行政措施对本国出口贸易实行管理和控制。一般而言，各国都会努力扩大商品出口，积极参与国际贸易活动，但出于一些政治、军事和经济上的考虑，有些国家有可能限制和禁止某些战略性商品和其他重要商品输往国外，实行一些出口管制措施。

1. 出口管制的商品　通常一国的出口管制商品为以下种类：①国内生产所需的原料、半制成品及国内供应不足的商品。②先进技术设备、武器、尖端技术等战略物资及先进产品。③在外国压力下，实行“自动”出口限制的商品。④某些重要文物、艺术品、黄金、白金等特殊商品，大多数国家都规定须得到特许方能出口。⑤为了采取经济制裁而对某国限制甚至禁止出口的商品。

2. 出口管制形式

(1)单方面出口管制：单方面出口管制(unilateral export control)是一国根据本国出口管制法案，设立专门的执行机构对本国某些商品出口进行审批和颁发许可证，实行出口管制，以达到控制商品的品种、数量和金额之目的。国家可以通过直接控制、调节、分配出口商品甚至禁止出口的措施，如出口许可证、出口配额、出口结汇等进行商品出口管制。

(2)多边出口管制：多边出口管制(multi-lateral export control)即几个国家政府建立国际

笔记栏

性的多边出口管制机构，制定多边出口管制措施，以协调彼此的出口管制政策和措施，达到共同的政治和经济目的。如 1949 年 11 月在美国提议下成立的“输出管制统筹委员会”，即巴黎统筹委员会，就是一个国际性的多边出口管制机构。

第四节　我国医药对外贸易政策措施

为了鼓励和支持医药企业“走出去”，发展我国医药对外贸易，我国政府制定了一系列支持和促进我国医药对外贸易发展的进出口政策措施。

一、我国鼓励医药出口的政策措施

鼓励医药商品出口的贸易政策是国家根据对外医药贸易发展的需要，通过经济、行政和组织等方面的政策、措施，来促进本国医药商品的出口，开拓和扩大国外市场。目前被广泛使用的政策措施主要有以下几种：

（一）设立中国医药保健品进出口商会

中国医药保健品进出口商会（简称“医保商会”）成立于 1989 年 5 月 22 日，是由从事医药保健品研发、生产、贸易、投资及相关活动的各种经济性组织自愿组成的全国性、行业性和非营利性的社会组织。

医保商会业务范围涵盖中药材饮片、中成药、植物提取物、西药原料、西成药、生物制药、医院诊断和治疗设备、保健康复器材、医用敷料与耗材、保健品、功能性化妆品、特医食品等诸多领域。截至 2021 年，商会拥有会员 2 500 余家，囊括国内外众多颇具代表性和影响力的医药保健品企业。具有专业的国际医药贸易和投资促进职能，是沟通政府与企业，联系国内外市场，推动中国医药健康产业国际化发展的专业行业组织。

（二）鼓励医药商品出口的金融政策

为了支持和鼓励本国医药商品的出口，加强本国医药商品的国际竞争能力，我国政府制定了如对外承包工程项目贷款贴息、出口信贷及出口信用险、中小企业国际市场开拓基金等政策，有关部门也出台了一批财税、信贷、保险、外汇、通关、出入境及领事保护等政策措施，缓解了我国医药企业对外出口的资金压力和后顾之忧，以便于顺利履行出口合同，有效地推进和保障了我国对外医药贸易的发展。

ER-7-1

知识拓展：中医药“走出去”的坎儿

（三）实行出口退税，扶持医药出口企业

近年来，国家在给予医药出口企业出口退税政策扶持的同时，更加重视医药产品出口结构的调整，频繁地出台政策调整医药产品的出口退税率。通过调整，提高生物医药产品等高科技含量产品的出口退税率，鼓励其出口；降低原料药的出口退税率，限制其出口。

二、我国医药出口的管制措施

大力发展医药对外贸易，维护国家整体利益和出口经营秩序，我国的医药商品出口管理经过不断的调整和改革，基本上形成了一整套比较适合我国国情的对外医药贸易管理规章制度。

（一）麻醉药品、精神药品的出口管理

为进一步加强对麻醉药品、精神药品进出口的管理，充分满足医疗、教学和科研的合法需求，防止其流入非法渠道，维护和促进正常贸易，根据《药品管理法》《麻醉药品管理办法》《精神药品管理办法》的有关规定，自 2002 年 1 月 1 日起我国对麻醉药品、精神药品的

进(出)口实行进(出)口准许证管理制度。

(二) 麻黄素的出口管理

我国是天然麻黄素的主要生产国和出口国之一。麻黄素既是制药原料,又是制造甲基苯丙胺(冰毒)的前体。为加强对麻黄素类易制毒化学品的出口管理,规范麻黄素类易制毒化学品出口经营秩序,防止其流入非法制毒渠道,根据《易制毒化学品管理条例》,《麻黄素类易制毒化学品出口企业核定暂行办法》经2006年5月17日商务部第5次部务会议审议通过,并经公安部、海关总署、国家食品药品监督管理局同意,自2006年11月10日起施行。

(三) 实施《药用植物及制剂进出口绿色行业标准》

我国从2001年7月1日起实施《药用植物及制剂进出口绿色行业标准》,对进出口药用植物和制剂的范围、术语、引用标准、限量指标、监测方法、检测规则、包装、标志、运输及贮存作了详细规定。

《药用植物及制剂进出口绿色行业标准》是中华人民共和国对外经济贸易活动中,药用植物及其制剂进出口的重要质量标准之一。适用于药用植物原料及制剂的进出口品质检验。建立药用植物及制剂绿色标准对于保护我国市场、促进植物类中药的出口、提高我国出口产品的质量、推进中药现代化、提高商会对产品的协调水平具有重要的意义。

三、我国药品进口管理措施

为规范进口药品的管理,保证国内人民安全用药,我国还颁布了一系列药品进口管理办法。

(一)《药品进口管理办法》

为规范药品进口备案、报关和口岸检验工作,保证进口药品的质量,国家食品药品监督管理局、海关总署审议并颁布了《药品进口管理办法》,自2004年1月1日起实施。2012年,卫生部和海关总署对其进行了修订。

《药品进口管理办法》对药品的进口备案、报关、口岸检验以及监督管理作了严格规定。《药品进口管理办法》规定口岸药检所专司技术检验,有利于促进技术的严格把关。根据新的药品通关程序,除有特殊规定的进口药品外,其他药品的进口只需向口岸药品监督管理局进行药品进口备案,在获得进口药品通关单并由药检所抽样后,就可直接上市,检验过程则将在其销售期间同时进行。这样既取消了对进口药品的一些不必要限制,给进口药品“国民待遇”,又视国情真正强化了对进口药品的管理,使药品的进口程序进一步与国际接轨。

(二)《进口药材管理办法》

为进一步加强进口药材监督管理,保证进口药材质量,《进口药材管理办法》自2020年1月1日起施行。国家食品药品监督管理局2005年11月24日公布的《进口药材管理办法(试行)》同时废止。《进口药材管理办法》对进口药材申请与审批、登记备案、口岸检验及监督管理进行了严格的规定。

案例讨论

中药材贸易壁垒日渐升级

2014年,宁波地区出口中药原材料640.4吨,货值403.1万美元,同比增长14.5%和17.4%。出境中药材品种包括大黄、银杏叶粉、番泻叶碎料、半夏、独活等上百个品种,主要输往日本、美国、马来西亚等11个国家和地区。虽然出口量有小幅增长,但是由于宁波中药材出口产品附加值和科技含量较低,近年来技术贸易壁垒日渐升级对出

笔记栏

口影响尤其大。技术贸易壁垒成为中药出口的最大“障碍”。不仅日本、韩国等亚洲的一些传统中药使用国家和地区近年来频频更新进口药材限量要求,欧盟等发达国家对于中药材的准入更是设置了各种认证及注册制度。而我国的中药生产和加工方式都比较传统,很多环节达不到发达国家制定的标准,对出口造成了影响。

目前国外针对中药材的技术壁垒主要集中在各种注册认证程序、重金属、农药残留和微生物限量方面,成为制约我国中药产品出口的最主要因素。[资料来源:中药材贸易壁垒日渐升级[N].宁波日报,2015-01-20]

案例讨论题

1. 试分析案例中各国为什么对我国中药材采取技术性贸易壁垒?
2. 结合案例讨论各国的技术性贸易壁垒起到了怎样的效应?
3. 谈谈我国药品在遭遇到技术性贸易壁垒时应如何应对?

(高伟芳)

复习思考题

1. 什么是对外贸易政策?它有哪几种主要类型?
2. 重商主义早期与晚期的主张有何不同?
3. 李斯特保护贸易理论的主要内容是什么?
4. 常用的非关税壁垒主要包括哪些措施?
5. 关税的种类有哪些?
6. 出口鼓励措施包括哪些?

第八章

医药产业国际化和跨国经营

笔记栏

PPT 课件

学习目标

1. 掌握中药产业国际化的障碍、跨国公司的概念和直接投资理论。

2. 熟悉影响医药产业国际竞争力的因素、促进中药产业国际化的对策。

3. 了解产业国际化的概念和特征、中药产业国际化的现状、跨国医药企业在中国的发展情况和中国医药企业跨国经营的现状。

引导案例

辉瑞“吞下”艾尔建公司，组建全球最大药企

美国最大的制药企业辉瑞公司2015年11月23日宣布与爱尔兰制药巨头艾尔建合并，并购规模达1 600亿美元，为史上第二大并购案，仅次于2000年英国电信巨头沃达丰集团收购德国移动网络提供商曼内斯曼的1 720亿美元的并购规模。两家公司的董事会已达成协议，辉瑞对艾尔建的估价为每股363.63美元，溢价超过30%。根据协议，双方的业务将被合并到目前规模较小的艾尔建公司旗下，但合并后的新公司命名为“辉瑞公共有限公司”。辉瑞和艾尔建两巨头合并后，将成为全球最大的制药公司：年销售额超过600亿美元，员工11万人，年度研发费用90亿美元。并购后，辉瑞总部将移至爱尔兰，辉瑞借此达到避税目的。两者合并也因此成为史上最大的“税收倒置”案例。税收倒置是指企业通过改变注册地的方式，由高税率国家迁往低税率国家，以达到避税的目的。税收倒置也可通过海外并购后的业务转移来完成，即“倒置收购”。辉瑞在美国的税率为35%，在爱尔兰仅为12.5%。[资料来源：赵冰．辉瑞吞下医美公司，组全球最大药企[N/OL].(2015-11-24)[2021-03-30]http://www.xinhuanet.com/world/2015-11/24/c_128462690.htm]

第一节　医药产业的国际化

一、产业国际化的概念和特征

(一) 产业国际化

随着全球经济一体化的趋势不断发展，产业国际化的程度也在不断加深。产业国际化

笔记栏

既是一种状态,又是一个动态过程。作为状态,产业国际化是企业的生产经营活动国际化所带来的产业在全球范围内高度发展的产物,可以表现为企业产品销售国际化、企业生产活动国际化和企业投资经营活动国际化。作为过程,是指一国的产业不断超越国界向世界其他国家不断拓展、延伸、渗透的动态过程。

(二) 产业国际化的特征

1. 产品销售国际化　产品销售国际化是指一国企业的产品销售打破了国家的界限,大规模地销售到其他国家的情况,这是产业国际化的最初阶段。跨国销售产品,可以开拓企业的销售市场,提高企业产品销售的市场份额。例如2019全年中国的中药类产品通过出口贸易的方式销售到其他国家的总额达到4 019亿美元。

2. 生产国际化　企业生产国际化包括生产要素国际化和生产过程国际化。生产要素国际化是指企业生产活动所需的资源包括人、财、物等要素在全球范围内通过贸易进行配置,而且生产出来的产品也销售到不同的国家。生产过程国际化是指企业根据世界各国资源优势的差异,把生产活动的不同工序和环节分配到不同的国家,从而达到降低企业生产成本的目的。

3. 投资经营活动国际化　企业投资经营的国际化是指企业跨越本国界限,采用直接投资的方式在全球范围内投资设厂、成立研发中心和销售中心,充分利用不同国家的土地、技术、人才和市场的优势,把企业的研发、采购、生产、销售等环节分配到不同的国家,而把最高决策权保留在本国总公司的情况。企业投资经营活动的国际化是企业产品销售国际化和生产活动国际化的深化发展阶段,也是实现企业产品销售国际化和生产活动国际化的重要方式。企业投资经营活动国际化采用直接投资的方式代替国际贸易的方式,实现企业产品销售、生产要素和生产环节在不同国家的配置,进一步打破了企业的国界限制,提高了生产和销售的效率。例如一些发达国家的大型跨国医药公司在劳动力成本较低的国家建立生产基地,在全球范围内设立研发中心,充分利用当地的人才和资源优势。

二、医药产业国际化

(一) 医药产业国际化程度不断提高

医药产业是按国际标准划分的15类国际化产业之一,被称为“永不衰落的朝阳产业”。近年来,随着WTO协调世界贸易的作用和能力不断加强,国际医药贸易的关税逐步降低,非关税壁垒也逐步削弱。世界医药产业国际化程度不断加深,全球医药产品销售额不断攀升。2019年全球药品市场销售额超过1.2万亿美元,2015—2019年全球药品市场需求年均复合增长率维持在4%~5%。发达国家医药企业通过国际贸易、国际直接投资等方式,不断加强对发展中国家的渗透,发展中国家的医药企业也把产业国际化作为提升企业竞争力的主要目标,医药产业国际化趋势如火如荼。

ER-8-1

知识拓展:恒瑞医药的国际化之路

(二) 医药产业国际化发展不平衡

目前发达国家的医药企业处于医药产业链的高端,在医药研发、创新药物生产和医药销售环节占据主导地位,而发展中国家则主要在医药原材料和中间体、仿制药生产上占据主导地位。在医药销售流通环节,发达国家的创新药物产品充斥着发展中国家的市场,获取高额的利润,而发展中国家的医药产品,则以原材料和半成品等低附加值的形式出口到发达国家,利润较低。发展中国家的药品制成品则主要销售到本国市场。发达国家的跨国医药企业还通过直接投资的方式,在发展中国家投资设厂,把产业链低端的生产环节转移到发展中国家,降低企业成本,对发展中国家的医药企业形成巨大的竞争威胁。

(三) 全球医药市场国际化竞争态势激烈

随着新药研发成本的不断上升,大批专利药物的到期,仿制药步步紧逼,全球医药产业竞争态势越发激烈。各跨国医药公司纷纷调整全球战略，在全球范围内通过并购和重组增强企业的竞争力，全球范围内的兼并和重组浪潮不断涌现。2018 年，全球医药行业大约有 360 起并购活动，交易总额 2 700 亿美元。武田制药通过收购夏尔来加快国际化进程，并打造一家以价值为基础、以研发为驱动的全球领先生物制药公司；2018 年 3 月葛兰素史克宣布以 130 亿美元收购诺华旗下消费保健合资公司 36.5% 的股权；2018 年底辉瑞与葛兰素史克宣布成立一家合资公司，合并旗下消费保健品业务。

三、中药产业的国际化

（一）我国中药产业国际化现状

目前中国的中药国际化主要体现在向国外提供中药产品和服务的国际化初级层次上，中药产业国际化程度还较低。在中药产品的销售方面，附加值较低的中药原材料占据比重较高，中成药出口份额较小。2019 年植物提取物的出口金额达到 23.72 亿美元，占中药出口额的 59%，中药材及中药饮片出口金额 11.37 亿美元，占 28%，而中成药出口金额 2.63 亿美元，仅占 7%。从中药出口的地理方向来看，主要集中在亚洲地区，包括中国香港、日本、韩国、马来西亚、越南、印度尼西亚等国家和地区，欧美发达国家市场份额较小，中药产业国际化任重道远。

（二）阻碍中药产业国际化的因素

1. 中医体系和西医体系的差别　中医与西医产生和发展的文化背景、理论基础、思维方法和诊疗手段截然不同，因此两者的检验标准也大相径庭。中医药主要以验方为主，讲究“辨证施治，君臣佐使”成分复杂。西医药注重量化，成分清楚，用法用量准确，讲究标准性，统一性，不良反应明了，建立了严格的标准化体系。西药是世界的主流药物体系。中药和西药的发展遵循了两条完全不同的路径，检验西药的标准无法用来度量中药，因此中西医很难在短期内融合认同，导致西药药物体系国家对中医药的多种质疑，世界上很多国家对中医药的合法身份和地位还不予认同。

2. 中医药的安全性遭到质疑　近年来，中国出口的中药材存在的农残量、重金属超标问题，给中医药产品的出口带来了负面影响。中药的检验标准尚未与国际接轨，中成药的产品说明书缺少明确的有效成分含量指标，对毒副作用和不良反应没有记载或记载不详，容易导致用药不当。这种情况引起了西方发达国家对中药质量的质疑。

3. 技术性贸易壁垒　第二次世界大战以后，随着 WTO 的各项协定不断深入贯彻，WTO 成员间的关税水平逐步降低，非关税壁垒逐步取代关税壁垒成为一些国家限制进口的工具。中国作为 WTO 中的重要成员，药品出口在享受低关税待遇的同时，也经常遭遇来自发达国家的非关税壁垒。其中技术性贸易壁垒更为普遍。例如欧盟 2011 年颁布的 2011/62/EU 号新指令（即“62 号令”）要求，从 2013 年 7 月份起，所有出口到欧盟的药品均需出具出口国监管部门的书面声明，并保证符合“出口国 GMP 相当于欧盟标准”等严格性要求。美国规定在美国上市的新药，必须由 FDA 根据其安全性和有效性做出批准，药物必须在符合 FDA 现行 GMP 的厂家生产，药物的运输和贮存必须正确记录和接受检查。由于中国的药品生产标准和欧美等发达国家的标准存在较大差距，因此复杂而细致的标准条款往往成为中国医药产品的障碍，从而成为事实上的技术壁垒。

4. 中药企业的产品质量有待提高　目前中国的中药企业生产技术整体相对落后，产品科技含量不足，还存在质量管理不完善的现象。现有的国内中药标准落后于社会进步和科学技术发展的步伐，在中药材的种植、中药饮片的加工和中成药制造方面的质量管理需要加强。

笔记栏

5. 中药企业知识产权保护意识薄弱　尽管中国已经颁布和实施了《中华人民共和国专利法》(以下简称《专利法》)、《中华人民共和国商标法》(以下简称《商标法》)、《中药品种保护条例》等旨在保护企业知识产权的法律和法规，但国内的一些医药企业知识产权意识仍然需要进一步提高。一些古方、验方和祖传秘方处于无保护状态，大量流失到国外，被其他国家的企业抢先注册。国外医药企业通过抢先注册的方式，攫取了中医药的知识成果，导致了中国无形资产的流失，增强了国外洋中药的品牌竞争力，影响中国中药的国际化。

(三) 促进中药产业国际化的对策

1. 加强中西医文化的交流和融合　中西医文化的融合是突破中西医体系障碍的柔化剂，消除中西医的文化障碍，促使西方国家的政府和民众正确认识中医药，是促进中药产业国际化的一项重要对策。加强中西医文化的交流需要从政府、企业和公众三个层面，通过多种渠道向世界其他国家宣传介绍中医药的药理、生产和管理，加强与其他国家的政府、企业和民众的交流。例如邀请其他国家的政府官员参观中国的中药企业；在其他国家开设中药养生门店；建立国际范围内的中医药论坛，邀请其他国家的药物和医学专家加入，通过学术交流的形式，传播中医药文化；消除中医药文化传播的语言障碍，培养一批既懂得中医药又具有很高外语水平的复合型人才，把中医药的经典著作翻译成各国文字，增强国外医药界人士对中医药的理解能力；还可以在国外的电视、网络、杂志等多种传媒上进行中医药文化宣传。

2. 提升中医药产品的质量　为了提高中药产品的质量，医药管理监督部门需要仔细分析欧美等发达国家关于药品生产和销售的相关管理规定，借鉴其合理部分，不断优化中国医药生产标准。严格监督国内的中药企业按照 GAP 和 GMP 等规定进行生产和管理。建立质量事故惩罚机制，对不符合标准的企业加大惩罚力度，增加企业的违规成本，提升中药企业的质量意识。

3. 促进中药现代化　中药现代化是中药国际化的前提和基础，采用现代化的科学技术、新型的机器设备是生产高科技含量的中药产品的保证。首先，应当积极开展传统中药基础理论的现代科学研究。把中药传统理论、生产方法与现代科学技术相结合，寻求两者的融合点，用现代语言重新解释中医药理论，促进中药生产的现代化。其次，对中药生产设备进行现代化改造，提升中药材的提取、分析和制剂生产的科技含量，积极开发中药产品的新剂型，使中药的临床应用更符合国际的需要。再次，加快培养既懂中医药又懂西医药的具有现代化科学技术思维的中西医结合型人才，加强人才的国际交流，寻找中西医融合的合适路径。加强中医药标准的制定研究，并力图使其标准国际化，为中医药的合法地位铺平道路。

4. 加强中药知识产权的保护　针对当前中国一些中药企业知识产权保护力度不够的现状，政府需要从宏观层面进行引导。例如定期对一些中药企业进行培训，加强知识产权保护法的宣传。另外，国家中医药管理局、国家药品监督管理局和国家知识产权局等中药企业相关管理部门需要联合对中药企业的知识产权保护进行管理。例如对中药企业已经在国内注册过的专利要求企业汇报专利的使用情况，并指导企业寻求在国际上进行专利的注册，充分发挥专利的市场功效。而对那些具有技术优势，但还没有申请专利的项目，通过实施企业进行研发项目的申报制度，预先引导企业做好申报专利的准备，及时巩固技术创新成果。针对散落在民间的祖传秘方，可通过媒体进行宣传，采用招募秘方的方式，鼓励祖传秘方的所有权人及时申报专利或通过向本国企业出售秘方的方式，使秘方的中国所有权得到保护。

5. 探索多元国际化模式　为了提高中药产业的国际化程度，中药企业需要探索多种国际化模式，开拓国际市场。中药产业国际化的方式主要包括中药产品的国际化销售、中药企业对国外进行直接投资和中外企业的合资和合作等。中药企业需要根据不同目标市场的情况，选择合适的国际化方式。目前中药产品国际化目标市场主要分为三个部分。一是东南亚的新加坡等国家。这些国家对中药比较认可，是中药出口的主要市场，可以考虑采用中药出口、直接投资和合资合作等多种国际化方式，加深国际化程度。二是日本和韩国市场。由于日本和韩国受中国传统文化的影响比较大，这两个国家对植物药也比较青睐，崇尚"汉方药"，大量生产科技化程度较高的"洋中药"，对中国的传统中药形成巨大的冲击。因此，对这两个国家除加大中药材的出口力度外，还要寻求企业层面的合资合作，借鉴"洋中药"的高科技生产技术，在竞争中寻求合作以提升中药产业的竞争力。三是欧美市场。欧盟和美国药品标准较高，市场准入门槛高，大多数中药只能以保健品、食品和原料的形式出口到欧美市场，可以说要想实现中药国际化，关键就是要实现对欧美市场的国际化。针对欧美市场，中药企业需要创新与欧美企业和医院等相关机构的合作交流形式，充分研究分析欧盟和美国的药品认证标准，选择市场需求大，产品疗效稳定，得到普遍认可的中药品种作为申请欧美标准认证的先锋，为国际化打开突破口。

第二节　跨国公司及直接投资理论

一、国际投资的内涵和分类

国际投资是资本输出国即对外投资国的投资，主体包括跨国公司、金融机构、政府或个人对资本输入国即被投资国进行跨国界投资的行为。广义的国际投资包括国际直接投资和国际间接投资。

（一）国际直接投资

所谓国际直接投资是指投资国的投资主体（通常都是跨国公司）为了获取更多的利润，在资本输入国内通过新建或并购等方式成立企业，从事生产经营活动的投资行为。在投资过程中投资主体不仅实现了资本向被投资国的转移，还在技术和管理方面对被投资国产生影响。

（二）国际间接投资

国际间接投资是指资本输出国的投资主体包括跨国公司、金融机构、政府或个人通过购买资本输入国的股票、债券和对外放贷的形式，对资本输入国进行投资，一般对被投资国投资对象的生产经营活动并不直接控制，而更多地关注投资利润的获取。

二、跨国公司的概念和特征

（一）跨国公司的概念

自第二次世界大战以来，随着世界经济的不断发展，跨国公司作为国际直接投资的主要投资主体已经成为对国际贸易和国际金融发展影响巨大的最活跃的力量。跨国公司是国际资本输出的产物，同时跨国公司的产生和发展又反过来促进了国际资本的流动。所谓跨国公司就是指以全球市场为目标，利用企业在资金、技术、产品或管理等方面的优势，向其他国家进行直接投资，在其他国家投资设厂或通过兼并建立自己的分公司，在全球范围内安排企业的采购、研发、生产和经营活动的国际化企业组织。

（二）跨国公司的特征

"跨国公司"这一名称最早是由美国田纳西河管理局局长莱索耳在20世纪50年代末在康奈基工业大学工业经营管理学院创立一百周年纪念大会上提出来的。20世纪60年代，他发表了题为《跨国公司》的文章，《美国商业周刊》出版了一期关于跨国公司的专辑，从此跨国公司这个名称逐渐流行起来。

笔记栏

跨国公司的定义从字面上来看，就是指跨越一国界限，在其他国家从事生产经营活动。但跨国公司较一般公司具有更丰富的内涵。首先，从经营目标上来看，跨国公司以全球市场为目标，在世界范围内安排投资、研发、生产、销售和售后等一系列活动，活动较在一国范围内更为复杂。其次，从跨国公司的管理上来看，跨国公司的管理活动跨越国界，需要考虑不同国家的法律制度、市场环境，又要高度集中统一管理，统一中不乏灵活，要求跨国公司拥有强大的管理能力。再次，从国际贸易来看，跨国公司的贸易内部化程度较高。据统计，跨国公司的内部贸易占世界总贸易的1/3，跨国公司以内部贸易取代市场的外部交易，可以降低关税，绕过贸易壁垒，降低企业的生产经营成本，从而增强跨国公司的国际市场竞争力。

ER-8-2

知识拓展：跨国公司类型

三、国际直接投资理论

第二次世界大战以后，世界跨国公司对外直接投资的规模不断扩大，引起了西方学者的高度关注，他们围绕着跨国公司对外直接投资的动因、条件及其行为方式，以及跨国公司投资行为对被投资国产生的影响进行了深入研究，逐步形成了比较系统的对外直接投资理论。

（一）垄断优势理论

20世纪60年代初，美国学者海默（Stephen H.Hymer）在他的博士论文《国内企业的国际经营：关于对外直接投资的研究》中，运用美国1914—1956年对外投资的相关资料，在大量实证分析的基础上，首先提出了垄断优势理论。后来海默的导师金德尔伯格成为这一理论的率先倡导者。垄断优势理论是最早研究对外直接投资的独立理论。传统理论认为各国的产品和生产要素市场是完全竞争的，资本过剩是推动对外投资的主要动力，对外投资的主要目标是追求高额利润。垄断优势理论认为，传统理论无法解释第二次世界大战后的国际直接投资。因为现实的市场是不完全竞争市场，不完全竞争才是跨国公司直接投资的直接原因，而跨国公司特有的垄断优势则是其对外直接投资的条件。市场的不完全性主要表现为产品和生产要素的不完全，由规模经济引起的不完全，由政府干预而导致的不完全和由关税引起的不完全。市场的不完全性会使各国企业提供的产品质量和价格水平出现种种差异，从而为跨国公司的对外直接投资提供空间。而跨国公司之所以能够跨国投资，主要是因为跨国公司可能在产品市场、要素市场、规模经济或是政府政策支持方面较其他国家企业具有垄断优势，这些垄断优势为跨国公司对外直接投资提供了条件。

垄断优势理论摒弃了传统国际资本流动理论的完全竞争假设，将不完全竞争理论与国际直接投资理论相结合，开创了单独研究西方国际直接投资理论的先河，创新了研究思路。但垄断优势理论主要是对美国一国的对外直接投资研究的成果，研究对象主要是技术经济实力都很雄厚的大型跨国公司，无法解释发达国家的没有垄断优势的中小企业进行跨国对外直接投资的现实。

（二）边际产业扩张理论

20世纪60年代以来，日本经济开始逐步摆脱战败的影响迅速崛起，日本开始了大规模的对外直接投资活动。但与美国不同的是，日本对外投资的主体大多是中小企业，而不是大型企业集团。日本一些经济学家认为，垄断优势理论反映的是美国企业的对外直接投资，而不能说明日本的情况。在此背景下，日本的经济学家小岛清结合当时日本的国际直接投资的实际情况，分析了美国和日本对外直接投资的不同。他认为美国对外直接投资的行业主要分布在制造部门，而且这些制造部门都是美国具有相对比较优势的大型企业。而日本对外直接投资主要分布在自然资源开发和劳动密集型行业，这些行业在日本已经处于比较劣势的态势，而且对外直接投资的主体大多是中小企业。在分析实践的基础上，小岛清提出了国际直接投资理论观点。他充分肯定比较优势理论和赫克歇尔-俄林的生产要素禀赋理论，认为比较优势理论是国际贸易和直接投资的理论基础。对外直接投资应当从投资国已经处于或接近处于比较劣势的产业进行，因为这些产业尽管在投资国处于劣势但在被投资国却具有比较优势，因此从劣势产业开始进行国际直接投资可以将投资国的资本、技术和管理与被投资国廉价的劳动力相结合，从而发挥该产业的比较优势，这样既有利于延长投资国劣势产业的周期，又有利于被投资国的发展。

边际扩张理论很好地解释了日本的中小企业对外直接投资的实际，比较适合新兴工业国家向发展中国家进行直接投资的情况。但其无法解释 20 世纪 80 年代以后日本的许多大型企业纷纷进行直接投资的现实和发展中国家对外直接投资的兴起。

（三）内部化理论

内部化理论是由英国学者巴克莱（Peter Buckley）、卡森（Mark Casson）和加拿大学者拉格曼（A. M. Rugman）共同提出来的。所谓内部化，是指企业将本来需要通过外部市场才能获取的资源，例如半成品、技术、信息、营销技巧和管理等，通过拓展企业组织范围的方式内化为企业内部市场交易，从而降低企业交易成本的过程。内部化理论的思想源于美国学者科斯的企业边界理论。1937 年科斯在《企业的性质》一文中，指出由于市场不完全导致交易成本增加，企业可以通过组织内部交易的方式来减少企业外部市场交易的成本。在科斯的企业边界理论的基础上，内部化理论认为市场不完全或垄断因素会导致企业参与市场交易的成本增加，促使企业创造内部交易市场，这个内部化过程超越了国家界限，就成为了对外直接投资，而进行对外投资的企业就演变成为跨国公司。内部化理论解释了跨国公司成立的原因，并说明了各种类型跨国公司成立的基础。例如知识产品市场的内部化形成了研发和生产销售一体化的跨国公司，原料加工采购内部化形成了供产销垂直一体化的跨国公司。

内部化理论既能解释发达国家对外直接投资行为又能解释发展中国家跨国公司的对外直接投资行为，具有一般性，是对外直接投资理论研究思路的一个重大转折，被称为跨国公司理论的核心。但内部化理论只是从企业微观层面去分析直接投资的动机，忽视了宏观经济因素、政治因素、自然条件和客观基本条件等外在因素的影响。

（四）国际生产折衷理论

国际生产折衷理论是英国经济学家邓宁（J. H. Dunning）于 20 世纪 70 年代提出的。这里的国际生产是指跨国公司对外直接投资而进行的生产活动。邓宁认为传统的国际生产理论，大多是从资本流动层面进行分析的，没有把国际贸易、国际直接投资和投资区位选择结合起来进行考虑。但在实践中，跨国公司进行直接投资时，需要将这三方面综合在一起考虑。国际生产折衷理论认为，对外直接投资主要是由所有权优势、内部化优势和国家区位优势这三个基本因素决定的。所谓所有权优势是指跨国企业在技术、规模、组织管理和融资能力等方面相对于被投资国企业所具有的优势，企业具备所有权优势是跨国企业进行直接投资的前提。所谓内部化优势是指企业将其所有权优势在内部使用，例如通过对外直接投资直接转移给国外的子公司，而不是通过市场进行出售，从而获得更多收益的行为。但企业仅仅具有所有权优势和内部化优势还不能够完全确定进行对外直接投资，还必须考虑区位优势。所谓区位优势就是指企业在投资区位选择上具有的优势，在决定直接投资前，企业需要确定在国外投资是否具有区位优势，到底在哪个国家投资才具有区位优势，区位优势的大小决定了跨国公司的选择。

国际生产折衷理论把所有权优势、内部化优势和区位优势综合在一起进行分析，全面分析了跨国公司进行直接投资的动因和决定因素，摒弃了以往理论的片面性。但就三个因素之间的关系研究方面，国际生产折衷理论只强调了三者之间的相互依存性，忽视了三者之间

笔记栏

的矛盾关系和层次重要性的分析，例如无法解释实践中有些跨国公司会在区位劣势国家进行直接投资的情况。

第三节 医药企业的跨国经营

一、跨国医药企业在中国

（一）跨国医药企业在中国的投资情况

自20世纪80年代以来，在中国广阔的市场需求的吸引下，国外跨国医药企业纷纷瞄准中国，以独资、合资、合作方式纷纷进入中国医药市场。目前世界前20名的跨国医药企业在中国都已经投资建厂。近几年来，跨国医药企业在中国的投资数量从总体上来说呈现不断上升趋势，但每年的投资情况受中国市场和外在环境的影响又存在震荡曲折趋势。

跨国医药企业在中国市场获得了巨大的收益，中国已经成为跨国医药企业在全球范围举足轻重的市场。表8-1列举了7家跨国制药企业2019年在中国的经营状况。

表8-1 2019年跨国药企在华制药业务收入

排名	企业名称	2019年总收入/亿美元	中国区收入/亿美元	占比/%	增幅/%
1	阿斯利康	243.84	48.8	20.01	35
2	罗氏	496.43	31.72	6.39	36
3	默沙东	468.4	31.41	6.71	58
4	赛诺非	391.24	29.32	7.49	8.8
5	辉瑞普强	102	25.68	25.18	7
6	诺华	474.45	22	4.64	13
7	诺和诺得	182.94	19.26	10.53	14

资料来源：大众医药网.7家跨国药企2019年中国业绩出炉[N/OL].(2020-02-26)[2021-03-30].http://www.51qe.cn/yiyaorencai/2020-02-26/59934.html

（二）跨国医药公司在中国投资的发展趋势

国外跨国医药公司向中国医药市场渗透的过程，经历了产品输出阶段、生产基地建设投资阶段和研发中心构建阶段。

在产品输出阶段，跨国医药公司主要是针对中国医药市场需求没有被充分满足的市场环境，引进大量的产品实现了药品的大量销售。在生产基地建设阶段，跨国医药公司利用中国劳动力资源丰富、劳动力成本低和土地等资源丰富的基础，在中国建立生产基地，降低了药品的生产成本，实现生产和销售地理空间的统一。同时还可以把药品生产的低成本优势转移到世界市场上去，把中国生产基地生产的产品出售到世界上各个国家。但随着中国人口红利的逐步消失，在中国生产基地的成本优势逐步减弱。

20世纪80年代以来，为了降低药品研发成本，规避研发风险，国际上很多制药公司开始把企业药品研发项目的一些环节外包给专业的药品研发外包企业（CRO）。随着发展中国家经济水平的不断提高和技术创新战略的不断实施，经过几十年的发展，研发外包业务呈现向发展中国家转移的趋势。作为发展中国家的大国，中国集聚了大批优秀的研发人才，技术创新能力有所提高。为了充分利用中国的研发人才和日益进步的基础设施，也为了巩固其在亚太地区的市场，跨国医药公司在中国开始实施生产和研发并重的战略，除不断扩大生产基地的规模外，跨国医药公司还纷纷加大在中国进行研发的力度。

二、跨国医药企业对中国医药企业的影响

（一）跨国医药企业对中国医药企业的威胁

跨国医药企业在中国的医药产业中占据了重要地位，对中国的医药市场具有很强的控制率。近十几年来，我国的外资市场控制率一直维持在 25% 左右，国际通行的外资市场控制警戒线标准是 30%。尽管外资市场控制率仍然在警戒线范围以内，但不可小觑跨国医药企业对国内企业的冲击作用。

跨国医药企业在技术、资金、规模、管理和销售策略上较国内医药企业均具有强大的优势。跨国医药企业具有强大的研发能力，销售的药品以创新药物为主。在流通渠道管理方面，实施科学管理，以高薪吸引销售精英，再加上品牌优势，先进的营销理念，跨国医药企业的产品销售大多占据高端市场，能够攫取高额的市场利润。而国内的医药企业数量多，规模小，研发能力弱，大多以生产仿制药为主，产品的同质化程度强，市场利润低，无法与跨国医药企业抗衡。在一定程度上，跨国医药企业挤压了国内医药企业的成长空间。

（二）跨国医药企业对中国医药企业的启示

1. 促使国内医药企业不断加大研发投入力度　跨国医药企业在中国的投资经营活动，在对中国医药企业产生威胁的同时，也会刺激中国医药企业面对竞争而不得不创新发展模式。为了提高企业竞争力，国内一些具有战略眼光的制药企业一直把提高技术创新能力作为促进企业发展的重要战略，积极储备企业的研发力量，不断加大研发投入力度。2018 年中国药企研发投入增幅显著，研发投入前 10 位的上市药企的研发费用与 2017 相比较均有大幅度的提升（表 8-2）。

表 8-2　2018 年中国制药企业研发费用排名（前 10 位）

排名	企业名称	2018 年研发费用总额 / 亿元	2017 年研发费用总额 / 亿元	增速 /%
1	百济神州	46.3	18.3	153
2	恒瑞医药	26.7	17.6	52
3	复星医药	25.1	15.3	64
4	中国生物制药	20.9	15.9	31
5	上海医药	13.9	8.3	67
6	石药集团	13.7	7.2	90
7	华润医药	12.6	9.2	37
8	信达生物	12.2	6.1	100
9	天士力	12.0	6.2	93
10	科伦药业	11.1	8.4	32

数据来源：中国医药创新促进会 .2018 年度国内上市药企 TOP10 研发投入一览[N/OL].(2019-07-30)[2021-03-30].http://www.phirda.com/artilce_20539.html？ cld=3

2. 跨国医药企业先进管理的示范作用　跨国医药企业在中国进行经营活动，会把先进的生产管理、经营管理和销售管理等各方面的经验通过影响医药产业上下游企业和企业周边生态的方式逐步传递给中国的医药企业。同时中国人才在参与跨国医药企业的经营管理

笔记栏

过程中，也会受到发达国家的管理理念的洗礼。而这些人才从跨国医药企业向中国医药企业的流动，将会产生技术和知识的外溢作用，有利于培养中国医药管理人才。另外，跨国医药企业在生产经营活动过程中，导入发达国家有关药物认证的标准，为中国药品生产经营标准的制定提供了借鉴，有助于提高医药产品的质量。再次，跨国医药企业在药品品牌推广和营销模式的开拓方面，通过市场竞争，也给中国医药企业提供了借鉴。

三、中国医药企业的跨国经营

（一）中国医药企业跨国经营现状

1. 中国医药企业跨国经营的成果　改革开放以来，尽管面对跨国医药企业强大的竞争压力，中国的制药企业仍然取得了高速发展。一些国内制药企业规模不断扩大，逐渐成长为品牌影响力强大的企业，它们不仅关注国内市场，还专注企业的跨国经营。例如广州白云山旗下的白云山奇星的华佗再造丸已连续十多年占据全国中成药出口第一名，并进入俄罗斯等国家的医疗保险目录。2015 年广州白云山又出资 2 亿元成立了广州白云山国际化发展基金，助力中药国际化。天津天士力以大健康产业为主线，以生物医药为核心全面推进国际化。还有一些医药企业在跨国经营方面，也获得了不俗的成绩。

2. 中国医药企业跨国经营存在的问题　从中国跨国经营的企业数量来看，有实力从事跨国经营的企业数量较少，而且这些企业的跨国经营模式单一，大多还处于初期阶段即产品的跨国销售阶段，采用直接投资设厂和开设门店的比重较低。另外，中国医药企业跨国经营的地理空间布局不平衡，中国医药企业的跨国经营主要以在东南亚和一些发展中国家为主，而在欧盟和美国、日本等发达国家鲜有成果。

（二）中国医药企业跨国经营的策略

1. 提高中国医药企业的新药研发能力　中国医药企业新药研发能力低是导致中国医药企业跨国经营模式单一的重要因素。由于中国的大部分医药企业发展基础薄弱、规模小、资金少、研发投入低，而且研发新药所需的周期长、风险大，所以很多企业为了规避风险，不太重视创新药物的研发。因此，中国医药企业需要千方百计地提高企业的新药研发能力。为了提高新药研发能力，中国医药企业除了注重企业内部技术人才的集聚、研发资金的投入以外，还可以积极寻求与国外企业在药物研发环节的合作，在合作中通过“干中学”提升企业的研发管理能力和技术创新能力。2019 年，一批新药密集上市，中国本土创新药企终于开始进入实质性的进展阶段，其中百济神州自主研发的 BTK 抑制剂泽布替尼（Brukinsa）获得 FDA 批准上市，为中国原研新药出海带来了“零的突破”。

2. 扩大中国医药企业的规模　企业规模是影响企业技术创新能力的重要因素。经济学家 Scherer 等很多学者通过实证研究认为，企业规模与技术创新的关系呈倒 U 关系。当一个产业的大部分企业处于倒 U 的左侧时，说明企业规模不断扩大是有利于提高企业的技术创新能力的。从整体上来说，中药企业还处于规模驱动和技术驱动的发动期，因此突破规模约束有利于促进中药企业技术创新。中药企业扩大企业规模的途径有两个：一是通过企业内部的资本积聚；二是通过兼并和重组扩大企业规模。通过企业资本的逐步积聚来扩大企业规模速度较慢，而通过兼并和重组则效率较高。因此，中国医药企业在注重企业的资金和实力积聚的同时，要积极寻求在国内外市场的兼并和重组，努力扩大企业规模，促进企业规模经济效益。

3. 创新跨国经营模式　经营模式创新与企业的技术创新能力同等重要，在一定阶段经营模式甚至比技术创新更为重要。中国医药企业需要针对不同目标市场的营销环境，针对不同合作对象的资源情况，选择合适的经营模式。对于中医认可度比较高的东南亚地区，中

笔记栏

国医药企业可采用单独投资开设生产基地和零售门店的形式进行经营。而对于欧美等对中医药认可程度较低的国家和地区，采用合资、合作等形式则可以降低经营风险。例如2015年北京同仁堂与荷兰外商投资部签署合作意向书，北京同仁堂将荷兰确定为欧洲总部，充分利用荷兰的资源和优势，发展在欧洲的业务，同时收购荷兰海牙的养生保健中心，迈出走向欧洲的坚实步伐。

思政元素

中国企业助力多国抗疫

新冠肺炎疫情暴发后，法国急缺口罩，巴黎大区政府决定从中国进口1 000万只口罩，但与中国的供货方因"货到付款"还是"款到发货"产生分歧。紧急时刻，法方找到中国工商银行巴黎分行，该行随即免费为这些口罩开立了付款保函，解决了双方在付款方式上的分歧。

中国工商银行巴黎分行还采取多种措施为受疫情影响的当地企业提供支持：通过延长客户还款期限，为部分客户提供利息和本金的延期支付，缓解了企业资金压力；积极落实政府担保贷款方案，为受疫情冲击较大的行业和企业制定专项政策；加快研究疫情期间的信贷策略，为相关企业稳定经营保驾护航，帮助企业渡过难关。此外，巴黎分行还向法国两家医疗机构捐赠4万只N95医用口罩，向法国相关机构、中国留学生和华侨华人捐赠口罩、手套、防护服和护目镜等各类医疗物资121万件。[资料来源：潇湘晨报．中国企业助力多国抗疫(海外纪闻)[N/OL].(2020-05-09)[2021-03-30].https://k.sina.com.cn/article_1655444627_62ac1493020017drh.html?from=local]

第四节　医药产业国际竞争力及其影响因素

一、国际竞争力以及医药产业国际竞争力

医药企业要实施国际化战略，开展跨国经营就必然面临着激烈的国际竞争，这就要求企业要了解自己的核心竞争力，并能够充分发挥自身的核心竞争力。

(一) 国际竞争力

1. 国际竞争力的含义　国际竞争力是指一个国家在世界经济的大环境下，与各国的竞争力相比较，其创造增加值和国民财富持续增长的能力。它是在经济全球化发展过程中出现的反映一个国家和地区的整体国际竞争力的"量化概念"。

2. 国际竞争力的组成要素　一个国家的国际竞争力由三大部分组成：核心竞争力、基础竞争力和环境竞争力，包括八大要素：国家经济实力、国际化、政府管理、金融体系、基础设施、企业管理、科学技术、国民素质。

(二) 医药产业国际竞争力

医药产业国际竞争力体现为医药企业在全球一体化背景下参与国际市场竞争并能够获取效益、持续发展的能力，包括研发能力、品牌影响力、国际市场开发能力、获取经济效益以及社会效益的能力。我国医药企业积极开展国际化，参与国际竞争，随着全球一体化，我国医药产业国际竞争力不断增强，国产药品走向世界的步伐加快。但是与发达国家相比较我国医药产业仍存在巨大差距，国际竞争力仍严重不足。为了应对激烈的国际竞

笔记栏

争，我们需要了解影响医药产业国际竞争力的因素，并力求通过发展以提高我们医药产业的国际竞争力。

二、医药产业国际竞争力的影响因素

(一) 政治因素

政治因素对医药产业国际竞争力的影响主要体现在两个方面。

1. 国内政治环境　在中国共产党的领导下，我国政治稳定，人民安居乐业，当前正处于建设全面小康社会的关键时期，并向着第二个百年目标奋进。稳定、良好的社会政治环境给我国医药行业的快速发展提供了良好的基础，也为我国医药产业提升国际竞争力提供了强有力的后盾。

ER-8-3

知识拓展："一带一路"引领中药走向国际化

2. 国际政治环境　全球一体化乃是大势所趋，各国之间的联系越来越紧密，各国之间形成了你中有我、我中有你，相互依存的关系。我国提出"一带一路"倡议，给我国各行各业的国际化发展提供了千载难逢的机遇，这其中也包括我国医药企业乘着"一带一路"的东风加快全球化的布局，不断提高我国医药产业的国际竞争力。但是以美国为首的一部分国家逆国际之大势，贸易保护主义抬头，单边主义、保守思潮泛起，对相关中国企业的国际化进程加以阻挠，我国医药产业参与国际竞争，提升国际竞争力带来了挑战。

(二) 经济因素

随着中国经济的持续高速发展，人民的收入水平不断提高，对生活品质的要求也越来越高。人们更加关注生命健康，对医药产品的需求规模不断扩大，为我国医药行业的发展提供了雄厚的市场基础。庞大的市场潜力给我国医药产业的发展提供了充沛的养分，不断孕育出一个又一个优秀的企业，伴随着在国内的不断发展壮大，国际竞争力也在不断提升。

(三) 文化因素

国际竞争，既是硬实力的竞争，也是软实力的竞争。文化是国家软实力的一个重要的组成部分。随着中国经济的发展，我国的文化软实力不断提升，中华文化的影响力不断增强，中国制造、中国品牌更多地为国外消费者所接受与认可，为我国医药产业国际竞争力的提升提供了文化自信。

另一方面，文化因素对中药产业国际竞争力提升的影响更加明显。长期以来，阻碍我国中药产业国际化的一个很重要的因素就是东西方文化的差异。西方文化与东方文化特别是中华文化的巨大差异使得西方国家的消费者对我们的中医药理念难以理解与接受，因此难以接受与认可我们的中医药产品，使得我国中药产业国际化主要集中在东南亚等对中华文化比较认可的国家与地区，而进入欧美这些西方国家市场举步维艰。中华文化影响力的增加将有助于我国医药产业国际竞争力的提升。

(四) 质量因素

产品质量是医药产业国际竞争力的基础。一方面，我国医药产业长期存在"多、小、乱"的特征，医药企业众多，但规模相对较小，生产经营管理混乱，导致我国医药产业生产水平落后，产品质量不高。另一方面，我国医药产业研发能力不足，很多企业以生产仿制药为主，市场竞争激烈，附加值低。这些都制约着我国医药产业国际竞争力的提升。

(五) 绿色环保因素

1. 绿色产品　生活水平的提升使得消费者对药品的安全性要求不断提高，要求药品具有更低的毒性和更小的副作用。这方面恰好是中药产品的优势所在，中药产品与西药相比较具有更高的安全性、更小的毒副作用。

2. 环境保护　对环境保护的重视不仅要求产品本身的环保，也要求产品的生产过程以

笔记栏

及原材料本身的环保。我国中药产业在原材料的获取过程中存在较严重的不环保的现象，农药残留、化学残留超标现象大量存在，这些严重制约我国中药产业国际竞争力的提升。

案例讨论

天士力中药国际化独辟蹊径，以茶为进打头阵

就在中医药行业艰难破局国际化之际，中国医药企业所倡导的大健康理念开始逐渐在全球范围内得到认同。天士力控股集团在2015年第42届米兰世博会上展现出中国大健康的产业布局，或让中医药作为大健康产业的重要元素而被西方所理解。在2015年的米兰世博会上，天士力从6月1日至6月7日举办了以“健康种子，爱予未来”为主题的天士力活动周，将茶艺、养生、健康管理、中药源头等中国传统养生文化与当前的大健康管理紧密契合。活动周期间，天士力旗下著名的健康茶饮品牌帝泊洱普洱茶珍——Deepure，正式登陆欧洲上市。事实上，天士力的理念基础便是以大健康产业为主线，生物医药为核心全面推进国际化，天士力现在的产业布局是紧紧抓住健康生活要素的重要环境，全力推进“一盒药、一瓶水、一杯茶、一樽酒，一个儿童教育文化与健康产业，一整套健康管理方案”的“六个一”工程。在同期举办的大健康文化与产业发展国际论坛上，来自美国权威研究机构俄勒冈州生物免疫系统（NIS）实验室主任詹森博士的报告展示了帝泊洱茶目前在美国进行的深入研究，从极为严谨的科学角度阐述了帝泊洱普洱茶珍在帮助人体减脂、降脂方面的显著功效。天士力以茶作为大健康产业进军国际的桥头堡并非偶然，茶饮作为中西方古代文化交流的主要桥梁，曾经很深远地影响了西方文化。如今天士力再次将帝泊洱茶以大健康产业的主打产品之一带入西方市场，必将引起中西方在茶文化上的共鸣。[资料来源：张亮．世博会热炒大健康概念天士力中药国际化独辟蹊径[N]．中国经营报，2015-06-13]

案例讨论题

1. 分析说明天士力企业的“六个一”工程对中药国际化的影响。
2. 根据案例讨论影响中药国际化的关键要素有哪些？

（李国强）

复习思考题

1. 中国中药产业国际化的障碍是什么？
2. 促进中药产业国际化的对策是什么？
3. 分析国际直接投资理论的理论思想？
4. 中国医药企业的跨国经营模式有哪些？
5. 影响中国医药产业国际竞争力的因素有哪些？

笔记栏

09章PPT

PPT 课件

第九章 医药国际贸易中的知识产权问题

学习目标

1. 掌握医药知识产权的相关概念、特征和范围及各种保护方式。

2. 熟悉中国医药国际贸易中的知识产权策略。

3. 了解医药知识产权保护的法律法规及中医药国际化中知识产权保护的问题和对策。

引导案例

药品专利权与生命健康权，孰先孰后？——来自《我不是药神》的拷问

2018年热映电影《我不是药神》是根据2013年"陆勇案"改编，此案反映了药品专利权与公民生命健康权的矛盾，也引起了人们的关注与思考：药品专利权与生命健康权，孰先孰后？

专利权与生命健康权之间的矛盾主要源于专利权固有的垄断性和公共健康的自然合理性。药品专利具有法定的垄断权，目的是鼓励创新，从长远而言有利于保障人民的生命健康。同时，药品价格高昂也是药品专利权保护的结果，但知识产权人在独享垄断利益时有个合理界限，即不得损害公共利益。生命健康权是最基本的人权，在我国宪法确立的价值秩序中，优先于财产性的药品专利权。一般情况下，当生命健康与其他权益冲突时，生命健康权具有优先性。但是从人类社会长远发展来看，如果生命健康权的暂时优先将会损害生命健康权自身时，则需要结合个案具体分析。

对药品专利而言，专利权人投入了大量资金、时间、精力创造有利于人类生命健康的药品，他们应当获得专利带来的垄断利益。有了专利权的鼓励与保障，人们才会更加积极地去研发和创新，才能为疾病治疗发明更多新药。因此从这一角度来看，生命健康权优先于专利权其实也并不绝对。那么，我国到底应如何在保护药品专利权的同时保障公民的生命健康权？［资料来源：刘金玲．药品专利权与生命健康权冲突与平衡——从《我不是药神》检视专利药品平行进口制度[J]．五邑大学学报(社会科学版)，2019，21(3)：68-72，78，95］

第一节 医药国际贸易知识产权保护概述

一、知识产权概述

(一) 知识产权的定义

知识产权是由英文“intellectual property right”翻译而来,其英文原意是“智慧财产权”,也称智力成果权,在中国很多学者均将其译为“知识产权”,现在已经被普遍接受,并在中国立法、司法和法学著作中普遍使用。知识产权是指公民、法人或其他组织对其在科学、技术、文化、艺术等领域的发明、成果和作品依法享有的专有权,也就是人们对其智力创造性劳动成果所享有的特定权利。它是一种财产权,受国家法律保护,任何人不得侵犯。随着科技的进步、国际贸易的发展和文学艺术的拓展,其内涵会不断深化,外延也会不断拓展。

(二) 知识产权的范围

知识产权的范围,就是受知识产权保护的智力成果的种类,根据《世界知识产权组织公约》的规定,凡是涉及人类创造成果的均属于知识产权保护的范围。知识产权的范围有广义和狭义两种。

1. 狭义的知识产权　狭义的知识产权也称传统知识产权,专利权(patent right)、商标权(trademark right)、著作权(copyright)是传统知识产权的三大支柱权利。

(1)专利权:是指专利机关依照专利法授予发明人或设计人对某项发明创造享有在法定期限内的专有权。

(2)商标权:商标是指一种商品或服务的标识。商标权是指商标注册人对其经国家商标主管机关核准注册的商标享有的专有权。

(3)著作权:又称版权,是指公民或法人对所创作的文献艺术作品所享有的专有权利。

2. 广义的知识产权　知识产权广义上包括一切人类智力创作的成果,相关国际公约中界定了其范围。目前两个主要的知识产权国际公约,即《建立世界知识产权组织公约》(The Convention Establishing the World Intellectual Property Organization)和《与贸易有关的知识产权协定》(Agreement on Trade-related Aspects of Intellectual Property Rights)。前者简称《WIPO 公约》,后者即通常所说的《TRIPS 协定》。

1967 年 7 月 14 日在斯德哥尔摩签订的《建立世界知识产权组织公约》第二条第八款以列举的方式界定了知识产权的范围,包括有关下列项目的权利:①文学、艺术和科学作品,主要指著作权,或称版权、作者权;②表演艺术家的表演、录音和广播节目,主要指邻接权,或与著作权相关的权利;③人类一切活动领域内的发明,主要指人们就专利发明、实用新型及非专利发明享有的权利;④科学发现;⑤工业品外观设计;⑥商品商标、服务商标、商号及其他商业标记;⑦制止不正当竞争;⑧工业、科学、文学、艺术领域的智力创作活动产生的其他一切权利。

由于科技的迅速发展及经济全球化趋势,知识产权渗透到国际贸易各个领域,以专利、商标和版权的许可使用以及技术转让进行的知识密集型产品贸易不断增加,逐渐成为国际贸易的重要组成和主导方向。各国也纷纷将知识产权提升到国家战略高度。“乌拉圭回合”谈判中达成的《与贸易有关的知识产权协定》于 1994 年 4 月 15 日在摩洛哥马拉喀什签署,其第一部分第一条中界定了与贸易有关的知识产权的范围:①著作权及其相关权(copyright and related rights);②商标权(trademark rights);③地理标志权(geographical indications);

笔记栏

④工业品外观设计权（industrial designs）；⑤专利权（patent rights）；⑥集成电路布图设计权（拓扑图）[layout-designs（topographies）of integrated circuits]；⑦未披露的信息权（即商业秘密权）（protection of undisclosed information）。

（三）知识产权的特征

知识产权是一种无形财产权，它的权利标的是人的智力劳动所产生的智力成果。知识产权具有不同于一般财产权利的以下几个方面的特征：

1. 客体无形性　知识产权的权利标的是无形的智力成果，它被视为权利人的一项无形财产。

2. 主体专有性　知识产权的开发者对知识产权享有“特权”，即在一定范围、一定期限内享有专有权或独占权。

3. 专有权地域性　知识产权按照一国法律获得确认，只能在授予国范围内发生法律效力，得到法律保护，其他国家没有保护义务。

4. 有效期时限性　各国对法定存续期内的知识资产予以保护，超过这一期限知识产权即不再受法律保护。

5. 法律认可性　知识产权必须经专门的法律确认才能产生，相应的权利内容才受到法律的保护。

（四）国际知识产权相关公约及组织

1883 年制定的《保护工业产权巴黎公约》，是知识产权国际保护的开端。现行的知识产权国际公约主要有：《保护工业产权巴黎公约》（简称《巴黎公约》）、《商标国际注册马德里协定》（简称《马德里协定》）、《专利合作条约》、《保护植物新品种国际公约》、《保护文学与艺术作品伯尔尼公约》（简称《伯尔尼公约》）、《保护表演者、录音制品制作者与广播组织公约》（简称《罗马公约》）、《集成电路知识产权条约》等。

目前世界范围内有影响的知识产权保护国际组织有 3 个，即世界知识产权组织、国际保护工业产权协会以及 WTO，还有一个区域性组织——欧洲专利局。

二、医药知识产权保护概述

（一）医药知识产权的定义

医药知识产权是指一切与医药行业有关的发明创造和智力劳动成果的专有权。它是对人们在医药领域中创造的一切智力成果依法享有权利的统称。

（二）医药知识产权的范围

医药知识产权不限于某一新产品、新技术，也不限于某一专利或商标的保护，它是一个完整的体系，是相互联系、相互作用、相互影响的有机体。一般来说，医药知识产权的种类应包括以下几大类：

1. 医药专利

(1) 医药发明专利：包括三种，即产品发明专利，如新药物化合物、新药物组合、新发现的天然物质、医疗器具发明创造等；方法发明专利，如新工艺、新设计、动植物和矿物新品种的生产方法等；用途发明专利，如化合物、组合物的新医疗用途。

(2) 实用新型专利：改变药物剂型、形状、结构的实用新技术方案，如某种新型缓释制剂、某种单剂量给药器等。

(3) 外观设计专利：产品形状、图案、色彩等富有美感且适用于工业应用的新设计，如药品、包装、容器外观等，药瓶 / 袋等新容器，富有美感和特色的说明书、容器、包装盒等。

2. 医药商标　主要包括已注册或依法认定的医药产品和医药服务的标志、原产地名称等。

笔记栏

3. 医药商业秘密　不为公众所知的由医药企业拥有的涉及研究开发、产品配方、制作工艺、制作方法、管理诀窍、产销策略等技术信息和经营信息，包括医药技术秘密和医药经营秘密。

4. 医药著作权　与医药相关的专著、文献、百科全书、年鉴、辞书、教材、产品说明书、数据资料等编辑作品的著作权，以及涉及医药企业的计算机软件和网络系统，如药物信息咨询系统、药厂 GMP 控制系统软件。

5. 地理标志权　国内法或国际条约所确认或规定的由地理标志保护的相关权利，如道地中药材（饮片）。

6. 药品行政保护　国家行政管理机关依照相关行政法规、规章的规定对药品知识产权的保护，主要包括中药品种保护，即对质量稳定、疗效确切的中药品种及进行分级保护；新药监测期保护，即对批准生产的新药设立监测期。

（三）《与贸易有关的知识产权协定》

在国际间保护知识产权的相关协定中，《与贸易有关的知识产权协定》是当前世界范围内知识产权保护领域涉及面广、保护水平高、保护力度大、制约力强的一个国际公约。知识产权与公共健康问题是一大棘手问题，2001 年 11 月 WTO 各成员国最终达成了《关于 TRIPS 协定与公共健康的多哈宣言》（简称《多哈宣言》），明确了 WTO 成员政府采取措施维护公共健康的主权权利。《多哈宣言》在强调采取措施保障公共健康重要性的同时，也强调知识产权保护对研制新药的重要性，并指出协定的实施应有利于现有药品的获得和新药的研发。《多哈宣言》澄清了《TRIPS 协定》的一些模糊性条款，使发展中国家可以利用协议的弹性条款维护本国公民的公共健康，在和发达国家以及跨国公司的冲突方面能有法可依。

WTO 成员国于 2003 年 8 月 30 日达成了《关于 TRIPS 协定和公共健康的多哈宣言第六段的执行决议》。该决议规定，发展中成员国和最不发达成员国因艾滋病、疟疾、肺结核及其他流行疾病而发生公共健康危机时，可在未经专利权人许可的情况下，在其内部通过实施专利强制许可制度，生产、使用和销售有关治疗导致公共健康危机疾病的专利药品。该决议同意对《多哈宣言》在法律上作一定修改，使较贫穷且自己不能生产药品的国家能较容易地得到在强制许可制度下生产的廉价专利药品，消除了在现行专利制度下进口廉价药品的障碍。

2005 年 12 月 6 日《修改〈与贸易有关的知识产权协定〉议定书》在 WTO 框架下达成，其内容主要是放宽了医药产品专利的限制，减少仿制药国际贸易中的法律障碍，从而有利于贫穷国家通过进口获得便宜的仿制药，解决公共健康问题。该协定书把实施专利药品强制许可制度文件以永久修正形式纳入《TRIPS 协定》，以帮助发展中成员国和最不发达成员国解决公共健康问题，把方便发展中成员国获得主要药物的临时豁免定为永久安排。这是发达国家对最不发达成员国及发展中成员国释放的最大善意，也是 WTO 首次对其核心协议进行修正。这是 2001 年 11 月启动的“多哈回合”谈判至今取得的唯一具体成果。

ER-9-1

知识拓展：中美关系背景下的国家知识产权战略

第二节　医药知识产权保护的相关法律法规

一、中国医药知识产权保护的发展过程

中国在 1980 年 6 月加入了“世界知识产权组织”；1985 年 3 月加入了《巴黎公约》；1989 年 10 月加入了《马德里协定》；1992 年 10 月加入了《伯尔尼公约》和《世界版权公约》；1994 年 1 月加入《专利合作条约》（PCT）；1995 年 12 月加入《商标国际注册马德里协

笔记栏

定有关议定书》;1999 年 4 月加入《国际植物新品种保护公约》(UPOV);2001 年 11 月中国加入 WTO,承诺全面遵守《TRIPS 协定》。

在有关医药知识产权保护的相关法律制度方面,中国也经历了一个逐步完善的过程。

(一) 专利保护

1985 年 4 月 1 日实施的《专利法》只对药品的生产方法给予专利保护,对药品及用化学方法获得的物质不给予专利保护。1993 年 1 月 1 日实施的修改后的《专利法》开始对药品和用化学方法获得的物质给予专利保护。2000 年 8 月 25 日,新修订的《专利法》开始实施,经过两次修订,中国专利的立法保护水平已经基本达到《TRIPS 协定》的有关要求。2009 年《专利法》第三次修订,与医药知识产权相关的新修订内容包括:①增加了关于遗传资源保护的内容;②增加了涉及公共健康的强制许可制度;③增加了药品和医疗器械临床试验的侵权例外。第三次修改后,由于增加了遗传资源的“保护条款”和“来源披露条款”,进一步提高了国内外医药研发机构的遗传资源保护和披露意识,在一定程度上减少了在药品研发过程中的生物海盗(bio-piracy)行为。此外,由于规定了涉及公共健康危机时可以对专利药品进行强制许可,也有助于反知识产权垄断和将药价降低至合理水平,进一步促进药品的可及性,有利于解决公共健康危机。

2020 年 10 月《专利法》第四次修订通过,并于 2021 年 6 月 1 日开始施行。此次修订对现行《专利法》在专利权人合法权益保护、促进专利实施和运用、完善专利授权制度等多个方面做了重大修改。其主要内容包括:①加强外观设计专利保护力度,包括将产品局部外观设计纳入外观设计专利权保护的客体,将外观设计专利权的保护期限增加到 15 年,新增外观专利的国内优先权等;②增加新颖性宽限期的适用情形,考虑到国家出现紧急状态或者非常情况时,如疫情期间,发明人为了公共利益目的在申请专利前公开发明创造,给予 6 个月的新颖性宽限期;③完善职务发明制度,进一步保护职务发明人的权益;④新增专利开放许可制度;⑤加大专利侵权的赔偿力度,例如引入最高 5 倍的惩罚性赔偿,将法定赔偿上限提高到 500 万;⑥新增药品专利特殊保护规定,包括药品专利期限补偿和专利纠纷早期解决机制。《专利法》的第四次修订对于维护专利权人合法权益,增强创新主体对专利保护的信心,充分激发全社会创新活力具有重要意义。

(二) 商标保护

1983 年颁布的《中华人民共和国商标法实施细则》规定“药品必须使用注册商标”,并且规定申请药品商标注册,还应当附送“省、自治区、直辖市卫生厅、局的批准生产的证明文件”。1984 年颁布的《药品管理法》也对药品强制注册商标作了相应规定。在 2001 年和 2019 年《药品管理法》的两次修订中,没有再对有关药品强制注册商标做出规定,2002 年 9 月施行的《商标法实施条例》及其 2014 年修订版中也取消了对药品商标的强制注册规定。因此药品商标目前遵循自愿注册原则。2001 年新修正的《商标法》中增加了“驰名商标”和“地理标志”的保护条款,更加有利于保护传统医药的知识产权。

为进一步优化营商环境,加大商标专用权保护,2019 年《商标法》再次修订。此次修改为现阶段有效遏制商标恶意注册、囤积乱象提供了新路径和法律依据,同时进一步加强了对侵害商标权的惩罚力度,为守法经营者营造更优良的营商环境,鼓励商标权人合法使用、积极培育、运营和维护商标。

(三) 中药品种保护

1993 年,国务院颁布《中药品种保护条例》,对中药知识产权提供特殊保护。在鼓励研究和创新的指导原则下,该条例于 2006 年和 2018 年进行了两次修订,其第二条规定“本条例适用于中国境内生产制造的中药品种,包括中成药、天然药物的提取物及其制剂和中药人工制成品。申请专利的中药品种,依照专利法的规定办理,不适用本条例”。可见《中药品种保护条例》的适用范围很广,只要没有申请专利的中药品种,都可以申请中药品种保护。根据该条例规定,国家对质量稳定、疗效确切的中药品种实行分级保护制度,中药品种分为一、二级,保护期限一级保护品种分别为30年、20年、10年,二级保护品种为7年。对于获批的中药品种,在保护期内限于由获得《中药保护品种证书》的企业生产。保护期届满,可依据企业申报相应延长。

中药品种保护是知识产权的行政保护手段,与专利相比,具有审批速度快、保密性强的优点,已成为保护中药知识产权的重要方式,但它仅保护中药品种,不保护生产方法、专用器械等,并且不具有排他性。

(四)商业秘密保护

商业秘密保护是知识产权保护的独立手段。中国知识产权法律体系已有《著作权法》《商标法》《专利法》等法律,但尚未有专门的商业秘密保护法,与商业秘密有关的法律规定也较为分散。中国1991年实施的《民事诉讼法》首次使用商业秘密的概念,该法(2017年修订)第一百三十四条规定“涉及商业秘密的案件,当事人申请不公开审理的,可以不公开审理”。最高人民法院将产品的配方、生产的工艺过程、技术诀窍,以及有关资料、图纸、数据等归入商业秘密范畴。《中华人民共和国反不正当竞争法》(以下简称《反不正当竞争法》)将商业秘密定义为不为公众所知悉、具有商业价值并经权利人采取相应保密措施的技术信息、经营信息等商业信息。国家工商行政管理局《关于禁止侵犯商业秘密行为的若干规定》也将其分为技术信息和经营信息。为加强商业秘密保护,激励研发与创新,2020年国家市场监督管理总局依据《反不正当竞争法》制定和发布了《商业秘密保护规定(征求意见稿)》。以上法律法规同样适用于医药行业。

2019年3月实施的《药品管理法实施条例》的第三十四条规定,国家对获得生产或者销售含有新型化学成分药品许可的生产者或者销售者提交的自行取得且未披露的试验数据和其他数据实施保护,任何人不得对该未披露的试验数据和其他数据进行不正当的商业利用。自药品生产者或者销售者获得生产、销售新型化学成分药品的许可证明文件之日起6年内,对其他申请人未经已获得许可的申请人同意,使用前款数据申请生产、销售新型化学成分药品许可的,药品监督管理部门不予许可;但是,其他申请人提交自行取得数据的除外。

二、医药知识产权保护方式的比较

医药知识产权保护形式主要有专利、商标、商业秘密、著作权、新药保护等,相应的保护对象、申请条件和保护期限各不相同(表9-1)。

表9-1 医药知识产权保护方式比较

保护形式	保护对象	条件	保护期限
专利	产品、方法、方法延及产品	新颖性、创造性、实用性	发明专利20年,实用新型10年,外观设计15年,自申请日起计算
商标	区别商品的可视性标志	其他人没有在同类商品上注册	保护10年,可续展,续展每次10年
商业秘密	采取保密措施的信息,例如产品的配方、制作工艺等	新颖性、实用性和保密性	无期限

笔记栏

续表

保护形式	保护对象	条件	保护期限
著作权	药品说明书、涉及医药企业的计算机软件	无	不少于70年
新药监测期	进入监测期的新药	无	自新药批准生产之日起计算，最长不超过5年
中药品种保护	国内生产已入国家标准的品种	不要求新颖性和创造性	一级分别为30、20、10年；二级7年，可延期
植物新品种	经过人工培育或对发现的野生植物加以开发的品种	新颖性、特异性、一致性、稳定性、有适当命名	自授权之日起，藤本植物、林木、果树和观赏树木20年，其他植物15年
地理标志	道地药材等	产品与产地关系；生产技术规范；产品知名度	无期限

专利被认为是保护发明最有效的手段。专利在药物研究过程中不仅能起到很好的保护作用，对药物市场开发也起着积极作用，它可以促进和保护中国新药的自主研制与开发，使科研成果产业化，为技术进出口贸易提供良好的法律环境。就医药行业整体而言，专利保护的核心仍是对药品的发明专利保护。由于专利具有较强的专有性特点，对客体的保护力度较商标权和商业秘密更大，因此专利保护始终是药品知识产权保护最有效的方法。

医药商业秘密分为技术秘密与经营秘密两类，其中经营秘密无法得到专利保护，而技术秘密可以采用专利途径保护，但是否适合还需要进行权衡。对于不能利用反向工程获取的技术、工艺、配方等技术信息，采取商业秘密保护更为适宜。从中药技术特征来看，商业秘密保护是中药知识产权保护的一种有效方式。专利保护有确定的保护期和地域限制，必须以专利技术信息公开为前提，容易导致技术秘密在世界范围内为人公知，相比之下，中药通过商业秘密来保护，不要求公开技术，不受地域限制，还可获得无期限的保护。例如1995年云南白药配方和工艺被国务院保密委员会列为国家级绝密资料，严格保密，该药历经百年配方和工艺仍然秘而不宣，也无人能通过反向工程破译。

中国对医药知识产权的保护水平虽然已经达到了《TRIPS协定》的要求，对医药实现了包括药物化合物、药物制剂、药品生产方法和药物新用途的全方位保护，在医药知识产权保护领域实现了与国际接轨，但与发达国家相比，国内企业在运用知识产权保护机制方面，尚存在一定差距。

思政元素

让疫苗成为“用得上、用得起”的公共产品

截至北京时间2020年12月3日7时，全球新冠肺炎累计确诊病例突破6 432万例，累计死亡病例超过148万例。这场二战以来最严重的全球危机与世界百年未有之大变局叠加，让世界格局面临更大变数。疫苗一直被视为控制新冠肺炎疫情的“终极武器”，疫情引发了对新冠肺炎疫苗的巨大需求。花旗银行称，发达国家之间交叉采购居多，许多发展中国家却面临既无能力生产又无能力进口的疫苗危机。如何让疫苗惠及所有国家正成为全球瞩目的焦点。

早在2020年5月，习近平主席在世界卫生大会视频会议上就宣布，中国疫苗将作

为全球公共产品，努力让各国人民“用得上、用得起”。疫苗如果作为私人物品，知识产权付费将进一步限制疫苗技术传播和生产能力，在持续坚持“赢家通吃”游戏规则下，将加剧国家间差距，使全球治理走向危机。将疫苗作为公共产品，必定会促进国际间的互利合作，就如同在全球治理体系中种下了希望的种子，促进其向公平方向发展。

目前中国已有5款新冠疫苗进入Ⅲ期临床试验，并做好了大规模生产准备。中国疫苗研发始终坚持国际合作，不为囤积居奇牟取经济政治资本，更不为推行单边利己的“疫苗狭隘民族主义”，而志在造福民众、惠及世界，展现了大国的责任与担当。目前马来西亚、土耳其、菲律宾等国家已订购了中国疫苗，印度尼西亚、巴基斯坦和墨西哥等国和中国签署了生产疫苗协议。病毒没有国界，疫情不分种族，人类是休戚与共的命运共同体，唯有团结协作、携手应对，才能战而胜之。中国以开放包容、互利合作的态度，务实解决疫苗供给问题，受到了国际社会的广泛认同。[资料来源：程大为．让疫苗成为“用得上、用得起”的公共产品[N]. 人民日报（海外版），2020-12-04(001)；胡宇齐．提供全球公共产品展现大国责任担当[N]. 北京日报，2020-09-25(003)]

第三节　中国医药对外贸易中的知识产权策略

在国际间医药知识产权保护日益加强的情况下，中国应充分利用相关国际协议赋予的权利，通过合法手段加强知识产权保护，并且在医药国际贸易中合法地运用各种策略来争取合理的利益。本节对中国在医药国际贸易中可以采取的策略进行介绍。

一、强制许可策略

（一）强制许可的定义

强制许可是指专利行政部门依照专利法规定，不经专利权人同意，直接允许其他单位或个人实施其发明创造的一种许可方式，又称非自愿许可。

专利权作为一种垄断权和禁止权，是赋予专利权人垄断专利产品及方法，禁止任何个人和单位实施专利的权利。而药品专利与公众健康息息相关，在发生严重危及公众健康事件的特殊时期，如严重急性呼吸综合征（SARS）、甲型 H_1N_1 流行性感冒及新冠肺炎等重大传染病疫情暴发，专利药品生产和销售的高垄断性会直接影响药品的可及性，造成药品专利权保护与公共健康利益之间的冲突。在突发公共健康危机下药品专利强制许可是提高药品可及性、平衡药品专利权和公众健康权的重要措施。

（二）强制许可的影响

从长期来看，强制许可对医药领域的创新会产生很大的影响。如果一个领域受到强制许可政策的约束，则该领域的制药技术水平将得不到相应提高，最大的受害者将是患此种疾病的患者。如果一个国家采取强制许可制度，这将会对该国未来制药产业的发展产生严重影响，因为药物研发所需的资金将得不到满足，整个产业只能裹足不前，最终的受害者也是药品的消费者。

（三）中国实行强制许可的可行性

1. 中国有关强制许可的规定　中国立法肯定了强制许可制度，2000年第二次修改实施的《专利法》和2001年实施的《中华人民共和国专利法实施细则》明确规定了对发明和实

笔记栏

用新型可以进行强制许可。此外，中国于 2003 年实行《专利实施强制许可办法》，对专利强制许可请求的受理和审批程序进行规范，为实施专利法及其实施细则的有关规定提供了可操作程序。2006 年实施的《涉及公共健康问题的专利实施强制许可办法》规定，在国内出现传染病流行导致公共健康危机的，只要是国务院有关主管部门，就可以依据《专利法》第四十九条规定，请求国家知识产权局授予实施该专利的强制许可。中国国家知识产权局于 2012 年实施《专利实施强制许可办法》修订版，其规定在国家出现紧急状态或者非常情况时，或者为了公共利益的目的，中国政府可向具备实施条件的公司颁发强制许可证，生产专利药品的仿制品。2020 年《专利法》第四次修订，完整保留了现行《专利法》关于强制许可的规定。这些规定为中国对药品专利进行强制许可解决公共健康问题提供了法律依据。

2. 中国医药产业有能力实行强制许可　首先，中国已经具备一定制药业基础。改革开放以后，中国的医药工业有了长足发展，已经摆脱了中华人民共和国成立初期药品主要依赖于进口的局面。其次，中国医药工业已经完全具备实行“反向工程”的能力。所谓“反向工程”是指从他人产品入手，进行分解剖析和综合研究，在广泛搜集产品信息基础上，通过对尽可能多的同类产品解体和破坏性研究，运用各种科学测试、分析和研究手段，反向求索该产品的技术原理、结构机制、设计思想、制造方法、加工工艺和原材料特性，从而从原理到制造，从结构到材料全面系统地掌握产品的设计和生产技术。因此，一旦中国对某种药品实行强制许可，是完全有能力对其进行仿制的。

3. 中国实行强制许可的政策建议　尽管《TRIPS 协定》和各国专利法中都有强制许可规定，但在实践中批准强制许可和采取这种措施的情况较少见。强制许可会挫伤企业药品创新积极性或带来潜在的贸易摩擦，实际上政府对药品专利强制许可持审慎态度。强制许可的主要价值其实在于它的威慑和劝阻作用，中国作为拥有仿制能力和制药业基础的国家，随着国内医改深入推进，相关政策举措如药品上市许可持有人制度、推行药品带量采购、鼓励药品创新等全面确立，在一些进口专利药价格问题上，强制许可成为政府部门与外商利益博弈的重要筹码。在出现公共健康危机时，政府更有可能通过价格谈判等方式解决药品供应问题。当然，当遇到紧急的公共卫生事件如 SARS、新冠肺炎疫情，中国就可以出于维护公共健康的目的不经专利权人许可而强制许可相应药品。

二、平行进口策略

（一）平行进口的定义

此处讨论的是药品的专利平行进口。专利平行进口是指在某一药品已获进口国专利保护，并由专利持有人自己或其授权人在该国制造或销售的情况下，进口商未经许可擅自从其他国家进口该专利药品的行为。获得专利持有人授权的进口商进口称为先行进口，未经专利持有人授权的进口商进口称为平行进口。

平行进口具有以下特征：①平行进口商品是有合法来源的“真品”，而非“假冒商品”，平行进口问题讨论的是进口的行为而非商品是否合法；②平行进口商品涉及的知识产权是受进口国法律保护的；③平行进口商的进口行为未得到专利持有人授权或许可。平行进口是否构成侵权，一直是国际贸易领域富有争议的问题。在国际贸易中，专利药品是一种附带医药专利的商品，存在如何协调药品专利权和物权冲突的问题：禁止平行进口就是主张在专利药品流通中用知识产权来限制物权，而允许平行进口是主张用物权来限制知识产权。

（二）平行进口的影响

平行进口涉及专利权者、经销商、进口商和消费者四方利益，会造成个体利益和社会利益、贸易自由与非关税壁垒之间的矛盾。平行进口是一把双刃剑，其积极方面在于可以减少专利权对市场的垄断,促进国内竞争,降低进口国专利产品价格,让消费者能以较低价格购买到“真品”,获得实在的利益。消极方面在于平行进口行为与知识产权保护原则相违背,对进口国权利人或其授权人来说,在投入大量资金获得专利授权的情况下,这种“搭便车”行为无疑属于不正当竞争,挤占了市场份额,大大损害到他们的权益,使得专利价值无法真正体现。从成因来看,产品的国际价格差异是推动平行进口的根本原因,而另外一个原因则是缺乏有效法律约束。目前国际公约和各国法律对于平行进口是否违法态度不一。

(三)中国实行专利平行进口的可行性

1. 中国有关法律规定　关于药品专利权耗尽和产品平行进口,我国并没有明确规定和说明。但在2008版《专利法》第六十九条第一款规定,专利产品或者依照专利方法直接获得的产品,由专利权人或者经其许可的单位、个人售出后,使用、许诺销售、销售、进口该产品的,不视为侵犯专利权。其中补充了允许“进口”的表述,2020版《专利法》修订也保留了同样规定。这一修改体现了专利权国际用尽原则,明确承认了平行进口的合法性,为专利产品平行进口提供了法律依据。在《涉及公共健康问题的专利实施强制许可办法》中有些条款也涉及平行进口问题并规定,在治疗某种传染病的药品在中国被授予专利权,而中国缺乏该药品的生产能力的情况下,中国可以从WTO其他成员进口其专为解决中国公共健康经强制许可而制造的专利药品。此外,我国香港特别行政区、澳门特别行政区均为世界贸易自由港,都允许商品平行进口。因此我国具备实施专利药品平行进口的条件。

2. 有关中国实行平行进口的建议

(1)坚持有条件的专利权国际耗尽原则:中国是发展中国家,与发达国家相比,在经济实力和技术水平上存在相当大的差别,产业发展在相当程度上仍依赖于对国外技术的引进。如果赋予专利权人过强的保护,反而会使本国对相关技术的开发和利用受到相当大的限制,同时本国产业发展也受到相当大的阻碍,与《专利法》立法目的相违背。因此,对于中国来说,如何在保护专利权人利益与促进产业发展之间取得一个适当的平衡点,显得特别重要。结合中国国情,建议采取有条件的专利权国际耗尽原则,允许专利药品平行进口,但在例外情况下禁止专利药品的平行进口。

(2)实行区别对待的专利药品平行进口政策:专利药品平行进口政策与其他政策方针一样,是为国家经济发展服务的。《TRIPS协定》第六条将权利耗尽和平行进口问题的政策交由各个成员国自己决定。所以,中国也有权自己制定独具特色的平行进口政策,中国要在综合衡量经济发展、外资引进、贸易投资、社会福利等多种情况下,制定有区别的专利药品平行进口政策。

(3)将平行进口政策与行业发展相结合:中国的专利药品平行进口政策也可以采取与行业发展相结合的对策,对于国家重点发展的行业,禁止平行进口可以为国内行业发展提供有利的保护和促进,使得国内企业在发展初期能够免受来自海外企业的冲击,在国内企业发展到一定规模后,再考虑取消对这些药品的平行进口禁令。从实践来看,这与现行国际准则并不相悖。从政策实施来看,可以先就这些政策制定相关“条例”,在行业发展发生变化后,再就新情况对条例进行修改和调整。

(4)重点考虑国民的社会利益:对于涉及重大公共利益和健康安全的药品,如果平行进口能够为社会大众谋取福利,政府可以在一段时期内开放这些药品的平行进口。例如中国的艾滋病实际感染者已经超过了百万,但是只有很少患者能够承担自费规范治疗。相当部分的药物,跨国药企虽已在中国注册专利,但没有在中国销售,从而也影响到国内感染者的治疗质量。中国面临的治艾挑战,是目前治艾资源投入与实际防治需求仍存在较大缺口,而药品平行进口能够为中国的治艾工程提供有效的方式和途径。因此,从国民利益和社会稳定出发,有必要允许一些药品的平行进口,这样可以更好地应对公共健康危机,维护社会稳定,保障经济发展。

三、知识产权策略

(一) 专利策略

1. 基本专利与从属专利策略 中国医药企业的研发能力尽管与国外大型企业相比还存在一定差距,但可以通过并购等手段适度扩大规模,根据实际情况充分利用企业共有的研发能力等资源,集中人力、物力进行创新药物研究。任何在药品研发活动中取得的奠基性、首创性发明创造,都应当申请药品基本专利,并依法获得专利保护。

如果医药企业拥有自己的基本专利,可围绕该基本专利不断开发研究,申请众多从属专利,从而在该基本专利周围设置由一系列从属专利形成的严密的专利网,以保护该技术领域。中国医药企业研发能力较弱,要拥有新药的基本专利比较困难,但可以在他人的基本专利周围设置自己的专利网。日本不断对引进的技术加以更新改进,围绕国外的基本专利,衍生出很多有日本特色的从属专利,不仅成功地促进了经济的高速增长,而且使日本成为世界公认的专利大国。

2. 专利联盟与专利组合策略 实施专利联盟与专利组合策略,可最大限度地有效利用现有专利,实现专利的有效增值。目前中国医药企业无论在专利的数量还是质量上,都难以与国外大型企业相提并论,而且各自拥有的专利有限,单独使用难以发挥效益。但如果能与国内其他相关企业合作,形成专利优势互补,结成有力的专利联盟,就可以实现联盟内专利共享,增加对外谈判筹码,增加授权机会,提高专利价值。

3. 专利进攻和防守策略 专利进攻策略可采用以下手段:①设法绕开对方的专利,以避免侵权;②对无法绕开的对方专利提出无效请求,千方百计清除障碍;③在对方专利的基础上改进,取得依存专利,反过来限制对方。

防守策略可采用以下手段:①填写专利申请文件时尽可能进行合理的概括,以得到尽可能大的保护范围,防止对方的变相侵权;②在审批过程中遇到阻碍时灵活对待,以保证主要或重要部分早日摆脱困境;③积极开发上游产品,并配合进行二次开发,形成密集的专利网;④如果医药产品具有国际市场,则需要考虑在多国申请专利,以防他人在异国仿制,恶意瓜分中国医药产品的市场;⑤及时通过检索专利文献来研究竞争对手的研究动态,对竞争对手进行详细分析以调整自己的竞争对策,甚至可以虚设专利申请来迷惑和误导对手,从而保护自己。

(二) 商标策略

1. 抢先申请策略 由于多数国家的商标注册采用申请在先的原则,因而“商标抢注”成为合法行为。中国已有相当多的名牌药品商标在国外被抢注。因此,为了避免其他企业或个人在国内外进行商标抢注给自己带来不必要的损失,应尽早对自己的商标进行注册,避免坐失良机。

2. 联合商标策略 商标所有人在自己生产或销售的相同或类似的商品上注册几个近似的商标,以构成一张立体交叉的保护网,有效防止近似商标的出现,扩大注册商标的专用权范围。例如,武汉红桃 K 集团在注册商标时,就将“红桃 Q”“黑桃 K”“红桃 A”等 33 个容易使消费者误认的商标进行了联合注册。

3. 驰名商标策略 中国现行《商标法》加强了对驰名商标的保护力度,明文规定了对于驰名商标的保护,并明确规定未在中国注册的驰名商标也可得到商标法的相应保护。《巴黎公约》也对驰名商标实施特殊的法律保护,如中国著名的“同仁堂”商标曾在日本被抢注，事件发生后，经中国商标局积极配合，日本商标主管机关确认了“同仁堂”是受《巴黎公约》特殊保护的驰名商标，最后撤销了对“同仁堂”的抢先注册。因此医药企业应努力创造条件，积极申报驰名商标，从而可以获得应有的特殊保护。

（三）商业秘密策略

中国的中医药已具有几千年的历史，从中医药中研制新药，具有广阔的前景。中药知识产权保护的主要对象就是配方和生产工艺，中药生产工艺复杂、技术性强、配方复杂多样，因此商业秘密保护将是中药知识产权保护很有效的一种方式。中国许多知名的企业都是用商业秘密保护其知识产权的，如云南白药等。实践证明只要生产企业保护措施得当，用商业秘密保护中药的知识产权非常有效。

（四）药品行政保护

广义的药品行政保护包括：新药证书保护、涉外药品行政保护、中药品种保护。中国实施的《药品管理法》和《中药品种保护条例》等是药品行政保护的依据。这些行政保护是药品知识产权保护的重要补充，也被认为是知识产权保护的重要组成部分。

四、仿制药策略

仿制药策略也是一种知识产权策略。近年来，沉重的医疗费担已成为各国政府最头疼的问题之一，即使在创新能力最强的美国，非专利药在处方药市场的比重也急剧上升。可以说非专利药物是未来数十年广大人民群众的用药主体，是今后若干年中国绝大多数医药企业研发和生产的重点。

（一）仿制药的优势

制药业一向以利润率高而著称，国际上著名的辉瑞、默克、礼来等大型制药公司年回报率可均达 30% 以上。仿制药技术较为成熟，不需要花费巨资进行零起点的研发，研发成本小，成功率高。此外，仿制药的安全性和有效性已得到验证，同类药品在市场上已经得到认可，药品上市的风险小，可以用更低的宣传成本和更快的速度占领市场。因此仿制药可以比较低的价格进入市场，低价格成为了仿制药与专利药竞争的最大优势。

（二）中国应加强药品仿制

中国医药企业经过几十年的发展，目前已经形成比较完备的医药工业体系，现有医药工业企业数千家，已形成较强的仿制药生产开发能力。随着专利过期药物逐渐增多，这些药品是一笔巨大的公共财富，中国仿制药企业将面临更多的选择机会。加大对仿制药研发的力度，亦能缓解中国入世后由于日益严格的知识产权保护限制而受国外专利药冲击的尴尬局面。相对而言，中国医药行业与跨国企业在研发实力上尚有差距，要求国内所有企业都开展新药研发并不现实，因此在目前国情下，医药产业仿制不失为开发新药品种的一条简、快、好、省的途径。

仿制药的药品注册制度往往要求仿制药与原研药在各方面应保持一致，包括原料性质、疗效等，这一制度在许多国家都存在，而正是这种药品仿制注册制度的特异性决定了仿制药企业不能完全绕过与该品有关的其他专利保护。仿制药还有可能涉及原研药的手性异构体、化合物合成工艺，制剂复方及其制备方法等专利障碍。特别是涉及药品的制备方法专利侵权时，中国《专利法》规定了新产品制备方法专利的举证责任倒置原则，当原研药专利权人主张仿制药企业侵犯其方法专利时，专利权人只需证明该原研药为新产品，这时举证责任就转移到了仿制药企业一边，即需要仿制药企业证明其采用的制备方法与原研药专利方法不相同；如果仿制药企业不能完成该举证责任，则有可能会被认定为侵权。

笔记栏

仿制药企业需要熟知知识产权制度，比如专利的时间性、地域性、专有性，发明专利的新颖性、创造性和实用性，在了解相关知识产权制度的前提下，对仿制的原研药所有知识产权状况进行检索分析，了解药物所有专利及全球分布情况，除了基础化合物专利外，还包括哪些相关专利，以及这些相关专利在各个国家的有效性。对药品进行仿制并非简单拷贝，而是一个技术含量很高的工作，仍然需要企业投入大量资源进行研发，必须关注产品重复建设和一哄而上的现象，避免造成资源浪费。此外，应该合法进行仿制，在仿制药物立项前进行文献检索，避免专利侵权和药品行政保护。

（三）中国仿制药产业的发展

随着大量国外专利药到期、国内相关政策趋向松动，中国仿制药产业正迎来前所未有的机遇。在中国，几十家甚至上百家药厂仿制、生产同一种药，药效却参差不齐。国产仿制药总体质量和疗效与原研药有很大差距，有的甚至是安全的无效药，原因主要是药用辅料与制作工艺不同。药品发挥药效的关键要依靠药品使用的辅料与制作工艺，这是药企研发极为核心的资产。原研药厂商一般拥有多个工艺配方专利，新药的专利期限是 20 年，而药企在化合物、原料药专利到期后，还拥有数年后才会到期的工艺配方专利，此举可使专利药的利用期限相应延长。而国内不少仿制药药企使用与原研药不同的低成本辅料生产药品，也是导致仿制药与原研药药效差异的原因之一。

为了提升国产仿制药质量和疗效，国家食品药品监督管理总局从 2012 年启动 15 个试点品种，2013 年发布《仿制药质量一致性评价工作方案》正式部署 75 个品种。2016 年国务院办公厅印发《关于开展仿制药质量和疗效一致性评价的意见》，正式启动我国仿制药一致性评价工作，分期分批对已经批准上市的仿制药，按照与原研药品质量和疗效一致的原则进行评价。对《国家基本药物目录》(2012 年版) 中 2007 年 10 月 1 日前批准上市的化学药品仿制药口服固体制剂，在 2018 年底前完成一致性评价。2020 年 5 月国家药品监督管理局（NMPA）发布《关于开展化学药品注射剂仿制药质量和疗效一致性评价工作的公告》，进一步开启注射剂一致性评价，加快推进我国仿制药质量提升工程。

ER-9-2

知识拓展：美国和日本仿制药一致性评价

第四节 中医药国际化中的知识产权保护

中医药是中华民族优秀文化的灿烂结晶，数千年来为中华民族的繁衍昌盛做出了不可磨灭的贡献，同时也为世界民族医药学发展做出了贡献。知识产权保护是中医药增强核心竞争力、保持优势地位的重要保障。我国应重视和加强中医药知识产权保护，把中医药这一祖先留给我们的宝贵财富继承好、发展好、利用好。

一、中医药知识产权保护概述

中医药知识产权涉及的范围很广，包括专利权、商标权、著作权、中药品种保护、地理标志保护等多个方面。根据中医药开发中常用技术的特点，中医药的知识产权保护范围至少应包括以下内容：

1. 处方与配方　包括单体药物处方、单味药处方、复方组分处方、单味药组分处方和中成药处方。

2. 中药材生产　包括中药的资源、中药栽培（养殖）生产技术、中药材包装仓储技术、品质鉴定及新的药用部位、新的用途等。

3. 中药炮制技术　包括传统炮制方法、新型饮片及保鲜技术。

笔记栏

4. 中药制药工程技术　包括工艺技术、制药机械设备、制剂辅料、自动化技术、药渣的综合利用及污染处理技术等。

5. 中药质量控制与保障技术　包括标准品、检测方法、检测仪器及试剂等。

6. 中医药基础研究　包括与病、证、症相对应的实验动物模型研究、中药作用原理研究、复方配伍规律研究、药性理论研究及活性成分研究等。

二、中医药知识产权保护现状

（一）专利方面

专利保护是国际公认的以法律形式保护发明创造的知识产权保护方式，中药产品、中药加工生产方法、中药新用途及中医药诊疗设备等都是发明专利保护的客体，而中医药外观形状和包装等则可采用外观设计专利和实用新型专利加以保护。随着国内知识产权意识不断增强，机构和企业创新成果保护力度加大，中医药专利申请数量总体呈持续上升态势，相关专利保护也进入快速发展期。

经过多年的发展和努力，国内企业及科研机构对专利保护目前已普遍接受和认可，中医药专利被国外机构抢注以及成果外流现象也有所减少，但中医药知识产权在国际上被侵权的现象仍时有发生。中医药专利保护目前还存在不少问题，包括：①专利保护客体受限，无法全面保护中医药，例如中医诊疗方法等属于专利法规定的“疾病的治疗和诊断方法”，不能授予专利，使得专利对中医药的保护只能涉及“药”而无法覆盖“医”。②大多数中医药古方、工艺技术已进入公有领域，达不到专利“三性”要求。例如许多经方、古方及中药功用已在相应典籍或文献中记载，属于专利规定的“在国内外出版物上公开发表过”而丧失新颖性，无法作为专利保护客体。③专利保护以“信息公开”为前提，容易导致中药复方泄密或仿制。

（二）商标方面

商标是知识产权的重要组成部分，特别是驰名商标更是企业宝贵的无形资产。目前国内有悠久历史和良好声誉的中医药老字号企业大多已申请注册商标，但不少企业商标意识依然淡薄，导致名牌流失。由于多数国家商标注册均采用申请在先的原则，“商标抢注”就成为合法行为。国内目前已有相当多名牌药品商标如“陈李济”“龙虎”“王老吉”“玉林”等在国外被抢注。从中药商标注册率来看，我国还远低于美国、日本等发达国家。国外制药企业通常对每一个专利药都会申请专门的特定商标，如日本武田制药公司在全世界拥有7 000多件注册商标，并且每年以300件的速度持续增长。美国医药企业在国外注册的商标达到20多万件，其中在我国就有2.5万件。而国内中成药重点企业的调查显示，企业商标注册的积极性不高、专一性不强，许多企业存在“一标多用”，往往一个商标多个品种使用，有的甚至所有品种都使用同一个或几个商标。此外，目前中药商标还存在辨识度和显著性不高、商标设计缺乏竞争力以及道地中药材商标被忽视等诸多问题。

（三）商业秘密方面

商业秘密受到许多发达国家的重视，是企业保持竞争优势的“秘密武器”。与其他知识产权相比，商业秘密具有非公开性、非排他性、利益相关性以及期限保护非法定性的特点，其保密功能更符合中医药保护需求，在国内应用广泛，是中医药领域采用最多的首要保护方式。中医药领域知识技术的特殊性决定了许多技术信息如未公开的中药配方、中药加工工艺、炮制加工技术、中药种植或养殖技术以及中医特有诊疗方法等，作为商业秘密或国家秘密来保护更加有效。专利虽然比技术秘密保护效力和范围更大，但考虑到中医药企业技术信息的脆弱性，一旦有丝毫泄露，同行技术人员较易获取，更多企业不会选择申请专利，而是

笔记栏

作为内部技术秘密加以保护。

国内许多企业投入大量资金对重要中成药品种采取技术秘密保护措施，但其保护效果与产业发展需求仍不相适应。目前我国缺乏针对商业秘密保护的专门立法，《反不当竞争法》、《中华人民共和国合同法》(以下简称《合同法》)、《中华人民共和国刑法》虽然对商业秘密保护作了不同程度的规定，但这些规定还缺乏统一性和可操作性。此外，商业秘密保护也存在不容忽视的风险，包括人员流动造成的信息流失和秘密外泄风险，以及无法对抗反向工程和独立发明的秘密破译风险等。很大比重的中医药技术秘密属于隐性知识，主体依附性强，需要以人为载体，由人加以掌握和运用。若掌握技术诀窍的科技人员发生流动，就有秘密外泄风险。对于中药而言，随着化学分析技术迅速发展，除了成分单一的制剂易被反向工程破解外，即便是组方复杂、有效成分多样的复方制剂，其主要成分也极有可能会被成功破解。

(四) 行政保护方面

我国中药知识产权行政保护法律框架已基本形成，直接涉及中药的行政保护主要包括两类：一是中药新药的行政保护，以《药品管理法》为主要依据；二是中药品种的行政保护，以《中药品种保护条例》《植物新品种保护条例》等为主要依据。中药知识产权行政保护虽然与专利保护相比排他性不强，但申请条件远低于专利，审批周期短，保护时间长，如《中药品种保护条例》的一级保护长达 30 年，且比商业秘密保护的可操作性更强。因此，行政保护是中药知识产权保护的重要补充，也是具有制度优势和特色的部分。2017 年实施的《中医药法》，对中医药知识产权保护也作了纲领性规定，如鼓励道地药材地理标志保护、传统中医药传统知识数据库保护等。

目前中药知识产权行政保护方面依旧存在一些困境：①保护对象受限，仅局限于品种保护，不能涵盖中医药领域全部产品(如专用器械)、中药配方、生产技术和工艺等；②保护效力不及专利，且只限于国内，无法与国际接轨。作为一种国家行政保护措施，行政保护在私权保护上的效力不及专利，尤其当他人出现违法行为时，被保护主体只能请求行政主管部门进行行政处罚，而无法主张侵权救济。根据《中药品种保护条例》规定，只有没有申请专利保护的品种才可以申请中药品种保护，可见行政保护与专利保护是并行运作、互不衔接的两种保护途径，需要结合为用，优势互补，共筑中医药知识产权保护体系。

三、中医药国际化中知识产权保护的主要问题

(一) 中医药知识产权保护意识有待提高

统计资料显示，在我国中医药专利申请中，中药专利申请数量与现有中药产业规模完全不成比例，而科研机构和高等院校作为申报主力军，职务发明数量也明显不足，反映出我国药企和科研机构的知识产权保护意识仍有待提高。由于缺乏知识产权保护手段，不少名老中医在长期临床实践中创制和改良的各类单方验方秘而不宣，一些特色诊疗技术、方法濒临失传。还有许多富含知识产权的古方、验方和秘方，由于科研人员缺乏保护意识，在出版物上公开发表，或在技术交流和技术合作中被外商无偿占有或低价买走，致使中医药知识产权流失。目前仅《伤寒论》《金匮要略》等古籍中，就已有 200 多个方药被海外企业开发并在多国申请专利。中国首创的新型抗疟药青蒿素，也因为当年没有申请专利，有关专利被法国赛诺菲和瑞士诺华抢先获得，使得我国发明变成了国外专利，国内企业必须由这两家公司授权才能生产和出口青蒿素类药品。

(二) 中医药知识产权保护法规不健全

国内现行知识产权保护制度在推动中医药科技创新方面发挥了重要的激励作用，但同

时相应法律法规尚不健全，与中医药保护需求还相距甚远。例如绝大多数中药新药是复方制剂，我国《专利法》目前却只能保护中药配方及其剂量，对配方的用途、加减则未能有效保护，这对中药复方的专利保护是不利的。

一方面，现行专利制度侧重于保护创新产品，出于平衡权利人和公众利益关系以及促进知识更新的考虑，并不适合传统知识保护，专利审查中的技术信息“公开”甚至会将传统知识推进“公有领域”。另一方面，中医药传统知识由于缺乏新颖性、创造性、实用性，一般较难获得专利保护，而掌握先进技术和优势资金的利益集团通过提取或改变中医药及相关衍生物成分，却能获得相应专利，并且该方法已被部分国家司法和现行《TRIPS 协定》所认可。中医药传统知识具有特殊性，从现行知识产权保护制度来看，无论国际还是国内制度都未能将其囊括在内并提供良好保障。这也致使中医药传统知识在国际上频频遭到“生物海盗”问题侵害，大量知识被国外企业窃取和掠夺，我国利益蒙受巨大损失。

知识链接

生物海盗与中医药传统知识保护

生物海盗（bio-piracy）又称“生物盗版”“生物剽窃”“生物盗窃”，是利用遗传资源获得相应的知识产权，反过来再阻止资源提供国对相应资源或传统知识的正常使用。生物遗传资源是一个国家的战略资源，长期以来被认为是人类共同的遗产，可以自由获取并无偿开发利用，从未过多顾及资源提供国的利益。发达国家多年来一直凭借其在经济和技术上的优势，广泛开发与利用发展中国家的遗传资源，并通过知识产权体系保护从发展中国家获取的遗传资源进而牟取暴利。自《生物多样性公约》（Convention on Biological Diversity, CBD）1993 年生效后，遗传资源不再是人类共同财产，而是隶属于各国主权范围，因此“生物海盗”侵犯的是一国对其生物遗传资源的主权。关于遗传资源获取与惠益分享的议题已成为各缔约方广泛关注的热点。

我国日益成为“生物海盗”进攻的新目标，而中医药领域是受生物海盗冲击最严重的领域之一。目前，国内绝大部分中医药传统知识都没有纳入法律保护，被国外企业视作“免费午餐”，无偿占有和利用，知识产权正面临流失风险。中医药传统知识是中华民族的宝贵资源和中医药传承发展的核心要素，只有建立适合中医药发展的保护与利用制度，才能有效防止“生物海盗”行为，从源头遏制中医药知识产权持续流失问题。［资料来源：杨新莹．论知识产权制度下如何规制“生物剽窃”行为——以国际法和国内法为视角［J］．河北法学，2010,28(11):111-119；王艳杰．全球生物剽窃案例研究［M］．北京：中国环境出版社出版，2015］

（三）现有中医药知识产权保护法规与国际脱轨

许多中药技术如未公开的中药处方、制备方法和炮制方法等具有明显的商业价值，符合“商业秘密”构成要件，在未有专利保护的情况下，主要依靠商业保密作为贸易产权保护手段。但中药以膳食补充剂和药品出口时，进口国一般要求在标签上标明成分，这使得国内受商业秘密保护的中药产品要想进入国际市场，就不得不公开成分，或在包装上做与处方不符的标示，势必会给企业或产品带来不利影响。

例如医药市场上通过商业秘密保护的典型代表云南白药，从创制至今已有 100 多年历史，凭借神奇的疗效畅销海内外，其处方是国家保密配方。2010 年发生的云南白药“泄密门”事件中，作为国家绝密级品种的云南白药酊却在美国 FDA 网站上公布了成分表。一时

笔记栏

间引发了民众对企业的质疑，以及对配方保密与消费者知情权之间矛盾的争议，将云南白药配方保密问题推向了社会大众议论的风口浪尖。事实上，注明成分是美国 FDA 对商品和药品上市销售的规定。同样，草药产品在欧盟国家销售，注册时也必须写明成分。

（四）申请国际专利的意识淡薄

专利权具有地域性，即一项发明只在中国申请专利，只能得到中国法律的保护，一旦这一产品走向国际，在国际市场上是不被其他国家法律保护的，这些国家就可以无偿地使用知识产权。以青蒿素为例，由于申请国际专利意识淡薄，在青蒿素新药和双氢青蒿素新药的研制过程中，因过早发表了成果论文，而未向国外申请专利，结果被国外企业稍加改造后，抢先申请了新药专利。美国对青蒿素衍生物的开发，使我国每年青蒿素衍生物出口大量减少而蒙受巨大损失。

目前尽管国内中医药专利申请数量不断增加，但国际专利申请极少。从《专利合作条约》（PCT）国际专利来看，中药领域 PCT 专利仍以美国、欧洲、日本、韩国申请为主，中国占比较少。随着发达国家对中国中医药市场的日益关注，近年来外企在华 PCT 申请尤其是中药提取物专利申请也呈上升趋势，未来中医药知识产权的国际竞争将更加激烈。此外，一些外企甚至利用自身技术优势在我国抢先申报专利。以江苏道地药材薄荷为例，薄荷专利有多项已被美国公司掌握，其中美国箭牌糖类公司独揽 4 项专利，用于口香糖等高利润市场，而中国的专利只是薄荷藕、薄荷茶水等，市场空间极为有限，处境也非常尴尬。

（五）中医药知识产权保护内涵不明晰

中药处方特别是一些古方、名方，由于历史悠久，大部分已经文献化，并在历史上被无偿翻译成各国文字，流传到国外，已成为中华民族乃至全人类的宝贵文化遗产。特别是受我国传统文化影响较大的周边国家如日本、韩国，他们已有一定的中医药文化积淀，加之拥有现代医药科技，从而在我国传统中医药知识基础上二次研发，开发出许多符合西方知识产权要件的“洋中药”。这些中成药不仅是国外一些厂商的主要品种，更是我国部分生产厂家的主导产品，因此如何对这类品种进行知识产权保护是较复杂的问题。

四、中医药知识产权保护对策

（一）建立健全知识产权保护网络

设立中医药知识产权保护机构，该机构负责中药新药研究、生产等过程中知识产权事务管理，开展以《专利法》《商标法》《反不正当竞争法》为核心的法律、法规教育，提高广大科技工作者知识产权意识。成立全国中医药知识产权保护研究会或协会，调动和团结国内外一切有识之士，开展知识产权研究工作，为中医药知识产权保护献计献策，进一步提高和推动中医药知识产权保护的整体水平。

建立、完善知识产权信息网络、服务网络，大力支持新药研究的技术创新工作。在中药研究开发中尤其注重专利文献检索和信息跟踪。通过专利文献可了解和掌握科研的最新动态，可提供是否构成对他人专利侵权的咨询，搜集市场竞争的信息情报，为产品或技术进出口提供法律保障。

（二）及时申请专利保护

专利保护是中医药保护的重要形式，也是最有效方式之一。从我国《专利法》来看，专利保护包括发明专利、实用新型专利和外观设计专利。中药产品发明、生产制备工艺、生产方法和中药新用途都可以申请发明专利，比如天麻或当归的特殊栽培方法、新的制剂工艺、炮制方法等。改变中药剂型、形状或结构的实用新技术方案可以申请实用新型专利，而中药产品及其包装的外观形状、图案或色彩的新设计则可以用外观设计专利加以保护。相比于其他保护方式，专利保护范围宽广，且具有强大的排他性。专利权人一旦取得专利，便拥有市场垄断地位，他人除非获得授权，否则无权生产该品种。专利保护不仅有利于中医药在国际市场上抢占先机，保持竞争优势，更重要的是可以激励中医药领域的科技创新和自主研发，用国际通行的规则保护创新成果免遭抢占和侵犯。

中医药国际化必须从战略高度加强海外市场的专利布局，做到“专利先行”。企业应该首先强化自主创新，提升中医药专利技术含量，其次组建专业的服务团队，深入了解国内外专利法规和制度，熟悉 PCT 等专利申请规则，并参照一些跨国药企的成功经验，加强目标市场专利布局，在维护自身合法权益的同时，提升国际竞争力。目前国际上尚缺乏中医药知识产权保护的通行规则，作为中医药发源地，我国应充分发挥优势，积极参与制定有助于体现中医药特性的共同规则，增强国际话语权，为中医药进入国际市场奠定良好的法律保护基础。

（三）注重中药商标保护

中药商标作为中药产品和企业的象征，在企业的经济活动中有重要意义，同时药品的注册商标可以作为药品是否合法经营的依据，对于企业创名牌、争效益、保证药品质量、提高竞争力，都至关重要。中药商标是市场经济的产物，是经营者在商品使用上的标记，商标权对于中药知识产权的保护同样重要。中药作为特殊商品，消费者无法靠自己的能力辨别质量优劣，同一产品最有效的区别方式就在于不同的商标和品牌。

中药老字号有悠久的历史，在海内外享有一定的声誉，如北京的“同仁堂”、广州的“潘高寿”“陈李济”、重庆的“桐君阁”、天津的“达仁堂”等知名商标都是我国中药产业的无形资产和自主知识产权的一部分。对于这些中药老字号，应充分认识商标在开发国内外市场和保持竞争优势上的重要价值，从品牌战略高度，加强商标保护，防御海外抢注。企业除了按照《商标法》进行国内注册，或注册“驰名商标”外，更要重视国际注册，积极加快海外布局。具体而言，商标国际注册有单一国家注册（按照各国法律提交注册申请）、地区注册（向成员国所在的区域主管机关申请）和马德里商标国际注册（按照相关国际公约在联盟成员国间进行注册）三种途径。此外，企业还可以充分利用各种辅助手段对商标实施全方位保护，如采用数码或印刷工艺等防伪措施、设计专用名称作为副商标、构建母子商标和多重商标体系等。

（四）适当运用商业秘密保护

商业秘密保护方式灵活，没有地域性和时间限制，只要商业秘密不向公众泄露，其保护就可无限期地继续，并且商业秘密保护不要求遵守诸如向政府部门披露信息的规定，对于保护中医药隐性技术秘密具有一定优势。

不论规模大小，每个医药企事业单位都有自己的商业秘密，尤其是中药自古以来就是以“秘方”等方式来保证制备技术的独占性。商业秘密保护适用于配方和生产工艺复杂、从产品很难应用反向工程倒推出原料配方和生产工艺的产品。因此，对于一些尚未公开且不满足专利要求的技术秘密，应加强商业秘密保护，防止他人以利益引诱、威胁逼迫及违反商业道德等手段窃取秘密。具体来说，中药企业应不断完善内部商业秘密保护制度，成立专门保密机构并制定严格的保密措施，加强分级管理，同时强化员工保密意识和人事管理，严格控制涉密范围，并与相关人员签署竞业禁止和保密协议。

（五）利用“地理标志”，保护道地中药材

鉴于中医药知识的复杂性和多样性，中医药保护不能只局限于单一的保护方式，还应充分利用现有各项知识产权制度，以达到最佳保护效果。《TRIPS 协定》中首次明确提出“地理标志”概念，并对其知识产权保护做出规定；国家质量监督检验检疫总局于 2005 年发布

笔记栏

《地理标志产品保护规定》,对产自特定地域,质量、声誉或特性取决于该产地自然和人文因素,并以地理名称命名的产品予以地理标志产品保护。产品主要包括两类:①来自该地区的种植、养殖产品;②原料来自该地并按当地特定工艺生产和加工的产品。国内外相关规定为中药实施地理标志保护、进入国际市场提供了有利的法律保证。

"道地药材"是对我国某些特定产地名优正品中药材(或饮片)的一种特称。它是在特定地区的自然条件和生态环境等综合作用下形成的品质优、疗效佳的药材,不仅应用历史悠久、生产集中,且信誉度和知名度高,为中医临床所公认。道地药材的地域属性和文化属性与地理标志保护的要求相契合,适合运用地理标志制度进行保护。在我国现有的 12 000 多种中药资源中,常用的道地药材达数百种,如"怀牛膝""川贝母""杭白菊""宁夏枸杞"等,截至 2017 年底已有 201 种道地中药材获得保护。将道地药材纳入"地理标志"保护范畴,是运用现有法律加强对中药资源保护的一项有效措施,对于保证中药材质量、提高中药资源附加值有重要意义。

(六) 加强中医药传统知识的专门保护

随着经济全球化,一些发达国家借助经济和技术优势,优先无偿利用别国传统知识,并反过来借助知识产权制度限制和排斥传统知识来源国的不合理现象与日俱增。传统知识面临的"生物海盗"行为,已严重威胁一些发展中国家及传统知识持有国的国家利益和民族生存,也使他们意识到保护传统知识的重要性,并采取行动来维护本民族传统知识。"姜黄案"就是其中一个典型案例,也是发展中国家对发达国家盗用传统医药知识的一次成功挑战。

由于资源拥有国与技术发达国家之间的利益冲突,对传统知识的法律保护问题有两种截然不同的观点。发达国家主张在《TRIPS 协定》框架下寻求传统知识保护方法,而资源拥有国(发展中国家)则力求建立专门的国际公约来保护传统知识,并且开始在国内制定专门保护法,如泰国的《传统泰医药知识产权保护法》等。但是,解决传统知识保护问题尚需在发达国家与发展中国家、资源国与非资源国之间寻找一个利益平衡点,形成一个各方能够接受的制度和机制。这一过程注定是一个漫长的过程,需要经过资源拥有国与发达国家之间博弈并相互妥协后达成共识,而我国应当积极参与这场博弈。

2017 年《中医药法》实施,其中强调要保护传统中医药知识,并提出构建中医药传统知识保护名录和保护制度。目前国内相关部门也正在加快开展《中医药传统知识保护条例》的立法起草工作,以建立中医药传统知识的专门保护制度。中医药是中华民族的特色和优势,也是全民健康的重要支撑。但由于中医药知识的特殊性,现有知识产权保护框架难以对其进行有效保护。因此必须借鉴印度、泰国、秘鲁等国经验,制定我国专门的保护法律和制度,将中医药完整纳入知识产权保护范围内,才能更有效地保护和传承中医药,在国际化进程中发挥其防病治病的独特作用,造福人类健康。

案例讨论

中药专利频遭抢注,知识产权保护刻不容缓!

由于知识产权保护不力,中药专利频遭抢注,知识产权流失严重。韩国抢注了"牛黄清心丸"专利,美国申请了"人参蜂王浆"专利,日本向美国申请到"桂枝茯苓丸""加味逍遥散""芍药甘草汤""当归芍药汤"等复方专利。中药专利被外国抢注达 1 000 多项,还有许多跨国公司正在积极布局中药研发,并购中药企业,抢占市场制高点。

以牛黄清心丸为例,其处方最早源于汉代张仲景《金匮要略》中的"薯蓣丸方",后由宋代名医调整加味，收入官方药典《太平惠民和剂局方》，称为“牛黄清心丸”。传至清代，经太医院调整，成为宫廷秘方。1990年收入《中国药典》，成为“中国十大经典名药”。牛黄清心丸集息风、降火、涤痰、化瘀、补虚于一体，是一剂清中有补、虚实通调、标本兼顾的良方。

这一验方一直吸引着日韩的关注。早在20世纪80年代，日本安寿元株式会社社长曾17次来中国商谈合作。后来历时6年，牛黄清心丸终于通过日本厚生省审查，正式注册为药品，以后日本厂商每年订购数量以十万丸计。有人甚至把它当成治疗慢性疲劳综合征的滋补药，日服一丸，常年不断。牛黄清心丸在韩国也广受追捧，韩国人喜欢在宴席后将它切片奉客，作为高级宴席的标志。

“牛黄清心丸”曾被日本申请专利，更名为“牛黄清心液”。韩国某企业与同仁堂争夺牛黄清心丸原创配方失败后，以此为基础开发出“牛黄清心液”口服液和微胶囊等新剂型，并在19个国家和国际组织申请国际药品专利，甚至向我国也提交了微胶囊专利申请。类似牛黄清心丸被外国抢注专利的惨痛教训还有很多，我国中医药知识产权保护刻不容缓。[资料来源：罗旭．尊重中医药的科学价值[N]．光明日报，2014-03-14(07)；李海燕．中医药国际合作与知识产权[M]．北京：科学出版社，2020]

案例讨论题

1. 分析我国中医药知识产权保护存在的问题及其原因。

2. 试从中药专利频遭抢注的诸多案例中总结出相应的经验和教训。

（孙源源）

复习思考题

1. 什么是医药知识产权？其包括哪几个大类？

2. 中国目前涉及知识产权保护的法律法规有哪些？

3. 在国际间医药知识产权保护日益加强的情况下，中国医药国际贸易中可以采取的策略有哪些？

4. 中医药国际化过程中知识产权保护面临的主要问题有哪些？

5. 在众多知识产权保护方法中，哪些保护手段更适合中医药的知识产权保护？请说明理由。

笔记栏

10章PPT

PPT 课件

第十章 国际医药服务贸易

学习目标

1. 掌握国际服务贸易的定义、分类及特点；国际服务贸易不同的统计框架。

2. 熟悉国际医疗服务贸易的特点、提供方式、主要服务对象及范围。

3. 了解服务贸易理论模型：迪尔多夫模型及伯格斯模型；中医药服务贸易的现状与发展对策。

引导案例

中医药服务贸易现状

目前，我国中医药服务贸易形式多样，按照不同的模式主要包含以下几种类型：

1. 跨境交付模式　例如，中医药远程诊疗、远程会诊、医疗咨询、远程教育等。2014 年我国首个跨境中医药健康服务平台“海上中医”落户德国，通过整合现代中医信息采集技术，实现境外的远程诊断。近几年，“海上中医”与阿联酋、瑞士、意大利、奥地利等国家合作，建立了多个中医服务贸易跨境服务终端。

2. 境外消费模式　①为外籍人士提供中医药医疗服务。2017 年，我国境内 292 个中医药服务机构共接诊外籍患者 25 万人次，接收住院 3.1 万人次。②中医药健康旅游服务。2002 年，三亚国际友好中医疗养院率先开展“中医疗养游”，随后东北三省等省市相继推出中医药国际健康旅游项目。③中医药跨境教育服务。自加入 WTO 以来，我国高等中医药院校招收留学生人数逐年增加，2018 年达到 2 638 人。

3. 商业存在模式　①海外中医药医疗机构。目前全球有 194 个国家或地区设有中医药医疗机构。②海外中医药教育机构。目前，全国 42 所中医药高等院校几乎都参与了海外中医药教育机构的教学。③中医药海外中心。到 2016 年中国政府已立项支持在海外建立 10 个中医药中心，2019 年又批准支持建设 31 个“一带一路”沿线国家海外中医药中心。

4. 自然人流动模式　包括：①援外医疗队。中医药医疗人员约占中国向亚洲、非洲、拉丁美洲的 70 多个国家派遣的医务人员总数的 10%。②派遣中医药人才到合作办学的院校或机构提供教学、医疗、科研等支持。③派遣中医药相关人员到境外参加国际学术会议、从事中医药文化宣传或国际化交流等。[资料来源：吴幼华．我国中医药服务贸易发展的现状、问题与策略[J]．对外经贸实务，2020(3):85-88]

第一节　国际服务贸易的概念和分类

随着经济全球化的发展，服务贸易成为国际贸易发展的新趋势。放眼全球，无论是发达国家还是发展中国家，都把服务业的全球化作为全面深入参与经济全球化的重要途径。改革开放以来，我国服务贸易在国民经济中的地位和作用日益突显，我国的国际服务贸易在全球的地位快速上升，已成为我国对外国际贸易的重要组成部分。

一、国际服务贸易的内涵

（一）服务的内涵及其特点

1. 服务的内涵　最早关注“服务”一词的是经济学家。1776年，“经济学之父”亚当·斯密就曾经运用“在其发挥职能的短时间便消失；既不能贮存，也不能进一步交易；生产与消费的同时性使从事的工作失去价值；(服务)很少能留下什么痕迹和价值”等语句描述过服务业生产的易逝性。

1977年，希尔提出了被现代经济学家所广泛认同的服务的定义：服务即隶属于某一经济单位状况的改善性变化，所谓改善既可以采取消费单位所拥有的一种商品或一些商品的物质变化形式，也可以关系到某个人或一批人的肉体或精神状态。服务生产与消费同时进行，这种变化是同一过程的变化。

此外，不少涉及服务领域的相关组织和研究者，也对服务给出了自己的定义。

国际标准化组织(ISO)在ISO9001中对服务的定义为：为满足消费者的需要，在同消费者接触中供方的活动或供方所有的活动的结果，通常是无形的。

美国市场营销协会对服务的定义为：服务是可被区分界定的，主要为不可感知，却可使欲望得到满足的活动，而这种活动并不需要与其他产品或服务的出售联系在一起。

美国著名营销学家菲利浦·科特勒1983年指出服务是一方能向另一方提供的，基本上属于无形的任何行为或绩效，并且不导致任何所有权的产生。服务的生产可能与物质产品相关，也可能不相关。

2. 服务的特点　与实物商品相比，服务的特点主要体现在以下几点：

(1)服务的不可感知性：服务的不可感知性是服务的最主要特征之一。服务产品是无形的，这也就决定了服务产品在被购买之前，不能被品尝、感觉、触摸、观看等。消费者事先很难对服务的价值进行有效评估。

(2)服务与消费过程的不可分离性：即服务的生产过程与消费过程同时进行，不可分割。顾客在消费服务产品时，必须加入到服务的生产过程中，才能对服务进行消费，如医生给患者看病的服务过程，医生的生产与患者的消费是同时进行的。

(3)服务的差异性：主要表现为不同服务的提供者所提供的同一种服务的质量水平会有很大差异；即使是同一个服务的提供者，其提供服务的时间不同，也可能会导致服务产品质量水平有很大差异。究其原因，一方面是服务提供者的自身因素，如心理因素的影响；另一方面是服务产品消费者的因素，不同消费者的个人素质、偏好及其表现出的行为等因素。例如，患者对医疗服务人员的偏见或不信任感，往往直接影响其治疗效果。

(4)服务的不可贮存性：指服务产品不能像有形产品那样生产之后被贮存起来，以备随时出售。服务的不可贮存性造成了服务生产与需求之间的矛盾，也导致了服务业很难实现规模经济的状况，要解决这两个问题，就需要对服务的供应和需求加以管理，在减少服务能

笔记栏

力空闲损失和因服务能力不足造成客户流失损失之间进行平衡。

（二）国际服务贸易的概念解释

《北美自由贸易协定》中对服务贸易的定义为：服务贸易是指由代表其他缔约方的一个人，在其境内或进入另一缔约方境内所提供的一项指定的服务。这种服务包括生产、分销、销售等采购活动，以及通过建立商业存在的形式所提供的一项指定的服务等。

1994 年 4 月 15 日，关税及贸易总协定“乌拉圭回合”谈判产生了一个重要的结果：《服务贸易总协定》(General Agreement on Trade in Services，GATS)。GATS 将服务贸易定义为：①过境交付。从一缔约方境内向任何其他缔约方境内提供服务，服务提供者与消费者都不移动。②境外消费。在一缔约方境内向任何其他缔约方的服务消费者提供服务，是通过服务的消费者（购买者）的过境移动实现的，服务是在服务提供者实体存在的那个国家（地区）生产的。③商业存在。一缔约方在其他缔约方境内通过提供服务的实体性介入而提供服务，即在一缔约方内设立机构，提供服务，取得收入，从而形成贸易，主要涉及市场准入和对外直接投资。④自然人流动。一缔约方的自然人在其他任何缔约方境内提供服务。主要是缔约方的自然人（服务提供者）过境移动在其他缔约方境内提供服务而形成贸易，服务消费者往往不是所在国的消费者（图 10-1）。

		服务提供者：不移动	服务提供者：移动
服务接受者	不移动	①过境交付	③商业存在 ④自然人流动
服务接受者	移动	②境外消费	第三国贸易

图 10-1 GATS 对服务贸易的定义和分类

综上所述，国际服务贸易指的是不同国家之间所发生的包括过境交付、境外消费、商业存在及自然人流动等多种形式的服务买卖与交易活动。服务的提供国称为服务的出口国，服务的消费国称为服务的进口国。

知识链接

《服务贸易总协定》

《服务贸易总协定》(GATS) 是 WTO 管辖的一项多边贸易协议。《服务贸易总协定》本身条款由序言和六个部分、共 29 条组成。前 28 条为框架协议，规定了服务贸易自由化的原则和规则，第 29 条为附件（共有 8 个附件）。主要内容包括：范围和定义、一般义务和纪律、具体承诺、逐步自由化、机构条款、最后条款等，其核心是最惠国待遇、国民待遇、市场准入、透明度及支付的款项和转拨资金的自由流动。《服务贸易总协定》适用于各成员采取的影响服务贸易的各项政策措施，包括中央政府、地区或地方政府和当局及其授权行使权力的非政府机构所采取的政策措施。[资料来源：中国服务贸易指南网 . 服务贸易总协定概述 [EB/OL]. (2016-10-25) [2021-03-30].http://tradeinservices.mofcom.gov.cn/article/zhishi/jichuzs/201112/21022.html]

二、国际服务贸易的统计

目前，国际上主要有两种国际服务贸易的统计方式，一种是国际货币基金组织（IMF）框架下的《国际收支手册》统计，另一种是 WTO 框架下的 GATS 统计。

（一）IMF 框架下的《国际收支手册》统计

IMF 框架下的国际收支手册统计体系（balance of payments manual，BOP/BPM）在《国

际收支手册》(第5版)中,服务贸易所有内容在“经常项目”下加以统计。BOP统计的是居民与非居民之间的服务贸易,即跨境贸易。而居民指的是在一国境内居住满一年的自然人和设有营业场所并提供产品和服务的实体。由此可见,《国际收支手册》服务贸易的统计就是国际收支平衡表中经常项目中居民和非居民之间的服务交易。如中国的某企业接受外国航运公司的运输服务,对于中国而言就是服务的进口;外国旅游者在中国的旅游消费支出,对中国而言就是服务的出口。

(二) WTO框架下的GATS统计

2002年,联合国、欧洲共同体委员会、国际货币基金组织、经济合作与发展组织、联合国贸易与发展会议及WTO共同发布了《国际服务贸易统计手册》。《国际服务贸易统计手册》共有四章及7个附件,章节包括:《国际服务贸易统计手册》的基础,一般引言和概述,编制国际服务贸易统计所采用的概念框架,居民和非居民间的服务交易,国外分支机构服务贸易统计。《国际服务贸易统计手册》的国际服务贸易统计基本原则是,遵循GATS关于国际服务贸易的定义,确定以四种供应模式,即跨境提供、境外消费、商业存在和自然人移动作为服务贸易统计的内容。在具体操作上,以居民与非居民间的服务贸易,即国际收支项下的服务贸易和通过外国附属机构实现的服务贸易(FATS)两条主线进行服务贸易统计。其中对于居民与非居民之间的服务贸易统计,按照更为详细的服务贸易分类体系(即扩大的国际收支服务分类和按照贸易伙伴国编制统计数据,并将居民与非居民之间的各类服务贸易按不同供应模式进行分配。对于FATS统计则分别进行内外向统计,本国境内外国附属机构提供的服务作为内向FATS,本国在外国境内的附属机构提供的服务作为外向FATS。2010年联合国、联合国贸易与发展会议、欧盟统计局、国际货币基金组织、经济合作与发展组织、世界旅游组织、WTO等7个国际组织对《国际服务贸易统计手册》进行了修订,使其成为国际服务贸易统计方面的最新国际标准(表10-1)。

表10-1　服务贸易四种模式的统计口径

服务贸易模式	相关统计范围
跨境交付	BOP5:运输(大部分)、通信服务、保险服务、金融服务、特许使用费和许可费 组成部分:计算机和信息服务、其他商业服务、个人和文化娱乐服务
境外消费	BOP5:旅游(旅行者购买的服务除外);在外国港口修理船只(货物);运输部分(在外国港口对船只进行支持和辅助服务)
商业存在	FATS统计 BOP5:建筑服务部分
自然人流动	FATS:(补充信息)外国人在国外分支机构中就业 BOP5:(补充信息)与劳务有关的流量

三、GATS对国际服务贸易的分类

国际上对国际服务贸易的分类有多种方式,其中最受关注的是GATS对国际服务贸易的分类。关税及贸易总协定“乌拉圭回合”谈判小组在征求各谈判方的提案和意见的基础上,提出了以部门为中心的服务贸易分类方法,并将服务贸易划分为12个部门。

1. 商业服务　指在商业活动中涉及的服务交换活动,服务贸易谈判小组列出的6类商业服务中,既包括个人消费的服务,也包括企业和政府消费的服务。

(1)专业性(包括咨询)服务:专业性服务涉及的范围包括法律服务、工程设计服务、旅游机构提供服务、城市规划与环保服务、公共关系服务等;专业性服务中包括涉及上述服务项

笔记栏

目的有关咨询服务活动；安装及装配工程服务（不包括建筑工程服务）；设备的维修服务，指除固定建筑物以外的一切设备的维修服务等。

(2) 计算机及相关服务：这类服务包括计算机硬件安装的咨询服务、软件开发与执行服务、数据处理服务、数据库服务及其他。

(3) 研究与开发服务：这类服务包括自然科学、社会科学及人类学中的研究与开发服务、在纪律约束下的研究与开发服务。

(4) 不动产服务：指不动产范围内的服务交换，但是不包含土地的租赁服务。

(5) 设备租赁服务：主要包括交通运输设备和非交通运输设备。但是，不包括其中有可能涉及的操作人员的雇用或所需人员的培训服务。

(6) 其他服务：指生物工艺学服务；翻译服务；展览管理服务；广告服务；市场研究及公众观点调查服务；管理咨询服务；与人类相关的咨询服务；技术检测及分析服务；与农、林、牧、采掘业、制造业相关的服务；与能源分销相关的服务；人员的安置与提供服务；调查与保安服务；与科技相关的服务；建筑物清洁服务；摄影服务；包装服务；印刷、出版服务；会议服务；其他服务等。

2. 通信服务　主要指所有有关信息产品、操作、储存设备和软件功能等服务。通信服务由公共通信部门、信息服务部门、关系密切的企业集团和私人企业间进行信息转接和服务提供。

3. 建筑服务　主要指工程建筑从设计、选址到施工的整个服务过程。具体包括：选址服务（涉及建筑物的选址）、国内工程建筑项目、建筑物的安装及装配工程、工程项目施工建筑、固定建筑物的维修服务、其他服务。

4. 销售服务　指产品销售过程中的服务交换。主要包括：商业销售（主要指批发业务）、零售服务、与销售有关的代理费用及佣金等、特许经营服务、其他销售服务。

5. 教育服务　指各国间在高等教育、中等教育、初等教育、学前教育、继续教育、特殊教育和其他教育中的服务交往。

6. 环境服务　指污水处理服务、废物处理服务、卫生及相似服务等。

7. 金融服务　主要指银行和保险业及相关的金融服务活动。包括：①银行及相关的服务；银行存款服务；与金融市场运行管理有关的服务；贷款服务；其他贷款服务；与债券市场有关的服务，主要涉及经纪业、股票发行和注册管理、有价证券管理等；附属于金融中介的其他服务，包括贷款经纪、金融咨询、外汇兑换服务等。②保险服务；货物运输保险，其中含海运、航空运输及陆路运输中的货物运输保险等；非货物运输保险。

8. 健康及社会服务　主要指医疗服务、其他与人类健康相关的服务、社会服务等。

9. 旅游及相关服务　指旅馆、饭店提供的住宿、餐饮服务、膳食服务及相关的服务；旅行社及导游服务。

10. 文化、娱乐及体育服务　指不包括广播、电影、电视在内的一切文化、娱乐、新闻、图书馆、体育服务，如文化交流、文艺演出等。

11. 交通运输服务　主要包括：货物运输服务，也包括航天发射以及运输服务及附属于交通运输的服务。

12. 其他服务。

ER-10-1

知识拓展：中国国际服务贸易交易会

四、当代国际服务贸易发展的特征

（一）国际服务贸易整体发展迅速

20 世纪 70 年代后，尤其是进入 21 世纪以来，国际服务贸易得到了快速增长，规模不断扩大。1970 年，全球国际服务贸易出口额仅为 710 亿美元，到 2018 年全球服务贸易出口总额达到 5.85 万亿美元。美国 2019 年服务贸易进出口总额达到 14 442 亿美元，占据了全球第一大服务贸易国的地位。近年来，中国的服务贸易进出口也得到了快速的增长，2019 年中国服务贸易进出口总额达到了 7 434 亿美元，居世界第二位（表 10-2）。

表 10-2　2010—2019 年中国服务贸易进出口数据

年份	服务贸易出口 / 亿美元	服务贸易进口 / 亿美元	服务贸易进出口 / 亿美元
2010	1 702	1 922	3 624
2011	1 821	2 370	4 191
2012	1 905	2 801	4 706
2013	2 105	3 291	5 396
2014	1 853	3 833	5 686
2015	2 299	4 364	6 663
2016	2 080	4 535	6 615
2017	2 122	4 677	6 799
2018	2 327	5 242	7 569
2019	2 420	5 014	7 434

资料来源：根据国家统计局公布数据整理。

（二）发达国家占主导地位，发展中国家地位不断上升

近年来，世界各国服务业发展严重不平衡，发达国家仍然在世界服务贸易中居主导地位。同时，广大发展中国家已经充分意识到发展服务贸易对本国经济发展的重要性，大力发展服务业和服务贸易。发展中国家除发展劳务输出、建筑工程承包、旅游等传统服务贸易外，也积极发展通信、计算机和信息服务等服务领域，积极承接发达国家的外包业务。

（三）国际服务贸易结构进一步优化

在世界服务贸易发展中，贸易结构呈现出以传统服务贸易为主体逐渐向以现代服务贸易为主体转变。运输、旅游等传统服务贸易所占比重下降，而以其他商业服务，主要包括通信、建筑、保险、金融、计算机和信息服务、专有权利使用和特许、咨询、广告宣传、电影音像和其他商业服务为代表的现代服务贸易发展迅速，增长强劲。近十年，服务贸易结构趋向高级化的变化趋势更加明显，其他商业服务年出口额已占世界服务出口总额的一半以上。我国服务贸易结构也在逐步优化，知识密集型的现代服务贸易比重上升，传统服务贸易比重下降。2018 年，我国知识密集型服务进出口总额比上年增长 20.7%，远远高于服务贸易整体增速。

（四）服务贸易保护方式具有隐蔽性

国际服务贸易涉及第三产业的各个部门，由于服务贸易中贸易标的物自身的特点，各个国家很难通过统一国际标准或关税进行限制，而更多地采用国内的政策、法令的改变对服务贸易进行限制。如采取市场准入制度或非国民待遇等隐蔽的非关税壁垒形式实现对本国服务市场的保护。

（五）国际服务贸易的约束条例相对灵活

相比货物贸易而言，GATS 对于服务贸易的约束具有更高的灵活性。如对于市场准入，GATS 规定应给予个别发展中国家成员适当的灵活性，开放较少的部门，开放较少类型的交易，根据它们的发展状况，逐步扩大市场准入。再如对于国民待遇，GATS 规定允许根据缔

笔记栏

约方自身的经济发展水平选择承担国民待遇义务。

第二节　服务贸易的理论基础

至今为止，服务贸易并未形成其独特的理论体系，本章介绍的服务贸易理论是将传统的商品贸易理论加以延伸，扩展到服务贸易领域。

一、迪尔多夫模型

1984 年，迪尔多夫运用传统的两国、两要素、一种商品和一种服务的 H-O 模型，对两国间服务贸易所发生的三种情况进行了分析。

1. 伴随货物贸易的服务贸易　许多服务贸易是伴随着商品贸易而发展起来的，如运输、保险等，可以假设存在封闭状态、自由贸易状态和半封闭状态三种情形。具体分析见表 10-3。

表 10-3　三种情形的比较优势分析

三种情形	市场均衡描述	均衡状态下的利润最大化	贸易状况	比较与分析
封闭状态（无商品和服务贸易发生，以上标 a 表示）	①(P_x^a, P_a^a, X^a) ② $S^a=0$，因禁止贸易而无服务需求	对于所有可能的产出集合 (X,S)，$P_x^aX^a \geqslant P_x^aX+P_a^aS$	没有商品和服务贸易，即：$T=0$，$V=0$	比较这两种情况，可以证明：$P_x^aT^f+P_a^aV^f \leqslant 0$，表明按闭关自守状态下的价格，出口商品和服务不如进口商品和服务，这说明商品和服务贸易与传统的比较优势理论相符
自由贸易状态（商品和服务都实现自由贸易，以上标 f 表示）	① P_x^d, P_a^w, X^f, S^f ② $P_x^w=P_x^d+P_a^w$	对于所有可能的 (X,S)，$P_x^dX^f+P_a^wS^f \geqslant P_x^dX+P_a^wS$	①服务的出口达到利润最大化，即对于所有可能的 T 和 U，有 $(P_x^w-P_x^d)T^f-P_a^wU^f \geqslant (P_x^w-P_x^d)T-P_a^wU$ ②贸易平衡方程 $(P_x^wT^f-P_a^wV^f)=0$	
半封闭状态（只有商品可以自由贸易，以上标 h 表示）	(P_x^h, P_a^a, X^f, S^a)	对所有的 (X,S)，有 $P_x^hX^f+P_a^aS^a \geqslant P_x^hX+P_a^aS$	$V=0$ $P_x^aT^h \leqslant 0$	互补性服务不可贸易不会影响传统的比较优势理论在服务贸易分析中的实用性

注：P_x 为商品的均衡价格，P_s 为服务的均衡价格，X 为商品的均衡产量，S 为服务的均衡产量，T 为商品净出口，V 为服务净出口，U 为本国服务消费量，上标 d 表示国内，上标 w 表示世界的。依据显示性偏好弱定理，若在某个预算下，x 显示性偏好于 y，则在任意预算下，y 绝对不能显示性偏好于 x。

2. 要素移动的服务贸易　传统意义上的某些服务往往被看成是非贸易品，但一般都承认生产要素可以跨国移动。比如，巴黎"钱之旅"提供的独家三星级餐饮服务无法在柏林享用，若假设："钱之旅"餐饮服务需要两种因素，技术劳动力（厨师）和非技术劳工（服务员）；法国有丰富的技术劳动力，且该项服务为非技术劳动密集型部门。这样，在闭关自守情况下，"钱之旅"提供的服务价格将会较高。然而，一旦允许厨师跨国移动，法国厨师可能到纽约并与当地充裕的非技术劳工结合，就能以较低的价格提供餐饮服务。显然，这是由比较优势决定的，因为实际进行贸易的不是这种三星级餐饮服务，而是服务的生产要素之一——厨师。

3. 含有缺席要素的服务贸易　假设：①A和B两国；②生产两种产品，一种为贸易品x，一种为非贸易品s；③两国对两种产品的需求一致；④两种产品的生产都只需要两种要素——劳动L和管理M，M即使不可移动，也能进行国际贸易，因为一个经理可通过电话和传真等通信工具管理千里之外的生产活动。若在闭关自守情形下，A国的服务价格低于B国的服务价格，而诱发价格差异的情形可能有三种：两国的要素禀赋不同，A国的M丰富，且s属于M密集型服务部门的产品；A国的L充裕，且恰好s属于L密集型服务部门的产品；A国在s的生产中具有希克斯中性技术优势，即在M与L投入不变情况下，使产出倍增，从而产生技术差异。若实现自由贸易，第一种情形是A国将出口M，进口x；第二种情形是A国出口x，进口M。这两种情况与比较优势原理相符，因为此时考虑的是可贸易品x和管理要素M的价格，而不是x和s的价格，显然，要素禀赋决定了服务贸易的模式。对于第三种情形，迪尔多夫认为，比较优势理论在此遇到障碍。因为在闭关自守状态下，以x计算的A国管理者的工资额将比B国同行高，但低于A国技术优势所要求的工资额，允许贸易将使A国的管理者向B国s的生产提供管理服务，这意味着要素价格较高的一方也可能成为该要素的净出口国，这与比较优势原理相矛盾。迪尔多夫对此解释是，问题的关键在于A、B两国的管理者工资差异没有完全体现技术差异。琼斯认为，导致这一矛盾的原因在于迪尔多夫隐含地假定两国管理者对两国生产提供的服务存在质量差异，因此，上述矛盾实际上并不影响比较优势理论的适用性。

事实上，迪尔多夫从要素价格出发，在比较优势理论的适用性上取得突破性进展，但他过于相信要素。在上述第三种情形中，最终决定要素出口与否的是服务的价格。只要A向B提供同质服务的价格较低，即使A的M价格较高，也一定会出口M。另外，他对国际服务贸易比较优势理论的另一个重要贡献，是进一步证明了商品与服务贸易的不可分性。

二、伯格斯模型

伯格斯认为，对标准的H-O模型作简单修正，就能获得适用于描述服务贸易的一般模型，从中揭示不同国家服务提供技术的差别是如何形成比较优势和商品贸易模式的。

按照伯格斯模型，一个厂商选择合约经营，还是选择自身进行服务，取决于服务的市场价格与要素价格孰高孰低。若前者较高，生产厂商就较少依赖服务部门，但用于服务的支出将因要素间替代程度的不同而升降。如果技术或政策壁垒阻碍服务贸易，那么提供服务的技术差别将成为一国商品比较优势的重要决定因素。当然，对此做完整的分析存在困难，但考虑到作为各部门中间投入的服务需求，若两个部门的要素密集程度与两种产品的要素密集程度相反，且各国只在服务技术上存在差别，那么，具有服务技术优势的国家将获得相对昂贵的服务而不是相对低廉的服务。服务技术优势反映在较高的要素报酬上，这种较高投入成本的损失可能超过技术优势带来的收益，即使服务在技术先进国相对低廉，但它们也可能不会给相对密集使用服务的部门带来比较优势。事实上，较低廉的服务意味着服务密集部门相对于其他部门而言将会扩张规模，同时意味着那些大量使用服务部门中密集使用的要素的部门也将扩大规模。当然，这两种部门的扩张不尽相同。比如，如果服务部门只使用劳动一种要素，而技术符合里昂惕夫条件，即投入-产出系数不受投入价格的影响，那么无论哪种产品密集使用服务，服务部门的中性技术进步都将导致劳动密集型产品的增加和资本密集型产品的减少。如果技术符合柯布-道格拉斯函数，即各部门的要素分配与投入价格无关，则相对其他部门的产品，密集使用服务部门的产品将会增加。

据此，伯格斯认为，即使服务部门的产品不可贸易，服务技术的国际扩散也会对收入分配和贸易条件产生影响。这一结论导致一个问题，即一国通过许可证贸易或免费向外国转让其具有优势的服务技术是否会削弱其竞争优势？如果服务技术优势是服务贸易比较优势的唯一来源，或服务技术优势加强其他决定服务贸易比较优势的因素，那么答案将是肯定的。相反，如果一国服务技术优势抵消了其他更重要的比较优势的决定因素，那么，即使该国无偿转让技术，也可以通过这种转让改善贸易条件而获得某些收益。如果具有服务技术优势的国家同时也是资本丰富的国家，且资本丰富就可提高资本密集型产品的比较优势，这样，如果服务部门密集使用劳动，且服务被密集使用于劳动密集型产品的生产中，那么服务技术优势将增强劳动密集型产品的比较优势。如果相对要素存量差别是比较优势和服务贸易的决定因素，且服务技术优势可无偿转让给外国，那么，外国劳动密集型产品的生产将会增加，资本密集型产品的生产将会减少，服务技术出口国的贸易条件将会得到改善。因此，服务技术的出口未必会损害服务出口国的比较优势。相反，由于服务是作为中间产品参与国际贸易，服务贸易自由化可能会损害服务进口国的利益。

传统的商品贸易理论重点强调的是供给方的生产成本优势，而服务贸易不仅取决于服务要素的生产成本，而且更强调需求因素所导致的成本增量或消费者选择性，如运输成本，信息成本，消费者收入及其偏好，系列服务质量，包括售后服务和购买环境如信贷条件、保险要求等。正因为如此，传统商品贸易理论不能确切地应用于服务贸易领域。对于服务贸易问题，不仅要从资源要素禀赋角度，而且还要注意从服务贸易的流向、相关的市场结构以及需求特征角度来进行探讨。

第三节 国际医疗服务贸易

医疗服务贸易是指国际间医疗服务的交换，是一种特殊服务贸易类型，是服务贸易的重要组成部分。在 WTO 统计和信息系统局 1995 年 7 月公布的国际服务贸易的 12 大类中，医疗服务分别划入商业服务、健康与社会服务两大类中，包括三个子类：医疗与牙科服务；助产士、护士、理疗医生、护理人员提供的服务和医院服务。

一、国际医疗服务贸易发展的特点

随着世界各国人民医疗需求的变化，近年来，国际医疗服务贸易得到了快速的发展，其发展特点主要表现在以下几点：

（一）总量增长迅速，国家间发展不平衡

近些年来，世界上很多国家出现了人口老龄化、医护人员短缺、医疗服务价格不断上涨等现象，部分国家的医疗体系面临巨大的压力。在信息通信技术进步与全球服务贸易自由化的推动下，医疗服务已成为国际服务贸易中一个快速增长的新领域。发达国家在医疗服务贸易中占主导地位，它们既是国际医疗服务贸易的主要出口国，也是主要进口国。美国是当今国际医疗贸易的超级大国，欧盟的德国、英国等国家以及亚洲的日本也是医疗服务贸易最重要的供应国和需求国。发达国家在医疗服务贸易中长期处于顺差状态，而大部分发展中国家则长期处于逆差状态，在国际医疗服务贸易中处于相对落后地位。

（二）医疗服务贸易的保护手段较为隐蔽

《服务贸易总协定》推进了国际医疗贸易的自由化进程。同时，医疗服务市场的开放涉及国家政治、文化等领域，无论是发展中国家还是发达国家都倾向于对本国医疗服务市场进行保护，且这种保护在不断地深入和变得更为隐蔽。医疗服务贸易属于无形贸易，各国政府大多采取非关税措施对国际医疗服务贸易进行限制和设置障碍。如在市场准入方面予以限

制，或在医疗服务或服务提供者进入本国市场后不给予国民待遇等方式。

（三）医疗服务贸易的种类增多

科技革命带来了众多新的医疗服务形式，医疗服务的生产和消费在时间和空间上的距离不再成为阻碍。借助网络技术，医疗服务产品可以快速到达被服务对象，大大降低了对空间距离的依赖性，同时也降低了医疗服务产品的成本。如美国缺少专门阅读和解释 X 线、CT 扫描、磁共振扫描和超声波等医学成像领域的放射科医生，一名在美国工作的印度裔医生提出了解决这一问题的方法，即把医学成像资料通过互联网传送到印度，由印度当地的放射科医生进行阅读和解释。这样不仅有效解决了美国缺少放射科专家这一问题，也大大降低了医疗成本。

二、国际医疗服务贸易的提供方式

根据 GATS 的相关规定，国际医疗服务贸易主要有跨境交付、境外消费、商业存在及自然人流动 4 种方式。

（一）跨境交付

国际医疗服务贸易中的跨境交付是指医疗服务的提供者在某一成员国的领土内向另一成员领土内的消费者提供医疗或与医疗相关的服务。跨境交付使世界各国医疗专业人员有机会向他国的患者提供医疗及相关领域的服务，也为医疗专业人员之间实现国际间的专业交流提供渠道，例如通过互联网进行医疗咨询、诊断、治疗、医学教育、护理咨询及护理教育等。

ER-10-2

知识拓展：合同研究组织

（二）境外消费

医疗服务贸易中的境外消费是指医疗服务的提供者在某一成员领土内向来自另一成员的消费者提供服务，即消费者到境外去享受由境外医疗服务提供者提供的服务。一般来说，某国出入境人员只要利用对方境内的卫生服务，就是境外卫生服务的消费者。如近些年来，医疗旅游发展迅速，不少国家十分重视医疗旅游业的发展，德国国家旅游局将德国定位为面向全球患者提供专业医疗服务的目的地；日本政府于 2010 年正式颁布“新成长战略——活力日本复苏计划”，将医疗旅游定为国家支柱产业之一。

（三）商业存在

医疗服务贸易中的商业存在是指某一成员的医疗服务提供者在另一成员领土内设立医疗及其相关机构，为后者领土内的消费者提供医疗服务。这种方式既可以是在一成员领土内组建、收购或维持一个法人实体，也可以是创建、维持一个分支机构或代表处。这种医疗服务提供方式不同于其他形式，一是医疗服务的提供者和消费者在同一国家的领土内；二是医疗服务提供者到消费者所在国的领土内设立医疗机构。如印度到欧美国家开设医疗机构，为欧美国家老人提供医疗服务。

（四）自然人流动

医疗服务贸易中的自然人流动是指一成员国的医疗服务提供者以自然人身份进入另一成员的领土内提供服务。自然人流动与商业存在的共同点是服务提供者到消费者所在地的领土内提供服务；不同之处是，以自然人流动方式提供服务，服务提供者没有在消费者所在国的领土内设立商业机构或专业机构。印度是当今全球第一大“医生出口国”，目前在美国行医的印度裔医生接近 10 万人。

三、国际医疗服务贸易的主要对象及范围

（一）国际医疗服务贸易的主要对象

1. 根据身体健康状态划分　按照身体健康状态，可以将医疗服务贸易的对象划分为健

笔记栏

康的境外人员，认为自己健康的境外人员，有疾病的境外人员或认为自己有疾病的境外人员等。另外，境外人员认为自己患有某种疾病，但经检查而没有患病等。

2. 根据逗留时间的长短划分 根据逗留时间的长短可以将医疗服务对象划分为过境、短期、长期和永久居留。如长期居住境外的人员需要计划免疫、定期健康检查等医疗服务。

3. 根据入境目的划分 根据入境的目的可以将医疗服务对象划分为工作、学习、经商、治病等。如不少国外的患者慕名专程到印度去接受医疗服务。

（二）医疗服务贸易的业务范围

1. 治病 因病而需要获得医疗服务的境外患者。
2. 体检 健康或怀疑有病的境外人员要求进行定期或不定期的体检。
3. 计划免疫 对境外人员进行强制性或有计划的免疫接种。
4. 其他 如整形、康复、应用传统医学调整等。

四、国际医疗服务贸易的新发展

（一）高新技术医疗服务日益增多

当前，国际医疗服务贸易中，传统的医疗服务贸易占比逐渐下降，高新技术医疗服务贸易占比逐渐上升。高新技术医疗服务主要包括高新医疗技术以及高新医疗设备在医疗服务中的使用。随着全球经济一体化的不断加强及数字化技术在医疗服务中的使用，跨境医疗服务贸易的数字化将是未来发展的趋势，将会催生医疗服务产业与人工智能、大数据、云平台、金融科技和跨境电商的融合。

ER-10-3

知识拓展：国际医疗健康旅游

（二）医疗旅游业成长迅速

医疗旅游是医疗产业和旅游产业相结合的产物，在吸引外国患者到本国进行医疗护理活动的同时，充分利用本国的旅游资源，具有很好的市场前景和产业带动作用，近年来已成为全球增长最快的新兴产业之一。医疗旅游包括治疗、度假、疗养等多种旅游活动。目前，世界上有多种类型的医疗旅游目的地，如瑞士、迪拜等高档奢华服务型医疗旅游目的地；韩国、匈牙利等特色医疗旅游目的地；泰国、印度等低成本疗养型旅游目的地。

（三）美容医疗服务贸易快速发展

随着人们生活水平的不断提升，越来越多的人产生了对提升自身容貌水平的需求，美容医疗服务的市场不断扩大。WHO 数据显示，近年来国际医疗服务贸易中，美容医疗服务贸易占比接近 30%。接受美容医疗服务的顾客主要包括两类：一类顾客是为了进一步改善自身的外貌或为了改变性别等目的而接受医疗美容服务的健全人；另一类顾客则是由于受到意外伤害导致毁容或肢体残疾等，为了修复容貌或减轻残疾而接受的医疗美容服务。如果国内的医疗水平难以满足其需求，则会选择到其他国家接受相应的美容医疗整形服务。如部分中国的爱美人士远赴韩国接受整形美容手术，主要包括重睑、丰唇、隆鼻、削骨、抽脂瘦身等。

第四节 中国医疗服务贸易

一、中国医疗服务贸易的现状

（一）外国医疗服务在中国

自 1989 年中国政府放开外国医生来华执业以来，外资便悄然以中外合资、合作的形式尝试在中国本土参与医疗机构的投资。目前在中国的合资医疗机构有200多家，其中诊所/门诊部约占55%，综合医院约占30%，专科医院约占15%。

1. 外国医疗服务在中国现状　目前来看，外商投资我国的医疗服务机构主要有以下特点：

(1) 三资医疗机构比例较小：外商独资、中外合资及合作医疗机构在我国医疗服务中所占比例很小。在2020年国家发展和改革委员会发布的《外商投资准入特别管理措施（负面清单）》中明确规定医疗机构仅限于合资。

(2) 三资医疗机构分布比较集中：外商独资、中外合资及合作医疗机构在我国主要集中在经济发达的东南沿海地区，如北京、上海、广州等一线城市，长江三角洲和珠江三角洲等经济发达地区。2014年7月，国家卫生计生委员会、商务部颁布了《关于开展设立外资独资医院试点工作的通知》（国卫医函〔2014〕244号），允许境外投资者通过新设或并购的方式在北京市、天津市、上海市、江苏省、福建省、广东省、海南省等7省市设立外资独资医院，同样集中在经济发达的东南沿海地区。

(3) 三资医疗机构类型较为单一：外资合资医院大部分是专科医院，也有小型的综合医院。外资合资医院进军的主要市场为投资小、收益好、国内相对短缺的专科医院，主要为口腔、眼科、整形美容、血液透析等领域。

(4) 三资医疗机构服务群体较为狭窄：与公立医院相比，三资医疗机构提供了比国内公立医院更加多样化的检查和周到细致的服务，收费也远远高于国内普通医院的收费，因此三资医疗机构的就医群体主要集中于外籍人士及国内高收入人群，如明星、社会名流和业界精英。

(5) 三资医疗机构服务流程较短：外资合资医院就诊的流程也和国内的医院不太一样，外资医院采用的是预约制。同时，收费也是按项目统一结算，减少患者在就诊时挂号、交费来回跑的时间，留下和医生充分沟通病情的时间。

此外，2014年以来，国外的医疗服务机构进一步主动出击，占领中国医疗服务市场。如美国的各大医疗机构纷纷将癌症、儿童病、血液病等“硬性”的医疗服务推入中国，吸引了大量有此高端医疗需求的患者前去美国享受医疗服务。

ER-10-4

知识拓展：我国与医药服务贸易相关的政策法规

2. 外国医师来华行医的规定　在1993年以前我国一般是不允许医疗机构聘用外国医生的。自1993年1月1日起施行《外国医师来华短期行医暂行管理办法》后，聘用外国医师才有章可循。2020年1月，国家卫生健康委员会起草了新的《外国医师来华行医管理办法》。

(1) 外国医师申请来华短期行医：外国医师申请来华短期行医，是指取得外国合法行医权的外籍医师，应邀或应聘在中国境内医疗机构从事累计不超过一年的临床诊疗活动。外国医师申请来华短期行医应当具备国外合法行医资格、无犯罪记录，并通过我国业务水平和语言水平评估等条件。外国医师来华短期行医应当在我国设区的市级卫生健康主管部门进行注册，并提交下列材料：外国医师来华短期行医执业注册申请审核表；申请人的护照和中华人民共和国驻外使馆、领馆或者外交部委托的其他驻外机构签发的工作签证；申请人的学位证书、有效期内的外国行医执照或行医权证明、在本国的规范化培训经历和执业行为证明、与拟申请专业相对应的并经公证机关公证认证的国外专科医师执照或相关工作经历证明、无刑事犯罪记录的证明；邀请或聘用医疗机构与外国医师签订的包括聘用期限、具体工作岗位、执业机构、执业范围及法律责任的协议书；有效的业务水平和语言水平评估证明；注册主管部门指定的医疗机构出具的申请人近6个月内的《医师注册健康体检表》。注册主管部门应当自收到外国医师来华短期行医注册申请之日起20个工作日内，对申请人提交的申请材料进行审核。对审核合格的予以注册，并颁发《外国医师短期行医许可证》。

笔记栏

(2)外国医师申请来华长期行医：外国医师申请来华长期行医，是指取得外国合法行医权的外籍医师，在中国境内医疗机构从事超过一年的临床诊断、治疗活动。外国医师申请来华长期行医应当参加我国国家医师资格考试，并经执业注册，取得《医师执业证书》。外国医师申请参加中国医师资格考试，应当符合下列条件：持有外国国籍；毕业于 WHO 发布的《世界医学院校名录》中收录的外国医学院校，并取得本科以上学历；在外国取得合法行医资格，并在该国依法设立的医疗机构中不间断执业满三年，执业期间无不良记录；无刑事犯罪记录。外国医师参加医师资格考试类别为临床和口腔。考试语言为中文。

(二) 中国医疗服务在国外

与国外医疗服务输入相比，我国医疗服务输出的发展速度较慢，规模也相对较小。近些年来，由于世界各国对医疗服务的需求增强，我国医护人员的境外服务也在逐渐增加，其中中医药服务贸易发展较为迅速。目前，中医药已经传播到全球 183 个国家和地区，中国与 40 多个外国政府地区、主管机构和国际组织签订了专门的中医药服务协议，中医药全方位、多角度、宽领域、高层次对外合作格局正在形成。

1. 中医药服务贸易的内涵　在 GATS 中并没有明确界定中医药服务贸易的概念。根据 GATS 对服务贸易的界定，我国中医药服务贸易分为跨境交付、境外消费、商业存在和自然人移动等四种模式。从我国境内向外国居民提供中医药远程医疗服务、外国居民来华进行中医药医疗保健或学习中医药、我国人员或机构在国外开设中医诊所、我国中医师赴外国提供中医药服务等都是中医药服务贸易的具体体现。

2. 中医药服务贸易的具体内容　目前，中医药服务贸易的内容主要包括医疗服务、教育服务、科技服务、商务服务、文化娱乐服务及其他类服务几个方面。具体内容见表 10-4。

表 10-4　中医药服务贸易的具体内容

服务类型	具体内容
医疗服务	中医药治疗：中医全科诊疗的优秀临床经验、中医针灸、中药方剂、拔罐、刮痧、按摩等 中医药养生方案、中医药保健、远程医疗等
教育服务	以中医药为内容的各种教育服务：学历教育、技能培训、继续教育、远程教育等
科技服务	学术交流、科研外包、科技咨询、知识产权使用、联合科研等
商务服务	海外直销、分销、境外投资等
文化娱乐服务	中医药医疗旅游、音像制品、广告等
其他类服务	随着科技进步而进一步更新的内容

3. 中医药服务贸易发展的挑战　我国中医药服务贸易尚处于初级阶段，还面临着许多问题和挑战。主要体现在以下几点：一是东西方文化差异导致中医药的科学内涵尚未被国际社会广泛认可和接受；二是国内相关机构开展中医药服务贸易的能力有待加强；三是促进中医药服务贸易发展的支持体系尚未建立，亟须在法律、法规、产业、引导资金、队伍建设等方面不断加强和完善；四是中医药服务贸易人才储备匮乏，我国取得《医师资格证书》的中医师如果想在海外执业必须接受当地政府的审核，因此，执业中医师的海外储备成为开展中医药服务贸易的一个亟需解决的问题。

二、中国医疗服务贸易的发展策略

(一) 促进国外医疗服务进入国内市场

1. 树立全面开放的意识　树立市场全面开放意识，允许外国医疗服务提供者对我国提供服务，只有这样才能加强竞争，切实打破医疗服务业和医疗服务贸易的垄断局面，从而促进医疗服务业和医疗服务贸易的发展。

2. 加快国内医疗市场对外开放的步伐　在医疗保健领域引入国外的投资，不仅对解决国内医疗市场看病难、看病贵等问题将产生有益的作用，还可以引进国外更为成熟的医院管理经验，先进的诊疗模式及医疗技术，并能促进国际间的医学学术交流。此外，我国可以将外国专业医生在中国的服务年限适当延长，同时取消对其国籍的限制。

3. 构建与国际接轨的卫生管理体制　要加快医疗服务市场对外开放的步伐，就要构建与市场经济环境相适应并与国际接轨的卫生管理体制。

(1) 卫生行政管理部门要转变职能：卫生行政部门要通过实施区域卫生规划，加强对医疗资源配置的宏观管理，在对存量资源进行结构调整的同时，加强对增量资源（主要包括机构人员、床位及大型设备）运行有效控制，促使卫生资源在区域内实现优化、合理配置。同时通过建立医疗机构、从业人员、医疗技术运用和大型仪器设备的准入制度，制定医疗工作规范、工作考核标准，严格执法等手段来实现全行业管理。

(2) 建立健全与国际惯例接轨的卫生法律、法规：应尽快把对医疗服务贸易的投资、税收及优惠条件等以法律的形式固定下来。比如，中外合资合作办医的合作条件，审批与登记，变更、延期和终止，执业和监督等方面。以完善的卫生法律法规并利用多边协议，规定中外合资合作机构设置标准，并对投资总额、中方所占股份比例以及合资合作期限等做出合乎中国国情和国际惯例的规定，以便有利于区域卫生规划和医疗机构设置标准的实施，鼓励引进先进设备、技术和管理经验，依法保护中外合资合作双方的正当权益。

(3) 创新国际医疗服务机制：随着国际医疗贸易的发展，健康管理公司和医疗服务公司等一些新的服务贸易模式应运而生。远程医学、电子医疗服务的开展，开拓了国际医疗贸易的全新机制。电子医务结算体系，也使实现国际医疗服务的机制和途径更加广泛。为了适应国际医疗服务体系的新局面，我国医疗服务机构要不断拓宽服务领域，建立科学管理机制，加强电子医疗体系建设；不断拓宽国际医疗贸易窗口，注意整合全社会的医疗和健康资源，以适应医疗、卫生、健康服务国际化的要求。

（二）促进国内医疗服务进入国际市场

中医药服务贸易是我国具有完全自主知识产权、原始创新潜力巨大的民族健康产业，发展中医药服务贸易具有重要的战略意义。但是，我国中医药服务贸易工作开展时间较短，实践经验较少、理论研究相对薄弱，致使中医药服务贸易在开展过程中遇到了较大的阻力。要促进中医药服务贸易的发展，应重点开展以下工作：

1. 搭建中医药服务贸易全球平台　整合和开发多种行业资源，建立全球中医药服务贸易资源开发利用和中医药服务贸易协调、促进、研究平台；开展专题研究，协助相关政府部门制定和完善中医药服务贸易机制、技术标准与法规体系；构建中医药服务国际交流与合作平台，向全球推广中医药服务品牌，提升中医药服务的国际影响力。

2. 完善中医药服务贸易发展的政策保障　国家应出台相关政策鼓励中医药服务贸易的发展。如鼓励从事中医药服务贸易机构的积极性，用政策性红利和税收减免制度为其减轻从业压力；同时应解决海外人员来华的医疗旅游签证时间限制等问题，国内从业人员出国执业保持国内待遇的问题；加大中医药留学生来华学习的财政支持；解决国际商业保险在我国进行医疗行为的对接问题及中医药服务企业海外外汇兑换等问题。

3. 加强中医药标准化建设　中医药的标准化可在推行中医药服务贸易的过程中保证服务质量、提高业务水平、提高服务的安全性。现阶段应积极利用 ISO、WHO 等组织和中国的良好合作，尽快完善中医从疾病命名到器械标准、教材翻译、学术名词等方面的标准化进

笔记栏

FR-10-5

知识拓展：跨境医疗服务贸易标准化

程，使中医药尽快在国际上拥有统一的标准，通过标准化这一平台完成中医药国际地位的提升，真正使中医药的国际化进入一个新的阶段。

4. 注重中医药文化传播　中医药服务贸易应先文化后医疗，国外友人对中医药文化会逐渐地由陌生到欣赏，然后再体验服务、感受疗效。慢慢地，中医药为国外越来越多的人接受，中医药服务真正走出国门走向世界。同时应尽力挖掘中医药内在的文化资源，通过文化的传播，以音像制品、图书、会议等形式使中医文化先行，进而顺势发展中医药服务贸易。还可借助孔子学院这一平台，积极扩展中医药服务品牌输出。中医药文化要得到世界的广泛认可，既应保持特色又要与世界接轨。其一，树立中医药文化的自信心，加强保护中医药特有的文化基因和临床经验与技艺。其二，把中医药文化中特有的东西用现代语言更明确地表达出来，使之便于普及与交流，变成普遍的信息与共识。其三，在与外来医学文化融合的过程中不断开拓中医药文化的新境界，主动发掘中医药文化与全球文化的融合点。

5. 拓展中医药海外服务范围提高服务质量　拓展中医药海外服务的范围，突破以往以中医医疗服务为主的状况。可将中医药的其他服务形式，如刮痧、拔罐、推拿等与各国人民需求相结合，通过服务贸易的形式进行传播。此外，服务质量是保障中医药服务贸易可持续发展的关键因素之一，是保障中医药海外持续发展的原动力。因此，要提高中医药服务质量，以高质量的服务吸引更多的消费者。

案例讨论

“一带一路”背景下中医药服务贸易的发展

中医药已传播到世界183个国家和地区，越来越多的“一带一路”建设参与国家和地区加入中医药服务贸易“朋友圈”，拓展了中医药服务贸易市场。同仁堂、天士力等60家中医药服务贸易机构在30多个国家和地区开办中医医院、中医诊所、中医养生保健机构，年营业收入达8亿美元。中医药人员赴境外更加便捷，我国每年派驻中医临床医师约2 200人，占外派医疗劳务人员总数的60%。海上中医国际医疗健康服务平台不断向“一带一路”建设参与国家拓展，中医药服务贸易带动旅游、餐饮等相关产业全面发展。与此同时，境外来华就诊人数规模不断扩大。2017年，我国境内292个中医药服务机构和企业共接诊外籍患者25万人次，接收住院患者3.1万人次，营业收入达到19亿元。

在取得了辉煌成果的同时，我们也应看到中医药服务贸易发展存在的问题，今后中医药服务贸易发展应主要从以下几个方面着手：

1. 推动中医药标准化　目前，世界中医药学会联合会已经发布了17个标准，包括中医药常用的名词术语翻译标准，收集了中医药常用名词术语6 000多个条目，先后发布中英、中法、中西、中葡、中意、中德、中匈等对照标准。如果名词没有标准，中医药很难进行国际推广。国际标准化组织批准中医药技术委员会成立至今已有31项中医药国际标准发布，其中23项由我国专家主持制定，包括《一次性使用无菌针灸针》《中医药——中药材重金属检测方法》等国际标准，实现了中医药国际标准零的突破。

2. 开通“绿色通道”　中药“走出去”，靠的是“以医带药”，不少中药产品在进入国际市场时“身份”受阻。面对各国法规，制药企业不得不改换产品“身份”，有实无名，把药品注册成为“保健食品”或“食品添加剂”。由于身份改变，不能在外盒上标注功能主治，很大程度上影响了产品的销售，无法指导消费者用药，降低了产品竞争力。中医药“走出去”与现代医学互融互通面临诸多困难。政策准入仍是中医药对外合作

笔记栏

面临的最大壁垒。目前中药品种在国际上没有公认的许可标准，以药品名义注册和出口困难重重，加之注册程序复杂，没有针对性的检测标准，耗时费力，企业面临压力较大。未来我国应进一步支持中医医疗机构、科研院所、中药企业等运用现代科技和中药传统研究方法开展多领域、跨学科联合攻关，并推动产品、技术和服务转化，推动成熟的中药产品以药品、保健品等多种方式在“一带一路”建设参与国家进行注册，实现卫生资源共建共享。[资料来源：王君平．中医药，朋友圈越来越大[N].人民日报，2018-09-14]

案例讨论题

1. 结合案例分析我国应如何推动中医药标准化。
2. 结合案例分析我国中医药服务贸易发展的着手点及原因。

（刘 爽）

复习思考题

1. 美国市场营销协会对服务的定义是什么？服务有哪些特点？
2. “乌拉圭回合”谈判将服务贸易划分为哪些部门？
3. 当代国际服务贸易发展的特征是什么？
4. 国际医疗服务贸易发展的特点有哪些？
5. 促进国内医疗服务进入国际市场的策略有哪些？

笔记栏

11章PPT

PPT 课件

第十一章 医药进出口贸易的准备工作

学习目标

1. 掌握医药国际贸易经营方案制定的要求和内容。

2. 熟悉市场调研的基本要求和主要途径等内容。

3. 了解医药国际贸易交易前企业的相关备案与注册准备工作的内容；了解我国对医药货物进口的管理法规和审批管理制度等相关内容，为顺利开展医药国际贸易作好准备。

引导案例

出海“零的突破”，我国首个自主研发抗癌新药获 FDA 批准

2019 年 11 月 15 日，百济神州公司宣布其自主研发的 BTK 抑制剂泽布替尼通过 FDA 批准，用于治疗既往接受过至少一项疗法的套细胞淋巴瘤(MCL)患者。这标志着泽布替尼成为迄今为止第一款完全由中国企业自主研发，在 FDA 获准上市的抗癌新药，实现中国原研新药出海“零的突破”。此外，这也是百济神州首款获批的自主研发产品，是公司发展历程中的又一重要里程碑。据了解，该药研发历时超 7 年，是中国科学家与海内外临床专家的智慧结晶。2012 年 7 月，百济神州研究团队正式对 BTK 开发项目立项，经过一系列筛选与测试，最终在 500 多个化合物中，选定了最终候选分子。截至目前，泽布替尼在全球启动的临床试验累计超过 20 项，临床试验覆盖的国家超过 20 个，全球范围内超过 1 600 位患者接受了泽布替尼的治疗。约 400 多位国际临床专家参与或主持了泽布替尼的临床试验，其中，来自中国的临床专家超过 60 位。百济神州中国区总经理兼公司总裁吴晓滨博士表示：“泽布替尼在 FDA 获批，这一历史性突破不仅代表着国际上对于中国新药研发水平的认可，实现了我国创新药‘走出去’的心愿，更重要的是，它证明了我国的创新药企不仅能惠及本国患者，也具备充分实力为全球更多的患者服务。”[资料来源：沐尧. 我国首个自主研发抗癌新药获 FDA 批准，本土新药出海“零的突破”[EB/OL].(2019-11-16) [2021-03-01].https://www.sohu.com/a/354216786_456029]

第一节　我国医药商品出口交易前的准备

在交易磋商前，医药企业必须认真做好国际贸易磋商前的各项准备工作，准备工作做得

越充分和越细致，商订合同的过程也就会越主动和越顺利。医药企业一般需要根据国家法令办理相关的产品注册和企业备案登记手续，做好目标国市场的调研，制定医药国际贸易经营方案等准备工作。

一、企业的备案与注册

根据实际情况，医药企业可直接或间接开展国际贸易业务。直接开展就是企业自行开展医药商品的进出口业务。间接开展就是通过委托专业外贸公司代理本企业的进出口业务；医药企业直接开展国际贸易业务时，需要在企业所在地商务厅（局）、海关、外管局、出入境检验检疫局、电子口岸等办理相关登记或注册备案手续。

（一）医药企业进出口经营权的备案

医药企业要申请进出口权，首先要去企业注册地工商局，给《营业执照》做增项（经营范围须包含“货物进出口”或“技术进出口”“代理进出口”业务），然后，再去商务厅（局）办理对外贸易经营者备案登记。备案登记的具体操作过程是：通过互联网登录“对外贸易经营者备案登记系统”网站，网上填写、提交《对外贸易经营者备案登记表》，再将登记表用A4纸打印出来，在上面签字、盖章，并附上相关材料到商务厅（局）进行备案，领取《对外贸易经营者备案登记表》。

（二）医药企业在海关的备案登记

医药企业需要在中国海关或属地海关网上下载以下表格：报关单位情况登记表、企业管理人员情况登记表、出资者情况登记表，以及报关员情况登记表（无报关员的可不填写）。填写完表格并加盖公章后，随附以下文件交属地海关备案登记：《对外贸易经营者备案登记表》原件及复印件（法律、行政法规或者商务部规定不需要备案登记的除外）；《企业法人营业执照》副本原件及复印件（个人独资、合伙企业或者个体工商户提交《营业执照》）、银行开户许可证原件及复印件；国税税务登记证副本原件及复印件；组织机构代码证副本原件及复印件；企业章程原件及复印件（非企业法人免提交，中外合资企业加收合同及合同章程的批复）；企业公章、报关专用章、法人代表人私章留存印模；房屋租凭合同或土地使用权证明等；法定代表人身份证原件及复印件；其他与注册登记有关的文件材料。外商投资企业办理注册登记时还应当提交《中华人民共和国外商投资企业批准证书》。

（三）医药企业电子口岸的入网

中国电子口岸是海关总署等国务院十二部委在电信公网上联合共建的公共数据中心；其是将各行业的进出口业务信息流、资金流、货物流以及电子底账数据集中存放的公共数据中心，并在统一、安全、高效的网络平台上实现了数据共享与交换，从而使国家行政管理部门可进行跨部门、跨行业的联网数据核查，而企业可以在网上办理各种进出口业务。

医药企业电子口岸的入网需要提交以下资料：

（1）组织机构代码证副本复印件。

（2）《企业法人营业执照》或《营业执照》副本复印件。

（3）国税税务登记证书副本复印件。

（4）《对外贸易经营者备案登记表》复印件（内资企业提交）或台、港、澳、侨、外商投资企业批准证书复印件（外商投资企业提交）。

（5）海关核发的《进出口货物收发货人报关注册登记证书》复印件。

（6）法人代表、管理人员、操作员身份证复印件。

（7）《中国电子口岸企业情况登记》1号表和《中国电子口岸企业IC登记表》2号表。

医药企业办理电子口岸入网程序如下：

笔记栏

(1)通过登录海关电子口岸，将企业全套资料进行登记、预录入。

(2)把录入后的全套资料分别于企业注册地所属技术监督局、工商行政管理局、国家税务局进行录入审核。

(3)经过企业注册地所属技术监督局、工商行政管理局、国家税务局审核通过后，再登录海关电子口岸窗口进行制卡及填报备案信息。

(4)将制卡及备案完的资料分别到企业注册地所属技术监督局、工商行政管理局、国家税务局再次进行审核备案。通过审核备案后，持企业法人身份证复印件到电子口岸窗口领取电子口岸企业法人卡和电子口岸操作员卡。

上述资料规定提交复印件的需加盖企业公章。

(四) 贸易外汇收支企业名录登记

医药企业依法取得对外贸易经营权后，需持填写完整并加盖法人签章和企业公章的《货物贸易外汇收支企业名录登记申请书》和《货物贸易外汇收支业务办理确认书》以及下列资料的原件及加盖企业公章的复印件，到所在地外汇管理局办理“贸易外汇收支企业名录”登记。

国家外汇管理局对企业实行名录管理，目的是使进出口企业名录信息在全国范围内实现共享，金融机构可通过监测系统查询全国企业名录信息，金融机构不得为不在名录的企业直接办理贸易外汇收支业务。

1. 名录登记　登记所需资料如下：

(1)《企业法人营业执照》或《营业执照》副本。

(2)组织机构代码证。

(3)《对外贸易经营者备案登记表》，依法不需要办理备案登记的可提交《中华人民共和国外商投资企业批准证书》或《中华人民共和国台、港、澳投资企业批准证书》等。

(4)国家外汇管理局要求提供的其他资料：从事对外贸易的保税监管区域企业，按照保税监管区域外汇管理有关规定办理外汇登记手续时，应当签署确认书。区内企业在取得相关外汇登记证明并签署确认书后自动列入名录。

完成名录登记后，国家外汇管理局为企业办理检测系统网上业务开户并通过检测系统向金融机构发布全国企业名录信息。

2. 名录变更　名录内企业的企业名称、注册地址、法定代表人、注册资本、公司类型、经营范围或联系方式发生变更的，应当在变更事项发生之日起30天内，持相应变更文件或证明的原件及加盖企业公章的复印件，到所在地国家外汇管理局办理名录变更手续。

3. 名录注销　国家外汇管理局可根据企业申请、现场核查等情况或定期通过某一方式，将符合规定情况的企业从名录中注销。

(五) 自理报检单位备案登记

根据原国家质量监督检验检疫总局的有关规定，首次企业出口申报检验时，须先办理备案登记手续，取得报检单位备案登记证，方可办理相关检验检疫报检手续。根据原国家质量监督检验检疫总局的有关规定，从事出入境检验检疫报检工作的单位主要分为自理报检单位和代理报检单位。自理报检单位是指根据我国法律法规办理出入境检验检疫报检或委托代理报检单位办理出入境报检手续的货物收发货人、进出口货物的生产、加工和经营单位等。自理报检单位首次报检时，通过备案登记(遵循属地管理原则)取得报检单位代码，可以异地报检。代理报检单位是指取得检验检疫机构注册登记后，接受进出境收发货人委托，为委托人办理报检的从事代理报检业务的境内企业；代理报检单位通过注册登记取得报检代码，不可异地报检。

从 2004 年 11 月 1 日起，自理报检单位的备案登记须在“中国电子检验检疫业务网”(http://www.ceiq.net/)提出申请。备案登记程序如下：

1. 申请单位在申请备案登记时，须登录中国电子检验检疫业务网“办理报检单位备案登记 / 报检员注册申请(企业用户)”栏目，按要求填写相关内容。

2. 完成网上申请后，到企业所属地出入境检验检疫局提交表格验证手续，同时提供下列材料：

(1)申请成功后打印的《自理报检单位备案登记申请表》，并由法定代表人签名，加盖单位公章；报检时需使用“报检专用章”的，同时加盖“报检专用章”。

(2)有进出口经营权的国内各类企业，交验《营业执照》、组织机构代码证、对外贸易有关证明文件(如资格证书、批准证书、《对外贸易经营者备案登记表》)原件，并交付加盖企业公章的有效复印件。

(3)出口货物生产企业及其他企业，交验《营业执照》和组织机构代码证原件，并交付加盖企业公章的有效复印件。

二、出口市场的调研

医药商品出口市场调研就是运用科学的调研方法与手段，系统地搜集、记录、整理、分析有关国内外市场的各种基本状况及其影响因素，以帮助企业制定有效的国际市场营销策略，实现企业经营目标。

(一) 调研的主要内容

医药商品国际市场调研主要包括：出口目标市场国家调研、目标市场营销情况调研、国外客户情况调研及国内商品货源情况调研等内容。

1. 目标市场国家调研　目标市场国家调研主要是对目标市场国家的政治环境、经济环境、对外贸易政策、外汇管制、对医药产品的管理法规等，进行针对性地详细了解，以降低医药产品的准入风险，避免损失。主要包括四个方面的专题调研：一是对目标市场国家的政治和法律环境调研，主要包括政府的主要经济政策、政府对贸易实行的限制措施，特别是有关医药产品的法律法规，如关税、配额、国内税收、外汇限制、卫生检疫、安全条例等；二是对国外经济环境的调研，包括该国的经济结构、经济发展水平、经济发展前景、就业、收入分配等；三是对国外文化环境的调研，包括使用的语言、教育水平、宗教、风俗习惯、价值观念等；四是对目标市场国家消费人口、交通、地理等情况的调研。

2. 目标市场调研　目标市场调研主要是以具体出口的医药商品为对象，了解目标市场对该产品的需求总量、需求价格、需求趋势和顾客的需求习惯，以及医药商品在国外市场的具体反映、经营经验与教训等，从而确定出口该国市场的具体医药产品以及出口价格，同时根据该国消费者的文化背景、消费习惯等确定医药产品的剂型、规格、质量、包装等相应的营销对策措施。如某制药股份有限公司生产的中成药浓缩丸系列产品，就根据进口国当地顾客的消费习惯，将传统的玻璃瓶包装改为符合西方人使用的白色塑料瓶包装，同时根据当地的文化背景设计出适合西方人消费习惯的标签，从而很快占据了当地的浓缩丸中成药市场。

3. 目标客户调研　目标客户调研主要是了解目标市场相关的销售渠道、顾客的消费模式，从而确定本企业医药产品的国际销售模式和海外销售渠道，有针对性地寻找和筛选经营产品的代理商、经销商以及零售商，分类排队，选择出符合医药企业要求的准客户、潜在客户和普通客户，从而确定企业的目标客户。在选定目标客户后，应对客户的资信情况进行全面调查，包括其政治经济背景、支付能力、经营范围、经营能力、经营作风等内容。

4. 国内商品和货源情况调研　出口医药商品必须对国内商品的货源情况调研，主要是

笔记栏

调研国内生产企业的实际生产能力、当前库存量、可供出口的数量，商品的特点、品质、规格、包装，以及交货期等情况，确保出口产品质量达标，杂质、含量等符合要求，并能够通过国家出入境检验。

（二）调研的主要途径

医药商品国际市场调研是项复杂细致的工作，须有严格、科学的程序和方法。按照企业获取国际市场调研资料的途径，调研的主要途径一般分为两种方式：

1. 直接方式　医药出口企业可通过以下方式获得一手资料：

（1）商会、咨询公司、我驻外商务机构等渠道进行。

（2）通过实际业务的接触和交往活动，如通过举办交易会、展览会、技术交流会、学术讨论会等场所进行了解。

（3）通过上网查询相关机构提供的数据：联合国数据库、中国海关网、外交部网、企业内部资料、国际组织、研究机构、银行、商会与消费者组织等。

通过以上调查资料的收集，医药出口企业可基本确定自己的目标市场、出口商品等问题。

2. 间接方式　间接方式是指调研者通过邮寄、发放调研咨询信给第三方，由第三方向调研者收集信息与资料。如通过互联网国际商务网站进行购买行业情报及相关行业的分析数据等信息。如：www.marketresearch.com，它是国际领先的全球各国产品、市场、公司研究报告和行业分析信息的产品的提供者；又如 www.china-customs.com.cn，它可以提供最新海关新闻资讯，最新的中国与世界各国进出口贸易统计数据，为企业搭建通畅进出口桥梁。这些方法手续较为简单，可以在短时间内获取大量信息与资料，但其可靠性完全依赖于第三方的信誉，因此调研质量无法保证。

三、制定医药商品出口经营方案

医药企业应预先制定医药商品出口经营方案。医药商品出口经营方案需根据企业实际情况来制定，应包括产品和商标的登记注册、设定财务经营目标、做好营销和行动计划等。

（一）医药商品在目标市场国的登记注册

医药产品以药品的身份在海外注册后，其销售渠道将会发生根本性的改变。中国医药产品在国外销售，需先要登记注册。如在欧洲市场，欧洲药品质量管理局（EDQM）的 COS 证书（Certificate of Suitability）指的是《欧洲药典》适用性认证，目的是考察《欧洲药典》是否能够有效地控制进口药品的质量，这是中国的原料药合法地被欧盟最终用户使用的首选注册程序。因此更多地了解欧洲药品质量管理局的管理系统以及 COS 证书的要求，成为很多企业的迫切需要。COS 证书的目的是评估和判断使用《欧洲药典》专论控制原料药的化学纯度、微生物品质和传染性海绵状脑病（transmissible spongiform encephalopathy，TSE）风险的适用性。在美国，我国每年有大量医疗器械产品因不符合 FDA 相关规定和要求而被拒绝进口，产品滞留海关、被罚没或被强制返运，给国内出口和生产企业带来巨大的经济损失。FDA 是由美国国会授权，专门从事食品、药品、化妆品、生物制品、医疗器械、具辐射电子产品管理的机构，FDA 的职责是通过实施美国《联邦食品、药品和化妆品法》《公平包装和标识法》《医疗器械安全性法规》《医疗器械修正案》等法律法规，确保美国市场上所有的食品、药品、化妆品和医疗器械等对人体安全有效。为此，了解 FDA 关于医疗器械的要求和规定，对于促进企业医疗器械产品出口美国具有积极的意义。由于中医药产品在海外一般按照传统药品、食品、膳食补充剂、保健品、个人护理产品来管理，根据不同国家的法规要求，一般要在该产品的主管当局申请办理登记或注册手续；获得登记或注册许可后，方可进入目标市场国进行销售。如在美国中医药产品现仍以膳食补充剂的身份接受管理，而没有纳入药品销售范畴；在欧盟国家自 2011 年 5 月开始，中成药必须要以传统植物药办理注册，否则不许销售。

笔记栏

ER-11-1

知识拓展：日本大幸在中国的商标保护

（二）医药知识产权保护和商标注册

我国医药企业对商标在国外注册的工作过去不够重视，有的商标在国外市场被他人抢先注册或假冒，从而使我方蒙受巨大经济损失。如我国著名的中药企业片仔癀药业、玉林制药等企业的商标都曾在印尼遭到外商抢注。近年来，一些发达国家在利用合作、收购、兼并等方式获得我国宝贵的中药古方、验方和祖传秘方的同时，又利用知识产权作为工具，企图独占已被其获取的我国中医药技术。因此，在开展医药国际贸易前，对于企业自有的专利产品以及商标，应按照目标市场国家的有关法律规定，预先进行合法注册，用知识产权制度保护我国医药资源的利益。

（三）财务经营目标

医药出口经营方案应包括出口利润率、出口商品换汇成本、销售价格、盈亏平衡点的设定，以及要达到的市场占有率等财务经营目标内容。

（四）营销计划和行动方案

医药出口经营方案可使企业交易有计划、有目的地进行，是企业同客户洽商交易的依据。该方案要包括客户利用措施、采取的贸易方式、贸易术语的选择、价格高低的调控、收汇方式，以及佣金和折扣的运用等内容，按国别、医药商品品种、数量或金额等规划的营销计划，以及与营销计划配套的具体实施方案，如营销方式、营销渠道、营销组合、贸易方式等内容。

第二节　我国医药商品进口交易前的准备

医药商品在进口贸易前，进口商必须做好前期准备工作。一方面，必须进行调查研究，如对所要订购商品的国际市场价格、市场供应量及客户资信情况进行调研，为制订医药商品进口经营方案做好准备。另一方面，进口商必须学习和了解国家对进口医药商品的管理制度与办法，如进口备案及注册所需手续、进口商品的审批、进口许可证的申领、进口用外汇审批制度等内容。

一、目标市场调研及制订进口经营方案

为了保质、保量、及时地得到所要采购的进口商品，在进口交易前，进口商必须对国内外市场进行调查，弄清主要生产国生产能力、供应能力、国际市场销售变化情况和商品的价格变动趋势及供应商的资信等情况。

（一）市场调研

进口商对欲进口的医药商品目标市场的调查，主要是了解国外目标商品市场的供货状况、价格水平及出口国的进出口政策、法规和相关措施；根据供应商提供的医药商品的规格、含量、药效等技术指标，进行分析比较，并结合进口商的购买意图，尽量安排在产品对路、货源充足、价格较低的国家地区市场进行采购。同时，根椐进口商的财力，货比三家，进口品质较好、药效较高的商品。在市场调查中，进口商应重视以下内容：

1. 供应商的资信　由于我国大多数进口合同以信用证方式付款，而信用证不受开证用的买卖合同的约束；在信用证业务中，银行处理的是单据，而不是与单据有关的货物，出口商

笔记栏

只要向银行提交表面上符合信用证条款的单据，银行就必须履行付款责任，且银行对于任何单据的格式、完整性、准确性、真实性、伪造或法律效力，概不负责，对发货人、承运人、保险人的诚信或资信情况，也不负责。如果出口商信誉不好，只向银行提交表面上符合信用证要求的单据而出口不合格的货物，或根本不交货，也能从银行得到货款，这样，就给进口商造成极大损失。因此，在医药商品进口业务中，对出口商的资本情况、经营作风、能力和范围、商业信誉及公司的性质、结构等调查是极为重要的。对出口商的资信等情况的调查，可以通过银行、我国驻外商务机构、商会、行业协会及咨询机构等进行。对出口商的资信调查可从以下几个方面进行：①支付能力，主要是考察出口商的注册资本额、营业额、潜在资本、资本负债和借贷能力等，以了解其财力状况如何；②经营能力，主要分析了解客户的供销渠道、联系网络、贸易关系、经营做法等经营活动能力的大小；③经营作风，主要是指企业的商业信誉、商业道德、服务态度、公共关系水平等是否良好；④经营范围，包括企业经营的商品品种、业务范围、是否与我国做过交易，以及客户背景等。选择贸易伙伴直接关系到进口的得失与成败，是交易前准备工作中至关重要的环节。

总之，进口商应通过多种途径从多个方面对供应商进行全面了解，从而选择最合适、成交可能性最大的出口商。

2. 商品价格趋势　不同商品，价格走势不同。医药商品价格大多比较稳定，但受原材料价格影响有时会有一定幅度的波动。进口商要想获取比较可靠的价格信息，判断价格发展的趋势，不仅可以通过驻外商务机构、咨询公司、行业协会了解商品价格变化状况，也可通过报刊、杂志、网络信息等，了解市场价格发展情况，对远期交易的价格进行预测，从而使进口商在订货前通过查阅、分析、比较价格和市场信息，进行价格比较，对价格进行判断，确保进口定价有的放矢，避免盲目性。

（二）制订医药商品进口经营方案

选择好医药商品目标采购市场和确定交易对象后，进口商还要对订购商品的数量、时间、价格、贸易方式和交易条件等，做出妥善合理的安排，以作为对外交易洽谈和进口的重要依据。

订购的数量和时间安排要根据用货单位的需要，洞察国外市场价格波动，防止采购时间、数量过度集中以致外商提价或提出其他苛刻条件等，争取在保证满足国内需求的前提下，在最有利的时机成交所需的数量。

ER-11-2

知识拓展：2019年我国对抗癌药原料及罕见病原料等实施零关税清单

价格往往是买卖双方争论的焦点。如进口商出价过低，不利于成交，完不成采购任务；出价过高，又浪费国家外汇，影响经济效益。因此在对国际市场价格进行详细调查的基础上，参照近期进口成交价，拟定进口商品价格成交的幅度和范围，并不宜将这些过早地透露给外商。

除采用一般贸易进口的方式外，还应针对不同的商品特点、交易地区、交易对象，灵活多样地采取如招标、进料加工、易货、补偿贸易等多种贸易方式；有关贸易合同条款的制定，比如品质、运输、保险、商检等内容，以及价格上的佣金、折扣等内容，也要按照实际需求灵活掌握，以便维护进口商利益。

二、我国对医药商品进口的管理法规

进口商在调查进口商品市场时，还应重视我国的相关贸易管理政策和法规。比如国家有关禁止、限制、自由进口商品的政策和法规，以及配额、许可证等规章制度，从而保证进口业务的顺利进行。

（一）禁止进口的货物

为了维护国家安全、社会公共利益和公共道德，保护人民的健康与安全，保护动植物的生命与健康,保护自然资源与生态环境,履行中华人民共和国所缔结或者参加的国际条约、协定,国务院对外贸易主管部门会同国务院其他有关部门,依照《中华人民共和国对外贸易法》《中华人民共和国货物进出口管理条例》等法律法规,制定、调整并公布禁止进出口货物目录及规定停止进出口的商品。

国家禁止进出口的主要是那些危害国家安全、社会公共利益或者公共道德的货物,如武器、弹药,黄色、反动印刷品及各类视听、计算机产品等;危害人类生命健康或安全的麻醉品及各类烈性毒品,如鸦片、鸦片液汁及浸膏、吗啡、海洛因等;会传播疫病的食品、药品及其他物品;破坏生态环境的、带有危险性病菌、害虫及其他有害生物的动植物;来自疫区或不符合中国卫生标准的动物和产品,包括动植物病源(包括菌种、毒种等);属于世界濒危物种管理范畴的犀牛角、虎骨等;害虫及其他有害生物。被禁止进出口的货物,由海关在关境上负责监督;对禁止进出口的货物,任何个人或单位不得进出口。

(二) 限制进口的货物

为了适应我国市场经济的发展,积极组织国内经济建设所需物资进口,维护指定经营管理货物的进口经营秩序,《中华人民共和国货物进出口管理条例》规定了限制进口的货物,包括国家规定有数量限制的进口货物、实行配额管理和其他限制进口、实行许可证管理的货物等措施。如我国规定对列入《进口药品目录》中的药品的进口以及列入《精神药品管制品种目录》《麻醉药品管制品种目录》中的药品的进出口必须经由北京市等 18 个城市的指定口岸通关;对列入《生物制品目录》以及首次在中国境内销售的药品必须经由北京市、上海市和广州市 3 个口岸城市指定的口岸进口。

(三) 自由进口的货物

根据《中华人民共和国对外贸易法》第十四条规定,国家准许货物在一定限度管理下的进口自由,即我国在货物进口方面,实行在一定的必要限度管理下的自由进口制度。对自由进口货物的管理,具体体现为以下 5 个方面:

1. 属于自由进口的货物,进口不受限制。但是基于监测货物进口情况的需要,国务院对外经贸主管部门和国务院有关经济管理部门可以按照国务院规定的职责划分,对部分属于自由进口的货物实行自动进口许可管理。

2. 实行自动许可管理的货物目录,应当至少在实施前 21 天公布。

3. 进口属于自动进口许可管理的货物均应当给予许可。

4. 进口属于自动进口许可管理的货物,进口经营者应当在办理海关报关手续前,向国务院外经贸主管部门或国务院有关经济管理部门提交自动进口许可申请;国务院上述部门应当在收到申请后,立即发放自动进口许可证明;在特殊情况下,最长不得超过 10 天。

5. 进口经营者凭自动进口许可证,向海关办理报关验放手续;未办理自动许可手续的,海关不予放行。

(四) 进口许可证制度与进口货物许可证的申领

进口许可证制度是国际贸易中的数量限制措施,作为一种非关税措施,是各国管制贸易特别是进口贸易的常用做法。根据商务部发布的《2020 年进口许可证管理货物分级发证目录》,2020 年实行进口许可证管理的货物共 14 种,由商务部配额许可证事务局和商务部授权的地方商务主管部门发证机构负责签发相应货物的进口许可证。

对进口商品实施许可证制是国家管理进出口贸易的一种重要行政手段。对于国家规定必须申领进口许可证的商品,进口单位必须于办妥进口商品的审批和申请外汇手续后,填写进口许可证申请表,连同有关应提交文件,向发证部门申领进口许可证。凡国家限制进口的

笔记栏

商品，除国家另有规定者外，都必须事先申领进口许可证，经由国家批准经营该项进口业务的企业办理进口。海关凭进口货物许可证查验放行。如根据《蛋白同化制剂和肽类激素进出口管理办法》第三条，进口蛋白同化制剂、肽类激素，进口单位应当向所在地省、自治区、直辖市食品药品监督管理部门提出申请。

目前，中国对中药的进口没有实施许可证管理，但规定对于大麻、罂粟壳以及含麻醉药品的单方制剂需要办理麻醉药品进口准许证。麻醉药品进口准许证是指对连续使用后易使身体产生依赖性、能成瘾癖的麻醉药品实施进口监督管理，签发准予麻醉药品进口的许可证件。

（五）进口药品通关单

进口药品通关单是国家针对一般药品，即除上述特殊用途药品外的其他药品的进口管理批件。

国家对一般药品的管理实行目录管理。国家药品监督管理局依据《药品管理法》《药品管理法实施条例》制定和调整《进口药品目录》；国家药品监督管理局授权的口岸药品检验所以签发进口药品通关单的形式对该目录商品实行进口限制管理。

进口药品通关单是我国进出口许可管理制度中具有法律效力，用来证明对外贸易经营者经营列入《进口药品目录》的药品合法进口的证明文件，是海关验放该类货物的重要依据。

1. 适用范围

(1) 进口列入《进口药品目录》的药品，包括用于预防、治疗、诊断人的疾病，有目的地调节人的生理功能并规定有适应证、用法和用量的物质，包括中药材、中药饮品、中成药、化学原料药及其制剂、抗生素、生化药品、血清疫苗、血液制品和诊断用药品。

(2) 进口列入《生物制品目录》的药品，包括疫苗类、血液制品类及血源筛查用诊断试剂等。

(3) 首次在中国境内销售的药品。

(4) 对进口暂未列入《进口药品目录》的原料药的单位，必须遵守《进口药品管理办法》中的各项有关规定，主动到各口岸药品检验所报验。

2. 报关规范

(1) 向海关申报进口列入《进口药品目录》中的药品，报关单位应主动向海关提交有效的进口药品通关单及其他有关单据。

(2) 进口药品通关单仅限在该单注明的口岸海关使用，并实行“一批一证”制度，证面内容不得更改。

(3) 任何单位以任何贸易方式进口列入《进口药品目录》的药品，不论用于何种用途，均须事先申领进口药品通关单。一般药品出口目前暂无特殊的管理要求。

知识链接

抗癌药零关税，用开放保民生

2018年4月12日，李克强总理主持召开国务院常务会议，决定从2018年5月1日起，将包括抗癌药在内的所有普通药品、具有抗癌作用的生物碱类药品及有实际进口的中成药进口关税降至零，使我国实际进口的全部抗癌药实现零关税。

进口抗癌药物多是“天价”，特别是进口靶向药，价格昂贵，一般家庭难以承受，“一人得病，全家返贫”。从印度代购仿制药成为被告、兄弟自制抗癌药救母等新闻事件，屡屡成为民生领域的热点话题。发表在《柳叶刀》上的一项调查显示，2012—2014年，中国癌症患者的人均就诊支出共计9 739美元，77.6%的受访者认为，癌症给患者和家庭带来沉重负担。

2017年12月1日，我国26种进口药品关税统一下调至2%。此次进口抗癌药品降到零税率，就是从群众最关切、最现实的问题推进改革，给群众带来实实在在的获得感。但也有人担心，从2%降到零关税，抗癌药物的降价幅度并不会很大。其实，此次实施的是组合拳，除降关税外，将急需的抗癌药及时纳入医保报销目录，并利用跨境电商渠道，多措并举消除流通环节各种不合理加价，特别是较大幅度降低抗癌药生产、进口环节增值税税负，让群众切实感受药价的降低。[资料来源：王君平.抗癌药零关税，用开放保民生[N].人民日报，2018-04-16(05)]

三、我国对医药商品进口的审批管理制度

根据《药品注册管理办法》的规定，申请进口的药品，应当获得境外制药厂商所在生产国家或地区的上市许可；未在生产国家或地区获得上市许可，但经国家药品监督管理局确认该药品安全、有效而且临床需要的，可以批准进口。申请进口的药品，其生产应当符合所在国家或者地区药品生产质量管理规范及中国《药品生产质量管理规范》的要求。申请进口药品注册，应当填写《药品注册申请表》，报送有关资料和样品，提供相关证明文件，向国家药品监督管理局提出申请。国家药品监督管理局对申报资料进行形式审查，符合要求的，出具药品注册申请受理通知书，并通知中国药品生物制品检定所组织对3个生产批号的样品进行注册检验；不符合要求的，出具药品注册申请不予受理通知书，并说明理由。国家药品监督管理局可以组织对其研制和生产情况进行现场检查，并抽取样品。国家药品监督管理局药品审评中心应当在规定的时间内组织药学、医学及其他技术人员对报送的临床试验等资料进行全面审评，必要时可以要求申请人补充资料，并说明理由。国家药品监督管理局依据综合意见，做出审批决定。符合规定的，发给《进口药品注册证》。

同时，根据《药品进口管理办法》规定，药品必须经由国务院批准的允许药品进口的口岸进口。药品进口备案，是指进口药品单位向允许药品进口的口岸所在地药品监督管理部门(即进口口岸药品监督管理局)申请办理《进口药品通关单》的过程。麻醉药品、精神药品进口备案，是指进口药品单位向口岸药品监督管理局申请办理《进口药品口岸检验通知书》的过程。口岸检验，是指国家药品监督管理局确定的药品检验机构(即进口口岸药品检验所)对抵达口岸的进口药品依法实施的检验工作。进口药品必须取得国家药品监督管理局核发的《进口药品注册证》(或《医药产品注册证》)，或《进口药品批件》后，方可办理进口备案和口岸检验手续。进口麻醉药品、精神药品，还必须取得国家药品监督管理局核发的麻醉药品、精神药品《进口准许证》。如根据我国《反兴奋剂条例》第九条：依照《药品管理法》的规定取得《药品经营许可证》的药品批发企业，具备下列条件，并经省、自治区、直辖市人民政府药品监督管理部门批准，方可经营蛋白同化制剂、肽类激素。第十二条：申请进出口蛋白同化制剂、肽类激素，应当说明供应对象并提交进口国政府主管部门的相关证明文件等资料。省、自治区、直辖市人民政府药品监督管理部门应当自收到申请之日起15个工作日内做出决定。

进口单位应持《进口药品通关单》向海关申报，海关凭口岸药品监督管理局出具的《进

口药品通关单》,办理进口药品的报关验放手续。进口麻醉药品、精神药品,海关凭国家药品监督管理局核发的麻醉药品、精神药品《进口准许证》办理报关验放手续。

四、我国的报批用汇与进口用汇办法

根据国家外汇管理局结汇、售汇及付汇管理规定,进口商品所用的一切外汇,均须按一定程序向主管部门申请批准用汇计划。在我国进口业务实践中,外贸公司的进口业务分自营进口和代理进口两种。外贸公司一般贸易自营用汇,只要有进口合同和境外金融机构的支付通知,就可以到外汇指定银行购汇;对实行配额、许可证和登记制的进口,只要持相应的进口合同和凭证就可购汇;对于非贸易项下的经营性支付,凭支付协议或合同和境外机构的支付通知办理购汇。一般进口用货单位并委托外贸公司代理经营的,所使用外汇均须经过主管部门批准后,才能向中国银行购买。在外汇落实后,才能办理进口业务。个人对外贸易经营者及个体工商户应取得工商登记或其他执业证明。个人对外贸易经营者经营性外汇收支、进出口核销及国际收支申报按机构管理,并在外汇指定银行通过本人外汇结算账户办理对外贸易购付汇、收结汇。个体工商户经营性购、结汇应提供与有对外贸易经营权的代理企业签订的进出口代理合同或协议在外汇指定银行办理(结汇还须提供代理企业的出口货物报关单)。

根据国家税务总局、国家外汇管理局 2013 年第 40 号公告内容,境内机构和个人在办理对外支付税务备案时,应向主管国税机关提交加盖公章的合同(协议)或相关交易凭证复印件(外文文本应同时附送中文译本),并填报《服务贸易等项目对外支付税务备案表》(一式三份)。同一笔合同需要多次对外支付的,备案人须在每次付汇前办理税务备案手续,但只需在首次付汇备案时提交合同(协议)或相关交易凭证复印件。

第三节　我国进出口药品监督与海关验放管理

依照《药品管理法》、有关国际公约及国家其他法规,我国加强对进出口药品管理,以保证药品质量,保障人体用药安全,维护人民身体健康和用药合法权益;对进出口药品实施监督管理的行政行为,其归属部门为国家药品监督管理总局。

目前,我国进出口药品管理实行分类和目录管理,主要有:《进口药品目录》《精神药品管制品种目录》《麻醉药品管制品种目录》《生物制品目录》,国家药品监督管理局会同国务院对外贸易主管部门对上述药品依法制定并调整管理目录,以签发准许证的形式对其进出口加以管制。

一、精神药品进出口准许

精神药品进出口准许证是我国进出口精神药品管理批件,国家药品监督管理局依据《药品管理法》和《精神药品管理办法》以及有关国际条约,对进出口直接作用于中枢神经系统,使之兴奋或抑制,连续使用能产生依赖性的药品,制定和调整《精神药品管制品种目录》并以签发精神药品进出口准许证的形式对该目录商品实行进出口限制管理。

精神药品进出口准许证是我国进出口许可管理制度中具有法律效力,用来证明对外贸易经营者经营列入《精神药品管制品种目录》管理药品合法进出口的证明文件,是海关验放该类货物的重要依据。

《精神药品管制品种目录》所列药品进出口时,货物所有人或其合法代理人在办理进出

笔记栏

口报关手续前，均须取得国家药品监督管理局核发的精神药品进出口准许证，向海关办理报关手续。海关凭上述单证办理验放手续。

1. 适用范围

(1)进出口列入《精神药品管制品种目录》的药品，包含精神药品标准品及对照品，涉及包括咖啡因、去氧麻黄碱及盐等在内的23个8位税号的49种药品。

(2)任何单位以任何贸易方式进出口列入《精神药品管制品种目录》的药品，不论用于何种用途，均须事先申领精神药品进出口准许证。

2. 报关规范

(1)向海关申报进出口列入《精神药品管制品种目录》中的药品，报关单位应主动向海关提交有效的精神药品进出口准许证及其他有关单据。

(2)精神药品的进出口准许证实行"一批一证"制度，证面内容不得自行更改，如需更改，应到国家药品监督管理局办理换证手续。

二、麻醉药品进出口准许

麻醉药品进出口准许证是我国进出口麻醉药品的管理批件。国家药品监督管理部门依据《药品管理法》和《麻醉药品管理办法》以及有关国际条约，对进出口连续使用后易使身体产生依赖性、能成瘾癖的药品，制定和调整《麻醉药品管制品种目录》并以签发麻醉药品进出口准许证的形式对该目录商品实行进出口限制管理。

麻醉药品进出口准许证是我国进出口许可管理制度中具有法律效力，用来证明对外贸易经营者经营列入《麻醉药品管制品种目录》管理药品合法进出口的证明文件，是海关验放该类货物的重要依据。

《麻醉药品管制品种目录》所列药品进出口时，货物所有人或其合法代理人在办理进出口报关手续前，均须取得国家药品监督管理局核发的麻醉药品进出口准许证向海关办理报关手续。海关凭上述单证办理验放手续。

1. 适用范围

(1)进出口列入《麻醉药品管制品种目录》的麻醉药品，包括鸦片类、可卡因类、大麻类、合成麻醉药类及其他易成瘾癖的药品、药用原植物及其制剂等，涉及14个8位税号的23种药品。

(2)任何单位以任何贸易方式进出口列入《麻醉药品管制品种目录》的药品，不论用于何种用途，均须事先申领麻醉药品进出口准许证。

2. 报关规范

(1)向海关申报进出口列入《麻醉药品管制品种目录》中的药品，报关单位应主动向海关提交有效的麻醉药品进出口准许证及其他有关单据。

(2)麻醉药品的进出口准许证实行"一批一证"制度，证面内容不得自行更改，如需更改，应到国家药品监督管理局办理换证手续。

案例讨论

网售治癌假药"易瑞沙"获刑

2014年9月，市民举报称自己通过网络在广州购买了两盒印度产抗肿瘤药物"易瑞沙"，但质量可疑。执法人员核实，发现该药品没有进口药品注册证号，外包装及说明书也没有中文标识。邗江区法院专案人员发现，从2011年起，涉案的4名嫌疑人为

笔记栏

非法牟取经济利益,私自从印度携带“易瑞沙”等治疗肺癌、白血病的药品回国在网络上销售,货值达近80万元。

扬州市食品药品监督管理局专家称,目前我国对进口药品实行注册审批制度。进口药品必须经国家食品药品监督管理总局注册许可,并经由国务院批准的允许药品进口的口岸进口。一些商家在互联网上宣称通过海外代购向国内低价销售印度版“易瑞沙”等抗癌药,这类药品未经国家食品药品监督管理总局批准,多为不法分子仿冒国外知名药品在国内黑窝点生产,或通过国外个人购买来源不明的药品邮寄回国销售,均为假药。[资料来源:杨国屏等.食药监部门发布年度典型案例低价进口药多为假,“免费体验”要谨慎[N].扬州晚报,2015-03-11]

案例讨论题

1. 试分析网售代购药品被认定为假药的原因。
2.《药品管理法》如何规定进口药品属于假药?

(王志宏)

复习思考题

1. 医药国际贸易的交易前准备应主要做好哪些工作?
2. 我国对医药货物进口的管理法规主要内容是什么?
3. 简述我国现行的进出口药品管理实行分类和目录管理制度。
4. 举例说明我国近年出台的解决癌症患者看病难、看病贵的措施。
5. 写一份维生素C出口东南亚的医药出口经营方案(字数不少于2 000字)。

笔记栏

12章PPT

PPT 课件

第十二章 医药进出口交易磋商与买卖合同

学习目标

1. 掌握国际货物买卖合同订立的法律程序、基本的业务做法以及国际货物买卖合同的含义、特点、形式和原则；掌握国际货物交易磋商的基本步骤、内容、技巧及法律意义。

2. 熟悉国际贸易合同相关的国际公约和法律。

3. 了解进出口合同的履行程序、国际贸易合同相关的国际公约和法律。

引导案例

国际贸易合同是否成立?

我国某公司应荷兰某商人请求，报出某药品初级产品200公吨，每公吨CIF鹿特丹人民币1 950元，即期装运的实盘。对方接到我方报盘后，没有表示承诺，而再三请求我方增加数量，降低价格，并延长有效期。我方曾将数量增至300公吨，价格每公吨CIF鹿特丹减至人民币1 900元，有效期两次延长，最后延至7月25日，荷商于7月22日来电接受该盘，但附加了包装条件为“需提供良好适合海洋运输的袋装”，我方在接到对方承诺电报时复电称“由于世界市场的变化，货物在接到承诺电报前已售出”。但对方不同意这一说法，认为承诺在要约有效期内做出，因而是有效的，坚持要求我方按要约的条件履行合同。最终我方以承认合同已成立而告结束，从而使我方损失23万元(根据实际案例改编)。

第一节 进出口交易磋商

交易磋商是指交易双方以买卖商品为目的通过协商对交易各项条件达成意思一致的过程，是签订货物买卖合同的基础，是进出口贸易的基础工作。交易磋商是一项具有高技术性、政策性、策略性的工作，要求合同双方当事人对外贸政策、市场形势、有关国家的法律法规、商业惯例等要有一定的了解。

磋商的具体内容可包括：药物的品质、数量、包装、价格、运输、保险、支付、检验、争议、索赔、不可抗力和仲裁等交易条件。

交易磋商主要包括口头和书面两种形式，在特殊情况下，达成交易也可以通过买卖双

笔记栏

方既已成为习惯的某些行为予以确认。口头磋商主要是指双方共同在谈判桌上面对面的谈判,如参加各进出口总公司举办的专业性交易会、中国出口商品交易会、国际博览会、洽谈会,贸易小组出访、邀请客户来华访问等,由于口头磋商是双方面对面的交流,因此双方能及时了解对方的诚意与态度以调整策略,便于达到预期目的,效率更高,口头磋商更多适用于谈判内容复杂、涉及问题较多的业务。书面磋商是指通过信件、电报、电传等通信方式来洽谈交易,目前多数企业使用传真、电子邮件来磋商交易。随着通信技术的不断发展,使用书面磋商的形式变得更为快捷和方便,且成本低廉,在国际贸易中,买卖双方通常使用书面磋商方式进行交易。

交易磋商的一般程序包括询盘、发盘、还盘和接受等四个环节,其中,发盘和接受是交易成立的基本环节,缺一不可,也是合同成立的必要条件。

一、询盘

询盘(inquiry)又称询价,是交易的一方欲购买或出售某种商品,向另一方询问买卖该项商品的各项交易条件,因此询盘可以由卖方发出,称为邀请递价(invitation to make a bid),也可以由买方发出,称为邀请发盘(invitation to make an offer)。询盘可通过口头或书面形式进行。询盘可以是只询问商品的价格,也可以询问其他一项或多项交易条件,例如商品的质量、规格、包装、商品目录、交货期等,询问的对象不限于一人。需要强调的是,询盘是交易磋商的第一步,在法律上对买卖双方无约束力,而且并非每笔交易都必须要经过此步骤,在有些情况中,可未经对方询盘而直接向对方发盘。但合同订立后,询盘内容就成为磋商成交系列文件中不可分割的部分,若履约时双方发生争议,同样可作为处理争议的依据。

知识链接

邀请发盘实例

我方为日本最大的中药材进口商之一,欲与贵公司建立业务联系。目前我方对贵公司的人参感兴趣,随函附上第123号询价单,希望尽快得到贵方的最低报价,如价格合理,我方会下大订单。

We are one of the leading importers of Chinese traditional medicine in Japan and are willing to establish business relationship with your company.For the time being,we are interested in your ginseng,details as per our inquiry note No.123 attached,and will be glad to receive your lowest quotation as soon as possible.We would like to say that if your price is attractive,we will place a large order with you immediately.

在询盘中,当事人需要注意以下几个问题:

1. 询盘不一定有“询盘”字样,但凡含有询问、探询交易条件或价格方面的意思表示均可作为询盘处理。

2. 询盘虽无法律约束力,但当事人仍需考虑询盘的必要性,尽量避免只询价不购买或不售货,以免丧失信誉。

3. 询盘时不应只局限于询问价格,可询问其他交易条件,如运输、品质、不可抗力等交易条件,以获取较为全面的交易信息。

4. 向对方询价获得对方回复时,无论是否有意愿继续进行交易,均应及时处理与答复。

5. 询盘可以同时向一个或几个交易对象发出，但不应在同时期集中做出，以免暴露我方销售或购买意图。

二、发盘

发盘(offer)又称为发价、报盘、报价，在法律上称之为“要约”，是卖方或买方向对方提出一定的交易条件，并愿意按照这些交易条件与对方达成交易、订立合同的意思表示。一项发盘有两个关系当事人，一个是发盘人或称发价人(offeror)，另一个是受盘人或称被发价人(offeree)。发盘可以是应对方的询盘要求发出，也可以是在没有询盘的情况下，直接向对方发出，一般而言，发盘由卖方发出，但也有由买方发出的情况，由买方发盘称为“递盘”(bid)。发盘有口头和书面两种形式，书面发盘可以用电子邮件、书信、传真、电报、电传、报价单、价目单和发票等形式进行。

(一) 构成有效发盘的条件

《联合国国际货物销售合同公约》第十四条对发盘的定义是：“向一个或一个以上特定的人提出的订立合同的建议，如果十分确定，并且表明发盘人在得到接受时承受约束的意旨，即构成发盘。一个建议如果写明货物并且明示或默示地确定规定数量和价格，或者规定如何确定数量和价格，即为十分确定。”根据上述定义，区别于询盘，凡是发盘，都对发盘人具有约束力，同时也可看出，构成一项有效发盘应具备以下条件：

1. 发盘必须是向一个或一个以上特定的人提出　发盘必须指定可以表示接受的受盘人，受盘人可以是一个，也可以指定多个。《公约》第十四条规定“非向一个或一个以上特定的人提出的建议，仅应视为邀请做出发价，除非提出建议的人明确地表示相反的意向”。也就是说，不指定受盘人的发盘，称为一般发盘或邀请发盘，如中国进出口商品交易会后出口商向国外厂商发送价目单或报价单，而对价目单所列价格对收到者是否有效并未做出规定，因此这种价目单或报价单对寄发人不构成约束，不是一份有效发盘。

2. 清楚地表明愿按发盘内容订立合同的意旨　发盘必须清楚地表明订约意旨，即发盘人在得到接受时，将按发盘条件承担与受盘人订立合同的法律责任，这种意思有时可以用相关术语或语句加以表明，如发盘、可订、订购、订货等，在实际业务中有时甚至可以不使用上述或类似术语或语句，按照实际磋商的具体情况，根据双方当事人过往交易或双方已经确立的习惯做法来确定发盘人订立合同的意思。

3. 主要交易条件是十分确定的　只有当交易条件十分确定时，发盘在被受盘人接受后，才能称为法律上有效的合同。《公约》中对于“十分确定”的解释为在发盘中明确规定货物的品名、数量和价格，规定货物的数量和价格可以采用明示或暗示的方法，甚至还可以只规定确定数量和价格的方法。交易条件必须是明确的、完整的和无保留的，明确是指主要交易条件清晰明了、确切，没有歧义，没有含糊不定的词句，不能使用“大约”“大概”或“参考价”等词语；完整是指主要交易条件齐全，应包括商品的品名、品质、数量、价格、包装、交货、支付条件等条款和有效期；无保留是指发盘人在发盘中不能有附带任何保留条件或限制性条件，如“以我方最终确认为准”“以未售出为准”“不受约束”等词句。

4. 送达受盘人　发盘必须在有效期内送达受盘人方始生效，在送达受盘人前，对发盘人无约束力。送达是指将发盘送至特定受盘人的营业场所或通信地址，如果特定受盘人没有营业场所或通信地址，则送至受盘人惯常居住地。

需要注意的是，在发盘中有无“发盘”字样并不是构成发盘的必要条件，意即只要具备了发盘的必要条件，即使没有“发盘”字样，也是发盘；反之，即使具有“发盘”字样，但不具备发盘的必要条件，则无法构成发盘。此外，在实际业务中，判断发盘内容是否完整齐全不

笔记栏

能单靠一函一电，如与老客户之间早已规定某几个交易条件或是发盘中援引以往的来往函电或是合同的内容等，相当具有灵活性。

知识链接

发盘实例

感谢11月29日的报价。今晨已经去函，报10kg宁夏枸杞325美元/kgCFR上海净价，装运期为2月和3月，以12月10日前复到为准。

We thank you for your inquiry of Nov 29th, asking us to make you a firm offer for Ningxia red wolfberry. We have sent a letter this morning, offering you 10kg of Ningxia red wolfberry, at USD 325 net per kilogram CFR Shanghai for shipment during February/March subject to your order reaching here by Dec 10th.

（二）发盘的有效期

一项发盘一经受盘人有效地接受，发盘人就具有必须按照发盘条件与受盘人达成交易协议、订立交易合同的义务。发盘的这种法律约束力仅是针对发盘人单方面而言的，不构成对受盘人的约束，但是发盘人受约束的时间是有限制的，不是无限期地承担义务，发盘人受法律约束的期限就是发盘的有效期，一旦超过发盘的有效期，发盘人便不再受到法律的约束。有的发盘会明确规定有效期，例如上面的案例，受盘人必须在发盘人规定的有效期内接受才有效，而有的发盘则没有规定的有效期，这种情况则要根据惯例，在合理的时间内有效。

《公约》规定，发盘中“如无规定时间，在一段合理的时间内，未曾送到发盘人，接受就成为无效。但需适当地考虑到交易的情况，包括发盘人所使用的通信方法的迅速程度”。各国法律对于合理时间的长度和怎样才算迅速并未作明确规定或解释。一般来说，在实际情况中，传送的方法和有关货物的性质是重要的影响因素，如用信函发盘，则有效期可理解得长些，而使用电报、电子邮件、电传、传真这些电子传输方式发盘，则可理解得短些，短期内价格变化不大的日用工业品则大都可以理解得时间长些。但为了避免不必要的纠纷，最好在发盘中明文规定发盘的有效期。

（三）发盘的撤回和撤销

《公约》第十五条明确规定了发盘的生效时间：“发盘在送达受盘人时生效”。那么发盘在未送达受盘人之前，如果发盘人改变主意或发生某些情况，这就会产生发盘的撤回和撤销问题。

在这里需要特别指出的是，在法律上，撤回和撤销是两个不同的概念，撤回是在发盘未生效的前提下，发盘人采取相关行动，阻止其生效，而撤销是在发盘生效后，发盘人用一定的方式解除发盘对其的法律效力。

对于一项发盘能否在有效期内被撤销，在各国法律解释上是不同的，英美法国家的法律认为：发盘在被接受前的任何时候都可以撤销；大陆法系国家的法律认为：在发盘有效期内，发盘人不得撤销发盘。鉴于各国法律对发盘能否被撤销无一个统一的解释，在国际贸易上交易双方容易出现矛盾，对此，《公约》规定：在未订立合同之前，如果撤销通知于受盘人发出接受通知之前送达发盘人，发盘得以撤销。但在以下情况中，发盘不得撤销：

1. 发盘中注明了有效期，或以其他方式表明发盘是不得撤销的。
2. 受盘人有理由信赖该发盘是不可撤销的，并且已本着对该发盘的信赖行事。

对于撤回问题，《公约》规定：一项发盘，即使是不可撤销的，但只要撤回通知在发盘送达受盘人之前或同时送达受盘人，发盘得以撤回，如果发盘人未能做到上述两种情况，发盘即可生效，发盘人便开始受到约束。这时，发盘人改变主意，便不再是撤回发盘，而是撤销。在实际业务中，发盘的撤回一般在使用信件或电报向国外发盘时才适用，如果发盘是采取电子邮件或传真等快速传输方式，则不存在撤回发盘的可能性。

（四）发盘的失效（终止）

《公约》规定："一项发盘，即使是不可撤销的，于拒绝通知送达发盘人时终止"。发盘终止后，发盘人便不再受其约束，除了上述受盘人发送拒绝通知可使发盘失效，还有以下情况也能使得发盘终止：

1. 如发盘中有规定有效期，有效期已过，若无规定有效期，则合理时间已过未被接受发盘即终止。

2. 被受盘人还盘，发盘一经受盘人还盘，实际上是对原有发盘的交易条件做出实质性变更，因此即便原发盘有效期未至，发盘也宣告失效。

3. 其他原因　如发生不可抗力事件，发盘人或受盘人在发盘被接受前丧失行为能力（如死亡、法人破产等）；在发盘人发盘后，国家政府宣布发盘中的商品禁止进出口，发盘即失效。

三、还盘

还盘（counter offer）是指受盘人收到发盘之后，对其内容不完全同意，为进一步磋商交易，向发盘人提出修改建议或一定限制性的意见的口头或书面的表示。还盘的内容可以是针对商品的价格，也可以是对品质、运输条件、交货地点、支付方式等方面。

还盘实质上是对发盘的拒绝，还盘一经做出，原发盘便宣告失效，原发盘人不再受到约束，受盘人也不得在日后要求接受原来的发盘。还盘等于是受盘人作为新发盘人的身份对原发盘人所做的一项新发盘。在通常情况下，还盘的内容相对而言较为简单，因为还盘是在原有发盘的基础上做出的修改，因此与原发盘相同的内容在还盘中便不再重复列出，但必须说明的是，还盘中需要注明对方发盘的日期或文号，以便有针对性、完整地提出还盘。

知识链接

还 盘 实 例

贵方 20 日电悉，价太高，还盘 50 美元，限 28 日复。

YOURS TWENTIETH PRICE TOO HIGH COUNTER OFFER STERLING FIFTY US DOLLARS REPLY TWENTY-EIGHTH.

四、接受

接受（acceptance）是指受盘人在发盘的有效期内，无条件同意发盘的全部内容，并愿意按此发盘中规定的交易条件与对方达成交易、订立合同的口头或书面表示，在某些情况中，也可通过行为表示，但沉默或不行为本身并不等于接受。接受与发盘都是既属于商业行为，也属于法律行为，都可以由买方或卖方做出。发盘一旦在有效期内被受盘人接受，交易即告达成，买卖双方之间的合同即告成立。因为接受是对发盘表示同意，因此在实际业务中，接受一般较为简单，不必重复列出双方已达成意思一致的交易条件，但在某些情况下，由于交易的金额较大或来往交易磋商的电函较多，为避免误解或差错，受盘人在表示接受时会将双方磋商的最终交易条件重述。

笔记栏

(一) 构成有效接受的必备条件

根据《公约》,构成有效的接受要具备以下四个条件:

1. 接受必须是由受盘人做出　发盘是对一个或一个以上特定的人做出的,相对应的,能对这项发盘做出接受行为的是特定的受盘人,其他人对发盘表示同意,不能构成有效接受。

2. 受盘人表示接受要采取声明的方式　《公约》规定当受盘人同意发盘内容,要做出接受时,需要以口头或书面的声明形式向发盘人明确地表示出来,或者用行为的方式,例如进口商 A 在收到出口商 B 的发盘后认为交易条件可接受,于是在他接到发盘后立即把货物装运了出去,这是用行为表示接受的方式。这种方式主要用在贸易商为了能尽快促成交易,在接到老客户的发盘后立即发货或开信用证的情况。但需要注意的是,我国在对外贸易中并不采取这一做法,我国在加入《公约》时,对此做法保留了意见。

3. 接受的内容要与发盘的内容相符　接受是无条件同意发盘内容,若受盘人在答复中使用了"接受"字眼但又对发盘内容做出了变更(增加、限制或修改),在法律上这被视为是附带条件的接受,不能称为有效接受,应是还盘。尽管如此,并不是说受盘人在接受时不能对发盘内容做出任何的变更,关键是要看变更是否是实质性的。对于实质性变更的定义,《公约》的解释是:"有关货物价格、付款、货物质量和数量、交货地点和时间、一方当事人对另一方当事人的赔偿责任范围或解决争端等的添加或不同条件,均被视为实质上变更发盘的条件"。而对于非实质性变更,《公约》规定:"对发盘表示接受但载有添加或不同条件的答复,如所载添加或不同条件在实质上并不变更该项发盘的条件,除发盘人在不过分延迟的期间内以口头或书面通知反对其差异外,仍构成接受"。因此,即便受盘人对发盘内容做出的是非实质性变更,最终能否构成有效接受还要看发盘人对非实质性变更是否同意,若发盘人不反对,则非实质性变更的内容便会补充到发盘当中,受盘人的接受也是有效的。此外,要注意的一点是,发盘人在收到受盘人有附加条件的接受后,无论其附加条件是否为实质性变更,都应及时地表达自己的意思,不能沉默以对,以免出现争议。

4. 接受的通知要在有效期内送达发盘人　发盘中一般都会有规定有效期,有效期具有双重意义,一方面约束发盘人在有效期内,只要受盘人接受,则发盘人就承担与对方达成交易、订立合同的义务,而另一方面也约束受盘人,只有在有效期内做出接受,才能按照发盘交易条件与发盘人达成交易、订立合同。若发盘中没有规定有效期,则在合理时间内接受有效。

知识链接

接受实例

兹回复贵方第 163 号订单

我方已收到贵公司第 163 号关于野生黄连的订单并寄送一式两份第 AC-202 号销售确认书给贵方。请会签该确认书并寄返一份给我方存档。

感谢贵公司的配合并期待将来再次为贵公司提供服务。

Re: Your Order No.163

We are pleased to have received your Order No.163 for wild coptis and are sending you here with our Sales Confirmation No.AC-202 in duplicate.Please sign and return one copy for our file.

We appreciate your co-operation and look forward to the pleasure of serving you again on future occasions.

Yours faithfully

笔记栏

（二）逾期接受

在实际业务中，由于各种原因，受盘人的接受通知有可能会晚于发盘人规定的有效期送达发盘人，在法律上这被称为“逾期接受”或“迟到的接受”，对于逾期接受，因已超过发盘有效期，发盘人将不再受到法律的约束，但以下三种《公约》规定的情况例外：

1. 发盘人毫不延迟地用口头或书面的形式将“逾期接受仍有接受的效力”这种意思通知受盘人，如果发盘人不及时通知，则该项接受便失去效力。

2. 如果在发盘中规定的有效期是一段时间，则在计算有效期限时，发盘方的正式假日或非营业日也要包含在内，因此当发盘有效期的最后一天是发盘人所在地的正式假日或非营业日，受盘人的接受不能送达发盘人时，只要事后能证明上述情况属实，该项接受的最后期限应顺延至下一个营业日。

3. 若逾期接受是非受盘人的过失导致的，而是客观因素如传递当面的原因造成的失误，意即若按正常情况，受盘人是可以在有效期内把接受通知送达发盘人的，在这种情形下，逾期接受仍可有效，除非发盘人毫不迟延地用口头或书面的形式通知受盘人他认为该项接受无效。

综上可知，一项逾期接受能否有效，很大程度上主动权掌握在发盘人手中。

（三）接受生效

根据《公约》第十八条规定：“接受发盘于表示同意的通知送达发盘人时生效”，这与发盘生效类似，采用的是“到达生效原则”，接受生效应在发盘规定的有效期内，若无规定有效期，则在合理时间内范围。

（四）接受撤回

与发盘的撤回类似，接受的撤回是在接受通知送达发盘人之前或与接受通知同时送达发盘人，受盘人采取取消原接受通知的行为。在这里，接受无撤销一说，因为接受一旦生效，合同便宣告成立，若此时要撤销，实质上是属于毁约行为。

第二节　国际货物买卖合同

一、国际货物买卖合同的定义

国际贸易流程的操作是以合同为核心进行的。一般来讲，国际货物买卖合同是指位于不同国家的买卖双方之间，按照一定的交易条件，买卖某种商品所签订的协议。它是根据买卖双方都接受的国际贸易法律法规以及交易惯例的规定而订立的。

根据《公约》的规定，国际货物买卖合同是指营业地处于不同国家的买卖双方当事人双方意思表示一致、以划分买卖双方风险、费用、权利和义务所订立的货物买卖合同，是国际贸易交易中最为重要的一种合同。由于国际货物买卖合同涉及的是不同国家、具有一定地域距离的当事人，双方在经济、政治、文化、法律法规等方面可能存在一定的差异，例如不同国家海关通行手续不一定完全相同，政府许可进入国内的医药标准不同等，在订立合同时，买卖双方需要仔细斟酌，互相协调，因此，国际货物买卖合同被视为买卖合同最为复杂的形式之一。

笔记栏

知识链接

《联合国国际货物销售合同公约》

《联合国国际货物销售合同公约》(The United Nations Convention on Contracts for the International Sale of Goods, CISG)(简称《公约》),是由联合国国际贸易法委员会主持制定的,在1980年在维也纳举行的外交会议上获得通过。公约于1988年1月1日正式生效。尽管《公约》还不是一部全面的、完善的关于国际货物买卖的统一法,但是就其灵活性和普遍性而言,是任何一部国内法或国际惯例所不能比拟的,在国际贸易中被越来越多的当事人积极选用,且各国法院和仲裁院使用它来解决国际货物买卖纠纷的情况越来越多,它是当今关于国际货物买卖的最重要的国际公约,已成为世界范围内调整国际货物买卖合同关系最重要的一部统一法。

二、国际货物买卖合同的特点

(一)国际货物买卖合同具有国际性

国际货物买卖合同的定义明确指出:国际货物买卖合同的签订主体是营业地处于不同国家的买卖双方当事人,是一种"涉外"合同。营业地是指固定的、永久性的、独立进行营业的场所。在此需要注意的是,国外公司在他国的代表处机构不属于《公约》规定的营业地。外国公司在某国的常驻代表机构在法律意义上是代表其本国公司在某国进行活动的代理人,所以某国当事人和外国公司常驻该国的代表所签订的货物买卖合同具有国际性,属于国际货物买卖合同范畴。要定义一份货物买卖合同是国内货物买卖合同还是国际货物买卖合同,关键要看双方当事人的营业所在地是否处于同一国家。

但需要注意的一点是,当事人的营业地不是一成不变的,对此,《公约》规定了当事人所在营业地的时间标准。《公约》第一条第二款规定:确定当事人的营业地"要考虑到双方当事人在订立合同前任何时候或订立合同时所知道或所设想的情况"。对于此条款的解读有两层含义:一是只有从合同中或在订立合同时双方透露的情况中,明显看得出双方当事人的营业地确系分别处于不同国家的事实,他们之间订立的货物买卖合同才具有国际性。二是订立合同时,双方当事人的营业地处在不同的国家,但订立合同后,若双方当事人中的一方营业地有所变更,那么仍以订立合同时的营业地为准,不影响货物买卖合同的国际性。

(二)国际货物买卖合同的标的物是货物

标的是法律行为所要达到的目的,国际货物买卖合同的标的是基于商业交易目的的货物,是有形动产,所以股票、债券、投资证券、流通票据或其他财产,以及不动产和提供劳务的交易都不属于国际货物买卖合同的标的物。《公约》在界定货物买卖的范围时,采用了排除法,以下种类的货物买卖不在该公约适用范围之内:

1. 购买供私人、家人或家庭使用的货物的销售:消费品买卖。
2. 经由拍卖的销售:受拍卖地国家法律约束。
3. 根据法律执行令状或其他令状的销售:受国家法律约束。
4. 公债、股票、投资证券、流通票据或货币的销售:属于货物范畴。
5. 船舶、船只、气垫船或飞机的销售:受国内法约束。
6. 电力的销售:在有些国家不属于货物范畴。

（三）国际货物买卖合同在本质上是双务合同

货物买卖合同在本质上是一种双务合同，即买卖双方当事人在合同生效后均享有相对应的权利与义务，如卖方的基本义务是交付货物所有权，基本权利是请求买方支付价款，而买方的基本义务是支付价款，基本权利是请求卖方交付货物所有权。

（四）国际货物买卖合同的性质是买卖

《英国货物买卖法》规定，货物买卖是指卖方将其货物所有权转移给买方，以买方支付价款作为对价。区别于货物买卖合同，租赁合同中买方支付的是相应租金，不是货款，卖方转移的是商品使用权，而不是所有权。因此，这一性质是区分国际货物买卖合同与其他合同的重要特征。

（五）国际货物买卖合同涉及多方风险

国际货物买卖合同涉及营业地处于不同国家的双方当事人，当事人在地域距离方面可能衍生出运输风险，此外还有在进行进出口活动时，双方当事人与运输公司、海关、当地银行、保险公司等多方发生法律关系，法律风险较高，支付价款进行国际结算时可能会遭受外汇风险，执行合同过程中遇到国家对外贸易政策变更的政策风险等。综上所述，国际货物买卖合同涉及多方风险，双方当事人在签订该合同时需要充分考虑各种可能产生的风险。

三、国际货物买卖合同的形式

合同形式，是指当事人合同的外在表现形式，是合同内容的载体。在国际上，不同国家的法律对合同的形式不完全一致，根据《公约》和我国《合同法》相关规定，合同的形式主要包括书面形式、口头形式和其他形式。

（一）书面形式

书面形式是指合同书、信件以及数据电文等可以有形地表现所载内容的形式，采用书面形式订立合同，有利于明确双方当事人的责任义务等，督促双方正确、完整履行合同内容，此外，一旦发生纠纷，书面合同可以作为证据，便于举证。因此，书面形式是国际货物买卖合同的主要形式。

（二）口头形式

口头形式是双方当事人通过对话形式（包括当面谈判或打电话方式）而订立的合同形式，采用口头形式的优点在于方便快捷，尤其是在时间紧迫情况下可以保证迅速达成交易，但一旦发生纠纷，采用口头形式的合同会因缺乏文字证据，举证困难。

（三）其他形式

其他形式是指可能存在的除书面形式、口头形式之外的合同形式，如通过发运货物或预付货款等形式表示对合同内容的确认。

按照《公约》规定："销售合同无须以书面订立或书面证明，在形式方面也不受任何其他条件的限制。销售合同可以用包括人证在内的任何方法证明。"但有些国家对货物销售合同的形式是有一定要求的，如美国《统一商法典》规定，凡 500 美元以上金额的货物销售合同必须有书面文件为证，否则不得由法律强制执行。在美国，即便交易是由口头磋商达成的，但为确保合同得到法律承认和保护，必须订立书面合同。在中国，由于我国在核准加入《公约》时并不是全盘认可，在对合同形式的规定上作了一定的保留，坚持认为国际货物买卖合同必须采用书面形式。

四、订立国际货物买卖合同应遵循的原则

（一）平等原则

平等原则是指地位平等的合同当事人，在权利义务对等的基础上，经过充分协商达到意

笔记栏

思一致，实现互惠互利的经济目的。具体而言，这一原则包括以下内容：

1. 合同当事人的法律地位一律平等，不论企业规模大小和经济实力的强弱，其地位都是平等的。

2. 合同规定的权利义务对等，当事人所取得财产、劳务或工作成果与其履行的义务大体相当；要求一方不得无偿占有另一方的财产，侵犯他人权益；要求禁止平调和无偿调拨。

3. 合同当事人必须就合同条款取得一致，任何一方都不得凌驾于另一方之上，不得把自己的意志强加给另一方，更不得以强迫命令、胁迫等手段签订合同。

（二）自愿原则

自愿原则是指合同当事人经过协商，自愿决定、调整相互权利义务关系，这是订立国际货物买卖合同的重要原则，主要包括以下6个方面：第一，订不订立合同自愿；第二，与谁订合同自愿，；第三，合同内容由当事人在不违法的情况下自愿约定；第四，当事人可以协议补充、变更有关内容；第五，双方也可以协议解除合同；第六，可以自由约定违约责任，在发生争议时，当事人可以自愿选择解决争议的方式。

需要注意的是，这里所说的自愿并非绝对自愿，自愿原则是建立在遵守法律法规、社会公德，不扰乱社会公共秩序和损害公共利益的基础上的。

（三）公平原则

公平原则要求合同双方当事人之间的权利义务要公平合理，不能显失公平，出现一方获利超过约定的利益，而使得另一方处于不利地位的情形，具体包括：

1. 在订立合同时，要根据公平原则确定双方的权利和义务。

2. 根据公平原则确定风险的合理分配。

3. 根据公平原则确定违约责任。

（四）诚实信用原则

ER-12-1

知识拓展：红顶商人胡雪岩诚信经营

诚实信用原则是指要求当事人在订立合同的全过程中，都要诚实，讲信用，不得有欺诈或其他违背诚实信用的行为。这一原则具体包括以下几方面的内容：

1. 在订立合同时，不得有欺诈或其他违背诚实信用的行为。

2. 在履行合同义务时，当事人应根据合同的性质、目的和交易习惯履行及时通知、协助、提供必要的条件、防止损失扩大、保密等义务。

3. 合同终止后，当事人也应当根据交易习惯履行通知、协助、保密等义务，这些被称为后合同义务。

五、国际货物买卖合同适用的法律

（一）合同双方当事人约定适用某国法律

在合同中，买卖双方当事人以明确的方式说明适用某国法律，双方当事人应根据交易的性质、产品的特性以及国别等具体因素通过充分协商，最终达成双方意思一致，在合同中明确选择某一国的国内法为合同适用法律。

（二）双方没有约定适用哪国法律

1. 自动适用《公约》　当国际货物买卖合同双方所在国均为《公约》成员，且双方无明确约定适用哪国法律时，《公约》将被自动适用。

双方即使同意适用《公约》，还应根据具体交易情况，对公约未予规定的问题，或在合同中做出明确规定，或选择某一国国内法管辖合同，以保证自身利益得到切实的保障。

2. 适用卖方所在国的法律　买卖双方在未选择销售合同所适用法律时，一般情况下，合同应受卖方在订立合同时设有营业所的国家的法律管辖。

3. 适用买方所在国的法律 销售合同在以下情况下，应适用买方所在国的法律：①谈判在买方所在国家进行，并且参加谈判的各当事人在该国订立了合同；②合同明确规定卖方在买方所在国履行其交货义务；③合同主要依买方确定的条件和应向买方投标人发出的投标邀请（招标）而订立。

4. 风险规避 由于各国关于销售合同的规定各不相同，在不了解的情况下，如适用买方所在国法律将对出口商（卖方）造成很大的不利。为了保护自身利益，在签订合同时，应当争取约定适用本国的法律；次之则约定适用双方均熟悉的国际公约，如《公约》《国际贸易术语解释通则》等。

笔记栏

ER-12-2

知识拓展：国际贸易合同范本及注意事项

知识链接

《联合国国际货物销售合同公约》的缔约国

截至2015年12月底，包括中国在内，核准和参加该公约的共有84个国家，包括：美国、阿根廷、澳大利亚、奥地利、加拿大、丹麦、法国、德国、希腊、日本、韩国等国家。我国公司与这些《公约》成员国家的公司达成的货物买卖合同如不另做法律选择，则合同规定事项将自动适用公约的有关规定，发生纠纷或诉讼亦得依据《公约》处理。但《公约》对以下合同内容没有规定：合同的效力，或其任何条款的效力，或任何惯例的效力；合同对所售货物的所有权可能产生的影响；卖方对于货物对任何人所造成的死亡或伤害的责任。

第三节 国际货物买卖合同的履行

一、国际货物出口合同的履行

《公约》规定，卖方的义务是"必须按照合同和本公约的规定，交付货物，移交一切与货物有关的单据并转移货物所有权"。在我国出口贸易中，大多采用CIF或CFR条件成交，并且一般都采用信用证付款方式，其履行合同的基本环节有：货（备货、报验）、证（催证、审证和改证）、运（租船订舱、报关、投保、装船等）、款（制单结汇）（图12-1）。

（一）备货、报验

1. 备货 依照国际货物买卖合同，联系生产商准备货物。

2. 报验 在货物备齐后，应向商品检验局申请检验，只有取得商检局发给的合格检验证书，海关才准放行。

（二）催证、审证和改证

1. 催证 在实际业务中，有时经常遇到国外进口商拖延开证，或者在行市发生变化或资金发生短缺的情况时，故意不开证等。当买方未按合同规定的时间开来信用证时，卖方通过函电或其他方式催促买方迅速开出信用证，必要时，可请我驻外商务机构或中国银行协助，代为催证。

2. 审证 由于种种原因，有时会出现信用证条款与合同规定不一致；或者在信用证中加列一些出口商看似无所谓但实际无法满足的信用证条件（软条款）等，为此我们应该依据

笔记栏

合同进行认真的核对与审查。审证的依据是合同和"UCP600"。审证的基本原则为信用证条款与合同的规定相一致。除非事先征得我方出口企业的同意，在信用证中不得增减或改变合同条款的内容。审证工作由我国银行和进出口公司共同承担。

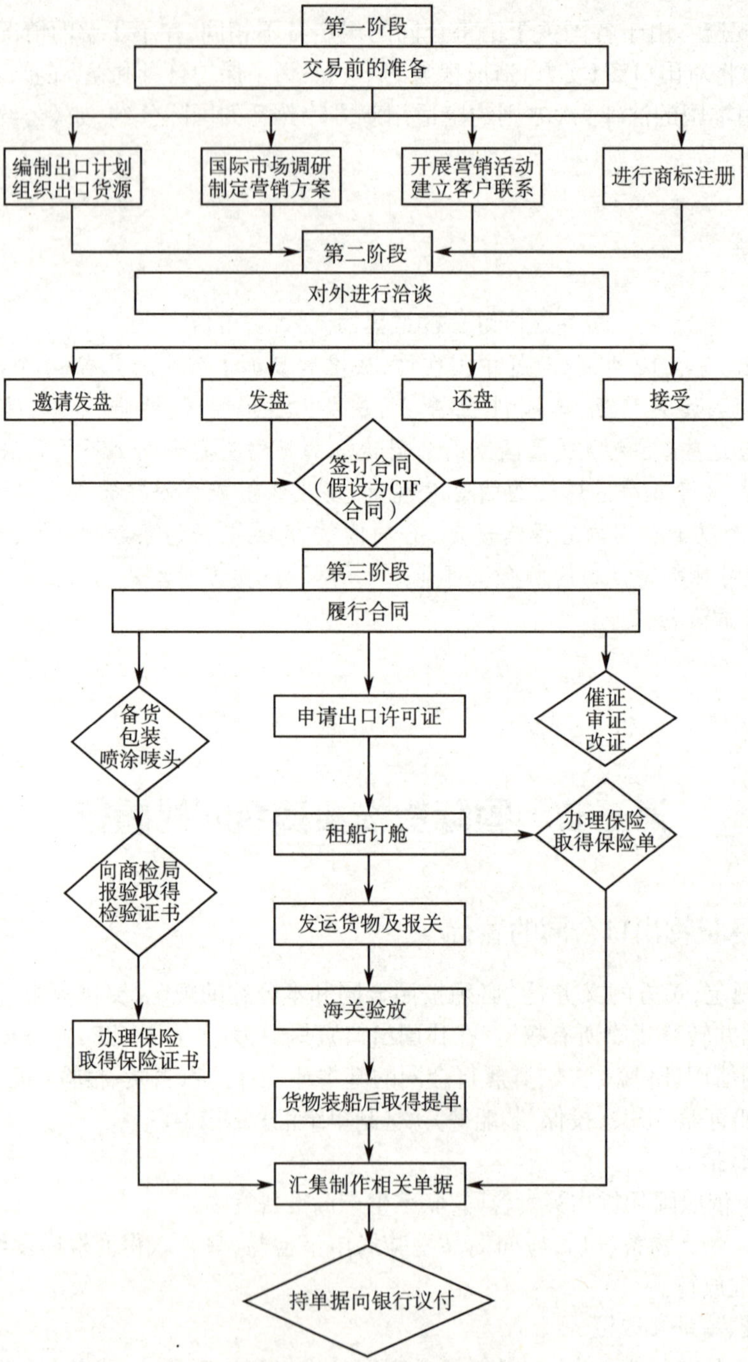

图 12-1　出口贸易流程

3. 改证　对信用证进行了全面细致的审核以后，如发现问题，应区别问题的性质，做出妥善的处理。

（三）办理货运、报关和投保

1. 办理货运　在国际上，出口企业在办理货物运输时，应根据货物和运输线路的情况，合理选择合适的货运服务机构。

2. 报关　根据《中华人民共和国海关法》的规定，所有进出境的货物和运输工具必须通过设有海关的地方进境或出境，并接受海关的监督。只有经过海关查验放行后，货物才能提取或装运出口。无论是自行报关还是由报关行来办理，都必须填写出口货物报关单，必要时，还需提供出口合同副本、发票、装箱单或重量单、商品检验证书及其他有关证件，向海关申报出口。

3. 投保　按 CIF 价格成交的合同卖方需要替买方办理保险，卖方在装船前，须及时向保险公司办理投保手续，填制投保单。出口商品的投保手续，一般都是逐笔办理的。投保人在投保时，应将货物名称、保险金额、投保险别、运输工具、开航日期等一一列明。保险公司接受投保后，即签发保险单据。

（四）制单结汇

出口货物装运后，出口企业应按照信用证的规定，正确缮制各种单据。并在交单有效期内，递交银行办理议付结汇手续。

（五）出口收汇核销和出口退税

出口收汇核销是指对每笔出口收汇进行跟踪，直到收回外汇为止。即期业务在 90 天内办理核销；远期业务必须提交出口合同，在外管局办理远期收汇备案。

退税是指出口企业设专职或兼职出口退税人员，按月填报出口货物退（免）税申请书，并提供有关凭证，先报经贸主管部门稽查签章后，再报国税局进出口税收管理分局办理退税。

二、国际货物进口合同的履行

目前我国进口合同大多以 FOB 价格条件成交，以信用证方式结算货款。按此条件签订的进口合同，其履行的一般程序包括开立信用证、租船订舱、接运货物、办理货运保险、审单付款、报关提货验收与拨交货物等（图 12-2）。

（一）开立信用证

进口合同签订后，进口方按合同规定填写开证申请书向银行办理手续。开证申请书是银行开立信用证的依据，也是申请人和银行之间的契约关系的法律依据。

（二）运输和保险

以 FOB 术语签订的进口合同，由进口方负责安排运输和投保。

1. 运输　我国外贸公司大都通过外运代理机构代办此项业务，也有直接向中国远洋运输公司等实际承运人办理。

2. 保险　货物装船后，出口方应及时向进口方发出装船通知，以便进口方及时办理保险和接货等工作。

（三）审单付款

货物装船后，出口方即凭提单等有关单据向当地银行议付货款，当议付行寄来单据后，经银行审核无误即通知进口方付款赎单。进口企业付款赎单前，同样需审核单据，若发现单证不一，有权拒绝赎单。

（四）报关、验收和拨交货物

1. 报关纳税　进口报关是指进口货物的收货人或其他的代理人向海关交验有关单证，办理进口货物申报手续的法律行为。

2. 验收货物　凡进口货物，都应认真验收，如发现品质、数量、包装有问题应及时取得有效的检验证明，以便向有关责任方提出索赔或采取其他救济措施。

3. 办理交付货物手续。

笔记栏

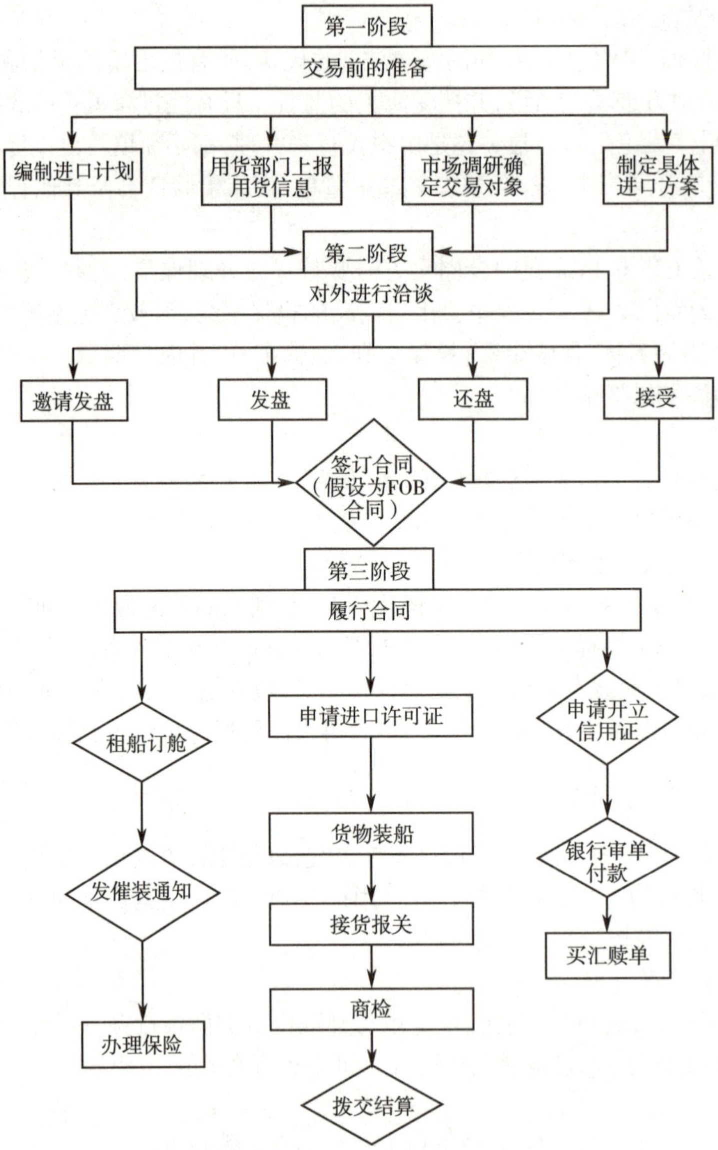

图 12-2　进口贸易流程

案例讨论

国际货物买卖合同的有效性问题

案情：2018 年 8 月，新加坡某贸易公司（以下称丙方）与港商商贸有限公司（以下称乙方）签订了购买 1 000kg(500 包）陈皮的合同。乙方提供 200 包之后，经丙方检验，质量不合格予以退货，但 200 包陈皮的货款 40 万美元已付。乙方自知本公司提供合乎合同要求的产品已属不可能，就向丙方提议，邀请我国某医药进出口公司（以下称甲方）负责供货。后来，甲、乙、丙三家公司口头约定剩下的 300 包陈皮由甲方公司负责供货，货款由丙方公司汇付甲方公司的账户。三个月后，甲方公司如期完成了供货任务，质量经丙方公司检验合格。但丙方公司将货款汇付甲方时扣除了乙方交货的 200 包不合格陈皮的货款 40 万美元。甲方公司为此在丙国境内向法院起诉，要求取得货款。

笔记栏

诉讼：法院审理之中，丙方公司的律师辩护说：该公司与甲方公司没有合同关系，订购陈皮合同是与乙方公司签订的，只是代乙方支付货款，因此有权扣除其前次提供不合格货物的货款。甲方律师认为：甲、乙、丙三方合约拟定由甲方交付 300 包陈皮，乙、丙两公司间的债务与甲方无关，丙方公司私扣 40 万美元是违约行为。法院在充分聆听各方陈述后认为，丙方与乙方的合同是基础合同，后因乙方履约有困难，经各方同意，邀请甲方公司负责供货是合法的，三方的口头约定是有效的，可视其为对原合同的修改和补充。甲、乙、丙三方形成了新的购买 300 包陈皮的合同。这个合同是以口头约定的方式签订，但根据《公约》的精神，应具有合同应有的效力。因此，丙方公司应该付清全部货款。法院判决甲方胜诉，有关丙方与乙方的债务纠纷另案处理(根据实际案例改编)。

案例讨论题

1. 案例中的口头约定是合同的有效形式吗？

2. 如何看待本案例中法院的判决？

（张开翼）

复习思考题

1. 构成有效发盘应具备哪些条件？

2.《公约》对发盘内容有哪些基本要求？我们在外贸业务实践中对发盘内容应如何掌握？

3. 何谓逾期接受？逾期接受的法律后果如何？公约对逾期接受有何规定？

4. 一项有法律约束力的合同应具备哪些条件？

5. 英国公司 A 给中国公司 B 发盘："供应 200 台红外线治疗仪，每台 CIF 北京 168 美元，合同订立后 4 个月装船，不可撤销即期信用证付款，请电复。" 乙还盘："接受你的发盘，在订立合同后立即装船。" 问：双方的合同是否成立？请说明理由。

6. 德国出口商 A 发出电报给韩国进口商 B："确认售予你方 X 光机一台，请汇 1 200 欧元，接款后 25 天内交货。" B 回复："确认你方电报，我方购买你方 X 光机一台，交易条件按你方电报的规定，已汇交你方银行 1 200 欧元，该款在交货前由银行代你方保管，请确认在本电日期 25 天内交货。" A 公司没有回电，继而以较高价格将 X 光机卖给一家泰国进口商，B 遂向法院起诉 A 公司。问：A 与 B 双方的合同是否成立？请说明理由。

7. 2018 年 2 月 1 日我国出口商向日本某外贸公司报出黄连切片价格，在发盘中除列出各项必要条件外，还表示 "编织袋包装运输"。在发盘有效期内日方复电表示接受，并称："用最新标准编织袋包装运输"。我方收到上述复电后即着手备货，并准备在双方约定的 7 月份装船。之后 3 月份黄连价格从每吨 420 美元暴跌至 350 美元左右。日方对我国出口商来电称："我方对包装条件做了变更，你方未确认，合同并未成立。" 而我方坚持认为合同已经成立，双方为此发生了争执。分析此案应如何处理，简述你的理由。

笔记栏

13章PPT

PPT 课件

第十三章
医药进出口合同的标的与价格

学习目标

1. 掌握国际贸易术语的定义及内容，以及几个主要术语的联系与区别。
2. 熟悉国际贸易合同价格的制定原则、作价方法以及价格相关概念。
3. 了解国际贸易合同的数量、质量以及包装等内容。

引导案例

国际贸易术语的使用

2020年3月，巴西圣巴尔曼公司向中国某医药贸易公司出口药用辅料巴西棕榈蜡(巴西北部特有的棕榈树的树叶提取物)50kg，双方以CFR上海成交，合同约定保险由中国公司自行办理。3月25日巴西公司装船完毕后，货轮随即起航，由于巴西圣巴尔曼公司业务员的疏忽，装船通知直到3月27日才发出。中国公司收到装船通知后向保险公司投保时，知悉该货轮于3月25日夜遭遇恶劣气候沉没，保险公司拒绝投保。3月29日，巴西圣巴尔曼公司来电称货物灭失，要求我方承担灭失损失并敦促我方及时支付货款。

根据《国际贸易术语解释通则》(2020版)(以下简称《2020通则》)中CFR的买卖双方义务可知，虽然CFR术语买卖双方的风险是以卖方在装货港将货物装上指定的船只为划分的界限，然而风险的转移也是有前提条件的，即买方根据通则应尽的义务已经完全履行完毕。上述案例中，货物虽已经装上船，然而由于卖方没有尽到及时发送装船通知的义务，那么货物灭失和损坏的责任并未发生转移。因此，该货物在途中遭受到的灭失责任仍然由卖方承担。中国公司应当以此为依据，提交相关证据，要求卖方承担货物灭失责任并敦促卖方履行相关赔偿责任(根据实际案例改编)。

第一节　药品的质量、数量和包装

一、药品的质量

(一) 药品质量的含义及影响因素

1. 药品质量的含义　医药产品的质量(quality of goods)是指医药产品的内在素质和外

观形态的综合，是医药产品适合一定用途、满足用户需要的各种特性。医药产品内在素质是指医药产品的气味、滋味、成分、性能、组织结构等，直接表现出医药产品的物理性能、机械性能、化学成分和生物特征等自然属性；外观形态则包括医药产品的外形、颜色、光泽、花色、款式和透明度等外在因素。药品质量有其特殊性，是根据药品本身的性质而确定的，集中表现为药品的有效性和安全性。药品的有效性是药物发挥治疗效果的必要条件，疗效不确定或无效，就丧失了其作为药品的根本条件。药品的安全性是药品在充分发挥作用的同时，减少对机体损伤或不良影响的保证。药品的有效性和安全性是相辅相成的，如果一种药物虽然对疾病的症状或致病因素有一定的治疗效果，但同时却又对机体产生了损伤或其他不良影响，那么就达不到药物对机体保护和改善的作用；反之，如果一种药物尽管对机体不造成任何损伤或不良影响，但却对疾病本身没有治疗效果，那么这种药物由于失去了其作为药物的实质作用，因而也就没有使用的必要。

2. 影响药品质量的因素　一般来说，药品质量的影响因素包括纯度、稳定性、生物有效性、安全性和制剂性能等。

(1) 药品的纯度：一般说来，杂质对药物疗效有较大的影响。

(2) 药品的稳定性：由于药品中绝大部分是有机化合物，在受到外界因素作用后，易产生物理、化学变化，如水解、氧化、光分解、脱水或潮解、辐射等，往往使药物失效或毒性增加，破坏药品的有效性和安全性。因此，在研制和生产过程中，应强调加强药物稳定性试验，确保稳定性达到一定的标准。

(3) 药品的生物有效性：经过大量实践，发现若干制剂因剂型不同或用药途径不同，造成药物在体内吸收分布及其动力学变化过程也不同。其间的对比关系就是药品生物有效度。药品的生物有效度可以通过两种药品对照比较来表明，可以通过测定单位时间内的血药浓度或消除速率，或者通过药物及其活性代谢物的药效测定而得出生物有效度参数。

(4) 药品的安全性：药物在使用过程中发生变化，会产生毒性物质，影响用药安全。因此，必须加强动物试验和临床观察，主要观测特殊毒性问题、药物过敏问题和污染问题。

(5) 药物制剂性能和质量控制：目前趋向于制剂多样化，质量要求提高。

(二) 药品品质的表示方法

1. 以实物表示医药产品品质　以实物表示产品品质通常包括凭成交产品的实际品质(actual quality)和凭样品(sample)两种表示方法。前者为看货买卖，后者为凭样品买卖。

(1) 看货买卖：这种交易方式一般是在卖方或买方所在地进行。先由买方或其代理人验看全体货物，达成交易后，卖方即应按验看过的产品交付货物。只要卖方交付的是验看过的产品，买方就不得对其品质提出异议。这种做法，多用于拍卖、寄售和展卖业务中。

(2) 凭样品买卖：样品通常是指从一批商品中抽出来或由生产和使用部门设计加工出来的，能够代表整批产品品质的少量实物。它包括参考样品(reference sample)和标准样品(standard sample)两种形式。凡是买卖双方约定以样品表示商品品质并以之作为交货依据的，称为凭样品买卖(sale by sample)。凭样品买卖要求卖方所交货物的品质必须与样品完全一致。

2. 以文字说明(description)表示医药产品品质　在医药国际贸易中，大部分都是采用凭说明的方法即以文字、图表、相片等方式来说明买卖货物的品质，具体包括以下几种：

(1) 凭规格买卖(sale by specification)：商品的规格是指反映医药产品品质的主要指标，如成分、纯度、含量、性能、容量、长短、大小、质量、尺寸、合格率等。买卖双方在进行磋商交易时，可以通过规格来说明交易商品的基本品质状况。凭规格买卖比较方便、准确，在国际

笔记栏

贸易中应用较广。如参片出口规格是水分最高15%，杂质最高1%，不完整片最高7%。

(2)凭等级买卖(sale by grade)：医药产品的等级(grade of goods)是指把同一类或同一种商品，根据生产、经营和贸易实践，按其品质或规格上的差异，分为若干不同的等级，例如一、二、三；甲、乙、丙；A、B、C等。每一个等级都规定有相对固定的规格与要求。例如，我国出口的药酒分成不同的等级。

(3)凭标准买卖(sale by standard)：商品的标准是指将商品的规格、等级等统一化并以一定的文件表示，它一般是由国家机关或工商团体制定、确认并公布实施的。统一化的规格、等级所代表的品质指标即为一定规格、一定等级的指标准则。"凭标准买卖"必须说明其标准是什么组织制定和标准的编号、版本及年份，因为在国际贸易中商品品质标准有的是由国家政府组织规定，有的是由同业工会、交易所或国际性的工商组织规定。在这些标准中，有的具有品质管制的性质，不符合标准的医药产品不准进口或出口，有的则没有约束性，只供买卖双方选择使用。由于各国的生产技术先进程度不同，同一医药产品品质标准也可能存在差异，并处于经常性的修改和变动之中，因此，不同国家或组织制定的不同年份版本的品质标准，其内容也不尽相同，例如，在凭药典确定品质时，应明确规定以哪国的药典为依据，并同时注明该药典的出版年份。

(4)凭说明书和图样买卖(sale by descriptions and illustrations)：凭说明书和图样买卖是指有些医药产品如医疗器械，由于其结构和性能复杂，安装、使用与维修都有一定的操作规程，不能以几项简单的指标表示其品质全貌，因此，这类技术密集型的产品必须以说明书，并附以图样、照片、设计、图纸、分析表及各种数据来说明其具体性能和结构特点。按此方式进行交易，称为凭说明书和图样买卖。

凭说明书和图样买卖时，除了要求所交的货物必须符合说明书所规定的各项指标外，在合同中还订有品质保证条款和技术服务条款，明确规定在一定的保证期限内，如发现货物品质与说明书不符，买方有权提出索赔或退货。

(5)凭商标或品牌买卖(sale by trademark or brand)：在国际市场上，一些名牌医药产品的品质比较稳定，并且在国际市场上已树立了良好的信誉，买卖双方在交易时，就采用这些医药产品的商标或品牌来表示其品质。

一种名牌医药产品必然代表其品质优良稳定，具有某种特色且能显示出消费者的社会地位，故其售价远远高出其他同类医药产品。一般在发达国家市场上，非名牌医药产品是很难扩大销路的。因而名牌的经销商或制造者为了维护其商标的信誉，保证其利润，对其产品都规定了严格的品质控制和相应的高标准。因此商标与品牌本身就是一种品质象征。

二、药品的数量

(一)约定交易数量的意义

所谓医药产品的数量，是指用一定度量衡表示医药产品的重量、个数、长度、面积、体积、容积的一种数量。医药产品数量条款是国际医药贸易合同中不可缺少的主要条件之一。《公约》规定，按约定的数量交付货物是卖方的一项基本义务。如卖方交货数量大于约定的数量，买方可以拒收多交的部分，也可以收取多交部分的一部分或全部。如卖方交货的数量少于约定的数量，卖方应在规定的交货期届满前补齐，但不得使买方遭受不合理的不便或承担不合理的开支，即使如此，买方也有保留要求损害赔偿的权利。

(二)计量单位

多年来，在国际医药贸易中较为常用的度量衡制度有公制(the metric system)、英制(the British system)和美制(the U.S. system)。在用同一方法计量的时候往往用的单位名标不同，

笔记栏

表示的医药产品实际数量也有很大差别。例如，就表示重量的吨而言，实行公制的国家一般采用公吨，每公吨为 1 000kg；实行英制的国家一般采用长吨，每长吨为 1 016kg；实行美制的国家一般采用短吨，每短吨为 907kg。这种情况给国际医药贸易带来很大的不便，客观上要求应有一个统一的计量制度。因此，国际标准计量组织在各国广为通用的公制的基础上采用国际单位制（the international system of units，SI）。目前，这一单位制（SI）正在被越来越多的国家所采用。

商品计量单位的采用，应视商品的性质而定，同时也要取决于交易双方的意愿，在国际医药贸易中，通常采用下列不同的计量单位。

1. 重量（weight）单位　按重量计量是当今国际医药贸易中广为使用的一种，按重量计量的单位有公吨（metric ton）、长吨（long ton）、短吨（short ton）、千克（kilogram）、克（gram）、磅（pound）、英担（hundredweight）、美担（hundredweight）、盎司（ounce）、克拉（carat）等。

2. 数量（number）单位　许多工业制成品及一部分土地特产品，均习惯性按数量进行买卖。在业务中常使用的计量单位有件（piece）、双（pair）、套（set）、打（dozen）、卷（roll）、令（ream）、箩（gross）、袋（bag）、桶（drum）、包（bag）等。

3. 长度（length）单位　在手术缝合线等类医药产品的交易中，通常采用米（meter）、英尺（foot）、码（yard）等长度单位来计量。

4. 面积（area）单位　有些商品如石棉网等一般习惯于以面积作为计量单位，常见的有平方米（square meter）、平方英尺（square foot）、平方码（square yard）等。

5. 体积（volume）单位　在化学气体等少数医药产品的交易中，常用立方米（cubic meter）、立方尺（cubic foot）、立方码（cubic yard）等作为计量单位。

6. 容积（capacity）单位　谷物类和流体货物往往按容积计量，其计量常包括公升（litre）、加仑（gallon）、蒲式耳（bushel）等。

（三）医药产品重量的计量方法

在国际医药贸易中，按重量计量的情况很多。根据一般商业习惯，通常计算重量的方法有毛重、净重、公量、法定重量和实物净重等。

1. 毛重（gross weight）　是指医药产品本身的重量加上包装物的重量。这种计重办法一般适用于单位价值不高或低值医药产品。

2. 净重（net weight）　是指医药产品本身的实际重量即由毛重减去皮重所得之重量。净重是国际医药贸易中最常见的计重办法。不过有些价值较低的农产品或其他产品有时也采用“以毛作净”（gross for net）即俗称“连皮滚”的办法计重，实际上也就是以毛重当作净重计价。例如：天麻 100kg，单层麻袋包装以毛作净。

3. 公量（conditional weight）　是指用科学方法抽掉商品中的水分后，再加上标准含水量所求得的重量。这种计重方法适用于吸湿性较强，所含水分受客观环境影响大，重量很不稳定的医药产品，如医用棉花等。公量是以货物的国际公定回潮率计算出来的，其公式有二：

公量 = 医药产品干净重 ×（1+ 公定回潮率）= 干量 + 标准含水量

公量 = 医药产品净重 ×［（1+ 公定回潮率）/（1+ 实际回潮率）］

4. 法定重量（legal weight）和实物净重（net weight）　按照一些国家海关法的规定，在征收从量税时医药产品的重量是以法定重量计算的。所谓法定重量是医药产品重量加上直接接触医药产品的包装物料，如销售包装等重量。而除去这部分重量所表示出来的纯医药产品重量，则称为实物净重。

ER-13-1

知识拓展：公量的计算贸易实例

（四）数量的机动幅度

在磋商交易和签订合同时，一般应明确规定具体的买卖数量。但有些医药产品由于计

笔记栏

量不易精确，或受包装和运输条件的限制，实际交货数量往往不易符合合同规定的某一具体数量。为了避免日后发生争议，买卖双方应事先谈妥并在合同中订明交货数量的机动幅度（quantity allowance），即双方在合同的数量条款中规定卖方实际交货数量可多于或少于合同所规定的数量一定幅度的条款，该条款一般称为数量增减条款或溢短装条款（more or less clause）。

1. 规定机动幅度的方法　在合同中规定机动幅度可以采取各种不同的形式，常见有以下 2 种表达方法：

（1）对合同数冠以大约、约、近似、左右（about、circa、approximate）等伸缩性的字眼，从而使卖方交货的数量可以有一定范围的灵活性。需要注意的是，各国和各行业对大约、近似、左右等词语的解释不一，有的理解为 2% 的伸缩，有的却解释为 5%，甚至 10%，容易引起争议。所以这种方法在我国很少采用。按《跟单信用证统一惯例》规定，约数可以解释为交货数量有不超过 10% 的增减幅度。

（2）具体规定增减幅度，就是在合同中具体规定允许数量有一定范围的机动，具体可以有两种方法：①只简单地规定机动幅度，例如“数量 1 000 公吨，可溢装或短装 2%”。②在规定溢短幅度的同时，还约定由谁行使这种选择权、在什么情况下行使这种选择权以及溢短装部分如何计价等。例如“数量 1 000 公吨，为适应舱容需要，卖方有权多装或少装 5%，超过或不足部分按合同价格计算”。这种规定方法一般适用于大宗交易。

2. 机动幅度的确定　在采用机动幅度条款时，买卖双方一般根据医药产品性质、行业或交易习惯、运输方式等因素就具体机动幅度做出明确规定，常用合同数量的百分比表示，一般在 3%~5%。凡是做出这类规定的合同，卖方的交货数量只要在增减幅度范围内，就算是按合同规定交货，买方不得以交货数量不符合合同为理由拒收或索取损失赔偿。

在国际医药贸易中，对于成交数量大，又允许分批交货的交易，既可以只对合同数量规定一个百分比的机动幅度，而对每批分运的具体幅度不作规定，又可以同时规定合同数量总的机动幅度与每批分运数量的机动幅度。在后一种情况下，卖方总交货量要受总机动幅度的约束，而不能只按每批分运数量的机动幅度交货，这就要求卖方应根据过去累计的交货量，计算出最后一批应交的数量。此外，有的买卖合同，除规定一个具体的机动幅度（如 3%）外，还规定一个追加的机动幅度（如 2%），在此情况下，总的机动幅度应理解为 5%。

在规定有溢短装条款的条件下，如果交货数量略为超过机动幅度的高限，而卖方因超出部分为数甚微并未要求增加货款，那么按照某些国家的法律，并不构成违约。但如果合同规定只限一定数量，如限 1 000 公吨（1 000M/T only）或是以件计数者，那么在多数情况下，尤其是在信用证付款情况下，细微的超过或不足，都可能引起买方的拒收。

3. 机动幅度的选择权　在合同规定有机动幅度的条件下，一般来说，由履行交货的一方，也就是卖方来选择浮动的范围。但是如果是涉及海洋运输，交货量多少与承载货物船只的舱容关系非常密切，在租用船只时就得跟船方商定，所以在这种情况下，交货机动幅度一般是由负责安排船只的一方选择，或者是干脆由船长根据舱容和装载情况做出选择。总之，机动幅度的选择权可以根据不同情况，由买方行使，也可由卖方行使，或者船方行使。因此，为了明确起见，最好在合同中做出明确规定。

4. 溢、短装数量的计价方法　目前，对在机动幅度范围内超出或低于合同数量的多装或少装部分，一般是按合同价格结算，这是比较常见的做法。但是，数量上的溢短装在一定条件下关系到买卖双方的利益。在按合同价格计价的条件下，交货时市价下跌，多装对卖方有利；市价上升，多装却对买方有利。因此，为防止有权选择多装或少装的一方当事人利用行市的变化，有意多装或少装以获取额外的好处，也可在合同中规定，多装或少装的部分不按合同价格计价，而按装船日或到货日的市价计算，以体现公平合理的原则。如双方未能就装船日或到货日，或是市价达成协议，则可交由仲裁机构解决。如双方未能就装船日或到货日，或是市价达成协议，则可交由仲裁机构解决。

三、药品的包装

包装在一定程度上反映一个国家经济、技术和科学文化等方面的综合水平。在国际市场上，包装的好坏关系到医药产品销售价格的高低、销路的畅通，也关系到一个国家及其产品的声誉。在国际货物买卖中，包装还是货物说明的组成部分。因此，包装也是主要交易条件之一，并应在合同中加以明确规定。

（一）药品包装的概念及作用

1. 药品包装的概念　药品包装有两层含义：一是指药品的外部包装和容器，即包装器材。药品包装材料可分为内包装材料和外包装材料；也可以分为印刷包装材料和非印刷包装材料。为了保证药品质量稳定，应根据药品的性质采用适当包装，以防止药品受光线、气体、湿度、温度和微生物等因素的影响而变质。二是对产品进行包装的操作过程，即包装方法。

2. 药品包装的作用

（1）保护药品：这是药品包装的基本作用。药品从生产领域向消费领域转移的过程中，要经过运输、装卸、储存、销售等环节，良好的包装可以起到使药品在空间转移和时间转移过程中避免碰撞、风吹日晒而受损，保证药品使用价值的完好。

（2）美化药品：消费者在选购药品特别是选购作为礼品的保健品时，首先看到的就是药品的包装，精美的包装能够起到美化药品的作用，会对消费者产生极大的吸引力。

（3）促进销售：良好的包装本身就是一幅宣传广告，消费者往往是根据包装选购药品，尤其在药店更是如此。因此，包装被称为是“无声的推销员”，它默默地起着宣传药品、介绍药品、激发消费者购买欲望的作用。

（4）增加利润：包装是药品的一个组成部分，优良精美的包装能提高药品的身价，消费者愿意付出较高的价格来购买，超出的价格往往高于包装的附加成本。同时，由于包装的完善，药品损耗减少，从而企业的盈利增加。

（5）指导消费：包装上一般附有文字说明，介绍药品性能和注意事项，起到方便使用和指导消费的作用。例如，药品包装上都写明该药品的服用方法、注意事项。

（二）药品包装的分类

根据包装在国际医药贸易中所起的作用不同，可以分为运输包装和销售包装两种类型。

1. 运输包装（shipping package）　运输包装又称“外包装”（outer packing）或“大包装”，是指在出口医药产品储运过程中，为了保护医药产品，防止损伤、失散所设计的包装。它的主要作用在于保护医药产品，方便运输，减少运费，便于储存，节省仓容，便于计数、清点、检验等。

（1）运输包装的分类：运输包装的方式和造型多种多样，包装用料和质地各不相同，包装程度也有差异，这就导致运输包装的多样性。

在国际医药贸易中，买卖双方究竟采用何种运输包装，应根据医药产品特性、形状、贸易习惯、货物运输路线的自然条件、运输方式和各种费用开支大小等因素，在洽商交易时谈妥，并在合同中具体订明。

（2）运输包装的标志：运输包装的标志是指在医药产品的外包装上用文字、图形、数字制作的特定记号和说明事项，它是某些装运单证上不可缺少的内容。其主要作用在于：便于识别货物；方便运输装卸、仓储、检验和海关查验；便于收货人核对单证收货，使单货相符，避免错误。运输包装上的标志，按其用途可分为运输标志、指示性标志和警告性标志三种。

1）运输标志（shipping mark）：运输标志习惯上称之为“唛头”，它通常是由一个简单的几何图形和一些字母数字及简单的文字组成。其主要作用是货物在运输过程中，使有关运输部门便于识别货物，防止错发、错运。运输标志的组成部分包括：①收货人和/或发货人的代号、代用简字和简单的几何图形；②目的港名称或加上中转的地名港口；③合同号码，有时根据买方要求列入信用证号码或进口许可证号码等；④件号，包括顺序件号和总件数；⑤原产地，即制造国；⑥体积和重量标志等。

为了规范运输标志，开展多式联运及电子计算机在运输和单证制作、流转方面的应用，在国际标准组织和国际货物装卸协调协会的支持下，联合国欧洲经济委员会简化国际贸易工作组，制定了一套标准运输标志向各国推荐使用。该标准化运输标志包括：①收货人或买方名称的英文缩写字母或简称；②参考号，如运单号、订单号或发标号；③目的地；④件号。每项内容不得超过17个字母（包括数字和符号），不采用几何图形，因几何图形不易用打字机一次做成。目前该标准化运输标志正处于推广阶段。

2）指示性标志（indication mark）：此标志是指针对一些易碎、易损、易变质的医药产品的性质，用醒目的图形和简单的文字提醒有关人员在装卸、搬运和储存时应注意的事项，例如“小心轻放”“易碎”“防湿”“防冻”“由此开启”“温度极限”“禁止翻滚”等。也有人称其为“注意标志”。在运输包装上标打上述哪种标志，应根据医药产品性质正确选用，在文字使用上，最好采用出口国和进口国的文字，但一般使用英文居多，例如 this end up（此端向上），handle with care（小心搬运），use no hooks（请勿用钩）等。

3）警告性标志（warning mark）：此标志又称为危险货物包装标志或危险品标志。它指对一些易燃品、爆炸品、有毒品、腐蚀性物品、放射性物品等危险品在其包装上清楚而明显地印制标志，以示警告，使装卸、运输和保管人员按货物特性采取相应的防护措施，以保护物资和人身的安全。它一般是由简单的几何图形、文字说明和特定图案以及规定的颜色所组成。对此，各国一般都有规定。根据原国家技术监督局发布的《危险货物包装标志》规定，在运输包装上标打的警告性标志共包括21种。

此外，联合国政府间海事协商组织也规定了一套《国际海运危险品标志》，这套标志在国际上已被许多国家采用。有的国家进口危险品时，要求在运输包装上标打该组织规定的危险品标志，否则，不准靠岸卸货。因此，在我国出口危险货物的运输包装上，要标打我国和国际海运所规定的两套危险品标志。

2. 销售包装　销售包装又称内包装，它是直接接触医药产品并随医药产品进入零售网点和消费者直接见面的包装。这类包装除必须具有保护医药产品的功能外，更加强调具备美化医药产品、宣传医药产品，并便于消费者识别、选购、携带和使用，以促进销售的作用。因此在国际医药贸易中不仅要求销售包装具备适于医药产品销售的各种条件，而且在包装的用料和造型结构、装潢设计和文字说明上都有较高的要求。

（1）销售包装的分类：目前，在国际市场上根据销售包装的特点和要求，按照不同医药产品的性质、形态、数量和销售意图，设计和制造了千万种新颖、美观、适用的销售包装。按其形式和作用来分类，主要有：便于运输、储存的套装式、组合式包装；便于陈列展销的堆叠式、挂式和展开式包装；便于消费者使用的携带式包装、易开包装、喷雾包装、礼品包装、配套包装和一次性包装，此外还有便于保存的真空包装等。

（2）销售包装的标示和说明：在销售包装上，一般都附有装饰画面、各种标签和文字说明，有的还印有条形码标志、环境标志。

1）包装的装潢画面：中层包装的装潢画面要求美观大方，富有艺术上的吸引力，并突出医药产品特点，其图案和色彩应适应有关国家的民族习惯和爱好，例如，菊花是日本皇室的专用花卉，人们对它极为尊重。但菊花在意大利和拉丁美洲各国被认为是“妖花”，只能用于基地和灵前；在法国，黄色的花朵被视为不忠诚的表示；在伊斯兰教盛行的国家和地区忌用猪作图案，也不用猪皮制品等。

2）标签与文字说明：在中层包装上应有标签和必要的文字说明，如商标、牌名、品名、产地、数量、规格、成分、用途和使用方法等，文字说明或标签同装潢画面紧密结合，互相衬托，彼此补充，以达到宣传和促销的目的。使用的文字必须简明扼要，并能让销售市场的顾客看懂，必要时也可以中外文并用，同时在销售包装上使用文字说明或制作标签时，还应注意有关国家标签管理条例的规定。例如日本政府规定，凡销往该国的药品，除必须说明成分和服用方法外，还要说明其功能，否则，就不准进口。美国进口药品，也有类似的规定。我国产品质量法中也有类似的规定。

3）环境标志：环境标志又称为生态标志或绿色标志（green label）。它是一种印在产品及其包装上的图形，用以表明该产品的生产、使用及处理过程符合特定的环境保护要求，对生态环境无害或危害性极小。自 1978 年德国率先使用“蓝色天使”标志以来，已有 50 多个国家的政府制定了自己的环境标志制度。例如日本有“生态标志制度”、加拿大实施了“环境选择方案”（ECP）、法国有“NF 环境”、澳大利亚推行了“环境选择制度”、新加坡有“绿色标志制度”等。一些发达国家颁布了实施环境标志的法律和文件，规定凡是没有环境标志的进口产品应受到数量上和价格上的限制，甚至不允许进口。

4）条形码：医药产品包装上的条形码是由一组带有数字的黑白粗细间隔不等的平行条纹所组成，它是利用光电扫描阅读设备为计算机输入数据的特殊代码语言。只要将医药产品包装上的条形码对准光电扫描器，计算机就能自动识别条形码的信息，确定品名、品种、数量、生产日期、制造厂商、产地等，并据此在数据库中查询其价格，进行货款高速、准确结算，同时打出购货清单。目前，许多国家的超级市场都使用了条形码技术进行自动扫描结算，如医药产品包装上没有条形码，即使是名优医药产品，也不能进入超级市场。甚至有些国家对某些包装上无条形码标志的医药产品，不予进口。

在国际上通用的包装上的条形码有两种：一种是由美国、加拿大组织的统一编码委员会（UCC）编制的 UPC 码；另一种是由欧盟成立的欧洲物品编码协会（后改名为国际物品编码协会，International Article Number Association）编制，其使用的物品标识符号为 EAN 码（European article number）。我国于 1991 年 4 月正式加入国际物品编码协会，该会先后分配给我国的国别号为“690”“691”“692”“693”，凡标有这四者之一打头条形码的医药产品，即表示中国生产的医药产品。

（三）包装条款

包装条款（packing clause）也称包装条件，一般包括包装材料、包装方式、包装规格、包装标志、包装费用的负担等内容。按照国际惯例和有关国家的法律规定，包装条件是主要的交易条件之一，是货物说明的组成部分。如果货物的包装与合同的规定或行业惯例不符时，买方有权索赔损失，甚至拒收货物。因此买卖双方洽商交易时必须就包装条件谈妥，并在合同中具体订明。在商定包装条款时，需要注意下列事项：

1. 要考虑医药产品特点和不同运输方式的要求　医药产品的不同特性、形状和使用不同的运输方式，对包装的要求也不相同。因此，在商定包装条件时，必须从医药产品在储运和销售过程中的实际需要出发，使约定的包装科学、经济、牢固美观，并达到安全、适用和适销的要求。

笔记栏

2. 对包装的规定要明确具体　约定包装时，应明确具体，不宜笼统规定。例如，一般不宜采用“海运包装”（seaworthy packing）和“习惯包装”（customary packing）之类的术语。因为此类术语含义模糊，无统一解释，容易引起争议。

3. 明确包装费用及负责方　包装由谁供应，通常有下列三种做法：①由卖方供应包装，包装连同医药产品一块交付买方。②由卖主供应包装，但交货后，卖方原包装收回。关于原包装返回给卖方的运费由何方负担，应作具体规定。③买方供应包装或包装物料，采用此种做法时，应明确规定买方提供包装或包装物料的时间，以及由于包装或包装物料未能及时提供而影响发运时买卖双方所负的责任。

关于包装费用，一般包装在货价之内，不另计收。但也有不计在货价之内，而规定由买方另行支付。究竟由何方负担，应在包装条款中订明。

第二节　贸易术语

一、贸易术语的含义及作用

贸易术语（trade term），是以简明的外贸语言或缩写的字母或国际代号，来概括说明买卖双方在交易中交货的地点，货物交接的责任、费用，以及风险的划分和表明价格构成等诸方面的特殊用语。

国际医药贸易中的贸易术语是在国际贸易的长期实践中形成的，它是用来表示医药产品的价格构成，明确货物在交接过程中责任、风险、费用如何划分的一种专门用语。一般说来，卖方承担的责任广，支付的费用多，负担的风险大，医药产品出售的价格就高；相反，如果卖方承担的责任小，支付的费用少，负担的风险小，医药产品出售的价格就低。

二、国际贸易惯例的性质

贸易术语在国际医药贸易中的运用可以追溯到 100 多年前，但是在相当长的时间内国际上没有形成对各种贸易术语的统一解释。为了解决这一问题，国际商会、国际法协会等国际组织以及美国一些著名商业团体经过长期的努力，分别制定了解释国际贸易术语的规则，这些规则在国际上被广泛采用，因而形成了一般的国际贸易惯例。

国际贸易惯例的适用是以当事人的意愿为基础的，不具有强制性。但是，国际贸易惯例对贸易实践具有重要的指导作用。这体现在，一方面，如果双方都同意采用某种惯例来约束该项交易，并在合同中做出明确规定时，那么这项约定的惯例就具有了强制性；另一方面，如果双方对某一问题没有做出明确的规定，也未注明该合同使用的某项惯例，在合同执行中发生争议时，受理该争议案的司法和仲裁机构也往往会引用某一国国际贸易惯例进行判决或裁决。在我国的对外贸易中，在平等互利的前提下，适当采用这些惯例，有利于外贸业务的开展，而且，通过学习和掌握有关国际医药贸易惯例的知识，可以帮助我们避免或减少贸易争端。即使在发生争议时，我们也可以引用某项惯例，争取有利地位，减少不必要的损失。

三、有关贸易术语的国际贸易惯例

有关贸易术语的国际贸易惯例主要有以下三种：

1.《1932 年华沙 - 牛津规则》《1932 年华沙 - 牛津规则》是国际法协会专门为解释 CIF 合同而制定的。国际法协会于 1928 年在波兰首都华沙开会，制定了关于 CIF 买卖合同的统一规则,称之为《1928年华沙规则》,共包括22条。后来,在1930年的纽约会议、1931年的巴黎会议和1932年的牛津会议上,将此规则修订为21条,并更名为《1932年华沙-牛津规则》,沿用至今。

这一规则对于CIF合同的性质、买卖双方所承担的风险、责任和费用的划分以及所有权转移的方式等问题都做了比较详细的解释。

2.《1941年美国对外贸易定义(修订本)》《1941年美国对外贸易定义(修订本)》是由美国9个商业团体制定的。它最早于1919年在纽约制定,原称为《美国出口报价及其缩写条例》。1941年美国第27届全国对外贸易会议对该条例做了修订,命名为《1941年美国对外贸易定义(修订本)》。这一修订经美国商会、美国进口商协会和全国对外贸易协会所组成的联合委员会通过,由全国对外贸易协会予以公布。

《1941年美国对外贸易定义(修订本)》所解释的贸易术语共有6种,分别为Ex、FOB、FAS、C&F、CIF和Ex Dock。其中FOB又包括六种情况,与国际商会《国际贸易术语解释通则》中关于FOB的解释存在明显分歧。

3.《国际贸易术语解释通则》《国际贸易术语解释通则》(International Rules for the Interpretation of Trade Terms, INCOTERMS),是国际商会为了统一对各种贸易术语的解释而制定的。最早的《国际贸易术语解释通则》产生于1936年,后来为适应国际医药贸易业务发展的需要,国际商会先后进行了1953年、1967年、1976年、1980年、1990年、2000年、2010年、2020年共八次部分修改和补充。现行的《2020通则》是国际商会根据科学技术和运输方式等方面的发展变化,在《国际贸易术语解释通则》(2010版)的基础上修订产生的,并于2020年1月1日生效。

《2020通则》将国际贸易中使用的贸易术语归纳为11种,并将这11种术语分为两类。第一类是适用于任何单一运输方式或多种运输方式的术语,包括以下7种:EXW(EX works)工厂交货;FCA(Free Carrier)货交承运人;CPT(Carriage Paid to)运费付至;CIP(Carriage and Insurance Paid to)运费、保险费付至;DAP(Delivered At Place)目的地交货;DPU(Delivered At Place Unloaded)卸货地交货;DDP(Delivered Duty Paid)完税后交货。第二类是适用于海运和内河航运的术语,包括以下4种:FAS(Free Along Side)船边交货;FOB(Free On Board)船上交货;CFR(Cost and Freight)成本加运费;CIF(Cost, Insurance and Freight)成本、保险加运费。

ER-13-2

知识拓展:《国际贸易术语解释通则》

四、《国际贸易术语解释通则》中常用的贸易术语

《2020通则》中包含了11种贸易术语,但在实际业务中绝大多数合同都是采用装运港交货的3种术语,即FOB、CFR和CIF。因此,人们习惯称这些术语为常用贸易术语。另外,根据《2020通则》的解释,FCA、CPT和CIP这三种术语适用的运输方式更广,随着国际贸易的发展,也将会成为比较常用的贸易术语,因此首先对以上6种贸易术语进行介绍。

(一) FOB术语

FOB的英文全称是"Free On Board"(...named port of shipment),即装运港交货(……指定装运港)。使用时要在这一术语后注明装运港的名称,如FOB Dalian,即在大连的船上交货。

1. 货物的交付　卖方在合同中约定时间和装运港,将合同规定的货物交到买方指派的船上,完成交货,并及时通知买方。

2. 风险的转移　货物在装运港装上船之前的风险由卖方承担,货物装上船之后的风险转移给买方承担。

笔记栏

3. 通关手续的办理

1) 卖方自负风险和费用，取得出口许可证或其他官方批准证件，并且办理货物出口所需的一切海关手续。

2) 买方自负风险和费用，取得进口许可证或其他官方批准证件，并且办理货物进口所需的一切海关手续。

4. 主要费用的划分

1) 卖方承担交货前所涉及的各种费用，包括需要办理出口手续时所应缴纳的关税和其他费用。

2) 买方承担交货后所涉及的各项费用，包括从装运港到目的港的运费和保险费，以及办理进口手续时所应缴纳的关税和其他费用。

5. 适用的运输方式　FOB 术语适合水上运输方式。

6. 综述　按这一贸易术语成交，卖方要在合同规定的装运港和规定的期限内，将货物装上买方指派的船只，完成交货义务，并及时通知买方。货物装上船风险即由卖方转移至买方。买方负责租船订舱，支付运费，并将船期船名及时通知卖方。货物在装运港装上船后的其他责任、费用也都由买方负担，包括获取进口许可证或其他官方证件，以及办理货物入境的手续和费用。

7. 使用 FOB 时应该注意的问题　主要有以下 2 个方面的问题：

1) 关于船货衔接问题：按照 FOB 术语成交的合同，卖方有义务按照规定的时间和地点完成装运，然而在这一术语下，由买方负责租船订舱，所以这就存在一个船货衔接的问题。如果处理不当，自然会影响到合同的顺利执行。根据有关法律和惯例，如果买方未能按时派船，这包括未经对方同意提前或延迟将船派到装运港，卖方都有权拒绝交货，而由此产生的各种损失，如空舱费（dead freight）、滞期费（demurrage）及卖方增加的仓储费等，均由买方承担。如果买方指派的船只按时到达装运港，而卖方却未能备妥货物，那么由此产生的上述费用由卖方承担。

2) 个别国家对 FOB 的解释不同：以上有关 FOB 的解释都是按照国际商会的《2020 通则》做出的，然而不同的国家和不同的惯例对 FOB 的解释不完全统一，例如《美国对外贸易定义修订本》对 FOB 的解释与国际商会《2020 通则》的解释有一定的差异，使用时应特别注意。

(二) CFR 术语

CFR 的英文全称是"Cost and Freight"(...named port of destination)，即成本加运费（……指定目的港），又称运费在内价。使用时要在这一术语后注明目的港的名称，如 CFR Dalian。

1. 货物的交付　卖方在合同中约定的时间和装运港，将合同规定的货物交到卖方自己所指派的船上，完成交货。

2. 风险的转移　货物在装运港装上船之前的风险由卖方承担，货物装上船之后的风险转移给买方承担。

3. 通关手续的办理

1) 卖方自负风险和费用，取得出口许可证或其他官方批准证件，并且办理货物出口所需的一切海关手续。

2) 买方自负风险和费用，取得进口许可证或其他官方批准证件，并且办理货物进口所需的一切海关手续。

4. 主要费用的划分

1) 卖方承担交货前所涉及的各项费用，包括需要办理出口手续时所应缴纳的关税和其

笔记栏

他费用。卖方还要支付从装运港到目的港的运费和相关费用。

2）买方承担交货后所涉及的各项费用，以及办理进口手续时所应缴纳的关税和其他费用。

5. 适用的运输方式 CFR 术语适合水上运输方式。

6. 综述 按照《2020 通则》的解释，采用这种贸易术语成交，与 FOB 相比买卖双方的义务发生了一定的变化，即将货物从装运港运往目的港的责任和费用改由卖方承担。卖方要负责租船订舱，支付到指定目的港的运费，包括装船费用以及定期班轮公司可能在定约时收取的卸货费用。但从装运港至目的港的货运保险仍由买方负责办理，保险费由买方负责。

7. 使用 CFR 时应该注意的问题 主要有以下 3 个方面的问题：

1）卖方的装运义务：采用 CFR 贸易术语成交时，为了保证按时完成在装运港交货的义务，卖方应根据货源和船源的实际情况合理地规定装运期。装运期一经确定，卖方就应该及时租船订舱和备货，并按规定的期限发运货物。按照《公约》的规定，卖方延迟或者提前装运都是违反合同的行为，并要承担违约的责任。买方有权根据具体情况拒收货物或提出索赔。

2）卖方应及时发出装船通知：按 CFR 条件成交时，由卖方安排运输，由买方办理货运保险，所以特别需要注意的问题是卖方在货物装船后，必须及时向买方发出装船通知，以便买方办理投保手续。如卖方不及时发出装船通知，而导致买方无法及时办理货运保险，甚至有可能出现漏保货运保险的情况，那么要由卖方承担在运输途中遭受损失或灭失的风险，卖方不能以风险在装上船转移为由免除责任。

3）按 CFR 进口应慎重行事：在进口业务中，按 CFR 条件成交时，鉴于由卖方安排装运，由买方负责保险，故买方应选择资信好的国外客户成交，并对船舶提出适当要求，以防卖方与船方勾结，出具假提单，租用不适航的船舶，或伪造品质证书或产地证明。

（三）CIF 术语

CIF 的英文全称是“Cost，Insurance，Freight”（...named port of destination），即成本、保险费加运费（……指定目的港）。使用时要在这一术语后注明目的港的名称，如 CIF Dalian，这里的大连即目的港。

1. 货物的交付 卖方在合同中约定时间和装运港，将合同规定的货物交到卖方自己所指派船只的船上，完成交货。

2. 风险的转移 货物在装运港装上船之前的风险由卖方承担，货物装上船之后的风险转移给买方承担。

3. 通关手续的办理

1）卖方自负风险和费用，取得出口许可证或其他官方批准证件，并且办理货物出口所需的一切海关手续。

2）买方自负风险和费用，取得进口许可证或其他官方批准证件，并且办理货物进口所需的一切海关手续。

4. 主要费用的划分

1）卖方承担交货前所涉及的各种费用，包括需要办理出口手续时所应缴纳的关税和其他费用。卖方还要支付从装运港到目的港的运费和相关费用，并且承担办理水上运输保险的费用。

2）买方承担交货后所涉及的各项费用，以及办理进口手续时所缴纳的关税和其他费用。

5. 适用的运输方式 CIF 术语适合水上运输方式。

6. 综述 CIF 是国际贸易中常用的价格术语，采用这一贸易术语时，卖方的基本义务是负责按通常条件租船订舱、支付到目的港的运费，并在规定的装运港和规定的期限内将货物装上船。装船后及时通知买方。卖方负责办理从装运港到目的港的海运货物保险，支付保险费。在业务上，有人称 CIF 为"到岸价"，其实，按 CIF 条件成交时，卖方仍是在装运港完成交货，卖方承担的风险也是在装运港货物装上船以前的风险，装上船以后的风险由买方承担。货物装船后自装运港到目的港的正常运费、保险费以外的费用也要由买方承担。采用 CIF 术语订立的合同属于"装运合同"。

7. 使用 CIF 时应该注意的问题　主要有以下 2 个方面的问题：

1）关于保险的问题：在 CIF 术语下，投保、取得保单以及支付保险费都是由出口方负责。但是，卖方办理的保险属于代办的性质，即代买方办理保险，这里有几个问题需要注意：①卖方投保的保险金额。保险金额以合同中的相关规定为准。如果合同中没有规定，依据国际习惯一般是按 CIF 货价加 10% 的保险加成。②具体险别。按照《2020 通则》的解释，如果合同中没有规定险别，则卖方只须投保最低险别；在买方要求并由买方承担费用的情况下，可加保战争、罢工、暴乱和民变险。③卖方转让保险单。卖方缴纳保险费后取得保险单，在向银行交单议付时，卖方要在保险单上背书，并随同所有单据转让给买方。出险后由买方持保险单向保险公司索赔，能否获得赔偿，与卖方无关。

2）象征性交货问题：从交货方式来看，CIF 与 FOB、CFR 一样是一种典型的象征性交货（symbolic delivery）。象征性交货是针对实际交货（physical delivery）而言。象征性交货指卖方只要按期在约定地点完成装运，并向买方提交合同规定的包括物权凭证在内的有关单证，就算完成了交货义务，而无须保证到货。实际交货则是指卖方要在规定的时间和地点，将符合合同规定的货物提交给买方或其指定人，而不能以交单代替交货。可见，在象征性交货的方式下，卖方只须提交符合合同要求的单据，即等同于交付货物，即使在卖方提交单据时，货物已经灭失或损坏，买方仍必须凭单据付款。反之，如果卖方提交的单据不符合要求，即使货物完好无损地运达目的地，买方仍有权拒绝付款。

（四）FCA 术语

FCA 的英文全称是 Free Carrier（...named place），即货交承运人（……指定地点）。承运人可以是运输公司，也可以是运输代理人。FCA 后注明双方约定的交货地点。

1. 货物的交付　卖方在合同中约定的时间和地点，将合同规定的货物交给买方指定的承运人，完成交货。

2. 风险的转移　卖方承担将货物交给承运人控制之前的风险，买方承担将货物交给承运人之后的风险。

3. 通关手续的办理

1）卖方自负风险和费用，取得出口许可证或其他官方批准文件，办理货物出口所需的一切海关手续。

2）买方自担风险和费用，取得进口许可证或其他官方批准文件，办理货物进口所需的海关手续。

4. 主要费用的划分

1）卖方承担在交货地点交货前所涉及的各种费用，包括办理货物出口所需的一切海关手续的费用。

2）买方承担在交货地点交货后所涉及的各项费用，包括办理货物进口所需的一切海关手续的费用。此外，买方要负责签订从指定地点承运货物的合同，支付有关的运费。

5. 适用的运输方式　FCA 术语适用于各种运输方式，包括公路、铁路、江河、海洋、航空以及多式联运。

6. 综述　采用这一交货条件时，卖方要在指定的交货地点，在约定的交货日期或期限内，将货物交付给买方指定的承运人完成交货。从交货地点至目的地的一切责任、费用，包括办理进口报关的责任和费用均由买方承担。买方必须自付费用订立自指定的地点运输货物的合同，卖方无义务订立运输合同，但是若买方要求，或者如果是商业惯例而买方未适时给予卖方相反指示，则卖方可按照通常条件订立运输合同，费用和风险由买方承担。在任何一种情况下，卖方都可以拒绝订立此合同；如果拒绝，则应立即通知买方。

(五) CPT 术语

CPT 的英文全称是 Carriage Paid To（...named place of destination），即运费付至（……指定目的地）。与 FCA 相比，CPT 条件下卖方的义务有所增加，即由交货地点至指定目的地的运输责任和费用改由卖方承担。CPT 后注明双方约定的目的地的名称，它可以是两国的边境，也可以是进口国的港口，还可以是进口国内陆地点。

1. 货物的交付　卖方在合同中约定的时间和地点，将合同规定的货物交给卖方自己指定的承运人，完成交货。

2. 风险的转移　卖方承担将货物交给承运人控制之前的风险，买方承担将货物交给承运人控制之后的风险。

3. 通关手续的办理

1）卖方自担风险和费用，取得出口许可证或其他官方批准文件，办理货物出口所需的一切海关手续。

2）买方自担风险和费用，取得进口许可证或其他官方批准文件，办理货物进口所需的一切海关手续。

4. 主要费用的划分

1）卖方承担在交货地点交货前所涉及的各种费用，包括办理货物出口所需的一切海关手续的费用。

2）买方承担在交货地点交货后所涉及的各项费用，包括办理货物进口所需的一切海关手续的费用。

5. 适用的运输方式　CPT 术语适用于各种运输方式，包括公路、铁路、江河、海洋、航空运输以及多式联运。

6. 综述　根据《2020 通则》的解释，采用 CPT 条件成交，卖方必需自付费用，按照通常条件订立，依通常路线及习惯方式，将货物运至指定的目的地约定地点的运输合同。如未约定或按照惯例也无法确定具体的地点，则卖方可在指定的目的地选择最适合其目的的地点，即卖方在合同规定的装运期内将货物交给卖方自己指定的承运人，就完成了交货任务。交货后卖方要及时通知买方，以使买方办理货运保险。卖方承担的风险在承运人控制货物后转移给买方。买方在合同规定的地点领受货物，支付货款，并且负责除运费以外的货物自交货地点直到运达指定目的地的各项费用以及在目的地卸货费和进口关税。

在 CPT 条件下，卖方交货的地点可以是在出口国的内陆，也可以在其他地方，如边境地区的港口或车站等。无论在何处交货，卖方都要负责货物出口报关的手续。

(六) CIP 术语

CIP 英文全称是 Carriage and Insurance Paid to（...named place of destination），即运费、保险费付至（……指定目的地）。在这一术语下，卖方向其指定的承运人交货，支付将货物运至目的地的运费，还必须办理货物在运输途中的保险。

1. 货物的交付　卖方在合同中约定的时间和地点，将合同规定的货物交给卖方自己指定的承运人，完成交货。

笔记栏

2. 风险的转移　卖方承担将货物交给承运人控制之前的一切风险，买方承担将货物交给承运人控制之后的一切风险。

3. 通关手续的办理

1）卖方自担费用和风险，取得出口许可证或其他官方许可，办理货物出口所需的一切海关手续。

2）买方自担风险和费用，取得进口许可证或其他官方许可，办理货物进口所需的一切海关手续。

4. 主要费用的划分

1）卖方承担在交货地点交货前所涉及的各种费用，包括办理货物出口所需的一切海关手续的费用。卖方要负责签订从指定地点承运货物的合同，支付有关的运费，此外，还要办理货运保险，承担保险费。

2）买方承担在交货地点交货后所涉及的各项费用，包括办理货物进口所需的一切海关手续的费用。

5. 适用的运输方式　CIP 术语适用于各种运输方式，包括公路、铁路、江河、海洋、航空运输以及多式联运。

6. 综述　在 CIP 条件下，交货地点、风险划分的界限都与 CPT 相同，差别在于采用 CIP 时，卖方增加了保险的责任和费用。所以，按照 CIP 条件成交，卖方必须按照合同规定，自付费用取得货物保险，并向买方提供保险单或其他保险单据，以使买方或任何其他对货物具有保险利益的人有权向保险人索赔。保险合同应与信誉良好的保险人或保险公司订立，在无相反明示协议时，应按照《协会货物保险条款》（伦敦保险人协会制定）或其他类似条款中的最佳限度保险险别投保。应买方要求，并由买方负担费用，卖方可以加投战争、罢工、暴乱和民变险。依照这一术语成交，卖方必须自付费用，按照通常条件订立，依通常路线及习惯方式，将货物运至指定的目的地的约定地点的运输合同。若未约定或按照惯例也不能确定具体地点，则卖方可在指定目的地选择最适合其目的的地点。卖方在合同的装运期内将货物交给承运人，即完成交货义务。交货后卖方要及时通知买方，风险也于交货时转移给买方。买方要在合同规定的地点领受货物，支付货款，并负担除正常运费、保险费以外的货物自交货地点直到运达指定目的地为止的各项费用，以及在目的地的卸货费和进口捐税。

五、其他贸易术语

（一）EXW 术语

EXW 英文全称是 Ex Works（...named place），即工厂交货（……指定地点）。按照 EXW 术语成交，买卖双方的主要权利义务分别从交付、风险转移、手续办理、费用划分、运输方式等方面予以介绍。

1. 货物的交付　卖方在合同规定的时间、地点，将合同要求的货物置于买方的处置之下，完成交货。卖方不需将货物装上任何运输工具。

2. 风险的转移　卖方承担将货物交给买方处置之前的风险，买方承担受领货物之后的风险。

3. 通关手续的办理　买方自负费用和风险，取得出口和进口许可证或其他官方批准证件，并办理货物出口和进口所需的一切海关手续。

4. 主要费用的划分

1）卖方承担交货之前的一切费用。

2）买方承担受领货物之后所发生的一切费用，包括将货物从交货地点运往目的地的运

笔记栏

输、保险和其他各种费用，以及办理货物出口和进口所需的一切海关手续所涉及的关税和其他费用。

5. 适用的运输方式　EXW 术语适合于各种运输方式。

（二）FAS 术语

FAS 的英文全称是 Free Alongside Ship（...named port of shipment），即装运港船边交货（……指定装运港）。采用 FAS 术语成交，买卖双方的主要权利义务分别从交付、风险转移、手续办理、费用划分、运输方式等方面予以介绍。

1. 货物的交付　卖方在合同规定的时间和装运港口，将合同规定的货物交到买方指定的船边（例如码头上或驳船上），并及时通知买方，完成交货。

2. 风险的转移　卖方在装运港将货物交到买方所派船只的旁边时，风险转移。

3. 通关手续的办理

1）卖方自负风险和费用，取得出口许可证或其他官方批准证件，并且办理货物出口所需的一切海关手续。

2）买方自负风险和费用，取得进口许可证或其他官方批准证件，并且办理货物进口的一切海关手续。

4. 主要费用的划分

1）卖方承担货物交至装运港船边之前的一切费用。

2）买方承担受领货物之后所发生的一切费用，包括装船费用以及将货物从装运港运往目的港的运输、保险和其他各种费用，以及办理货物进口所涉及的关税和其他费用。

5. 适用的运输方式　FAS 术语适合于水上运输方式。需要注意的是，在 FAS 条件下，从装运港至目的港的运输合同由买方负责订立，买方要及时将船名和要求装货的具体时间、地点通知卖方，以便卖方按时做好备货出运工作。卖方也应将货物交至船边的情况及时通知买方，以利于买方办理装船事项。

（三）DAP 术语

DAP 的英文全称是 Delivered At Place（...named·place of destination），即目的地交货（……指定目的地）。采用 DAP 术语成交，买卖双方的主要权利义务分别从交付、风险转移、手续办理、费用划分和运输方式等方面予以介绍。

1. 货物的交付　卖方在指定的交货地点，将仍处于交货的运输工具上尚未卸下的货物交给买方处置即完成交货。

2. 风险的转移　卖方须承担货物运至指定目的地的一切风险。

3. 通关手续的办理

1）卖方自负风险和费用，取得出口许可证或其他官方批准文件，并且办理货物出口所需的一切海关手续。

2）买方自负风险和费用，取得进口许可证或其他官方批准证件，并且办理货物进口所需的一切海关手续。

4. 主要费用的划分

1）卖方承担将货物运至指定的交货地点之前的一切费用。

2）买方承担在交货地点受领货物之后所发生的一切费用。

5. 适用的运输方式　适用于任何一种运输方式，同时在选用的运输方式不止一种的情况下也能适用。

（四）DPU 术语

DPU 的英文全称是 Delivered At Place Unloaded（...named port of destination），即卸货地

笔记栏

交货(……指定目的港或目的地)。采用 DPU 术语成交,买卖双方的主要权利义务分别从交付、风险转移、手续办理、费用划分、运输方式等方面予以介绍。

1. 货物的交付 卖方在指定的目的港或目的地指定的卸货地卸货后将货物交给买方处置即完成交货。"卸货地"包括任何地方,无论约定或者不约定,包括码头、仓库、集装箱堆场或公路、铁路或空运货站。

2. 风险的转移 卖方将货物运至指定的目的地卸货交给买方风险转移。

3. 通关手续的办理

1)卖方自负风险和费用,取得出口许可证或其他官方批准证件,并且办理货物出口所需的一切海关手续。

2)买方自负风险和费用,取得进口许可证或其他官方批准证件,并且办理货物进口所需的一切海关手续。

4. 主要费用的划分

1)卖方承担货物交至指定的卸货地之前的一切费用。

2)买方承担受领货物之后所发生的一切费用。

5. 适用的运输方式 DPU 术语适合于选择的各种运输方式,也适合于选择一个以上的运输方式。

(五) DDP 术语

DDP 术语的英文全称是 Delivered Duty Paid(...named place of destination),即完税后交货(……指定目的地)。使用 DDP 术语成交时,买卖双方的主要权利义务分别从交付、风险转移、手续办理、费用划分和运输方式等方面予以介绍。

1. 货物的交付 卖方在合同规定的时间、地点,将合同规定的货物置于买方的处置之下,完成交货。

2. 风险的转移 卖方承担在指定目的地的约定地点将货物置于买方的处置之前的风险,买方承担在目的地约定地点受领货物之后的风险。

3. 通关手续的办理 卖方自负风险和费用,取得出口和进口许可证及其他官方批准证件,并办理货物出口和进口所需的海关手续。

4. 主要费用的划分

1)卖方承担在进口国内的指定地点完成交货之前的一切费用。

2)买方承担受领货物之后所发生的费用。

5. 适用的运输方式 DDP 术语适用于任何一种运输方式,也可以适用于同时采用多种运输方式的情况。

11 种贸易术语归纳对比见表 13-1。

表 13-1 11 种国际贸易术语的比较

贸易术语	交货地点	风险转移界限	出口报关的负担者	进口报关的负担者	适用的运输方式
EXW	商品产地、所在地	买方处置货物后	买方	买方	任何方式
FCA	出口国内地、港口	承运人处置货物后	卖方	买方	任何方式
FAS	装运港口	货交船边后	卖方	买方	水上运输
FOB	装运港口	货物装上船后	卖方	买方	水上运输
CFR	装运港口	货物装上船后	卖方	买方	水上运输

笔记栏

续表

贸易术语	交货地点	风险转移界限	出口报关的负担者	进口报关的负担者	适用的运输方式
CIF	装运港口	货物装上船后	卖方	买方	水上运输
CPT	出口国内地、港口	承运人处置货物后	卖方	买方	任何方式
CIP	出口国内地、港口	承运人处置货物后	卖方	买方	任何方式
DAP	目的地	买方处置货物后	卖方	买方	任何方式
DPU	目的地卸货地	买方处置货物后	卖方	买方	任何方式
DDP	目的地	买方处置货物后	卖方	卖方	任何方式

第三节 医药国际贸易中的价格

在医药国际贸易中，成交医药产品的价格的确定是买卖双方最关心的一个重要问题。因此，买卖双方在洽商交易和订立合同时，要正确掌握进出口医药产品价格，合理运用各种行之有效的作价办法，并切实订好买卖合同中的价格条款。

一、医药国际贸易的作价原则与差价

我国医药国际贸易的作价原则是，在贯彻平等互利的原则下，根据国际市场价格水平，结合国别（地区）政策，并按照我们的购销意图确定适合的价格。由于价格构成因素不同，影响价格变化的因素也多种多样。因此，在确定进出口医药产品价格时，必须充分考虑影响价格的种种因素，并注意同一医药产品在不同情况下应有合理的差价。

差价（price difference）是指同一种医药产品由于交易条件的不同而产生价格上的差异。在国际医药贸易业务上，影响医药产品差价的主要因素除了所使用的贸易术语不同之外，还须考虑其他因素。

1. 医药产品的质量和档次　在国际市场上，一般都贯彻按质论价的原则，品质的优劣、档次的高低，商标、牌号的知名度，式样的新旧，都影响着医药产品的价格。

2. 运输距离　医药国际贸易，一般都要通过长途运输。运输距离的远近，影响运输费和保险费的开支，从而影响医药产品的价格。因此，必须核算运输成本，以体现运输地区的差价。

3. 交货地点和交货条件　在医药国际贸易中，由于交货地点和交货条件不同，买卖双方承担的责任、费用和风险有别，在确定进出口医药产品价格时，必须考虑这些因素。

4. 季节性需求的变化　在国际市场上，对于某些时令性药材，我们应充分利用季节性需求的变化，掌握好季节性差价，争取按对我方有利的价格成交。

5. 成交数量　按医药国际贸易的习惯做法，成交量的大小影响价格。即成交量大时，在价格上应给予适当优惠；反之，如成交量过少，即可以适当提高售价。我们应当掌握数量方面的减价。

6. 支付条件和汇率变动的风险　例如，同一药品在其他交易条件相同的情况下，采取预付货款和凭信用证付款方式下其价格应当有所区别。同时，如采用不同的货币成交时，应当把汇率变动的风险考虑到货价中去。

笔记栏

此外，交货期的不同、市场销售习惯和消费者的偏爱等因素，对确定价格也有不同程度影响，我们必须通盘考虑和正确掌握。

二、医药国际贸易的作价方法

在医药产品的进出口业务中，可根据不同情况，分别采取固定价格和非固定价格的作价方法。

1. 固定价格　我国进出口贸易合同，绝大部分都是在双方协商一致的基础上，明确地规定具体的价格，这也是国际上常见的做法。它具有明确、具体、肯定和便于核算的特点。为了减少价格风险，在采用固定价格时，首先，必须对影响医药产品供需的各种因素进行细致的研究，并对价格的前景做出判断；其次，对客户的资信进行了解和研究，慎重选择订约的对象。

2. 非固定价格　非固定价格，即一般业务上所说的"活价"，它大体上可分为下述几种：

(1)暂定价格：在合同中先订立一个初步的价格，作为开立信用证和初步付款的依据，待双方确定具体价格后再进行最后清算，多退少补。

(2)部分固定价格，部分非固定价格：为了照顾双方利益，可采用部分固定价格，部分非固定价格的做法，或者分批作价的办法，交货期近的价格在订约时固定下来，余者在交货前一定期限内进行作价。

(3)具体价格待定：这种定价方法又可分为两种做法：一是在价格条款中明确规定定价时间和定价方法，例如，"在装船月份前 50 天，参照当地及国际市场价格水平，协商议定正式价格"；二是只规定作价时间，例如，"由 ×× 年 × 月 × 日协商确定价格"。这种方式由于未就作价方式做出规定，容易带来较大的不稳定性，双方可能因缺乏明确的作价标准，而在商订价格时各执己见，相持不下，导致合同无法执行。因此，这种方式一般只应用于双方有长期交往，已形成较固定的交易习惯的合同。

非固定价格是一种变通做法，在行情变动剧烈或双方未能就价格取得一致意见时，采用这种做法有一定的好处。例如，暂时解决双方在价格方面存在的分歧，对出口方来说，可以不失时机地做成生意；对进口方来说，可以保证一定的转售利润。但这不可避免地会给合同带来较大的不稳定性，存在着双方在作价时不能取得一致意见，而使合同无法执行的可能。

三、佣金与折扣

在价格条款中，有时会有佣金或折扣的规定。从这个角度看，价格条款中所规定的价格，可分为包含有佣金或折扣的价格和不包含这类因素的净价(net price)。包含佣金的价格，在业务中通常称为"含佣价"。

佣金(commission)，是代理人或经纪人为委托人进行交易而收取的报酬。在实际医药进出口中，往往表现为出口商付给销售代理人、进口商付给购买代理人的酬金。因此，它适用于与代理人或佣金签订的合同。

折扣(discount，allowance)，是卖方给予买方的价格减让。从性质上看，完全是一种优惠。国际医药贸易中所使用的折扣种类较多，除一般折扣外，还有为扩大销售而使用的数量折扣，以及为特殊目的而给予的特别折扣等。

在价格条款中，对于佣金或折扣可以采用不同的规定办法。通常是在规定具体价格时，用文字明示佣金率或折扣率，如"每公吨 CIF 新加坡 850 美元，佣金 2%"(Per M/T US $850 CIF C2%Singapore)；或"每公吨 FOB 上海 350 美元，折扣 2%"(Per M/T US $350 FOB D2%Shanghai)。有时，双方在洽谈交易时，对佣金或折扣的给予虽已达成协议，却约定不在合同中表示出来，这种情况下的价格条款中，只定明单价佣金或折扣由一方当事人按约定另付。这种不明示的佣金或折扣，俗称“暗佣”或“暗扣”。

关于佣金的计算方法有多种，其关键是如何确定计算佣金的基数。有的按总成交额计算，有的按纯收入计算，这需要在佣金合同中加以约定。其计算公式如下：

$$单位货物佣金 = 含佣价 \times 佣金率$$

$$净价 = 含佣价 - 单位货物佣金额$$

上述公式也可写成：

$$净价 = 含佣价 \times (1 - 佣金率)$$

假如已知净价，则含佣价的计算公式应为：

$$含佣价 = 净价 / (1 - 佣金率)$$

而折扣通常是以成交额或发票金额为基础计算出来的。例如，CIF 汉堡，每公吨 800 美元，含折扣 3%，卖方的实际净收入为每公吨 776 美元。其计算方法如下：

$$单位货物折扣额 = 原价(或含折扣价) \times 折扣率$$

$$卖方实际净收入 = 原价 - 单位货物折扣额$$

四、价格条款的规定

进出口合同中的价格条款，一般包括医药产品的单价和总值两项基本内容。单价通常由四个部分组成，即计量单位、单位价格金额、计价货币和贸易术语。例如，每公吨 CIF 伦敦 350 美元（Per M/T US $350 CIF London）。总值（或者称总价）是单价同数量的乘积，也就是一笔交易的货款总金额。

规定价格条款时，应注意下列问题：①合理确定医药产品的单价，防止偏高或偏低。②根据船源、货源等实际情况，选择适当的贸易术语。③争取选择有利的计价货币，必要时可加订保值条款。④灵活运用各种不同的作价办法，尽可能避免承担价格变动的风险。⑤参照国际医药贸易的习惯做法，注意佣金和折扣的合理运用。⑥单价中涉及的计量单位、计价货币、装卸地点名称等，必须书写正确、清楚，以利于合同的履行。

案例讨论

CIF 合同纠纷

2020 年 3 月，某市兴盛企业公司（卖方）与中国香港某贸易公司（买方）先后签订了买卖蘑菇的合同。合同规定：①卖方售给买方蘑菇 4 050 吨，价格条件为 CIF 中国香港，总价款为 2 140 500 美元；②货物质量以买方验收书为准，由买方指定验收机构；③使用信用证支付方式，卖方收到信用证后 15 天内交货；④买方收货后负责将蘑菇桶退给卖方，所需费用由买方负责。合同签订后，双方即履行合同，从 2020 年 8 月到 2021 年 2 月，卖方运出各种规格的蘑菇 1 626.78 吨，蘑菇桶 42 800 个，总货款 851 985.83 美元，买方收货后按期支付 808 425.69 美元，余下 43 560.14 美元迟迟未付，另外也未将蘑菇桶及时退还给卖方。此后，由于买方未按时付款，卖方也缺乏货源，故对剩余未交付部分双方均没有履行。在合同履行期间，买方于 2020 年 12 月 27 日验收了一批蘑菇 50 吨，验收后也开具了《验收合格书》给卖方。其后买方由于发现运抵中国香港的部分货物质量与合同规定不符，通知卖方停止装运该批蘑菇。50 吨蘑菇堆积在码头（装运港）数日后被发现霉坏变质，损失达 74 758.5 美元。

诉讼：卖方于 2021 年 6 月 10 日向某市中级人民法院起诉。原告（卖方）提出以下

笔记栏

诉讼请求:①被告(买方)退还蘑菇桶 42 800 个;②立即支付货款 43 560.14 美元及该货款的银行利息;③被告赔偿原告 50 吨蘑菇的损失 74 758.5 美元。被告称:由于原告发运人货物质量与合同规定不符,被告扣下一部分货款未付;也因同样的原因,通知停止装运 50 吨蘑菇;该批蘑菇的变质损失是由于原告保管不善造成的,被告对此不负任何责任。而且提出反诉,要求原告赔偿其交付蘑菇质量与合同规定不符而给被告造成的损失。

某市中级人民法院经审理认为:被告按合同规定在交货前对蘑菇进行了验收,且已接受了货物。现被告提出原告赔偿因其交货的质量与合同不符所遭受的损失的要求缺乏法律依据,不予支持,被告应按合同规定偿还未付货款 43 560.14 美元。被告未及时提货,是造成该批蘑菇变质的主要原因,被告应负主要责任,原告保管不善,也应承担一定责任。所以做出如下判决:①退还蘑菇桶;②偿还货款及银行利息;③ 50 吨蘑菇损失,由被告承担 50 000 美元,原告承担 24 758.5 美元;④驳回被告的诉讼请求。

被告不服一审判决,上诉至高级人民法院。省高院经审理做出如下判决:①维持第一项和第二项判决;②将第三项改判为:上诉人赔偿 25 000 美元,被上诉人自行承担 49 758.5 美元。理由是:蘑菇经买方验收,卖方应立即装船,但卖方并未履行此项义务,造成蘑菇变质。卖方对此负主要责任,买方通知停止装运,对此应负次要责任。(根据实际案例改编)

案例讨论题

1. 你认同哪级法院的判决,为什么?
2. 50 吨蘑菇的损失如何界定?
3. 假设你是该案的出口方,在案例的发生过程中,有何更妥当的解决方案?

(徐　文)

复习思考题

1. 简述药品质量的含义及影响因素。
2. 简述药品数量的计量方法。
3. 简述药品包装的分类。
4. 简述 FOB、CFR 和 CIF 三种贸易术语的区别与联系。
5. 简述进出口药品的作价方法。
6. 案例分析题:有一份出售中药材及饮片 300 吨的合同,按 FOB 条件成交,装船时经船方检验,符合合同规定的品质条件,卖方在装船后已及时发出装船通知,但航行途中,由于海浪过大,货物被海水浸泡,品质受到影响,当货物到达目的港时,只能按较低品级的价格出售,因而买方要求卖方赔偿损失。在上述情况下卖方对该项损失应否负责?
7. 案例分析题:有一份 CIF 合同,日本公司出售 450 公吨洋葱给澳大利亚公司,洋葱在日本港口装船时,经公证行验明:完全符合商销品质,并出具了合格证明。但该批货物运抵澳大利亚时,洋葱已全部腐烂变质,不适合人类食用,买方因此拒绝收货,并要求卖方退回已付清的货款。在上述情况下,买方有无拒收货物和要求卖方退回货款的权利?
8. 案例分析题:我方公司以 CFR 条件出口一批药品,我方按期在装运港装船后,即将有关交易单据寄交买方,要求买方支付货款。过后,业务人员才发现忘记向买方发出装船通知。此时,买方已来函向我方提出索赔,因为货物在运输途中因海上风险而损毁。我方能否以货物运输风险是由买方承担为由拒绝买方的索赔?

9. 案例分析题:某公司以CIF条件出口一批医疗器械。

①合同签订后,接到买方来函,声称合同规定的目的港口最近经常发生暴乱,要求我方在办理保险时加保战争险。对此,我公司应如何处理?

②这批货物运抵目的港后,我方接到买方支付货款的通知,声明:因货物在运输途中躲避风暴而增加的运费已代我公司支付给船公司,故此,所付的货款中已将此项费用扣除。对此,我公司应如何处理?

笔记栏

PPT 课件

第十四章

医药进出口合同的交付与结算

学习目标

1. 掌握国际货物海洋运输保险费用计算、国际贸易结算工具与支付方式。
2. 熟悉国际货物海洋运输的种类与特点、海洋运输保险承保的范围。
3. 了解国际货物贸易合同中的一般交易条款的内容。

引导案例

倒签提单是否可行?

我国某公司与瑞士某公司签订出售 BP 版强力霉素原料药 60 公吨的合同,每千克 CIF 鹿特丹 12 英镑,总值 720 000 英镑。装船日期为当年 12 月至次年 1 月,对方以不可撤销的即期信用证进行支付。我国某公司在租船装运时,因原订货船意外损坏,在国外修理,不能在预定时间到达我国海岸装货,临时改派中国香港某公司期租船装运,但又因连日风雪,直到 2 月 11 日才装完货,2 月 13 日开航。我某公司为了取得符合信用证所规定的装船日期(20×× 年 12 月 1 日至次年 1 月 31 日)的提单,要求外轮代理公司按 20×× 年 1 月 31 日签发提单,并以此提单向我银行办理议付。货物到达鹿特丹,买方聘请律师上船查阅航行日志,查实提单的签发日期是伪造的,立即凭证向当地法院起诉,并由法院发出扣船通知。船由外轮公司以 30 000 英镑担保放行。我方经四个月的谈判,共赔偿 20 600 英镑,买方才撤回上诉而结案。我方既损失了外汇,又对外造成了不良的影响。

第一节　医药进出口合同的运输与保险条款

一、国际货物买卖合同的运输条款

海洋运输是国际贸易中最主要的运输方式,我国绝大多数进口货物都是通过海洋运输方式运送的。海洋运输的优点是通过能力大、载运量大,运输成本低;缺点是易受自然条件和气候的影响、风险较大,航行速度较慢。

(一) 海洋运输的方式

船舶是海洋运输的基本工具,按船公司对船舶经营方式的不同,海洋运输可分为班轮运输和租船运输两种方式。

1. 班轮运输　班轮运输(liner transport)是指在预先固定的航线上,按照船公司制定的船期表在固定的港口之间来往行驶。

(1)班轮运输的特点:船舶行驶的航线和停靠的港口都是固定的;船舶按船期表航行,船舶开航和到港时间都较为固定;船公司按预先公布的班轮运价表收取运费,运费率相对固定。在班轮运费中包括装卸费,故班轮运货的港口装卸费由船方负担。承运人对货物负责的期间是从货物装上船起,到货物卸下船止,即"船弦至船舷"。承运双方的权利义务和责任豁免以签发的提单条款为依据并受国际公约制约。班轮承运货物比较灵活,不论数量多少,只要有舱位,都接受装运,因此,少量货物或件杂货,通常都用班轮运输。

(2)班轮运费的计算:班轮运输费用是班轮公司为运输货物而向货主收取的费用,包括货物从装运港至目的港的海上运费以及货物的装卸费。班轮运费按照班轮运价表的规定计算。

班轮运费由基本运费和附加费用构成:基本运费是班轮公司为一般货物在航线上各基本港口间进行运输所规定的运价,基本运费按照不同的商品有 8 种计收标准:①按货物的毛重计收;②按货物的体积计收;③按货物的毛重或体积计收;④按货物的价格计收;⑤按货物的毛重或体积或价格计收;⑥按货物的重量或体积中较高的一种计收运费之后再加收一定百分比的从价运费;⑦按货物的件数计收;⑧按临时议价计收。此外,在同一包装同一票货物和同一提单内出现混乱的情况时,班轮公司的收费原则是"就高不就低"。

附加运费是船方根据不同情况而增收的,用以抵补其运输中的额外开支或蒙受的某种损失。主要有以下两类:①由于货物本身情况特殊或运输方式不同,需要船方提供特殊服务而征收的附加费,主要包括超重附加费、超长附加费、装卸附加费、直航附加费、转船附加费等;②由于其他原因而产生的附加费,主要包括燃油附加费、币值变动附加费、港口拥挤附加费和港口附加费等。尽管附加费的名目繁多,但计算方法基本分为两种:一是按每吨运费加收若干金额计算;二是按基本运费的一定百分比计算。

如果不同商品混装在同一包装内,则全部运费按其中较高者计收。同一票商品如包装不同,其计费标准及等级也不同。托运人应按不同包装分列毛重及体积,才能分别计收运费,否则全部货物均按较高者收取运费。同一提单内如有两种或两种以上不同货名,托运人应分别列出不同货名的毛重或体积,否则全部将按较高者收取运费。

在没有任何附加费的情况下,其计算公式为:

$$F=f\times Q$$

式中:F 为总运费;f 为基本费率;Q 为货运量。

在有各种附加费,而且附加费按基本费率的百分比收取的情况下,其计算公式为:

$$F=f\times(1+S_1+S_2+\cdots\cdots S_n)\times Q$$

式中:$S_1\cdots\cdots S_n$ 为各项附加费的百分比。

在各项附加费按绝对数收取的情况下,其计算公式为:

$$F=(f+S_1+S_2+\cdots\cdots S_n)\times Q$$

式中:$S_1\cdots\cdots S_n$ 为各项附加费。

课堂互动

计算班轮运费

某企业出口柴油机一批,共 15 箱,总毛重为 5.65 公吨,总体积为 10.676 立方米。由青岛装上中国远洋运输公司轮船,经中国香港转船至苏丹港,试计算应付船公司运费多少?

笔记栏

首先，按柴油机的英文名称，查阅货物分级表，柴油机属于10级货，计算标准为W/M；然后在中国内地—中国香港航线费率表中查出10级货从青岛运至中国香港的费率为22美元，中国香港中转费为13美元；再从中国香港—红海航线费率表中查出10级货的费率为95美元；最后查附加费率表，了解到苏丹港要收港口拥挤附加费，费率为基本运费的10%。由于该批货物的尺码吨（10.676运费吨）较重量吨（5.65运费吨）为高，而其计费标准为W/M，所以应按尺码吨计，因此，该批货物的总运费为：$F=[22+13+95\times(1+10\%)]\times10.676=1\,489.302$ 美元

2. 租船运输　租船运输又称不定期船（tramp）运输，是指根据双方协商的条件，船舶所有人（即船东）将船舶的全部或一部分出租给租船人使用，以完成特定的货物运输任务，租船人按约定的运价或租金支付运费的商业行为。租船业务是一种无形贸易，它的贸易商品就是船舶运输服务。按租船人和船东签订的租船合同安排航行。大宗货物一般采用租船运输。租船运价经常随国际租船市场上的实际船货供求情况而变动，一般比班轮运价低廉。

租船运输主要有定程租船、定期租船和光船租船。

（1）定程租船（voyage charter）：又称程租船或航次租船，是指以航程为基础的一种租船方式。它是由船东提供船舶，在租船人指定的港口之间承运一个或数个航次的货物运输。其特点为：船东必须按租船合同规定的航程完成货物运输任务，并负责船舶的经营管理及其在航行中的各项费用开支；租船人应支付双方约定的运费；货物在港口的装卸费用，应在租船合同中明确规定由船东或租船人负担。对装卸费的收取办法通常有下列不同规定：①船方不负担装卸费（Free In Out，FIO）；②船方负担装卸费（Gross Terms/Liner Terms/Berth Terms）；③船方只负担装货费，而不负担卸货费（Free Out，FO）；④船方只负担卸货费，而不负担装货费（Free In，FI）。在国际上，定程租船较为普遍，成为租船的基本形式。

（2）定期租船（time charter）：采用定期租船时，在租赁期间，租船人可根据租船合同规定的航行区域自由使用和调度船舶。

（3）光船租船（bareboat charter）：它是租船的一种，不同的是船东不提供船员，承租人自己配备船长和船员，负责船员的给养和船舶营运管理所需的一切费用。

3. 集装箱运输　集装箱是一种能反复使用的运输辅助设备。外型像一个箱子，又称货柜、货箱。根据国际标准化组织推荐，集装箱有三个系列13种规格，在国际航运上主要为20英尺和40英尺两种，包括干货集装箱、罐式集装箱、冷冻集装箱、牲畜集装箱、散货集装箱、挂式集装箱等。

集装箱运输的优点：提高了货运速度，加快了运输工具、货物及资金的周转；减少了运输过程中的货损、货差，提高货运质量；节省货物包装费用，减少货物运杂费支出；简化货运手续、便利货物运输。

集装箱运输的海运费用包括内陆或装运港市内运输费、拼箱服务费、堆场服务费、海运运费、集装箱及其设备使用费等。采用不同的集装箱运输方式，运费的计算有所不同。采用拼装箱运输，费用按班轮运价计收。如采用整箱装，运输费用的计算公式如下：

出口集装箱运费 = 包箱费率（每个集装箱运费）× 集装箱的数量

其中，集装箱数量一般是按照货物的总重量或体积除以集装箱的有效载货量或有效容积取整得出，选其中数值较高者。通常20英尺集装箱的有效载重量为17.5公吨，有效容积为25立方米；40英尺集装箱的有效载重量为24.5公吨，有效容积为55立方米。

笔记栏

课堂互动

计算集装箱运费

某货物装纸箱尺码为 50cm×40cm×3cm，毛重为每箱 52 千克，那么分别根据 20 英尺、40 英尺集装箱的有效载重量和有效容积计算的装箱的最大数量是：①按重量计算：每个 20 英尺集装箱可装最大数量为 336.538（17.5÷0.052）箱，取整为 336 箱；②按体积计算：每个 40 英尺集装箱可装最大数量为 471.154（24.5÷0.052）箱，取整为 471 箱。

（二）装运条款

1. 装运期（time of shipment）　装运期是指卖方在起运地点装运货物的期限，它与交货期是含义不同的两个概念，不应混同使用。明确规定具体装运期限，这种规定方法在国际贸易中被广泛使用。在规定装运期时，还应考虑开证日期的规定是否明确合理，以利于装运期与信用证开出日期相互衔接。

2. 装运港和目的港　装运港是指开始装货的港口。目的港是指最终卸货的港口。一般情况下，装运港和目的港分别规定各为一个；有时根据业务需要，也可分别规定两个或两个以上的装运港或目的港；在磋商交易时，如明确规定一个或几个装卸港有困难，可以采用选择港办法。方式有两种：一种是在两个或两个以上港口中选择一个，如“CIF 伦敦，选择港汉堡或鹿特丹”；另一种是笼统地规定某一航区为装卸港，如“西欧主要港口”等。

3. 分批装运与转运　分批装运又称分期装运，是指一笔交易的货物分若干批次装运。但在不同的时间，不同港口的货物装在同一航次、同一条船上，不能算作分批装运。在大宗货物交易中，买卖双方根据交货数量、运输条件和市场销售需要等因素，可在合同中规定分批装运条款。按惯例，运输单据表面注明同一运输工具、同一航次、同一目的地的多次装运，将不视作分批装运。

转船是指货物没有直达船或暂时没有合适船舶运输、而需要通过中途港转船运输。买卖双方可以在合同中商订“允许转船”的条款。

课堂互动

分批装运鉴别

我某公司与法商按 CIF 马赛签约，出口某商品 1 万件，合同与信用证均规定“装运期 3—4 月，每月装运 5 000 件，允许转船”。我方公司于 3 月 30 日将 5 000 件商品装上“青岛”轮，取得 3 月 30 日的提单，又在 4 月 2 日将余下的 5 000 件商品装上“风庆”轮，取得 4 月 2 日的提单，两轮均在中国香港转船，两批货均由“弗朗西斯”一轮运至目的港。

问题：(1) 本例中的做法是否属分批装运？为什么？

(2) 卖方能否安全收汇？为什么？

4. 装运通知（advice of shipment）　按照国际贸易的惯例，在以 FOB 条件成交时，卖方应在约定的装运期开始前 30 天或 45 天，向买方发出货物备妥的通知，以便买方及时派船接货。买方接到卖方发出的备货通知后，应在约定的时间，将船名、到港受载日期等通知卖方，

笔记栏

以便卖方及时安排装运或准备装船。在按 FOB、CFR、CIF 条件成交时，卖方将货物装船后，应在约定时间内（通常是 48 小时之内）将货物的合同号、品名、件数、重量、发票金额、船名及装船日期等项内容电告买方，以便买方在目的港做好接卸货的准备并及时办理进口报关等手续。

（三）运输单据

运输单据是证明货物载运的单据，是由承运人签发给托运人，证明货物已发运，或已装上运输工具，或已由承运人监管的文件。在国际货物运输过程中，由于运输方式的不同，运输单据有多种形式。本书仅介绍海运单据。

海运提单（bill of lading，B/L）是承运人或其代理人在收到货物后应签发给托运人的一种证明，证明双方已订立了运输合同，允诺将货物运至指定目的地并按提单所载条件交付给收货人，它体现了承运人与托运人之间的相互关系。

1. 海运提单的性质与作用　海运提单是承运人或其代理人出具的货物收据；海运提单是代表货物所有权的凭证，可以向承运人提取货物，可以向银行议付货款或抵押贷款，可以通过转让提单的方法转让货物的所有权；海运提单是承运人和托运人之间运输契约的证明。

2. 提单的分类　按签发提单时货物是否装船分为已装船提单（shipment or on board B/L）和备运提单（received for shipment B/L）。按提单有无不良批注分为清洁提单（clean B/L）和不清洁提单（unclean or foul B/L）。按提单收货人抬头分为记名提单（straight B/L）、不记名提单（bearer B/L）和指示提单（order B/L）（记名提单不能流通转让，不记名提单无须背书即可转让，指示提单需经背书方可转让，其背书方法有二：一是由背书人签字盖章，称空白背书；二是除背书人签字盖章外，还列明被背书人名称，称记名背书）。按运输方式分为直达提单（direct B/L）、转船提单（tranship B/L）和联运提单（through B/L）。根据内容繁简不同可分为全式提单（long term B/L）和简式提单（short term B/L）。根据运费支付方式不同分为运费预付提单（freight prepaid B/L）和运费到付提单（freight to be collected B/L）。根据船舶营运方式不同可分为班轮提单（liner B/L）和租船提单（charter party B/L）。根据提单使用效力的不同可分为正本提单（original B/L）和副本提单（non-negotiable or copy B/L）。其他种类提单还包括集装箱提单（container B/L）、舱面提单（on deck B/L）、过期提单（stale B/L）（包括两种：一是提单晚于货物到达目的港；二是向银行交单时间超过提单签发日期 21 天）、起码提单（mini B/L）、预借提单（advanced B/L）、分提单、并提单等。

3. 提单内容　提单正面内容：承运人名称、托运人名称、收货人名称、船名、船舶国籍、装运港等；提单背面内容：由于有关提单的国际公约不同，因而各国背面的内容也就不统一。

二、国际货物买卖合同的保险条款

国际货物保险是指被保险人（买方或卖方）向保险人（保险公司）按一定的金额投保一定的险别，并根据一定的保险费率交纳保险费，保险人承保后，对于被保险货物在运输途中发生的承保范围内的损失给予经济补偿。本书仅介绍海上货物运输保险。

（一）海上货物运输保险承保的范围

海上运输货物保险的保障范围包括风险、损失和费用。

1. 承保的风险　包括海上风险和外来风险。

（1）海上风险：自然灾害，一般是指由于自然界变异现象的力量而造成的灾害，即人力不可抗拒的灾害（恶劣气候、雷电、地震、海啸、洪水等）；意外事故，是指由于偶然的非意料之中的原因造成的事故。海上保险业务中的意外事故，并不局限于发生在海上，也包括发生在陆上的意外事故(运输工具的搁浅、触礁、沉没失火、爆炸、与流冰或其他物体的碰撞、海盗行为和船长、船员的不法行为等)。

(2)外来风险:外来风险指海上风险以外的其他外来风险引起的风险,包括一般外来风险和特殊外来风险。保险业说的外来原因,是指预先难以预料的、致使货物受损的某些外部因素。

1)一般外来风险:是指由于一般外来原因引起风险而造成的损失(偷窃、雨淋、短量、沾污、破碎、受潮、受热、渗漏、串味、锈损、钩损、包装破裂等)。

2)特殊外来风险:是指由于国家的政策、法令、行政命令、军事等原因所造成的风险和损失(战争、罢工、交货不到、拒收、舱面等风险所致损失)。

2. 承保的损失 包括全部损失和部分损失。

(1)全部损失:是指在运输中整批货物或不可分割的一批货物的全部损失,分为实际全损和推定全损两种情况。

实际全损:一般是指被保险货物全部灭失,或全部变质或全部不能归还货主等情形而言。包括保险标的物完全灭失,保险标的物丧失,保险标的物发生变质,失去原有使用价值,或船舶失踪达到一定时期等情况。

推定全损:一般是指保险标的物受损后并未全部灭失,但若进行施救、整理、修复所需的费用或者这些费用再加上续运至目的地的费用的总和,估计要超过货物在目的地的完好状态的价值。包括保险标的实际全损已经无法避免,或者是为了避免实际全损,需要花费的施救费用将超过获救后标的价值;保险标的发生保险事故后,使被保险人失去标的所有权,而收回这一所有权所需花费的费用将超过收回后的价值;保险标的受损后,整理和续运到目的地的费用超过货物到达目的地的价值;保险标的受损后,修理费用已超过货物修复后的价值等情况。

(2)部分损失:凡保险标的物损失未达到上述全部损失情况之一者,都属于部分损失,分为共同海损和单独海损两种情况。

共同海损(general average,GA):是指载货船舶在海上遇到灾害、事故,威胁到船货等各方面的共同安全,为了解除这种威胁,维护船货安全,使航程得以继续完成,船方有意识地、合理地采取措施,造成某些特殊损失或者支出特殊额外费用。必须具备以下条件:共同海损的危险必须是实际存在的,或者是不可避免而产生的,不是主观臆测的;消除船、货共同危险而采取的措施,必须是有意识的和合理的;必须是属于非正常性质的损失;费用支出是额外的。

单独海损(particular average):是指除共同海损以外的部分损失。

课堂互动

海损的类别

有一载货海轮,在舱面上载有1 000台拖拉机,在航行中遇到恶劣气候,海浪已将450台拖拉机卷入海中,从而使海轮在巨浪中出现严重倾斜,如果不立即采取措施,海轮随时有翻船的危险。船长在危急关头,下令将其余的550台拖拉机全部抛入海中,从而避免了翻船。请问在上述情况下,前450台拖拉机和后550台拖拉机的损失,在海损中是否都属于共同海损?(资料来源:韩玉珍,现代国际贸易实务[M].北京:首都经济贸易大学出版社,2016)

分析提示:前450台拖拉机属于单独海损,后550台拖拉机属于共同海损。

笔记栏

3. 承保的费用 包括施救费用、救助费用和续运费用。

(1)施救费用：指当被保险标的遭受保险责任范围内的灾害事故时，由被保险人或其代理人、雇佣人和受让人等采取措施，抢救保险标的，以防止扩大损失，由于实施此种抢救行为所支出的合理费用。

(2)救助费用：指被保险标的遭遇保险责任范围以内的灾害事故时，由保险人或被保险人以外的第三者采取抢救行为。对于此种救助行为，按照国际法的规定，获救方应向救助方支付相应的报酬，所支付的该项费用被称为救助费用，属于保险赔付范围。

(3)续运费用：指承保的运输航程在保险单规定的目的地(或港口)之外因承保风险而终止时，被保险人因此而产生的卸货、储存及继续运送到保险单指明的目的港(或港口)的有关费用。

(二) 国际货物运输保险的内容

中国人民保险公司制定的《中国保险条款》(China Insurance Clause，CIC)对我国进出口贸易的运输保险的险别和承保范围做出了界定。

1. 保险人承保责任范围

(1)基本险：基本险包含平安险、水渍险和一切险。

1)平安险(free from particular average，FPA)：平安险责任范围主要包括以下几项：被保险货物在运输途中由于恶劣气候、雷电、海啸、地震、洪水等自然灾害造成整批货物的全部损失或推定全损；由于运输工具遭受搁浅、沉没、触礁、互撞、与流冰或其他物体碰撞，以及失火、爆炸等意外事故造成货物的全部或部分损失；在运输工具已经发生搁浅、触礁、沉没、焚毁等意外事故的情况下，货物在此前后又在海上遭受恶劣气候、雷电、海啸等自然灾害所造成的损失；在装卸或转运时由于一件或数件整件货物落海造成的全部或部分损失；被保险人对遭受承保责任范围内风险的货物采取抢救措施，防止或减少货损的措施而支付的合理费用，但以不超过该批被救货物的保险金额为限；运输工具遇海难后，在避风港由于卸货所引起的损失以及在中途港、避难港由于卸货、存仓以及运送货物所产生的特别费用；共同海损中牺牲、分摊和救助的费用；运输契约订有"船舶互撞责任"条款，根据该条款规定应由货方偿还船方的损失。

2)水渍险(with particular average，WPA)：水渍险所承保的责任范围，除包括平安险的各责任外，还负责被保险货物由于恶劣气候、雷电、海啸、地震、洪水等自然灾害所造成的部分损失。

课堂互动

水渍险的承保范围

我某公司以CIF条件出口一批化肥，装运前按合同规定已向保险公司投保水渍险，货物装妥后船舶顺利启航。载货船舶启航后不久，在海上遭受暴风雨，海水涌入舱内，致使部分化肥遭到水浸，损失价值达1 000美元。数日后，又发现部分化肥包装破裂，估计货损达到1 500美元。

问题：该损失应由谁承担？为什么？

3)一切险(all risks，AR)：一切险的责任范围除包括平安险和水渍险的各项责任外，还负责货物在运输过程中由于一般外来原因所造成的全部或部分损失。

笔记栏

课堂互动

平安险和一切险的承保范围

中国某进出口公司与美国商人签订一份出口玉米合同，由中方负责货物运输和保险事宜。为此，中方与上海某轮船公司A签订运输合同租用“扬武”号班轮的一个舱位。1997年7月26日，中方将货物在张家港装船。随后，中方向中国某保险公司B投保海上运输货物保险。货轮在海上航行途中遭遇风险，使货物受损。

问题：

(1)如果卖方公司投保的是平安险，而货物遭受部分损失是由于轮船在海上遭遇台风，那么卖方公司是否可从B处取得赔偿？为什么？

(2)如果卖方公司投保的是一切险，而货物受损是由于货轮船员罢工，货轮滞留中途港，致使玉米变质，那么卖方能否从B处取得赔偿？为什么？

(3)如果发生的风险是由于承运人的过错引起的并且属于承保范围的风险，B赔偿了损失后，卖方公司能否再向A公司索赔？为什么？

(2)附加险：附加险又分为一般附加险和特殊附加险。

1)一般附加险：是指由于一般外来原因引起的一般风险而造成的各种损失的险别(偷窃、提货不着险、淡水雨淋险、短量险、混杂沾污险、渗漏险、碰损破碎险、串味险、受潮受热险、钩损险、包装破裂险和锈损险等)。这些附加险，只能在投保一种基本险的基础上加保，而不能单独投保。

2)特殊附加险：特殊附加险是指由于特殊外来原因引起风险而造成损失的险别，主要是由于政治、军事、国家政策法令、行政措施等特定的外来原因而造成的(战争险、罢工险、交货不到险、进口关税险、舱面险、拒收险、黄曲霉素险等)。它不能单独投保，必须依附于主险而加保。

2. 除外责任　除外责任是指保险人不负责赔偿的损失或费用。它包括：被保险人的故意行为或过失所造成的损失；属于发货人的责任所引起的损失；在保险责任开始承担前，被保险货物已存在品质不良或数量短差所造成的损失；被保险货物的自然损耗、本质缺陷、特性及市价跌落、运输延迟所引起的损失或费用；战争险条款和罢工险条款所规定的责任及除外责任。

3. 责任起讫　又称保险期限。基本险的责任起讫，采用国际保险业所惯用的“仓至仓”条款的规定方法。战争险的保险期限仅限于水上危险或运输工具上的危险。

4. 保险索赔期限　保险索赔时效，从被保险货物在最后卸货港全部卸离海轮或其他运输工具之日起算，最多不超过两年。向船方索赔的时效，规定为自货物卸船之日起一年内。向港方及铁路方索赔的时效，规定为编制货运记录之次日起180天内。

课堂互动

罢工险的责任起讫

我方按照CIF价格出口冷冻食品一批，合同规定投保平安险加战争险、罢工险。货到目的港后适逢码头工人罢工，货物无法进行卸载。不久货物因燃料不足致使冷冻设备停机，等到罢工结束，该批货物已经变质。

请问这种由于罢工而造成的直接损失应由谁来负责？

笔记栏

(三)海上货物运输保险条款和保险单据

1. 投保险别的确定　一般来说,选择险别时应综合考虑以下因素:货物的性质和特点;货物的运输包装、运输船舶、运输路线及船舶停靠的港口;运输季节的不同;目的地市场的需求变化趋势;各国不同的贸易习惯等。由于海上风险在海运中是最常见的,因此投保人首先要考虑的是平安险和水渍险,然后再根据实际情况选择是否加保其他附加条款。

2. 保险费的确定　投保人在投保海上货物运输保险的时候一般要向保险人申报保险金额。保险金额是投保人和保险公司之间实际投保和承保的金额,是投保人或其受让人进行索赔和保险人进行赔偿的最高限额。而保险费是保险公司承保时所收取的一定费用,是保险公司的主要收入,是保险基金的主要来源。保险费是保险金额与保险费率的乘积,保险费率是计收保险费的依据,不同的商品有不同的保险费率。

保险金额 = 发票总额 ×(1+ 投保加成率)

保险费 = 保险金额 × 保险费率

课堂互动

保险费计算

某外贸企业向德国出口一批货物,其发票总额为 12 000 美元,加一成投保一切险及战争险,费率分别为 0.6% 和 0.4%。

计算这笔业务的保险金额和保险费。

3. 保险单据　保险单据是保险人对被承保货物的承保证明,又是规定双方各自权利和义务的契约。被保险货物遭受承保范围内的损失时,它是被保险人向保险人索赔的主要依据,也是后者进行理赔的主要依据。

(1)保险单(insurance policy):保险单俗称大保单,是一种正规的保险合同,除载明被保险人名称、被保险货物名称、数量或重量、唛头、运输工具、保险起讫地点、承保险别、保险金额和期限等项目外,还有保险人的责任范围,以及保险人与被保险人各自的权利、义务等方面的详细条款(由被保险人背书后随同物权的转移而转让)。

(2)保险凭证(insurance certificate):保险凭证俗称小保单,是一种简化了的保险合同。除在凭证上不印详细条款外,其他内容与保险单相同,且与保险单有同样的效力。但若信用证要求提供保险单时,一般不能以保险凭证代替。

第二节　医药进出口合同的支付条款

一、国际贸易结算的支付工具

(一)汇票

汇票(bill of exchange;draft)是一个人向另一个人签发的,要求即期或定期或在将来可以确定的时间,对某人或其指定人或持票人支付一定金额的无条件的书面支付命令。它包括"汇票"字样、出票人、受票人、收款人、汇票金额、付款期限、出票日期和地点、付款地点、出票人签字、无条件的支付命令。

汇票的当事人有出票人(drawer),受票人(drawee)(payer)和收款人(payee)。

汇票的收款人有三种写法:限制性抬头(此种汇票不能转让);指示式抬头(记名抬头),此种汇票经抬头人背书后,可以自由转让;持票来人抬头(无须背书即可转让)。

汇票的付款期限有以下几种规定方法:见票即付;见票后××天付;出票后××天付;提单日后××天付;指定日期付。对于见票后或出票后或提单后固定日期付款的汇票,其时间的计算,均不包括见票日、出票日或提单日,但须包括付款日,即"算尾不算头"。按照各国票据法的规定,汇票的要项必须齐全,否则,受票人有权拒付。汇票不仅是一种支付命令,而且是一种可转让的流通证券。

1. 汇票的种类 根据出票人的不同,汇票分为银行汇票(banker's bill)和商业汇票(commercial draft);按照有无随附单据,汇票可以分为光票(clean bill)和跟单汇票(documentary bill);按照付款时间的不同,汇票可以分为即期汇票(sight draft)和远期汇票(demand draft);按照承兑人的不同,汇票可以分为商业承兑汇票(commercial acceptance draft)和银行承兑汇票(banker's acceptance draft)。

2. 汇票的行为及其使用

(1)出票(issue):是指出票人在汇票上填写付款人、付款金额、付款日期和地点以及收款人等项目,经签字交给受票人的行为。出票包括两个动作:一是写成书面汇票,出票人在汇票上签字;二是将汇票交付给收款人。

(2)提示(presentation):是指持票人将汇票提交付款人要求承兑或付款的行为。提示可以分为两种:一是付款提示;二是承兑提示。

(3)承兑(acceptance):是指远期汇票的付款人明确表示同意按出票人指示付款的行为。承兑可以分为两种:一是一般承兑;二是限制承兑。承兑包括两个动作:一是承兑人在汇票上面横写"承兑"字样,签字,并加注承兑日期,有时还加注汇票到期日;二是把承兑的汇票交给持票人。

(4)背书(endorsement):是将票据权利转让给他人的行为。背书包括两个动作:一是在汇票背面背书;二是交付给被背书人。汇票经过背书可以不断转让下去,对受让人来说,所有在他以前背书的人,都是他的前手。而对出让人来说,所有在他以后的受让人,都是他的后手。前手对后手有担保汇票必然会被承兑或付款的责任。

(5)付款(payment):对即期汇票,在持票人提示汇票时,付款人应即付款;对远期汇票,付款人经过承兑后,在汇票到期日付款,付款后,汇票的一切债务即告终止。

(6)拒付(dishonor):持票人提示汇票要求承兑时,遭到拒绝承兑,或要求付款时,遭到拒绝付款,付款人逃避不见汇票、死亡或宣告破产等均称为拒付,也称退票。持票人遭到退票后,立即产生追索权,持票人为了行使追索权应及时做出拒付证书。行使追索权应具备以下条件:票据遭到拒付或拒绝承兑;持票人已在法定期限内向付款人提出承兑或提示付款;在票据遭到拒付后的法定期限内做成拒付证书,并通知前手。

ER-14-1

知识拓展:汇票的真与假

(7)贴现:在国际市场上,一些承兑后尚未到期的远期汇票,由银行或贴现公司或金融公司从票面金额中扣减一定贴现率计算的贴现息后,将票款的金额付给持票人,这种以未到期的票据换取现金的做法叫贴现。

(二)本票

本票(promissory note)是指一个人向另一个人签发的,保证即期或定期或在可能确定的将来时间,对某人或其指定人或持票人支付一定金额的无条件书面承诺。本票的内容:写明"本票"字样;无条件支付承诺;收款人或其指定的人;出票人签字;出票日期和地点;付款期限;确定金额;付款地点。

笔记栏

本票可按出票人的不同，分为一般本票和银行本票两种。一般本票的出票人是工商企业或个人，又称商业本票；银行本票的出票人是银行。一般本票又可按付款时间分为即期本票和远期本票，即期本票是见票即付的本票；远期本票是承诺于未来某一规定的或可以确定的日期支付票款的本票。银行本票都是即期的。按《中华人民共和国票据法》第七十九条规定，我国只允许开立自出票日起，付款期限不超过2个月的银行本票。而且该法第七十五条还规定：本票出票人的资格由中国人民银行审定，具体管理办法由中国人民银行规定。

（三）支票

支票（cheque，check）是出票人签发的，委托办理支票存款业务的银行或者其他金融机构在见票时无条件支付确定的金额给收款人或者持票人的票据。支票是以银行为付款人的即期汇票。

二、国际贸易结算的支付方式

国际支付方式是一国的债务人向一国债权人偿还债务的方式，也是一国债权人向另一国债务人收回货款的方式。在债权债务的结算过程中，货币的收复形成资金的流动，而资金的流动又必须通过票据、电报、邮寄支付凭证等各种结算工具的传递来实现。从资金流向和结算工具传递方向来看，国际支付方式可分为顺汇和逆汇两大类：所谓顺汇，是由债务人主动将款项交给银行，委托银行使用某种结算工具，汇付给国外债权人的一种汇兑方法，它的特点是其资金的流向与结算的传递方向是相同；所谓逆汇，是由债权人出具汇票，委托银行向国外债务人收取款项的一种汇兑方法，它的特点是其资金的流向与结算工具的传递方向是相逆而行的。

（一）汇付（顺汇）

汇付（remittance）是指付款人通过银行或其他途径主动将款项汇交收款人。

1. 汇付的当事人　汇款人，即汇出款项的人。在国际贸易中，通常为进口人；收款人，即收取款项的人，在国际贸易中，通常为出口人；汇出行，即受汇款人的委托，汇出款项的银行，通常是在进口地银行；汇入行，即受汇出行委托解付汇款的银行，通常是出口地银行。汇款人在委托汇出行办理汇款时，要出具汇款申请书，一般视为汇款人和汇出行之间的一种契约。

2. 汇付的一般业务流程　申请，汇款人向汇出行提交汇款并交款付费；回执，银行将汇款受理回单交汇款人，同时借记汇款人账户；指示，汇出行在接受委托以后，以加押电传、电报或信汇委托书、汇票通知书等方式，向出口地的往来银行发出付款指示；解付，汇入行在接到其进口地往来银行指示后，将资金款项解付给收款人；借记，汇入行解付后一般借记出行账户，也可以向汇出行索要头寸（图14-1）。

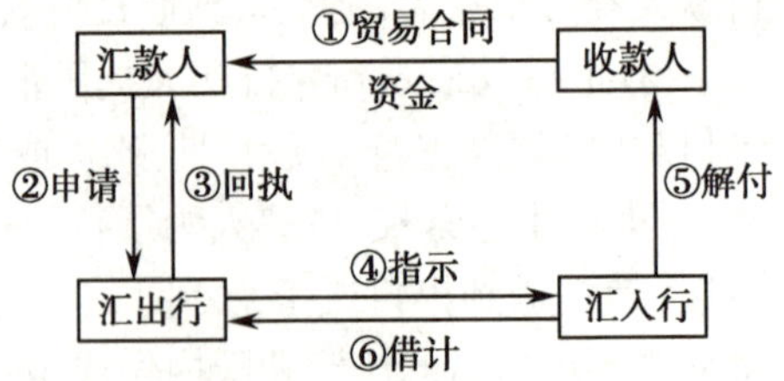

图14-1　汇付的基本流程

3. 汇付的方式　包括电汇、信汇和票汇三种方式。

（1）电汇（T/T）：电汇是汇出行应汇款人的申请，拍发加押电报或电传给另一个国家的分行或代理行（汇入行），指示它解付一定金额给收款人的一种汇款方式。电汇的特点是速度快、收费高，通常只有在卖方特殊要求时，买方才予采用。

（2）信汇（M/T）：信汇是汇出行应汇款人的申请，将信汇委托书寄给汇入行，授权解付一定金额给收款人的一种汇款方式。信汇的特点是费用较低，但收款人收到汇款的时间较迟。

（3）票汇（D/D）：票汇是汇出行应汇款人的申请，在汇款人向汇出行交款并支付一定费用

笔记栏

的条件下，代替汇款人开立的以其分行或代理行为解付行支付一定金额给收款人的银行即期汇票，寄交收款人，由收款人凭以向汇票上指定的银行取款。

4. 汇付方式的性质和在国际贸易中的使用　汇付方式虽然通过银行来办理，但它是由买卖双方根据贸易合同互相提供信用，因此属于商业信用。在国际贸易中，汇付方式通常用于预付货款、随订单付款、交货付现、记账赊销等业务。前两种对卖方来说，就是先收款后交货，资金不受积压；后两种对卖方来说，就是先交货后付款，意味着资金积压。

FR-14-2
知识拓展：电汇欺诈案例

(二) 托收

托收(collection)是指债权人(出口人)出具汇票，委托银行向债务人(进口人)收取货款的一种支付方式。

1. 托收的当事人　委托人(principal)，是委托银行办理托收业务的客户，通常是出口人；托收银行(remitting bank)，是接受委托人的委托，办理托收业务的银行；代理银行(collecting bank)，是接受托收行的委托向付款人收取票款的进口地银行；提示行(presenting bank)，是向付款人做出提示汇票和单据的银行；付款人(受票人)：通常为进口人；需要时的代理：在托收业务中，如发生拒付，委托人可指定付款地的代理人代为料理货物存仓、转售、运回等事宜。

2. 托收的基本业务流程　由出口人根据发票金额开出以进口人为付款人的汇票，向出口地银行提出托收申请，委托出口地银行(托收行)通过它在进口地的代理行或往来银行代向进口人收取货款(图 14-2)。

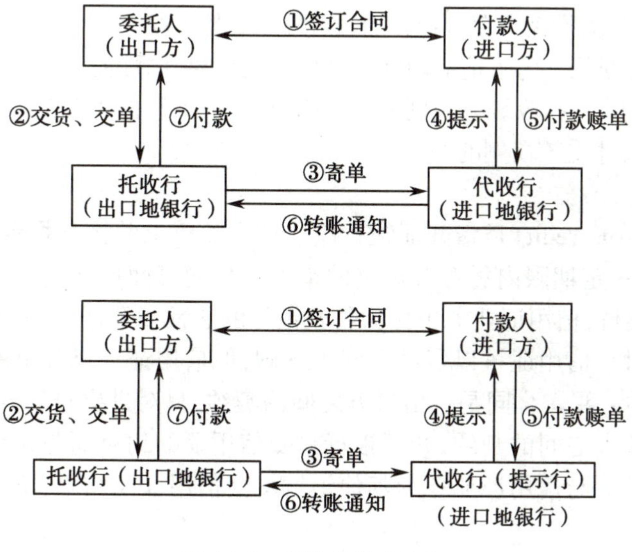

图 14-2　托收的基本流程

3. 托收的种类　托收可根据所使用的汇票的不同，分为光票托收(即出口上仅开具汇票而不附带货运单据的托收)和跟单托收(即在卖方所开具汇票外，附有货运单据的托收)。国际货款的收取大多采用跟单托收。在跟单托收情况下，根据交单条件的不同，可有付款交单和承兑交单两种做法。

(1) 付款交单(documents against payment，D/P)：指出口商的交单是以进口商的付款为条件。按付款时间的不同，可分为：①即期付款交单(documents against payment at sight，D/P at sight)，是指出口商发货后，开具即期汇票连同货运单据，通过银行向进口商提示，进口商见票后立即付款，进口商在付清货款后向银行领取货运单据；②远期付款交单(documents

笔记栏

against after sight，D/P after sight)，是指出口商发货后，开具远期汇票连同货运单据，通过银行向进口商提示，进口商审核无误后，即在汇票上进行承兑，于汇票到期日付清货款后，再领取货运单据。

如果付款日晚于到货日期，买方可以采取两种做法取得货物：①在付款到期日之前提前付款续单，扣除提前付款日至原付款到期日之间的利息，作为买方享受的一种提前付款的现金折扣；②凭买方信托收据借单：信托收据(trust receipt)是进口商借单时提供的一种书面信用担保文件，用来表示愿意以代收行的受托人的身份代为提货、报关、存仓、保险、出售并承认货物的所有权仍属银行。如果代收行同意借单，汇票到期不能收到货款，则代收行应对委托人负全部责任；如果出口商同意借单，即所谓的付款交单凭信托收据借单，是指出口商主动授权银行凭信托收据借单给进口商，日后如果进口商在汇票到期时拒付，则与银行无关。

(2)承兑交单(documents against acceptance，D/A)：指出口商的交单是以进口商在汇票上承兑为条件。承兑交单必定有一张远期汇票，进口商只对远期汇票进行承兑，不需付清货款，即可从代收行取得货运单据。承兑交单对进口商很有利，而对出口商风险很大。因此，对于资信不是很好或不是很了解的进口商不宜采用该种交单方式。

4. 托收的性质及其利弊　托收的性质为商业信用。银行有“三不管”，一是不负责审查单据；二是不负责买方是否付款；三是不负责货物的真实情况。因此跟单托收对出口商有一定风险，但对进口商却很有利，他不但可以免去申请开立信用证的手续，不必预付银行押金，减少费用开支，而且有利于资金融通和周转。由于托收对进口商有利，所以在出口业务中采用托收，有利于调动进口商采购货物的积极性，从而有利于促进成交和扩大出口，故出口商都把采用托收作为推销库存货物和加强对外竞销的手段。

ER-14-3

知识拓展：D/P 远期下代收行随意放单案例

5. 托收的国际惯例　为了适应国际贸易发展的需要，国际商会在吸收了多年来的实践经验的基础上，修订了《托收统一规则》，于 1996 年 1 月 1 日正式实施。只有在有关当事人事先约定的条件下，才受该惯例的约束。

（三）信用证

信用证(letter of credit)是指开证银行应申请人的要求并按其指示，向第三人开具的载有一定金额，在一定期限内凭符合规定的单据付款的书面保证文件。信用证付款方式的付款人只能是银行，信用证业务中称为付款银行的通常为开证行，有时开证行指定另一家银行付款或议付。信用证虽以贸易合同为基础，但信用证一经开出就成为独立于合同之外的另一种契约。买卖合同是进出口方之间的契约，只对进出口双方有约束力，而信用证是开证行与受益人之间的契约，开证银行只受信用证的约束而与该合同完全无关。开证行与受益人以及参与信用证业务的其他银行均受信用证的约束，所有当事人必须按信用证的规定办理。

1. 信用证的当事人　开证申请人(applicant)，指向银行申请开立信用证的人，即进口人或实际买主；开证银行(opening bank，issuing bank)，指接受开证申请人的委托，开立信用证的银行，它承担保证付款的责任，开证行一般是进口人所在地的银行；通知银行(advising bank，notifying bank)，指受开证行的委托，将信用证转交出口人的银行，它只证明信用证的真实性，并不承担其他义务，通常是出口人所在地的银行；受益人(beneficiary)，指信用证上所指定的有权使用该证的人，即出口人或实际供货人；议付银行(negotiating bank)，指愿意买入受益人交来跟单汇票的银行，它可以是指定的银行，也可以是非指定的银行，由信用证的条款来决定；付款银行(paying bank，drawee bank)，指信用证上指定的付款银行，一般是开证银行，也可以是它指定另一家银行，根据信用证的条款来决定；保兑银行(confirming bank)，指根据开证银行的请求在信用证上加以保兑的银行，保兑银行在信用证上加具保兑

笔记栏

后，即对信用证独立负责，承担必须付款或议付的责任；偿付银行（reimbursing bank）、（清算银行（clearing bank），指接受开证银行在信用证中的委托，代开证行偿还垫款的第三国银行，即开证行指定的对议付行或代付行进行偿付的代理人；受让人［第二受益人（second beneficiary）］，指接受受益人转让使用信用证权利的人，大都是出口人。

2. 信用证的主要内容

（1）对信用证本身的说明：信用证的种类、性质、金额及其有效期限和到期地点等。

（2）货物的记载：货物的名称、品质规格、数量、包装、价格等。

（3）运输的说明：装运的最迟期限、启运港（地）和目的港（地）、运输方式、可否分批装运和可否中途转船等。

（4）对单据的要求：单据的种类和份数。

（5）特殊条款：根据进口国政治、经济、贸易情况的变化或每一笔具体业务的需要，可能做出不同的规定。

（6）责任文句：开证行对受益人及汇票持有人保证付款的责任文句。

3. 信用证支付的一般程序　信用证支付一般包含 6 个步骤（图 14-3）。

（1）合同约定：买卖双方在合同中约定凭信用证付款。

（2）开证申请人申请开立信用证：开证人申请开证时，应填写开证申请书。开证申请书包括要求开立信用证的内容，也就是开证人按照买卖合同条款要求开证银行在信用证上列明的条款，是开证银行凭以向受益人或议付银行付款的依据；开证申请人对开证银行的声明或具结，用以表明双方的责任。

知识链接

开立不可撤销跟单信用证申请书

合同编号：
外汇种类：
日期：
使用单位：
货名：

中国银行 ××× 分行：

请你行按背面所列条款以航邮 / 简电 / 全电开立一份不可撤销跟单信用证。

我公司保证向你行提供偿付该证项下货款、手续费、费用及利息等所需外汇，我公司保证在单证表面相符的条件下对外付款 / 承兑，并在接到信用证规定的全套单据日起三个工作日内通知你行办理对外付款 / 承兑。如因单证不符拒绝付款 / 承兑，当在三个工作月内将全套单据如数退回你行并注明拒付理由，请你行按国际惯例确定能否对外拒付。如经你行确定不属单证不符，不能对外拒付时，你行有权办理对外付款 / 承兑，并自我公司账户项下扣款。

该信用证如因邮、电传发生遗失、延误、错漏，你行概不负责。

该信用证如需修改，由我公司书面通知你行办理。

银行审核意见　　　　　　　　　　申请公司签名盖章

［资料来源：罗农．出口贸易实训及案例分析［M］. 北京：中国人民大学出版社，2006］

笔记栏

(3) 开证银行开立信用证：开证银行根据开证人的申请向受益人开立信用证，并通过通知行交与受益人，所开信用证的条款必须与开证申请书所列一致。通知银行收到开证银行开来的信用证后，应即对信用证的密押(电开)和签字印鉴(信开)核对无误后，立即将信用证通知受益人。

(4) 审查和修改信用证：受益人接到信用证通知或收到信用证原件后，应即进行审查，审查信用证应根据合同进行，如发现有的信用证条款不能接受，应及时要求开证人通知开证行修改。

(5) 交单议付：受益人收到信用证经审查无误，或收到修改通知书认可后，即可根据信用证规定的条款进行备货和装运手续，缮制并取得信用证所规定的全部单据，签发汇票，连同信用证正本，修改通知书以及与信用证有关的其他文件在信用证有效期内，送交通知银行，或与自己有往来关系的银行，或信用证指定限制议付单据的银行办理议付。

(6) 开证人付款赎单：开证银行将全部票款拨还议付银行后，应立即通知开证申请人付款续单。开证人接到开证银行通知后，也应立即到开证银行核验单据，认为无误后，将全部票款及有关费用，一并向开证银行付清并续取单据。开证人付款续单后，即可凭装运单据向承运机构提货。

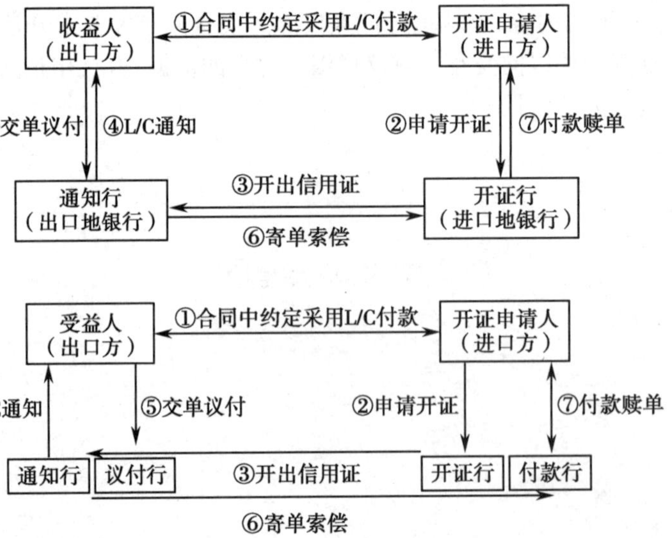

图 14-3　信用证的基本流程

4. 信用证的种类

(1) 以信用证项下的汇票是否附有货运单据分为：跟单信用证(documentary credit)，即开证行凭跟单汇票或仅凭单据付款的信用证)；光票信用证(clean credit)，即开证行仅凭不附单据的汇票付款的信用证)。

(2) 以开证行所负的责任为标准分为：不可撤销信用证(irrevocable credit)，指信用证一经开出，在有效期内，未经受益人及有关当事人的同意，开证行不得片面修改和撤销，只要受益人提供的单据符合信用证规定，开证行必须履行付款义务；可撤销信用证(revocable credit)，指开证行对所开信用证不必征得受益人或有关当事人的同意，有权随时撤销的信用证。

(3) 按有没有另一家银行加以保兑分为：保兑信用证(confirmed letter of credit)，指开证行开出的信用证，由另一家银行保证对符合信用证条款规定的单据履行付款义务；不保兑信

笔记栏

用证(unconfirmed letter of credit),指开证行开出的信用证没有经过另一家银行保兑。

(4)根据付款时间的不同分为:即期信用证,指开证行或付款行,收到符合信用证条款的跟单汇票或装运单据后,立即履行付款的信用证;远期信用证,指开证行或付款行收到信用证的单据时,在规定期限内履行付款义务的信用证。

5.《跟单信用证统一惯例》(国际商会第600号出版物)(Uniform Customs and Practice for Documentary Credits, 2007 revision, I.C.C.Publication No.600) 简称"UCP600",该惯例经过多次修订,内容日益充实和完善,故其被当前大多数国家的银行采用。

课堂互动

结算方式选择

甲国的A公司出口农产品给乙国的B公司。双方商定用信用证方式结算。由于商品的数量不易控制,B公司在申请开证时,难以确定金额。在这种情况下,如何结合不同的结算方式,既可以保证收汇,又有数量和金额变化的灵活性?(资料来源:韩晶玉.国际结算习题册[M].北京:对外经济贸易大学出版社,2018)

三、国际贸易买卖合同的支付条款

(一)汇付条款

使用汇付条款,应在买卖合同中明确规定汇付的时间、具体的汇付方式和具体的汇付金额等。使用托收方式,应在买卖合同中明确规定交单条件、买方付款和/或承兑责任、付款期限等。

1. 即期付款交单支付条款　在第一次提示时,买方应凭卖方开具的即期跟单汇票付款,装运单据只能凭付款交单。Upon first presentation the buyer shall pay against documentary draft drawn by the seller at sight.The shipping documents are to be delivered against payment only.

2. 远期付款交单支付条款　买方应在第一次提示时即承兑卖方以买方为付款人的即期×日跟单汇票,并在汇票到期时付款,装运单据凭承兑交单。The buyer shall duly accept the documentary draft by the seller on the buyer at X days' sight upon first presentation and shall make payment on its maturity.The shipping documents are to be delivered against acceptance.

3. 承兑交单支付条款　买方应在第一次提示后×天承兑卖方开出的跟单汇票,并在汇票到期时付款。装运单据应在承兑后交付。The buyer shall duly accept the documentary draft drawn by the seller at X days upon first presentation and make payment on its maturity.The shipping documents are to be delivered against acceptance.

(二)信用证条款

在我国出口业务中,大部分采用议付信用证,所以合同条款一般都规定"议付有效期为装运月后第15天在中国到期"(Valid for negotiation in China until 15th days after month of shipment)。

即期信用证:买方应在装运月份前30天,通过卖方可接受的银行开立不可撤销的即期信用证,在中国议付有效期至装运月份后15天。The buyer shall open through a bank acceptable to the seller an irrevocable sight letter of credit to reach the seller 30 days before the month of shipment, valid for negotiation in china until the 15 days after the month of shipment.

远期信用证：买方应在装运月份前30天，通过卖方可接受的银行开立见票45天、金额为发票金额100%的不可撤销信用证，在中国议付有效期至装运月份后15天。The buyer shall open through a bank acceptable to the seller an irrevocable letter of credit for 100% of invoice value at 45 days sight to reach the seller 30 days before the month of shipment, valid for negotiation in china until the 15 days after the month of shipment.

第三节　医药进出口合同的一般交易条款

一、国际贸易中的货物检验

《中华人民共和国进出口商品检验法》规定，商检机构和国家商检部门、商检机构指定的检验机构，依法对进出口商品实施检验，进口商品未经检验的，不准销售、使用；出口商品未经检验合格的，不准出口。

（一）货物检验的内容

品质检验，主要是对货物的外观、化学成分、物理性能等进行检验；数量和重（质）量检验，是按合同规定的计量单位和计量方法对商品的数量和重（质）量进行检验；包装检验，是指对包装的牢固度、完整性进行检验；卫生检验，是指对肉类罐头、奶制品、禽蛋及蛋制品、水果等货物进行检验；残损鉴定，是指对受损货物的残损部分予以鉴定，分析致残原因及其对商品使用价值的影响，估计损失程度，出具证明等。

（二）我国进出口商品实施检验的范围

我国进出口商品检验的范围主要有以下几个方面：现行《商品机构实施检验的进出口商品种类表》规定的商品；根据《中华人民共和国食品卫生法》和《中华人民共和国进出境动植物检疫法》规定的商品；船舱和集装箱检验；海运出口危险品的包装检验；对外贸易合同规定由商检机构实施检验的进出口商品。

《药品管理法》第六十八条规定，国务院药品监督管理部门对下列药品在进口时，应当指定药品检验机构进行检验；未经检验或者检验不合格的，不得销售或者进口：①首次在中国境内销售的药品；②国务院药品监督管理部门规定的生物制品；③国务院规定的其他药品。

（三）货物检验的时间和地点

1. 在出口国检验　为产地（或工厂）检验，该方案由出口国的产地检验人员，或按照合约规定会同买方检验人员于货物在产地或工厂发运前进行检验，卖方承担货物离厂前的责任；装船前或装船时在装运港检验：出口货物在装运港装船前，以双方约定的装运港商检机构验货后出具的品质、重量、数量和包装等检验证明，作为决定商品品质、重量和数量的最后依据，称为离岸品质、离岸重量。

2. 在进口国检验　该方案货到目的港（地）卸离运输工具后，由双方约定的目的港（地）商检机构验货并出具品质、重量、数量检验证明作为最后依据，称为到岸品质、到岸重量。如果发现货物的品质或重量与合同规定的不符而责任属于卖方时，买方可向其提出索赔或按双方事先的约定处理。

3. 出口国装运港（地）检验重量，进口国目的港（地）检验品质　这种检验办法对买卖双方都有好处，且比较公平合理，符合国际贸易的习惯和法律规则，因而在国际贸易中应用广泛，在我国进出口业务中较为常用。

4. 装运港(地)检验,目的港(地)复验　这种做法是以装运港检验机构验货后出具的重量证书为最后依据;以目的港检验机构出具的品质证书为最后依据,称为离岸重量、到岸品质。这种做法多用于大宗商品交易的检验中,以调和买卖双方在检验问题上存在的矛盾。

(四)买卖合同中的检验条款

国际货物买卖合同中的检验条款,主要包括检验的时间与地点、检验机构、检验证书、检验依据与检验方法以及商品的复验等。

二、国际货物贸易中的索赔

索赔是指受损方在发生争议后向违约方提出损害赔偿的要求;理赔是指违约方对受损方所提出的赔偿要求予以受理并进行处理。它们是一个问题的两个方面。在国际贸易中,由于种种原因往往会引起索赔事件,根据索赔的原因和责任的不同,索赔通常有三种情况:凡属承保范围内的货物的损失,向保险公司索赔;如系承运人的责任所造成的货物损失,向承运人索赔;如是合同当事人的责任造成的损失,则向责任方提出索赔。

(一)索赔与理赔的产生

索赔在法律上是指“主张权利”,是指在进出口交易中受损方,根据合同或法律的规定,向违约方提出的赔偿要求。理赔是指违约方对索赔进行处理。索赔与理赔是一个问题的两个方面。索赔案件的发生,大多是由三方面的原因引起。

1. 卖方违约　主要表现有:不履行交货;不按时交货;不按合同规定的品质、数量、包装等条件交货,提供的单证与合同和信用证规定不符。

2. 买方违约　主要表现有:不按时开立信用证、不按时付款赎单、无理拒收货物、不按时派船等。

3. 买卖双方均有违约责任　主要表现有:合同是否成立、双方国家法律规定和惯例解释不同、合同条款规定不明确等。

(二)买卖合同中的索赔条款

关于进出口合同中的索赔条款,通常有两种规定方法。

1. 异议与索赔条款　异议与索赔条款多订在一般商品买卖合同中,该条款的内容,除规定一方违反合同,另一方有权索赔外,还包括索赔期限、索赔依据和索赔办法等。

2. 违约金条款　违约是指合同当事人一方未履行合同义务而向对方支付约定的金额。违约金条款一般适用于卖方延期交货,或者买方延迟开立信用证和延期接运货物等情况。违约金数额由交易双方商定,以违约时间的长短而定。

课堂互动

索 赔 限 额

我某外贸公司同日商A签订贸易合同购买一批机器,总值50万美元,年底交货。合同签订后,日商A认为交货时的价格一定会远远高于合同价格,便宣告合同无效。这是一种预期违反合同的行为,我方公司当即提出保留索赔权,同时,我方公司询价日商B,各种交易条件同A。日商B要价56万美元,但我公司未及时成交补进,至年底才以66万美元购进。

试问我公司向日商A索赔多少金额为合理?

分析提示:我公司向日商A索赔6万美元比较合理,而不是16万美元。

笔记栏

三、国际货物买卖合同中的不可抗力条款

（一）不可抗力事件的认定

1. 不可抗力事件的认定　不可抗力（force majeure）是指买卖合同签订后，不是由于合同当事人的过失或疏忽，而是由于发生了合同当事人无法预见、无法预防、无法避免和无法控制的事件，以致不能履行合同，发生意外事故的一方可以免除合同的责任或推迟履行合同。不可抗力是一项免责条款。

2. 构成不可抗力事件的条件　意外事故必须发生在合同成立之后；意外事故不是由于合同当事人的过失或疏忽所造成的；意外事故的发生及其所造成的后果是当事人无法预见、无法控制、无法避免和无法克服的。

3. 不可抗力事件的范围　自然力量事件，指人类无法控制的自然界力量所引起的灾害；社会力量事件（包括政府行为和社会异常事件）。

（二）不可抗力事件的处理

究竟是解除合同还是变更合同应视不可抗力事件对履行合同的影响情况和程度而定，或者视买卖双方在合同中对不可抗力事件的具体规定。一般来说，当合同履行成为不可能时，可以解除合同。

不可抗力事件发生后如影响合同履行时，发生事件的一方当事人，应按约定的通知期限和通知方式，将不可抗力事件情况如实通知对方，对方在接到通知后，应及时答复，如有异议也应及时提出。此外，发生事件的一方当事人还应按约定办法出具证明文件，作为发生不可抗力事件的证据。

（三）买卖合同中的不可抗力条款

关于不可抗力事件的范围，在合同中通常有三种规定：概括式规定、列举式规定、综合式规定。

不可抗力的后果有两种：解除合同、延期履行合同。

究竟如何处理，应视事件的原因、性质、规模及其对履行合同所产生的实际影响程度而定。

四、国际货物买卖合同中的仲裁条款

仲裁是指买卖双方达成协议，自愿把双方之间的争议提交双方同意的仲裁机构进行裁决，裁决对双方均有约束力。

（一）仲裁协议的形式

1. 在争议发生之前订立的（合同中的仲裁条款）。

2. 在争议发生之后订立的（提交仲裁协议）。

这两种协议，其法律效力是相同的。

（二）仲裁协议的作用

约束双方当事人只能以仲裁方式解决争议，且不得向法院起诉；排除法院对有关案件的管辖权；使仲裁机构取得对争议案件的管辖权。

（三）仲裁裁决及其效力

仲裁裁决是终局的，对双方当事人均有约束力。任何一方当事人不得向法院起诉，也不得向其他任何机构提出变更裁决的请求，如败诉方不执行裁决，则胜诉方有权向法院起诉，请求法院强制执行。

（四）仲裁费用的负担

仲裁费用的负担，应在合同中订明。通常多规定由败诉方承担，也有的规定由仲裁庭

笔记栏

酌情决定。根据《仲裁委员会仲裁收费办法》第九条规定，仲裁庭有权裁定败诉方应补偿胜诉方因办理案件所支出的部分合理的费用，但补偿金额最多不得超过胜诉方所得胜诉金额的10%。

（五）仲裁裁决的执行

仲裁裁决对双方当事人都具有法律上的约束力，当事人必须执行。1958年6月10日联合国在纽约召开了国际商事仲裁会议，签订了《承认及执行外国仲裁裁决公约》（简称《1958年纽约公约》）。该公约强调了两点：一是承认双方当事人所签订的仲裁协议有效；二是根据仲裁协议所做出的仲裁裁决，缔约国应承认其效力并有义务执行。只有在特定的条件下，才根据被诉人的请求拒绝承认与执行仲裁裁决。

1986年12月第六届全国人民代表大会常务委员会第十八次会议决定中华人民共和国加入《1958年纽约公约》，并同时声明，中华人民共和国只有在互惠的基础上对在另一缔约国领土内做出的仲裁裁决的承认与执行适用该公约；中华人民共和国只对根据中华人民共和国法律认定为属于契约性和非契约性商事法律关系所引起的争议适用该公约。

案例讨论

支付方式组合贸易

我某公司与一日商按CIFC3东京条件成交猪肉罐头1万箱，总金额50万美元，合同规定总金额的50%以即期信用证方式付款，其余50%以D/A见票后30天付款。事后对方开来金额为25万美元的信用证，规定凭受益人开立的不超过本证规定金额的即期汇票，随附1万箱猪肉罐头之全套单据付款，并在证内申明："我们被告知，发票总金额的50%将以托收方式付款。"我方凭证装运出口交单，如期收回信用证项下的25万美元，其余25万美元亦按照来证，制妥汇票通过银行光票托收。事隔一个多月，忽接银行通知，进口商倒闭、失踪。由于这项托收是根据信用证申明所办，属"证下托收"。

案例讨论题

1. 开证行是否应保证付款？
2. 我方是否有失误之处？经验教训是什么？

（李红丽）

复习思考题

1. 某公司出口货物共200箱，对外报价为每箱438美元CFR马尼拉，菲律宾商人要求将价格改报为FOB价，试求每箱货物应付的运费及应改报的FOB价为多少？（已知该批货物每箱的体积为45cm×35cm×25cm，毛重为30kg，商品计费标准为W/M，基本运费为每运费吨100美元，到马尼拉港需加收燃油附加费20%，货币附加费10%，港口拥挤费20%。）

2. 某合同出售一级小麦150吨，按FOB条件成交，装船时货物经检验，符合合同规定的品质条件，卖方在装船后及时向买方发出装运通知。但船舶在航行途中，由于遭遇触礁事件，小麦被入侵海水浸泡，品质受到严重影响。当货物达到目的港后，只能降价出售，买方因此要求卖方赔偿其差价损失。问：卖方对上述情况下产生的货物损失是否要承担赔偿责任？为什么？

笔记栏

3. A购进B的货物开立汇票交B抵偿货款，B按B→C→D→E连续背书转让，E为持票人，G在汇票上为C作保证。

试问：(1)E遭退票可向谁行使追索权，为什么？

(2)若A开立支票，E没在合理时间内提示遭拒绝，那么E能否行使追索权？

4. 某公司收到国外开来的即期议付信用证，信用证规定了装运日期，而未规定信用证的到期日，该笔贸易的合同中规定："……信用证于装运日后18天内在装运口岸有效。"

试问：(1)受益人能否接受该合同？为什么？

(2)合同条款规定信用证的有效期能否理解为信用证的有效期？为什么？

(3)假如你是受益人，接到这样的信用证会怎样处理这笔业务？交单地点在哪儿？

5. 甲国公司与乙国商人签订一份食品出口合同，并按乙国商人要求将该批食品运至某港通知丙国商人。货到目的港后，经丙国卫生检疫部门抽样化验发现霉菌含量超过该国标准，决定禁止在丙国销售并建议就地销毁。丙国商人去电请示，并经乙国商人的许可将货就地销毁。事后，丙国商人凭丙国卫生检疫机构出具的证书及有关单据向乙国商人提出索赔。乙国商人理赔后，又凭丙国商人提供的索赔依据向甲国公司索赔。你认为甲国公司应如何处理？

第十五章

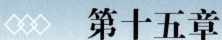

医药国际贸易的贸易方式

笔记栏

PPT 课件

学习目标

1. 掌握经销、代理、寄售、展销、招标、投标等贸易方式。
2. 熟悉医药商品跨境电商的主要贸易方式。
3. 了解医药商品期货交易方式，对于我国医药走向世界具有重要意义。

引导案例

疫情期间口罩的交易花样

“纽约汽车”在推特上抱怨，他非常不高兴，要为 1 个 N95 口罩支付 15 美元。而这只是全球疫情“蝴蝶效应”中的一个缩影。据美国约翰斯·霍普金斯大学实时统计数据显示，截至北京时间 2020 年 4 月 26 日，美国新冠肺炎确诊病例超过 93 万例，死亡病例超过 5.3 万例。

而作为个人防护装备（PPE）最主要生产国的中国，海外的巨大需求甚至已经“堆积”在了一家企业的厂门之外，这家上海企业生产的口罩叫“大胜”，在抖音上，大胜工厂门口的抢货景象不断被拍成短视频上传并引发大量观看与评论。在《华尔街日报》的报道中大胜工厂生产的口罩被描述成“口罩中的 LV”，一时间成了“国际硬通货”。

而对于为何大胜口罩在国外如此畅销，中介小南向“财经涂鸦”表示，因为大胜是国外客户唯一认可的没有问题的 N95 口罩。小南说，他们有工厂关系，可以安排进厂直签，无需分销商。前一天，她已签掉了一个 200 万个的单子，而她所在的团队有人签了 1 000 万个的订单，而当天上午还没过完，她已经签掉了一个 500 万个的订单。之后，他们团队的手里只有一个 500 万的订单额度了，但这不是现货口罩，这只是期货，这批货要在 25 天之后交货，价格是每个 21 元，订单量需要在 200 万个以上。

小南还特别嘱咐，需要口罩的人需要提前打诚意金，购买合同是直接跟大胜工厂签。厂外提货不需要证件，厂内提货需要认证资料，主要是三证一函，分别为《第二类医疗器械经营备案凭证》《中华人民共和国海关报关单位注册登记证书》《对外贸易经营备案登记表》和资金证明。他手里的期货资源，需要 100 万个起订，交货时间是大概 7 天内，在客户付款后，按每天 20 万个给客户出货，最多 7 天出完。而在付款上，目前，1 000 万个口罩以下的订单都是需要一次付清。

在推特上，关于暴涨的口罩价格也引起了很多人的吐槽。而用户劳拉·斯通（Laura Stone）4 月 21 日发推文表示，3M 公司已在加拿大提起诉讼，指控一家公司与 3M 关联，以过高的价格出售 N95 口罩，这些口罩的售价为每只 17 美元，是适当零售价的五倍以上。

笔记栏

而这些终端的价格也远远超过了贸易报价。据阿里巴巴网站报价,1 万个以上的大胜口罩单价最低在 2.65~2.86 美元,另一家外贸网站显示,5 000~10 000 个口罩的报价在 2.5 美元 / 个,1 万以上在 2.4 美元 / 个。

尽管如此,口罩的游戏依然没有结束……［资料来源:步摇 . 大胜口罩的中介暗战:百万个起订,上亿元货款一次付清［EB/OL］.(2020-04-29)［2021-03-01］.https://baijiahao.baidu.com/s？ id=1665269591730294038&wfr=spider&for=pc)］

第一节　医药国际贸易中的经销、代理

经销、代理、寄售和展销是国际贸易的四种最基本的贸易方式。医药国际贸易与其他货物的国际贸易方式基本相同,掌握国际贸易最基本方式,了解其概念、运作方式及其相关制度,是从事医药国际贸易的必然要求。

一、经销

经销(distribution)是指在国际贸易中,经销商按照合同规定条件,为国外供货商销售商品的国际贸易方式。经国际贸易双方订立协议或相互约定后,由供货商向经销商定期、定量供应货物,经销商在本国市场上销售商品。经销商与供货商之间是一种合同买卖关系,经销商必须自付资金进口供货商的货物,并在本国市场自行销售,自负盈亏,自担风险。

(一) 经销分类

在国际贸易一般规则中,按经销商所拥有的权限不同,经销可分为包销与定销两类。

1. 包销　包销(exclusive sales)是指经销商在规定的期限和地域内,对指定的商品享有独家专营权,其他的经销商无权经营指定商品。如一些国际、国内知名品牌的化妆品、服装等,在同一个空间的销售区域内,一般只允许有一家经销商拥有独家专营权。如,兰蔻、ONLY、5PLUS 等。

2. 定销　定销(a system of fixed quotas for marketing)是指经销商不享有独家专营权,而供货商可在同一时间、同一地区选择几家企业来经销同一商品。随着近年来我国经济的高速增长,以及一些中小企业的长足发展,国内外企业在全国各地征招经销商时,往往规定在同一区域内选择若干家经销商,用这样的布局方式使企业最大限度地拓宽经销渠道,布局经销网络,抢占市场份额。

(二) 经销协议的内容

经销协议是供货商和经销商订立的确定双方法律关系的契约,其内容的繁简主要根据其经销商品的特点、经销地区的实际情况以及双方当事人的意图加以确定。

按照国际贸易通行规则,在国际贸易实际业务中,一般只在协议中规定双方当事人的权利义务和一般交易条件,而以后每批货物的交付要依据经销协议订立具体的买卖合同,从而明确价格、数量、交货期限以及支付方式等具体交易条件。通常,经销协议主要包括以下几方面的内容:

1. 经销商品的范围　经销商品可以是供货商经营的全部商品,也可以是其中的一部分。因此,在协议中要明确指明经销商所经营实际商品的范围,以及同一类商品的不同牌号、批号和规格;确定实际经销商品的范围要同供货商的经营意图和经销商的经营能力、资

金、经营信用状况等相一致。如商品范围规定为供货商经营的全部商品，为避免日后发生不必要的纠纷，最好在经销协议中要明确所经销的某类商品停止生产或供货商有某种新产品推出时本协议是否适用。

2. 经销地区 所谓经销地区是经销商行使经营权的地理范围；其可以是一个或几个城市，也可以是一个甚至是几个国家；其大小的确定，除应考虑经销商的规模、经营能力及其销售网络外，还应考虑地区的政治区域划分、地理和交通条件以及市场差异程度等因素。经销地区的规定也并非一成不变的，可根据经销业务发展的具体情况由双方协议后加以调整。在包销方式下，供货商在包销区域内不得再指定其他经销商经营同类商品，以维护包销商的专营权。为维护供货商的利益，有的包销协议规定包销商不得将包销品越区销售。

3. 经销数量或金额 经销协议还应规定经销商在一定时期内的经销数量和金额；在包销协议中这更是必不可少的内容之一。经销数量或金额的规定对协议双方有同等的约束力，它也是卖方应供应的数量和金额。经销数额一般采用最低承购额的做法，规定一定时期内经销商应承购的数额下限，并明确经销数额的计算方法等。

4. 经销的作价方法 经销商品可以在规定的期限内一次作价，结算时以协议规定的固定价格为准；这种方法出于交易双方要承担价格变动的风险，所以在现实中采用的较少。在大多数经销协议中，往往采用分批作价的方法，也可由双方定期根据市场情况加以商定作价。

5. 经销商的其他义务 对经销商来说，要负责做好当地的广告宣传、市场调研和维护供货人权益等问题。通常，经销协议规定，经销商有促进销售和广告宣传的义务，有的经销协议还规定，供货商应提供必要的样品和宣传资料；在当地有经销门店的，对门店店面形象的设计、对广告宣传的方式以及有关费用的负担问题，也应明确规定，一般多由当地经销商自己担负。在协议中，还可规定经销商承担市场调研的义务，以供出口商参考制定销售策略和改进产品质量。有的包销协议还规定，如在包销地区内发现供货商的商标权或专利权受到侵害，包销商要及时采取保护性措施。

6. 经销期限 经销期限即经销协议的有效期，可规定为双方签约生效起一年或若干年。一般还要规定延期条款，并经双方协商后延期；也可规定在协议到期前若干天如没有发生终止协议的通知，则可延长一期。

经销期限届满，协议即终止；但为了防止一方利用对方履约中的一些差异作为撕毁协议的借口，在协议中还应规定终止条款，明确在什么情况下解除协议。

二、代理

代理(agency)是指在一个规定的时间段内代人担任职务，或受委托代表当事人进行某种活动。在医药国际贸易中，实际所采用的代理方式，按委托授权的大小，可分为独家代理、一般代理、总代理与特约代理四种。

(一) 独家代理

独家代理是指在特定地区内、特定时期内享有代销指定商品的专营权，同时不得再代销其他来源的同类商品。

(二) 一般代理

一般代理又称佣金代理，是指在同一地区、同一时期内，委托人可以选定多个客户作为其商品的代理商，根据经销商品的实际金额付给佣金，或者根据协议规定的办法和百分率支付佣金。

目前，在我国的医药进出口业务中，根据实际情况运用此类代理商的较多。

笔记栏

(三) 总代理

总代理是在特定地区和一定时间内,受托作为全权代表,除有权代表委托人签订买卖合同、处理货物等商务活动外,还可以进行一些非商业性的活动,而且还有权指派分代理,并可享受分代理的佣金。

(四) 特约代理

有些国家的厂商和跨国的托拉斯集团公司,常在国外指派特约代理,为其推销技术性的工业产品或为其提供技术和维修服务。例如美国的福特、法国的标志等国际汽车品牌,在其特约代理网点,既有维修、零部件供应,又有技术咨询服务,从而为买方解除了维修服务的后顾之忧。

第二节　医药国际贸易中的寄售与展销

一、寄售

寄售(consignment)是一种委托代售的贸易方式。在我国医药贸易进出口业务中,寄售方式运用并不普遍。但在一些特殊情形下,为促进成交,扩大出口的需要,也可灵活适当运用寄售方式。

(一) 寄售的定义

寄售是指委托人(货主)先将货物运往寄售地,委托国外一个代销人(受委托人)按照寄售协议规定的条件,由代销人代替货主进行货物销售,货物出售后由代销人向货主结算货款的一种贸易做法。因此,寄售是典型的凭实物进行买卖的现货交易。

寄售人与代销人之间是委托代售关系,而非买卖关系。寄售货物在售出之前,包括运输途中和到达寄售地后的一切费用和风险,均由寄售人承担。

寄售货物装运出口后,在到达寄售地前也可使用出售路货的办法,先行议销,即当货物尚在运输途中,如有条件即成交出售,出售不成则仍运至原定目的地。

(二) 寄售的优点

寄售是一种先发运、后销售的现货买卖方式。以寄售方式销售,可以让商品在市场上与用户直接见面,并按需要的数量随意购买,而且是现货现买,从而对于开拓新市场特别是消费品市场来说,寄售是一种行之有效的方式。其优点表现在:①寄售货物出售前,寄售人持有货物的所有权,有利于随行就市;②寄售方式是凭实物买卖,货物与买主直接见面,利于促进成交;③代销人不负担风险与费用,一般由寄售人垫资,代销人不占用资金,可以调动其经营的积极性。

(三) 寄售的缺点

寄售对出口商而言,承担一定的风险和费用。一是货未售出之前发运,售后才能收回货款,资金负担较重;二是货物需在寄售地区安排存仓、提货,代销人不承担费用和风险;三是万一代销人不守协议,比如,不能妥善代管货物,或是出售后不及时汇回货款,都将给出口商带来损失;四是如果货物滞销,需要运回或转运其他口岸,出口商将遭受损失。因此,对出口商而言,寄售的缺点,不仅是出口方承担的风险较大,费用较大;而且寄售货物的货款回收也较缓慢。

二、展销

(一) 展销的定义及作用

展销(fairs and sales)就是通过展览活动来推销商品的一种贸易方式。其特点是展销结

笔记栏

合，以销为主。这是一种行之有效的销售方式，分为国内展卖与国外展卖两种。其作用是促进顾客对企业的了解，展销上企业对自己特色、成就等的介绍，有利于公众对该组织做深层次的了解。其次是促进产品的销售，展销也是一次商品广告会，各企业届时都会展出自己最好的产品，从而促进产品的销售。展销也能促进信息的交流，展销时，企业与顾客之间通过信息交流，能够迅速掌握行业最新动态和消费者心理，为企业制订营销计划提供依据。

（二）展销的分类

1. 按买卖方式划分　一种是按照签约的方式将货物卖给国外客户，由客户在国外举办展览会或博览会，展卖结束后进行货款结算。另一种是由货主与国外客户合作，展卖过程中货主仍持有货物所有权，并由货主决定出售价格。国外客户承担运输、保险、劳务及其他费用，当货物出售后收取一定的佣金或手续费作为补偿。展卖结束后，未售出的货物折价处理或转为寄售。

ER-15-1

知识拓展：德国国际医药贸易博览会

2. 按举办形式划分　按举办形式可分为国际博览会和国际展览会。国际博览会（international fair）是以国家组织形式在一定地点定期由有关国家或地区的厂商举办，邀请各国商人参加交易的贸易形式。国际展览会（international exhibitions）是不定期举行的，一般展示各国在产品、科技方面所取得的新成就。

3. 按举办内容划分　按举办内容可分为综合性展销、专业性展销。

第三节　医药国际贸易中的拍卖和招投标

拍卖是一种高层级的贸易行为。对拍卖而言，既不是削价处理商品，商品价格也是不固定的，且必须要有二个以上的买主竞价，没有这三个基本条件的交易行为不能称为拍卖。对于医药国际贸易来说，拍卖尚是一种新鲜方式。

一、拍卖

根据《中华人民共和国拍卖法》的定义，拍卖（auction）指以公开竞价的方式，将特定的物品或财产权利转让给最高应价者的买卖方式。可见，拍卖实际是一个集体（拍卖群体）决定价格及其分配的过程。

（一）拍卖的特点

1. 拍卖必须有两个以上的买主　凡拍卖表现为只有一个卖主（通常由拍卖机构充任）而有许多可能的买主，从而得以具备使后者相互之间能就拍卖物品展开价格竞争的条件。

2. 拍卖必须有不断变动的价格　凡拍卖皆非卖主对拍卖物品固定标价待售或买卖双方就拍卖物品讨价还价成交，而是由买主以卖主当场公布的起始价为基准另行报价，直至最后确定最高价为止。

3. 拍卖必须有公开竞争的行为　凡拍卖都是不同的买主在公开场合针对同一拍卖物品竞相出价，而倘若所有买主对任何拍卖物品均无意思表示，没有任何竞争行为发生，拍卖就将失去任何意义。

（二）拍卖的相关术语

1. 拍卖当事人　拍卖当事人包括：拍卖人、委托人、竞买人、买受人。

2. 拍卖人　依照《中华人民共和国拍卖法》和《中华人民共和国公司法》设立的从事拍卖活动的企业法人。

3. 委托人　委托拍卖人拍卖物品或财产权利的公民、法人或其他组织。

笔记栏

4. 竞买人　参加竞购拍卖标的的公民、法人或其他组织。

5. 买受人　以最高应价购得拍卖标的的竞买人。"竞买人""买受人"有时亦统称买家。

6. 拍卖标的　委托人委托拍卖人以拍卖方式出售的其所有或依法可以处分的物品或者财产权利。

7. 应计费用　拍卖人对保险、图录刊登、包装运输、文物火漆、鉴定估价等酌情向委托人和买受人双方收取的相应费用。

8. 成交价　成交价又称"落槌价",指拍卖会上拍卖师落槌决定拍卖标的售予某一买受人的价格。

9. 参考价　参考价又称"估价",指拍卖人印制的拍卖图录上对每件拍卖标的的明示价格。该价格由拍卖人决定,不是最后确定之售价。

10. 拍卖底价　拍卖底价又称"保留价",指拍卖人与委托人对其委托的拍卖标的的共同商定,并在委托书上标明的最低出售价格。"拍定物"指已拍卖成交的拍卖标的。

11. 佣金　佣金又称"代理费",指拍卖人根据有关法律法规的规定,在成交后向委托人、买受人收取的服务费用。

12. 拍卖收益　拍卖收益指拍卖人在拍卖成交后支付给委托人的出售拍卖标的的款项净额,即成交价扣除佣金及委托人应付应计费用后的余额。

(三) 拍卖的基本方式

目前,在国际贸易中,拍卖方式主要有英格兰式拍卖、荷兰式拍卖、英格兰式与荷兰式相结合的拍卖方式。

1. 英格兰拍卖方式　英格兰拍卖方式(England auction),也称"增价拍卖"或"低估价拍卖",是指在拍卖过程中,拍卖人宣布拍卖标的起叫价及最低增幅,竞买人以起叫价为起点,由低至高竞相应价,最后以最高竞价者以三次报价无人应价后,响槌成交。但成交价不得低于保留价。

2. 荷兰式拍卖方式　荷兰式拍卖方式(Holland auction),也称"降价拍卖"或"高估价拍卖",是指在拍卖过程中,拍卖人宣布拍卖标的起叫价及降幅,并依次叫价,第一位应价人响槌成交。但成交价不得低于保留价。

3. 英格兰式与荷兰式相结合的拍卖方式　英格兰式与荷兰式相结合的拍卖方式,是指在拍卖过程中,拍卖人宣布起拍价及最低增幅,由竞买人竞相应价,拍卖人依次升高叫价,以最高应价者竞得。若无人应价则转为拍卖人依次降低叫价及降幅,并依次叫价,以第一位应价者竞得。但成交价不得低于保留价。

(四) 拍卖的基本流程

在国际贸易中,拍卖业务的一般程序可分为三个阶段。

1. 准备阶段　包括货主把货物运到拍卖地点,委托拍卖行进行挑选和分批,拍卖行编印目录并招揽买主。参加拍卖的买主可以在规定的时间内到仓库查看货物,了解商品品质,拟定自己的出价标准,做好拍卖前的准备工作。拍卖行一般还提供各种书面资料,进行宣传以扩大影响。

2. 正式拍卖　正式拍卖是在规定的时间和地点,按照拍卖目录规定的次序逐笔喊价成交。拍卖过程中,买主在正式拍卖的每一次叫价,都相当于一项发盘,当另一竞买者报出更高价格时,该发盘即行失效。拍卖主持人以击槌的方式代表卖主表示接受后,交易即告达成。

3. 成交与交货　拍卖成交后,买主即在成交确认书上签字,拍卖行分别向委托人和买主收取一定比例的佣金,佣金一般不超过成交价的 5%。买主通常以现汇支付货款,并在规定的期限内按仓库交货条件到指定仓库提货。由于拍卖前买主可事先看货,所以,事后的索赔现象较少。但如果货物确有瑕疵，或拍卖人、委托人不能保证其真伪的，必须事先声明，否则，拍卖人要负担保责任。

二、招投标

招投标（bid and bidding），指在进行大宗货物的买卖、工程建设项目的发包与承包，以及服务项目的采购与提供时，所采取的一种交易方式。招标和投标是一次商品交易过程的两个方面。招投标一般有公开招投标和邀请招投标两种形式。

公开招投标，又称无限竞争性招标，是指招标人以招标公告的方式邀请不特定的法人或者其他组织投标。公开招标的投标人不少于三家，否则就失去了竞争意义。邀请招投标，又称有限竞争性招标，是指招标人以投标邀请书的方式邀请特定的法人或者其他组织投标。邀请招标的投标人不少于 3 家。同时，目前在我国建筑领域，还有一种较为广泛的招标方式，即“议标”，是指发包人和承包商之间通过一对一谈判而最终达成协议的一种招标方式。

招投标主要包括以下流程：

1. 招标人（即业主）办理项目审批或备案手续（如需要）。

2. 招标工作启动。招标人可以委托招标代理机构进行招标，也可以自行招标（但备案程序较为繁琐），多数为招标代理机构（即招标公司）承担招标工作。

3. 招标公司协助招标人进行招标策划，即确定招标进度计划、采购时间、采购技术要求、主要合同条款、投标人资格、采购质量要求等。

4. 招标公司在招标人配合下，根据招标策划编制招标文件。

5. 招标人确认后，招标公司发出招标公告（公开招标）或投标邀请（邀请招标）。投标人看到公告或收到邀请后，前往招标公司购买招标文件。

6. 获得招标文件后，投标人应研究招标文件和准备投标文件。其间，如有相关问题可与招标公司进行招标文件澄清，必要时招标公司可组织招标项目答疑会，并根据答疑或澄清内容，对全部投标人发布补充文件，作为招标文件的必要组成和修改。

7. 招标公司在开标前组建评标委员会，评标委员会负责评标。评委会的组成和评标须符合《评标委员会和评标方法暂行规定》。

8. 招标公司组织招标人、投标人在招标文件规定的时间进行开标。开标流程包括：招标公司委派的主持人宣布开标纪律、确认和宣读投标情况、宣布招标方有关人员情况、检查投标文件密封情况、唱标、完成开标记录并各方签字、开标结束。

9. 评委会审查投标文件进行初步评审、详细评审和澄清（如有必要），最终确定中标人。

10. 招标公司根据评委会意见出具评标报告，招标人根据报告确定中标人。

11. 招标公司根据评标报告发出中标、落标通知书。

12. 中标人根据中标通知书，在规定时间内与招标人签订合同。另外，在第五项可以增加资格预审，即招标公告中增加对投标人资格要求，投标人事先递交资格文件、满足资格条件后，招标公司才将招标文件发售给该投标人。此时的招标公告实际为招标资格预审公告，代替了招标公告的作用。

ER-15-2

知识拓展：商务部《关于 2021 年度甘草及甘草制品出口配额招标的公告》

第四节　医药商品的期货交易

期货交易（forward transaction）是指采用公开的集中交易方式，或者期货监督管理机构批准的其他方式进行的，以期货合约或者期权合约为交易标的的交易活动。期货交易是市

笔记栏

场经济发展到一定阶段的必然产物。期货交易特有的套期保值功能、防止市场过度波动功能、节约商品流通费用功能以及促进公平竞争功能等，对于维护发展中国家日益活跃的商品流通体制具有重要意义。

一、期货交易概述

期货交易，是相对现货交易而言的。要了解期货交易，还需先了解期货的概念。所谓期货，一般指期货合约，是指由期货交易所统一制定的、规定在将来某一特定的时间和地点交割一定数量标的物的标准化合约。这个标的物，又叫基础资产，对期货合约所对应的标的物，可以是某种商品，如铜或原油，也可以是某个金融工具，如外汇、债券，还可以是某个金融指标，如三个月同业拆借利率或股票指数。而期货交易是指采用公开的集中交易方式，或者其他方式进行的，以期货合约或者期权合约为交易标的的交易活动。显然，现货交易与期货交易两者在买卖交易的目的、交易方式、交易场所、商品范围、结算方式等方面有很多不同点。

二、期货市场

期货市场是进行期货交易的场所，是多种期货交易关系的总和；由于期货市场是交易双方达成协议或成交后，不立即交割，而是在未来的一定时间内进行交割的场所，从而期货市场既是现货市场的延伸，也是市场的一个高级发展阶段。

从组织结构上看，广义上的期货市场包括期货交易所、结算所或结算公司、经纪公司和期货交易者（包括套期保值者和投机者）；而狭义上的期货市场仅指期货交易所。显然，期货交易所是买卖期货合约的场所，是期货市场的核心。对于一个比较成熟的期货市场而言，在一定程度上相当于一个完全竞争的市场，是经济学中比较理想的市场形式。所以，期货市场被认为是一种较高级的市场组织形式，是市场经济发展到一定阶段的必然产物。

三、期货交易的基本制度

在期货市场，期货交易制度比较多，且相对比较复杂；其中，基本的交易制度主要有保证金制度等 8 个方面，并共同规范着期货交易的整个过程。

（一）保证金制度

保证金制度（margin system）也称押金制度，指清算所规定的达成期货交易的买方或卖方，应交纳履约保证金的制度。在期货交易中，任何交易者必须按照其所买卖期货合约价格的一定比例（通常为 5%~10%）缴纳资金，作为其履行期货合约的财力担保，然后才能参与期货合约的买卖，并视价格决定是否追加资金，这种制度就是保证金制度，所交的资金就是保证金。

（二）每日无负债结算制度

每日无负债结算制度（daily non debt settlement system）又称每日盯市制度，是指每日交易结束后，交易所按当日各合约结算价结算所有合约的盈亏、交易保证金及手续费、税金等费用，对应收应付的款项实行净额一次划转，相应增加或减少会员的结算准备金。经纪会员负责按同样的方法对客户进行结算。

（三）涨跌停板制度

涨跌停板制度（price limit system）是指期货合约在一个交易日中的成交价格，不能高于或低于以该合约上一交易日结算价为基准的某一涨跌幅度，超过该范围的报价将视为无效，不能成交。

（四）持仓限额制度和大户报告制度

持仓限额制度和大户报告制度（position limit quota system and reporting system for large）指期货交易所为防范操纵市场价格的行为，防止期货市场风险过度集中于少数投资者，对会员及客户的持仓数量进行限制的制度。

（五）实物交割制度

实物交割制度（physical delivery system）指期货合约到期时，交易双方通过该期货合约所载商品所有权的转移，了结到期未平仓合约的过程。

（六）强行平仓制度

强行平仓制度（forced open system）指当会员或客户的交易保证金不足并未在规定时间内补足，或者当会员或客户的持仓数量超出规定的限额时，交易所或期货经纪公司为了防止风险进一步扩大，强制平掉会员或客户相应的持仓。

（七）风险准备金制度

风险准备金制度（risk reserve system）指期货交易所从自己收取的会员交易手续费中提取一定比例的资金，作为确保交易所担保履约的备付金的制度。交易所风险准备金的设立，是为维护期货市场正常运转而提供财务担保和弥补因不可预见的风险所带来的亏损。风险准备金的动用应遵循事先规定的法定程序，经交易所理事会批准，报中国证监会备案后按规定的用途和程序进行。

（八）信息披露制度

信息披露制度（the information disclosure system）也称公示制度、公开披露制度，是上市公司为保障投资者利益、接受社会公众的监督而依照法律规定必须将其财务变化、经营状况等信息和资料向证券管理部门和证券交易所报告，并向社会公开或公告，以便投资者充分了解情况的制度；信息披露制度主要由招股说明书制度、定期报告制度和临时报告制度组成。

四、期货交易基本流程

现代期货市场是一种具有高度系统性和严密性的规范化市场，完整的期货交易过程就是由期货市场的期货交易所、结算所或结算公司、经纪公司和期货交易者4个组成部分按不同的职能，在相互依赖、相互制约中完成的。期货交易所为交易双方提供标准化期货合约买卖的场所，是期货市场运作的载体。期货结算机构的职能是对成交的每一笔合约进行结算、监管实物交割、报告交易数据，对所有的交易者来讲交易结算机构既是买方的卖方，又是卖方的买方。期货经纪公司是期货交易者进入市场的中介，绝大部分的期货交易都通过期货经纪公司代理成交。期货交易者是期货交易的主体，他们自己或通过经纪公司代理从事套期保值交易或投机交易。

作为会员单位的期货投资企业，无需通过代理，在交易程序上也相对更简化。一般情况下，期货投资企业要通过经纪公司代理进行期货交易，从开始选择代理经纪公司到交易了结清算大致包括以下几个步骤：

（一）进入期货市场

1. 选择代理经纪公司和经纪人　选择合适的经纪公司和经纪人，对于绝大多数要进行期货交易的非会员单位（简称客户）来讲，是进行期货交易的关键的第一步。经纪公司一般有两种：一种是其本身即为交易所会员的经纪公司，另一种经纪公司，其本身不是交易所会员，是依附于大经纪公司或交易所会员来开展业务。客户在选择经纪公司时，应从自身条件出发，并持谨慎的态度做出理性选择。按我国现行制度规定，期货经纪公司只能在其作为会员单位的交易所，为客户从事代理交易，不能进行二级代理。

笔记栏

2. 开户　客户选定经纪公司及经纪人后，经纪公司就会按一定的标准，严格审查客户的开户资格和财务状况。若符合条件，经纪公司就会帮助客户开设一个期货交易账户。账户开立后，客户首先要按规定交付一定数额的保证金，作为将来履约的财务保证。交纳保证金后，客户就可以随时进行期货交易了。由于期货交易所采用每日结算制度对其会员进行结算，经纪公司对于客户一般也采用同样的结算方式。

（二）买卖期货合约

1. 客户下单　客户开户后，通过综合的市场分析与决策，向经纪公司下达交易定单（简称下单），而及时准确地下单是交易者在期货市场取胜的关键。定单种类有许多，目前国际上常用的定单有：按市价买（卖）定单、限价定单、执行或作废定单、停止价定单、停止限价定单、触价后成市价定单、限时定单、开盘定单与收盘定单、撤销定单、组合定单、获利回吐定单等。客户应根据不同行情进行选择。同时，客户在下单时应注意：①下单要及时、当机立断。②避免以平摊成本为目的而下单。③应严格遵守入市前的交易计划，不应超过既定的风险额度。

2. 经纪公司传送定单　期货交易者通常以电话方式向经纪公司或经纪人下达交易指令（即下单），而直接接到指令的是场外经纪人，他们接到指令并确证无误后，再立即用电话、传真或其他方法通知经纪公司在交易所的出市代表。场内出市代表按经纪公司的指令，将客户的下单指令通过计算机终端输入到交易所的主交换机中。目前，我国各期货交易所还普遍采用了异地同步交易系统，客户可以在异地直接下单，通过异地系统其指令直接进入交易所主交换机，从而大大提高了成交速度，并节省了交易成本。

3. 场内出市代表执行定单　场内出市代表接到经纪公司送入的定单后，立即按定单上的要求进行买卖交易。场内出市代表通过电脑输入定单上所要求的价格及数量后，由计算机自动撮合成交。

（三）交易的结算

客户与经纪公司和经纪人共同完成了期货合约的定约阶段后，若期货合约成交，则由经纪公司与交易所的结算部门进行合约结算。

交易结算部门根据当日交易的结算价，确定每笔交易合约应付的保证金数额，并据此计算出每位结算会员的当日保证金总额，然后将该会员上日交存的保证金余额与应交的保证金数额相比较，如果保证金数额不足，结算部门会通知结算会员在第二天开市前补足差额；反之，若保证金有结余，结算部门就会自动将余额转入结算会员的保证金账户。同时，结算部门还按交易额及有关规定收取手续费、代政府扣交税金等。

每日交易结束，经纪公司也根据交易结算部门公布的结算价格，计算出其所代理的所有客户持有的未平仓合约当日应付的保证金数额。按交易结算部门对其结算会员的做法，经纪公司向其代理的各客户通知追加保证金或退还保证金，并收取有关的费用。

（四）交易了结与清算

对于期货合约的持有者不论是空头还是多头，都有义务在将来的某一特定时间买入（或卖出）合约上标定的某种特定数量的商品。期货合约的真正履行也就意味着期货交易的了结。商品期货合约的了结方式一般有两种，绝大部分合约是通过对冲平仓的形式进行了结，其他不超过 3% 的合约则是通过实物交割来完成的。

第五节　医药跨境电子商务

科学技术的发展深刻影响着国际经济与贸易，以贸易全球化为首要内容的经济全球化，对人们的生活产生了深刻影响。在全球经济一体化进一步加强、市场竞争加剧的今天,集计算机技术、网络技术、信息技术为一体的跨境电子商务对国际贸易产生着巨大影响。了解跨境电子商务的发展趋势和特点,对提高国际贸易的科学决策,促进医药商品国际化,参与国际经济合作与竞争,把握好经济全球化带来的各种机遇与挑战,具有十分重要的意义。

一、跨境电子商务

电子商务(electronic commerce,EC),是指在全球各地广泛的商业贸易活动中,在因特网开放的网络环境下,基于浏览器 / 服务器应用方式,买卖双方不谋面而实现了消费者网上购物、商户之间网上交易与在线电子支付,以及各种商务活动、交易活动、金融活动和相关综合服务活动的一种新型商业运营模式。

跨境电子商务作为"互联网 +"下的外贸新业态,在业务主体、手段创新、业务运作方式、商业模式创新等方面带来了重大变化。它通过网络与信息技术将跨境商务活动中的数据流、业务流、物流、信息流、资金流等资源进行整合,涵盖了市场营销、数据处理、在线支付、国际货运、国际结算、外贸服务等各项商务活动。随着跨境电子商务成为我国乃至全球热点领域,传统贸易企业、物流企业、支付企业也积极探索新型业务,纷纷转型"互联网 +"外贸的新业态,形成跨境电商交易、外贸综合服务、跨境公共服务为一体的跨境电子商务生态圈。

二、跨境电子商务在医药国际贸易中的应用

随着互联网技术的发展,网络的服务、应用越来越广泛,跨境电子商务已经在对外贸易中发挥着重要作用,以适应经济全球化新趋势的挑战与机遇。

(一) 跨境电子商务的应用

除了在医药国际性会展活动中的作用外,跨境电子商务常规的运用,还涉及:通过互联网多渠道寻找医药买家;通过网络询盘、洽谈、签订医药贸易电子合同;通过网络实现与医药商家之间的成交与结算及一系列国际医药电子商务文档的传送等。同时,医药企业可以借助互联网信息,进行国际市场调研分析,从而利用电子商务制定企业产品国际营销战略,并组织企业产品的市场营销。

(二) 跨境电子商务的交易模式

当传统的医药商品销售已经升级演变为以消费者为中心的营销模式,当人际销售已成为一种新型的商品和服务渠道时,以互联网平台支持的电子商务蓬勃兴起,以电子商务为方式的"网络直销"已成为现实模式。目前,我国医药跨境电子商务主要有 B2B、O2O、B2C 模式。

1. B2B　B2B(business to business)是指进行电子商务交易的供需双方都是商家(或企业、公司),企业之间、商家之间利用互联网技术或各种商务网络平台,完成商务交易的过程。

目前,世界上 80% 的电子商务交易额是在企业之间实现的,而不是在企业和消费者之间完成的。电子商务最具发展潜力的是 B2B 电子商务模式,无论是从参与企业的数量、实现的交易金额、交互信息量等来看,还是从交易的地域范围、交易商品种类,以及社会各界的关心和政府的重视程度等多方面来看,都是电子商务的主体和重点。B2B 跨境电子商务可借助跨境电商交易平台、外贸综合服务平台,实现数据信息互联互通。实现进出口"金融、物流、通关、检验检疫、外汇结算、保险、退税"一站式服务。

2. O2O　O2O(online to offline),即 Online 线上网店,Offline 线下消费。商家通过免费开网店将商家信息、医药商品信息等展现给消费者;消费者通过线上筛选服务,线下比较、体

验后有选择地消费，并在线下进行支付，这样能极大地满足消费者个性化的需求。医药电商可使用O2O模式，实现线上下单，线下实体店体验消费，再回到线上评价和下单的闭环消费模式。

3. B2C　B2C(business to consumer)，即商家对消费者。“商家对消费者”是电子商务的一种模式，也就是通常说的商业零售，直接面向医药消费者销售产品和服务。这种形式的电子商务，一般以网络零售业为主，主要借助互联网开展在线销售活动。因此，B2C即企业通过互联网为消费者提供一个新型的购物环境——网上商店，消费者可以通过网络在网上购物，在网上支付。通过互联网，企业对客户以电子化零售、在线销售等经营手段，实现消费和提供服务。

三、跨境电子商务在医药国际贸易中的作用

网络是信息的海洋，信息内容几乎无所不在。医药外贸企业可经常使用网络进行国际市场调研，主要工作是系统地搜集、记录、整理、分析有关国际市场的基本状况及其影响因素，以帮助企业制定有效的市场营销决策。同时企业将自己的产品、公司、供求等信息发布到网络上，也能使商业客户更容易找到自己。在国际贸易中买卖双方经常利用各种网络站点和平台工具进行交流磋商，交易双方实现网上交易。

（一）网上市场调研与商务信息处理

网络是一个巨大的资源宝库，互联网所涵盖的信息远远大于任何传统媒体所涵盖的信息。通过网络获取信息尤其是商业情报，已是各类企业进行市场调研的首选途径。医药外贸企业通常使用网络进行国际市场调研，主要工作是系统地搜集、记录、整理、分析有关国际市场的各种基本状况及其影响因素，以帮助企业制定有效的市场营销决策，实现企业经营目标。对于医药外贸企业而言，网络商务信息的搜集也已成为医药企业日常工作的重要组成部分。

国际市场网上调研的首要任务是进行商务信息的搜集，即在网络上对国际商务信息的寻找、调取、编辑及储存等工作，这是一种有目的、有步骤地从各个网络站点查找和获取信息的行为。但是，互联网是一个全球性的分布式网络结构，大量信息分别存储在世界各国的服务器和主机上。信息资源分布的分散性、远程通信的距离和信道的宽窄，都直接影响了信息的传输速率，而且网络关键信息都是以半结构化或自由文本形式存在于大量的网页中，很难直接加以利用。另外，网络信息许多都是储存在深层的网络之中，在用户面前显示的可能不到百分之一。所以如何在互联网上快速、准确地从浩如烟海的信息资源中找到自己最需要的信息，已成为困扰外贸企业最主要的问题。

（二）网上商务信息发布的途径

网上发布商务信息的渠道和形式众多，各有长短，企业应根据自身情况选择。目前，可供挑选的渠道和方式主要有以下两种：

1. 网站形式　建立自己的网站，对于企业来说，是一种必然的趋势。它不但是企业形象的树立，也是宣传产品的良好工具。从今后的发展来看，公司的网站地址也会像公司的地址、名称、电话一样，是独有的，是公司的标志，将成为公司的无形资产。

2. 供求信息平台　供求信息平台是目前应用最为普遍和有效的信息发布途径之一。对于医药外贸企业而言，主要对象是各种B2B及C2C平台，这些平台服务一般分为免费会员和收费会员，免费会员一般能够发布各种供求、合作、代理信息，以及上传产品图片、联系方式等；收费会员则能享受到更周到的服务，如发布信息的数量、上传图片的数量等都有明显增加。

（三）网络获取买家信息和业务渠道

作为医药贸易，要开展电子商务不仅要掌握基本的操作业务，还要了解网络知识，适应时代发展。电子商务通过互联网将交易涉及的各方连成一体，把其中部分或全部的业务处理过程转移到网上。据了解，当前许多外贸中小企业已经利用互联网获取买家信息和业务渠道。以下介绍几种寻找买家思路和外贸企业寻找买家的方法：

1. 会展活动　会展经济是以会议和展览活动作为发展经济的手段，通过举办大规模、多层次、多种类的会议和展览，以获取直接或间接经济效益和社会效益的经济行为。一方面，企业通过参加会议和展览，可以及时、准确、低成本地获取各种有效的信息。另一方面，企业在展览会上通过产品尤其是新产品展示，可以诱导甚至创造消费者的需求。

2. 海关数据　通过海关进出口数据，可比较全面地掌握某地区的买家资源，监测老商家，开发新商家；掌握竞争对手分布，监控其经营状况，帮助企业对相应产品有一个直观的价格判断；分析买家采购行为，针对性地开发潜在商家；了解市场需求量，同行销售情形，货品淡旺季以及买家采购周期分析。要得到进口商信息只有利用国外的海关数据库。

3. 贸易单据　外汇、交单的银行记录，报关公司的记录，货代的单据，提单等中存在大量的进口商信息。此外，还可以从国际性的物流公司、船运公司、快递公司（UPS、TNT 等）等渠道获取资料信息。

4. 网址、网站　可从相关网址、网站寻找客户及买家：①通过中国国际电子商务中心和中国对外贸易中心网站来寻找。如 http://www.cantonfair.org.cn/cn/index.asp（中国进出口商品交易会官方网站）。②通过网上广交会全球买家索引（Canton Fair Buyers List）来寻找全球买家信息。③通过知名商会组织来寻找。如 http://www.cccmhpie.org.cn/（中国医药保健进出口商会）等。

5. 涉及医药国际贸易网站　随着中国电子商务的快速发展，从 20 世纪 90 年代开始，中国国际电子商务平台日渐增多，医药企业可通过这些电子商务平台，从事医药跨境电子商务的应用。

（1）中国制造网（http://cn.made-in-china.com）：中国制造网是一个中国产品信息荟萃的网上世界，面向全球提供中国产品的电子商务服务。实行全员实名认证，只要登录中国制造网主页，先免费注册会员，登录以后就可以查询产品或者发布产品了。

买家可以通过中国产品目录寻找产品，也可以通过关键词、公司名称搜索产品。详细信息在产品目录中列出。用户在注册后可以看到任何公司的详细联系方式。

（2）阿里巴巴（http://www.alibaba.com/）：阿里巴巴也在国际交易市场上设有一个全球批发交易平台，为规模较小、需要小批量货物快速付运的买家提供服务。

（3）环球资源（http://www.globalsources.com）：为多渠道的国际贸易平台，主要为专业买家提供采购信息，并为供货商提供综合的市场推广服务。此平台是东亚华人地区双边贸易的主要促进者，擅长欧美及新兴市场的开发推广。

案例讨论

中医药企业应用电子商务价值与成本

并不是所有的中医药企业都适合拥有自己的电子商务平台。A 集团投巨资建立网络药店，但由于一时跟风，网络药店开通后，就面临第一个问题，卖不卖其他药厂的药？如果不卖，就不可能吸引顾客，网站就会显得产品单一，设计的功能就无法发挥，失去原有意义。投巨资建立网络药店就会成为摆设，只能成为企业发布推介产品的平

笔记栏

台,A集团网络药店品牌价值效应很难体现。如果卖,又如何处理自己的药和其他厂家的药之间的竞争关系?虽然A集团是网络药店品牌价值的所有者,但由于自身从事中医药生产,从市场竞争的角度,同行抵触,为什么要应用A集团搭建的网络平台呢,这样A集团原计划宏大的电子商务平台就无法实现,也更谈不上拥有会员和实现开放式药店的愿望,而且,盲目的投资给企业生产增加了没有必要的成本。

案例讨论题

1. 分析A集团的做法,谈谈你的想法。
2. 讨论如何为A集团提出一个比较合理的解决办法。

（杨敬宇）

复习思考题

1. 医药国际招投标的主要流程包括几个方面?
2. 简述医药代理的形式及其区别。
3. 跨境电子商务对拓展医药国际市场有哪些作用?
4. 网上商务信息发布的途径有哪些?
5. 医药国际贸易通过网络获取买家信息和业务渠道的方法有哪些?

主要参考书目

1. 曹阳 . 医药产业经济：原理与政策[M]. 北京：中国医药科技出版社，2014.
2. 陈岩 . 国际贸易理论与实务[M]. 北京：清华大学出版社，2014.
3. 崔日明，王海兰 . 国际贸易实务[M].2 版 . 北京：机械工业出版社，2009.
4. 董瑾 . 国际贸易理论与实务[M].5 版 . 北京：北京理工大学出版社，2014.
5. 郭波 . 国际投资：理论、政策、战略[M]. 北京：中国社会科学出版社，2009.
6. 中国国际商会 . 国际贸易术语解释通则 2020 [M]. 北京：对外经贸大学出版社，2019.
7. 李小牧，王海文 . 国际服务贸易[M].2 版 . 北京：电子工业出版社，2012.
8. 黎孝先，王健 . 国际贸易实务[M].6 版 . 北京：对外经贸大学出版社，2016.
9. 李海燕 . 中医药国际合作与知识产权[M]. 北京：科学出版社，2020.
10. 罗平，袁洪生 . 国际服务贸易理论分析[M]. 昆明：云南人民出版社，2010.
11. 马爱霞 . 国际医药贸易理论与实务[M].2 版 . 北京：中国医药科技出版社，2015.
12. 马图，斯特恩，赞尼尼 . 国际服务贸易手册[M]. 陈宪，译 . 上海：格致出版社，2012.
13. 申俊龙，徐爱军 . 医药国际贸易[M].2 版 . 北京：科学出版社，2009.
14. 田侃 . 药事管理与法规[M]. 上海：上海科学技术出版社，2015.
15. 魏巍，冯琳 . 国际服务贸易[M]. 大连：东北财经大学出版社，2018.
16. 杨敬宇，王志宏，周恩宇 . 中医药国际贸易实务[M]. 北京：人民邮电出版社，2013.
17. 杨世民 . 药事管理学[M].5 版 . 北京：中国医药科技出版社，2015.
18. 杨素娟 . 国际贸易实务[M]. 北京：清华大学出版社，2012.
19. 张桂梅 . 国际贸易理论与实务[M]. 杭州：浙江大学出版社，2014.
20. 赵春明，蔡宏波 . 新编国际服务贸易教程[M]. 北京：清华大学出版社，2019.

复习思考题
答案要点

模拟试卷